古希腊史学中
帝国形象的演变研究

吕厚量 著

中国社会科学出版社

图书在版编目(CIP)数据

古希腊史学中帝国形象的演变研究/吕厚量著．—北京：中国社会科学出版社，2021.4
ISBN 978-7-5203-7962-5

Ⅰ.①古… Ⅱ.①吕… Ⅲ.①古希腊—研究 Ⅳ.①K125

中国版本图书馆 CIP 数据核字(2021)第 033670 号

出 版 人	赵剑英
责任编辑	张 湉
责任校对	姜志菊
责任印制	李寡寡

出　　版	中国社会科学出版社
社　　址	北京鼓楼西大街甲 158 号
邮　　编	100720
网　　址	http://www.csspw.cn
发 行 部	010-84083685
门 市 部	010-84029450
经　　销	新华书店及其他书店
印　　刷	北京明恒达印务有限公司
装　　订	廊坊市广阳区广增装订厂
版　　次	2021 年 4 月第 1 版
印　　次	2021 年 4 月第 1 次印刷
开　　本	710×1000　1/16
印　　张	21.5
插　　页	2
字　　数	350 千字
定　　价	98.00 元

凡购买中国社会科学出版社图书，如有质量问题请与本社营销中心联系调换
电话：010-84083683
版权所有　侵权必究

目 录

导言……………………………………………………………………1

上编　波斯篇

第一章　希罗多德与大流士篡位事件……………………………11
　第一节　希罗多德笔下的东方史与《贝希斯敦铭文》…………11
　第二节　《历史》卷三与《贝希斯敦铭文》的异同与联系………16
　第三节　《贝希斯敦铭文》对希罗多德的间接误导………………25
　第四节　从《贝希斯敦铭文》看希罗多德对波斯史源的
　　　　　再加工及其影响…………………………………………32
　第五节　小结……………………………………………………40

第二章　泰西阿斯《波斯志》的"东方主义"及其历史渊源………42
　第一节　泰西阿斯与《波斯志》的"东方主义"源头说……………42
　第二节　泰西阿斯《波斯志》中的东方帝国形象…………………48
　第三节　《波斯志》所承袭的波斯史叙述传统……………………55
　第四节　小结……………………………………………………66

第三章　色诺芬著作《居鲁士的教育》中的波斯帝国理想统治模式……73
　第一节　色诺芬代表作《居鲁士的教育》的性质问题……………73
　第二节　《居鲁士的教育》与《拉栖第梦政制》的主题异同………77

第三节　色诺芬借助理想君主居鲁士大帝所阐发的社会教化观念……98
第四节　色诺芬笔下居鲁士大帝的历史原型……105
第五节　小结……107

第四章　色诺芬理想帝国统治模式中的权术……110
第一节　色诺芬历史叙述体系中对正面领袖形象的"抹黑"……112
第二节　色诺芬独特权术观的塑造因素……130
第三节　小结……136

第五章　东方主义传统的确立与强化
——以古希腊历史叙述中波斯宫廷宴饮场景的变迁为例……139
第一节　衰朽帝国的末日狂欢？……139
第二节　饕餮之徒的醉生梦死：希腊史料中东方主义式的波斯宫廷宴饮场面……142
第三节　波斯宫廷荒淫豪饮场景的非历史性……147
第四节　贤哲之士的会饮：公元前5—前4世纪古典会饮文学传统中对波斯帝国贤明君主形象的理想化建构……156
第五节　小结……161

下编　罗马篇

第六章　拓荒与附会：波利比乌斯对罗马征服地中海世界普世史的建构与《历史》中的戏剧化元素……167
第一节　波利比乌斯与戏剧化史学……167
第二节　波利比乌斯罗马征服叙事体系中的戏剧化元素……173
第三节　小结……192

第七章　抗争与迷茫：约瑟福斯罗马观中的矛盾性……200
第一节　约瑟福斯罗马观的两面性……202

第二节　两面罗马观中的深刻矛盾……………………………… 211
　　第三节　约瑟福斯罗马观矛盾的历史根源……………………… 215
　　第四节　小结……………………………………………………… 228

第八章　排斥与融合：波桑尼阿斯的文化记忆与
　　　　　《希腊纪行》中的罗马帝国………………………………… 230
　　第一节　希腊旅行家波桑尼阿斯与他笔下的罗马帝国………… 230
　　第二节　《希腊纪行》的文化记忆特征…………………………… 234
　　第三节　排斥、反感罗马帝国统治的希腊知识精英波桑尼阿斯… 237
　　第四节　《希腊纪行》语境中古老自由希腊与
　　　　　　当下罗马帝国的并存与兼容……………………………… 249
　　第五节　妥协与认同：波桑尼阿斯文化记忆的现实基础……… 251
　　第六节　小结……………………………………………………… 256

第九章　追思与憧憬：4—5 世纪罗马多神教知识精英的
　　　　　"再造罗马"历史话语表述模式…………………………… 260
　　第一节　4—5 世纪从事历史撰述的希腊多神教
　　　　　　知识精英群体……………………………………………… 263
　　第二节　夕阳余晖的礼赞——4—5 世纪多神教作家笔下的罗马… 265
　　第三节　重构罗马的背后：帝国晚期多神教作家
　　　　　　历史话语表述模式的成因………………………………… 277
　　第四节　"再造罗马"模式的历史影响…………………………… 287
　　第五节　小结……………………………………………………… 291

结　语………………………………………………………………………… 294
参考文献……………………………………………………………………… 300
索　引………………………………………………………………………… 332
后　记………………………………………………………………………… 336

导　言

　　"帝国（empire）"这一英、法文词汇的起源最早可追溯到古典拉丁文中的"imperium"一词，在描述国家时意指由中央集权控制的地域与民族共同体，这种集权既可以是由一位专制君主代表的王权，也可以表现为寡头集团乃至共和国政府对多族群生活地域进行统治的形式。尽管该词在古典希腊时期的语境中尚无精确对应的概念，但在从公元前5世纪到5世纪的近千年中，对帝国形象的描述、分析、评判与反思却始终是贯穿古希腊史学传统的一条明确线索，并在希腊史学的形成、发展与转型过程中产生了深刻影响。更重要的是，由于古希腊史学在意大利文艺复兴以来的近现代西方文明发展历程中占据着举足轻重的地位，这些作品中所塑造的帝国形象也在构建近现代西方学者与公众对帝国的认识与记忆过程中产生了深远影响。因此，对希腊史学中帝国形象的研究具有重要的学术与现实意义。

　　在现当代西方古典学界，史学史领域的权威人物、意大利学者莫米利亚诺（A. Momigliano）在研究希腊史家对帝国君主形象的建构方面取得过突出成就，特别是他对于古希腊传记同史学的合流过程，以及希腊史家对马其顿、罗马帝国的记载如何对这一进程产生催化作用的论述对本书的开展具有重要的启示意义。法国波斯史学者皮埃尔·布里昂（P. Briant）对希罗多德（Herodotus）、泰西阿斯（Ctesias）、色诺芬（Xenophon）等古典作家对波斯帝国的记载进行过深入且令人信服的分析，其中的很多研究方法可资借鉴。英国学者格雷（Vivienne Gray）对色诺芬多部史著中理想化的帝国君主形象进行了细致解读。利波舒尔茨则汇集了前人著述较少的罗马帝国后期希腊史学研究领域中的一些最新成果。除此之外，在当代西方古典学与史学史研究中，针对某一具体希腊史家对某一帝国形象塑造情况的著述已相当宏富。仅就希罗多德对波斯帝国记载情况的研究而言，即已出现过巴尔塞：《希罗多德与贝希斯敦铭文：古波斯史诸问题》[J. Balcer, *Herodotus & Bisitun: Problems in Ancient Persian Historiography* (Stuttgart: Franz Steiner Verlag Wiesbaden GMBH, 1987)]、布里昂：《希罗多德与波斯社会》[P. Briant, «Hérodote et la société Perse» (Olivier Reverdin and Bernard Grange eds., *Entretiens sur l'Antiquité classique*, Tome XXXV, *Hérodote et les peuples non Grecs*, Genève: Vandoeuvres, 1988, pp. 69-104)]、塔普林：《希罗多德笔下的波斯与波斯帝国》[C. Tuplin, "Herodotus on Persia and the Persian Empire" (Robert B. Strassler ed., *The Landmark Herodotus*, New York: Pantheon Books, 2007, pp. 792-797)]、穆森：《希罗多德笔下的波斯人究竟是谁？》[R. Munson, "Who Are Herodotus' Persians?" (*The Classical World*, Vol. 102, No. 4, Summer 2009, pp. 457-470)]以及罗林格、特鲁施奈克与比希勒编：《希罗多德与波斯帝国》[R. Rollinger, B. Truschnegg and R. Bichler eds., *Herodot und das Persische Weltreich* (Wiesbaden: Harrassowitz Verlag, 2011)]等诸多重要专著与论文。一般而言，当代西方学者大多选取某一具体史家对波斯、罗马等帝国的记载与描述进行个案研究；对古希腊史学中帝国形象的演变历程和发展规律的思考尚不多见。国内学者的相关研究成果以学术论文为主。黄洋提纲挈领地概括了希腊罗马文明对以波斯帝国为主要代表的东方文明的基本态度，及其以东方作为"他者"的认知模式；[①]晏绍祥对希腊文史料中展示的波斯帝国"专制"与"集权"的特征进行了评价；[②]王以欣选取波斯君主居鲁士在希腊史学中的形象这一个案，分析了希罗多德等人在撰述波斯史时所表现出的特点及口传史料在塑造希腊史学中波斯帝国君主形象方面的作用；[③]褚新国则对波利比

---

① 黄洋：《古代希腊罗马文明的"东方"想像》，《历史研究》2006 年第 1 期。
② 晏绍祥：《波斯帝国的"专制"与"集权"》，《古代文明》2014 年第 3 期。
③ 王以欣：《居鲁士的早年传奇与口传历史》，《古代文明》2014 年第 1 期。

乌斯的政体论进行了梳理与评价。①2019年6月29—30日，复旦大学与上海大学还联合组织了"世界史视角下的古代史：欧亚对话与帝国比较研究"国际学术研讨会，其中宣读的多篇学术论文均牵涉到"古希腊史学中的帝国形象"这一主题。②

然而，在初步整理了上述以个案研究为主的国内外学术成果后，笔者发现，就帝国形象在希腊史学中的演变这一问题而言，仍有若干相当重要的宏观问题尚未得到解答。首先，生活于同一时代或不同时期的希腊史家对帝国这种统治模式或具体帝国政权的描述究竟是彼此基本独立的，还是在某种意义上存在着高度统一性？其次，作为一个群体的希腊史家们到底是在柏拉图、亚里士多德等哲学家提出的政体循环论的指导下构筑了自己作品中的帝国形象，还是在政治思想理论的框架之外为古希腊罗马与后世读者们提供了另一种认识和理解帝国的模式？这些疑点正是本书试图澄清的一些关键问题，也正是进行这一相对宏观的研究的主要价值所在。

本书试图将对帝国形象的研究放在希腊史学这一特定范畴内进行考察。诚然，古希腊文献中对帝国形象进行表述、思考与论述的并不只有史学作品。柏拉图（Plato）和亚里士多德（Aristotle）的政治学著作、欧里庇得斯（Euripides）与阿里斯托芬（Aristophanes）的戏剧、伊索克拉底（Isocrates）及德摩斯梯尼（Demosthenes）的演说词都在塑造希腊人对帝国形象的认识过程中发挥了重要作用。但作为一种相对独立的、很早即已形成自身传统的体裁，希腊史学在展示帝国形象时一方面受到古希腊政治思想、文学修辞手法的强烈影响，另一方面也承载着许多独具一格的内容与认识，值得进行深入的专题研究。尽管各位希腊史家在政治立场、个人阅历、社会地位乃至族裔血统方面存在着千差万别，但在他们对帝国形象的描述中，后世作家对前代榜样在君主形象塑造、帝国历史功能定位、道德评判模式乃至具体事例与描述语句等方面的承袭相当频繁，其相关性远远超过了史学对其他文学体裁——如政治思想著作、演说词或戏剧等——

---

① 褚新国：《波利比乌斯历史思想初探——兼与早期史家比较》，《史学月刊》2013年第3期。
② 相关论文如 Peter Bang, "Beyond the Silk Road – Situating Greco-Roman Society in World History"; 张元伟：《功业与品性：司马迁及普鲁塔克的传记概念诠释》；Kristian Christensen, "Great and Little Traditions in the Roman World".

的借鉴程度，并由此形成了一种与柏拉图、亚里士多德哲学著作中提出的政体论和希腊悲喜剧中反映的雅典普通民众的帝国观既有联系、又存在着明显区别、并不断发展变化着的历史观。因此，从希腊史学的视角观察帝国形象演变的思路是不无裨益的。

在希腊史学作品所记载过的众多帝国中，波斯帝国是希腊古典时期最重要的对外交往对象之一和作为希腊文明参照物的"他者"；而从公元前2世纪起，随着罗马逐步将整个希腊化世界纳入帝国行省统治的模式，罗马帝国逐渐成为后期希腊史家关注的重点和地中海世界整体史的载体。波斯与罗马构成了古希腊史学中最重要的两大帝国形象，也是本书所研究的主要对象。考虑到古代语境下各种地域归属关系和文学体裁界限相对模糊的客观事实，本书对"希腊史学"的界定采用相对广义的标准。在时空范围上，它涵盖了从"史学之父"希罗多德到4世纪的各位来自希腊语世界（或在希腊语世界长期生活过，如希腊化的犹太史家约瑟福斯）的、使用古希腊文或拉丁文［（如史家阿米安（Ammianus Marcellinus）］书写并继承了希腊历史撰述传统的相关作品及残篇；在体裁界定方面，本书将个别与狭义上的古希腊史学关系十分密切、并最终成为希腊史学有机组成部分的一些体裁，如人物传记和地理纪行类作品也纳入考查范围之内；而为了全面、透彻地说明某些历史观念问题，本书中的个别章节（如整体分析色诺芬历史观的第四章与综合探讨"再造罗马"历史话语表述模式的第九章）也会将作为同一作家历史思想载体和在现存成文史著稀缺时代成为历史观念核心承载者的对话、诗歌与演说辞等文本纳入探讨范围之中。

本书的重点在于揭示帝国形象在希腊史学发展历程中的"不变"与"变"，即提炼出该形象在不同时期的各部史学作品中的共性与符合渐变发展规律的个性，进而在一定程度上揭示希腊史学本身的固有规律与发展脉络。为此，本书在方法论的选取方面力图坚持宏观历时性线索梳理与个案研究并重的基本原则。一方面，本书所研究的古希腊史家年代跨度从生活在公元前5世纪后期的"史学之父"希罗多德到身处5世纪上半叶的奥林匹奥多鲁斯，跨度近千年之久。因此，本书所涉及的各位希腊史家虽然普遍使用古希腊文这一共同文化载体进行思考与创作，但生活时代、社会背景、空间地域与作品体裁等方面的显著差异必然导致其历史叙述的角度、立场与关注重点有所区别。由于这种多样性的客观存在，针对时空背景和体裁形式差异巨大的多部希腊史学作品异同的笼统概括势必存在巨大风险；我们只有以围绕各位希腊史家的扎实个案研究为基础，才有可能在相对孤立零散但坚实可靠的细节知识基础上探讨古希腊史学传统中帝国形象的演变线索是否存在、其特征为何等宏观问题。另一方面，正如我们将在后文中反复目睹的那样，作为一种绵延近千年之久、生命力异常强大的文化传统，古希腊史学本身具有十分引人注目的整体性、继承性与互文性特征。希罗多德对文艺复兴以来近现代历史观念的影响不仅仅是通过其文本本身实现的，还反映在修昔底德（Thucydides）、色诺芬、波桑尼阿斯（Pausanias）、约瑟福斯（Josephus）、狄奥多鲁斯（Diodorus）、普鲁塔克（Plutarch）等后世史家对其传统与作品的继承、引用、改造与批判等方面。从这个意义上讲，我们对希罗多德、泰西阿斯等早期史家所谓"东方主义"传统的研究也不可人云亦云，而应小心翼翼地将他们本身的思想建树与历史贡献从后世史学撰述与文学批评传统笼罩在其作品上的"迷雾"中剥离出来。因此，在宏观视野的观照下展开希腊史家的个案研究、并力图在个案结论的基础上归纳希腊史学中帝国观念的演变趋势的研究模式同样是有其可取之处的。

本书的主要目标是在对相关代表性希腊史家的个案研究积累基础上，概括出蕴含在古希腊文明的历史记忆之内的、与希腊政治思想理论中对帝国统治模式的定位同中有异的帝国形象，从而为国内学界理解西方自古以来逐渐积累起来的帝国观念及其史学背景提供线索与依据。本书将在研究方法上坚持以个案研究和实证研究为基础，同时注意进行纵向与横向比较的研究方法。一方面，本书将以一手资料、即希腊作家们留存至今的著述或残篇为基本依据，坚持论从史出、言必有据、无征不信的治史原则，同时充分借鉴国内外学者们在相关个案研究中业已取得的丰硕学术成果，力求在对个别史家的论述章节中取得突破；另一方面，本书的整体布局将始终以宏观意义上的希腊史学发展脉络为直接关注对象，对帝国形象在希腊史学中的形成与演变进行历时性的探讨，并适当引入对希腊史学与拉丁史学、中国古代史学进行横向比较的视角，以期对帝国形象在长达近千年之久的希腊史学记载中的特定面貌及其历史演变进行整体性的纵向把握。

本书的"波斯篇"为第一至五章。第一章和第二章将分别对希罗多德和泰西阿斯两位古典史家塑造的波斯帝国形象进行分析。在现当代古典学研究者构筑的不同论述版本中，希罗多德与泰西阿斯分别被视为古希腊东方主义观念的始作俑者。笔者试图在这两章中通过文本材料证明，希罗多德与泰西阿斯的文本本身并无突出的东方主义意识；他们对后世东方主义观点的所谓先导作用往往来自于后人的某种误读。与同时代的大部分希腊作家一样，希罗多德与泰西阿斯的波斯观中既有对现实世界中战争对手敌视的一面，又包含着对历史记忆中古老、辉煌的波斯乃至东方文明的平视乃至仰视态度。

第三和第四章将集中分析色诺芬对波斯帝国及以波斯为典型代表的专制统治模式的二元态度。一方面，色诺芬将波斯帝国的开国君主居鲁士大帝无限理想化，借助历史记忆与理性建构交织而成的理想波斯帝制模式来寄托自己在苏格拉底哲学影响下所形成的、追求哲学意义上至善与幸福状态的崇高理想。另一方面，色诺芬又认为现实中的帝国统治模式势必包含暴力、欺诈等道德意义上的负面因素，并对追求至善过程中的这些"权变"手段予以宽容。色诺芬对帝国统治模式的二重态度中包含着无从回避的张力，并在许多场合下暴露出难以圆满解释的深刻逻辑矛盾。

本书第五章拟通过古希腊史学语境下波斯宫廷宴饮形象这一个案，展示色诺芬以降古希腊波斯观中东方主义形象的演变历程。古希腊历史叙述体系中对波斯宫廷宴饮的早期描述同古风时代、古典时代早期的希腊会饮文学关系密切，将波斯宫廷宴饮展示为贤哲们侃侃而谈、其乐融融的理想化场景；随着东方主义观念的形成与不断发展，波斯宫廷宴饮在现存古希腊史学作品及残篇中的形象被不断丑化与妖魔化，最终构成了奥姆斯特德等现当代波斯史专业研究者头脑中挥之不去的骇人记忆。

本书的"罗马篇"为第六至第九章。第六、七两章展示了地中海东部知识精英在同罗马文明的"遭遇"阶段形成的尚不完备、难以自圆其说的帝国观。其中，第六章以波利比乌斯关于罗马在不到 53 年内征服地中海世界的普世史体系为研究对象，揭示了以波利比乌斯为代表的希腊知识精英在对罗马霸权的早期介绍与研究过程中所暴露的、难以避免的认识局限性。第七章剖析了使用希腊文进行史学创作的犹太史家约瑟福斯罗马观中固有的二重矛盾性——罗马政权的世界帝国形象与自身内心深处无法割舍的犹太族裔上帝选民观念之间的张力与矛盾贯穿了这位史家著述活动的始终。

  本书第八、九两章力图在2世纪以降罗马史资料相对匮乏的客观条件下，通过波桑尼阿斯的《希腊纪行》与帝国晚期历史叙述传统中的"再造罗马"话语模式这两项个案的研究，揭示帝制统治之下希腊知识精英同罗马帝国政权逐渐建立文化认同的曲折历史进程。我们在第八章中看到，波桑尼阿斯《希腊纪行》所建立的文化记忆模式一方面试图排斥罗马帝国在"自由希腊"历史记忆中的合法地位，另一方面又不得不在对晚近罗马元首"亲希腊政策"的充分肯定之上去构建自己的文化记忆，从而在光辉、自由、理想化的古希腊历史与安宁、富足、虽未尽完美但差强人意的现实罗马帝国统治模式之间搭建起了一座记忆的桥梁。而当我们跨越高质量史料极其匮乏、历史线索混沌不明的"3世纪危机"时代，来到本书第九章所探讨的4世纪后期至5世纪初的时候，我们看到的那些高举"再造罗马"话语叙述模式的旗帜、试图同已占据地中海世界文化话语权的基督教文明分庭抗礼的希腊多神教知识精英们已完全建立了与那个从前遭到他们祖先漠视与抗拒、如今则被他们自己高度理想化的罗马帝国政权的文化认同。

上 编

波斯篇

Ὦ Ζεῦ, τί δὴ ἀνδρὶ εἰδόμενος Πέρσῃ καὶ οὔνομα ἀντὶ Διὸς Ξέρξην θέμενος ἀνάστατον τὴν Ἑλλάδα θέλεις ποιῆσαι, ἄγων πάντας ἀνθρώπους; καὶ γὰρ ἄνευ τούτων ἐξῆν τοι ποιέειν ταῦτα.

宙斯啊，您何苦要幻化成一个波斯人，更名改姓为薛西斯，兴师动众率领全人类来毁灭希腊呢？要知道您没有这些帮助也能做到同样的事情呀！（Hdt. 7.56）

第一章

希罗多德与大流士篡位事件
——以《历史》卷三同《贝希斯敦铭文》的比较为中心[①]

第一节　希罗多德笔下的东方史与《贝希斯敦铭文》

在《历史》（*Historiae*）卷一至卷四中，希罗多德（Herodotus）利用大段篇幅记载了古代东方的历史、地理、民族分布与社会风俗状况，为后人对东方世界的研究提供了宝贵材料，并塑造了希腊罗马知识精英对东方的基本认识，在西方学术史与文化史上产生了极为深远的影响。然而，对于希罗多德在向希腊读者介绍吕底亚、斯基泰、波斯、埃及、利比亚、印度等地区历史文化时所依据的史料基础和采用的表述方式等问题，当今古典学界中一直存在着广泛争议。近年来，西方古典学者们尝试应用多种社会学、文化学与史学理论，在分析、梳理希罗多德东方史的性质与叙述特点方面进行了有益的尝试。

弗朗索瓦·哈尔托赫（François Hartog）在其《希罗多德之镜》（*Le Miroir d'Hérodote. Essai sur la représentation de l'autre*，英文版题为 *The Mirror of Herodotus: the Representation of the Other in the Writing of History*，Janet Lloyd 英译）中试图借用"他者"这一社会学概念来分析希罗多德在作品

[①] 本章主体内容已先期发表于《希罗多德波斯史及其对古希腊知识精英波斯观的塑造》（《历史研究》2014年第1期）一文。

所塑造的斯基泰人（Scythians）形象。哈尔托赫在这部著作中将斯基泰人视为与希腊人对应和与埃及人对立的"他者"；[1]并认为希罗多德所描述的阿玛宗女战士（Amazons）相当于雅典古典时期埃菲比（Ephebe）青年战士的他者。[2]哈尔托赫进一步指出，《历史》的这种叙述模式总的来说是符合当时希腊人对东方世界的普遍认知方式的。[3]亚历山大·霍尔曼（Alexander Hollmann）利用"能指—所指（signifer/signified）"符号学原理分析了希罗多德东方史记载中反复提及的预兆，认为同《历史》中对其他民族及希腊人自身相信的预兆相比，希罗多德对波斯人预兆的记载有着独具一格的特征，可能在一定程度上反映了波斯僧侣特有的预兆解读方式；[4]他还指出了荷马史诗与希腊悲剧等文学传统对希罗多德著述的影响。[5]阿隆索·努涅斯（José-Miguel Alonso-Núñez）试图从希罗多德对世界进行划分的思路入手，研究希罗多德对以波斯帝国为代表的整个东方世界的总体看法。[6]安·沃德（Ann Ward）则假设希罗多德在记述埃及、斯基泰、波斯与雅典等不同地区历史时遵循了希腊古典作家们探讨政体优劣的思路，[7]将上述四个政府分别塑造成神权统治的、诗性的、极端理性的和务实的政治体制，从而论证雅典政治模式的优越性。

总的来看，在当今古典学界对希罗多德东方史的研究中，多数学者致力于通过引入某种现代理论或独特视角，对希罗多德所记内容进行整体诠释和重新解读，而在对希罗多德的史料来源及其可靠性方面的研究中所取得的突破相对较少。归根结底，这是由希罗多德《历史》本身题材的特殊性决定的。对于大多数《历史》的读者而言，希罗多德利用大

---

[1] François Hartog, *The Mirror of Herodotus: The Representation of the Other in the Writing of History*, Janet Lloyd, trans., Berkeley & Los Angeles & London: University of California Press, p. 3.

[2] Ibid., p. 217.

[3] Ibid., p. 197.

[4] Alexander Hollmann, *The Master of Signs: Signs and the Interpretation of Signs in Herodotus' Histories*, Cambridge, Massachusetts & London: Harvard University Press, 2011, p. 245.

[5] Ibid., p. 249.

[6] José-Miguel Alonso-Núñez, "Herodotus' Conception of Historical Space and the Beginnings of Universal History", in Peter Derow and Robert Parker eds., *Herodotus and his World*, Oxford: Oxford University Press, 2003, pp. 145-152, pp. 147-149.

[7] Ann Ward, *Herodotus and the Philosophy of Empire*, Waco: Baylor University Press, 2008, p. 75.

段篇幅描述的波斯、埃及等东方王国的历史在时间和空间上都显得极其遥远,他的很多记载都是关于该史事绝无仅有的文献材料。在这种情况下,学者们既找不到检验希罗多德作品质量的外部标准,也缺乏对《历史》细节进行认真考核的兴趣,因为除泰西阿斯(Ctesias)的《波斯志》(Persica)和《印度志》(Indica)、色诺芬(Xenophon)的《长征记》(Anabasis)、《圣经·旧约》中的若干篇章、曼涅托和贝罗苏斯(Berossus)的残篇等或质量不高,或题材单一,或传奇色彩浓厚,或内容残缺不全的作品外,人们很难找到希罗多德所著东方史的替代品。这种近乎暧昧的态度在对希罗多德波斯史记载部分的研究中体现得尤为明显。由于希罗多德显然并未完全掌握波斯帝国官方使用的各种文字,其波斯史记述中又穿插着不少令人难以置信的离奇情节,后世学者普遍认为,这部分内容的可信度要明显低于希罗多德对希波战争结果的叙述。[1]然而,他们对前者的依赖程度却反而高于后者,因为希罗多德的波斯史是现存同类希腊语文献中年代最早、同时也是最为重要的一部;[2]而波斯人则没有留下任何关于自身历史的成文史著。[3]因此,"历史学家们虽然明知希罗多德的可靠性不断受到挑战,却基本上对这些意见置若罔闻"。[4]然而,随着19世纪中叶以来亚述学、埃及学的迅速发展,西方学者对古代波斯、埃及史料的认识不断深入,一批研究者开始提出各种外部铭文、考古证据,用来作为希罗多德作品史料价值的衡量标准。在这些史料中,最引人注目、同时也最富争议的当属大流士一世(Dareus I)于即位初期授意撰写的《贝希斯敦铭文》(Behistun Inscription,另写为 Bisitun 或 Bisotun;古波斯文为 Bagastana,意为"诸神齐聚之地"[5])。

1835年,英军少校罗林逊(Henry Rawlinson)在格罗特芬德(G.F.

---

[1] Jack Martin Balcer, *Herodotus & Bisitun: Problems in Ancient Persian Historiography*, Stuttgart: Franz Steiner Verlag Wiesbaden GMBH, 1987, p. 15.

[2] Robert Drews, *The Greek Accounts of Eastern History*, Cambridge, MA: Harvard University Press, 1973, p. 45.

[3] Pierre Briant, *From Cyrus to Alexander, A History of the Persian Empire*, Peter T. Daniels and Winona Lake, trans., Indiana: Eisenbrauns, 2002, p. 5.

[4] David M. Lewis, *Selected Papers in Greek and Near Eastern History*, P.J. Rhodes ed., Cambridge: Cambridge University Press, 1997, p. 345.

[5] Lindsay Allen, *The Persian Empire, A History*, London: British Museum Press, 2005, p. 38.

Grotefend）等前人的成果基础上[①]开始了对《贝希斯敦铭文》的学术研究工作，[②]并于1847年正式破译了其中的古波斯文部分。[③]该铭文叙述了大流士在玛兹达神（Ahuramazda）佑助下处决篡位的僧侣高墨达（Gaumata），取得波斯帝国王位并平定境内各处叛乱的经过。《贝希斯敦铭文》虽并非叙事性的史学作品，其内容却与希罗多德《历史》卷三的记载存在着不少重合之处。[④]笔者认为，《贝希斯敦铭文》是我们分析希罗多德所记大流士登基始末真实性，进而评判《历史》全书在史料择取、叙事风格等方面特征的重要线索。尽管像我们在后文中将会看到的那样，这篇铭文具有浓重的官方意识形态色彩，并不能被视为信史；但作为叙述波斯帝国境内重大政治事件的一手材料，《贝希斯敦铭文》在无碍于树立大流士正面形象的局部细节记载方面应当是十分可靠的。该铭文出示了大量精确的时间、地点和各次战役的死亡、被俘人数信息，[⑤]很可能出于亲身经历过这些事件的作者之手。大流士在铭文结尾处曾发誓自己不会隐瞒真相；[⑥]而根据古波斯地区琐罗亚斯德教（Zoroastrism）的伦理标准，君王说谎和立伪誓的行为几乎在任何情形下都是不被容许的。[⑦]因此，大流士应当不会在铭文无关紧要的细节处故意扭曲真相，而轻易为怀疑、敌视自己的臣民留下口实。总之，《贝希斯敦铭文》的破译提供了检验希罗多德史料质量的可靠标准，为希罗多德史学研究的突破提供了机遇。

《贝希斯敦铭文》破译后，古典学家们马上意识到了这篇文献的史料价值和对希罗多德研究的重要意义。然而，在此后近一个世纪里，学术界对该铭文和希罗多德相关记述的比较研究开展得并不十分顺利。这是因为，

[①] Roland G. Kent, *Old Persian, Grammar, Texts, Lexicon*, New Haven, Connecticut: American Oriental Society, 1950, pp. 10-11.

[②] 李铁匠：《〈贝希斯敦铭文〉介绍》，《江西大学学报》1987年第3期。

[③] A.T. Olmstead, "Darius and His Behistun Inscription", *The American Journal of Semitic Languages and Literatures*, Vol. 55, No. 4 (Oct., 1938), p. 392.

[④] Christopher Tuplin, "Herodotus on Persia and the Persian Empire", in Robert B. Strassler ed., *The Landmark Herodotus*, New York: Pantheon Books, 2007, p. 792.

[⑤] M.A. Dandamaev, *A Political History of the Achaemenid Empire*, W.J. Vogelsang trans., Leiden: Brill, 1989, p. 133.

[⑥] DB 4§60-61.

[⑦] Steven W. Hirsch, *The Friendship of the Barbarians: Xenophon and the Persian Empire*, Hanover & London, University Press of New England, 1985, p. 18.

《贝希斯敦铭文》的文字内容存在着诸多难点，并且全文都笼罩在浓重的波斯帝国官方意识形态中；而当时的古典学者们对波斯帝国的其他相关史料、考古证据又所知有限，因此很难从大流士疑点颇多的自述中提炼出与希罗多德记载相关的可靠信息。正如奥姆斯特德（A.T. Olmstead）所说，《贝希斯敦铭文》的破译既为历史学家提供了便利的研究条件，同时也给他们制造了诸多麻烦。[1]在希罗多德笔下看似内容单纯、线索清晰的一系列王位更迭事件由于《贝希斯敦铭文》的出现而大大复杂化了。[2]一方面，由于当时古代近东文字研究水平的局限，一些学者利用希罗多德的记载去附会《贝希斯敦铭文》中的语言难点，如其中对冈比西斯（Cambyses）死亡方式的叙述，[3]从而忽略了铭文对希罗多德史料真实性的验证价值；另一方面，他们又盲目信赖铭文中关于波斯王室世系等问题的陈述，[4]从而步入了大流士精心设计的圈套而深陷误区。真正打破学术研究中徘徊不前局面的是美国学者奥姆斯特德，他在1948年出版的名著《波斯帝国史》（*History of the Persian Empire*）中结合希腊文史料和近东考古证据，率先以理性方法剖析了《贝希斯敦铭文》王族世系中包含的虚假信息和意识形态宣传内容，[5]对同时出现在铭文和希罗多德《历史》中的冈比西斯杀害兄弟一事提出了有理有据的质疑，[6]对《贝希斯敦铭文》和希罗多德《历史》的比较研究做出了巨大贡献。1987年，另一位美国学者巴尔塞（Jack Martin Balcer）撰写了专著《希罗多德与贝希斯敦铭文：古波斯史诸问题》（*Herodotus & Bisitun: Problems in Ancient Persian Historiography*），令人信服地推翻了《贝希斯敦铭文》对大流士等处决篡位僧侣这一核心事件的叙述；1996年，法国波斯史专家布里昂（Pierre Briant）出版了《波斯帝国史：从居鲁士到亚历山大》（*Histoire de l'Empire Perse, De Cyrus à Alexandre*，英文版题名为

---

[1] Olmstead, "Darius and His Behistun Inscription", p. 393.
[2] Briant, *From Cyrus to Alexander, A History of the Persian Empire*, p. 98.
[3] P.M. Sykes, *A History of Persia*, Vol. I, London: MacMillan and Co., Ltd., 1915, p. 169.
[4] Ibid., Robert William Rogers, *A History of Ancient Persia*, New York & London: Charles Scribner's Sons, 1929, pp. 88-89.
[5] A.T. Olmstead, *History of the Persian Empire*, Chicago & Illinois: University of Chicago Press, 1948, p. 107.
[6] Ibid., p. 109.

From Cyrus to Alexander, A History of the Persian Empire, Peter T. Daniels 与 Winona Lake 英译，2002 年出版）一书，详细讨论了大流士通过《贝希斯敦铭文》杜撰波斯帝国王位世系的问题。与此同时，随着亚述学、考古学界对《贝希斯敦铭文》相关材料的研究不断深入，铭文中的许多古波斯文语法难点，如对冈比西斯死亡方式的误读逐渐得到了澄清；[1] 与铭文内容密切相关的旁证材料，如居鲁士的圆柱体铭文（*Cyrus Cylinder*）、居鲁士王宫的伪造铭文材料和大批大流士登基前后时期的考古证据也在解读《贝希斯敦铭文》的过程中发挥了关键作用。随着这些研究成果的涌现，当今学术界对《贝希斯敦铭文》及大流士登基前后历史背景的认识、理解水平已达到前所未有的高度，这些知识为我们分析希罗多德所记波斯史的史料价值与意识形态特征提供了十分便利的条件。

在国内学界，李铁匠与周洪祥、吴宇虹等学者分别对《贝希斯敦铭文》进行过扼要介绍和深入研究，但利用其相关成果分析希罗多德史学成就的著述尚不多见。在本章中，笔者试图以《贝希斯敦铭文》为参照，辨析希罗多德《历史》所载从冈比西斯暴亡至大流士巩固王位期间史事中的可靠信息、谬误与添加成分，进而探讨希罗多德史学撰述对希腊罗马文化中波斯观的塑造作用。

第二节 《历史》卷三与《贝希斯敦铭文》的异同与联系

首先，必须指出的是，学术界对《贝希斯敦铭文》的破译在很大程度上证实了希罗多德《历史》卷三的史料价值。研究表明，希罗多德著作中记载的很多内容同《贝希斯敦铭文》具有惊人的一致性，而希罗多德对波斯帝国风俗、制度和语言文字的了解程度也是古典时代的绝大多数希腊作家所无法企及的。就记载大流士登基部分的材料而言，希罗多德最突出的贡献体现在以下三个方面：

第一，希罗多德对波斯政治史人物的姓名和角色地位掌握相当精确，并创造或应用了一套将古代近东人物姓名转写为古希腊文的成熟体系。《贝

---

[1] Amélie Kuhrt ed., *The Persian Empire: A Corpus of Sources from the Achaemenid Period*, London & New York: Routledge, 2007, p. 153.

希斯敦铭文》在接近末尾的部分写道：

:θātiy:Dārayavauš:xšāyaθiya:imaiy:martiyā:tyaiy:adakaiy:avadā:āhatā: yātā:adam :Gaumātam:tyam:magum:avājanam:hya:Bardiya:agaubatā:adaka iy:imaiy:martiyā:hamataxšatā:anušiyā:manā:Vidafarnā:nāma:Vāyaspārahyā: puça:Pārsa:Utāna:nāma:Θuxrahyā:puça:Pārsa:Gaubaruva:nāma:Marduniya hyā:puça:Pārsa:Vidarna:nāma:Bagābignahyā:puça:Pārsa:Bagabuxša:nāma: Dātuvahyahyā:puça:Pārsa:Ardumaniš:nāma:Vahaukahyā:puça:Pārsa[①]

国王达拉亚瓦斯（大流士）说：当我杀死自称巴尔迪亚的玛哥僧高墨达的时候，以下这些人在场并担任我的助手：一人名为维塔法尼斯，瓦斯帕拉之子，波斯人；一人名为乌塔尼斯，苏克拉之子，波斯人；一人名为高布鲁亚斯，玛杜尼亚斯之子，波斯人；一人名为维达尼斯，巴伽比纳之子，波斯人；一人名为巴伽布祖斯，达图瓦亚之子，波斯人；一人名为阿杜马尼斯，瓦豪卡之子，波斯人。（DB 4§80-86）

而在《历史》卷三中，希罗多德同样记录了参与杀死篡位玛哥僧的波斯贵族名单：

Ὁ δὲ Ὀτάνης παραλαβὼν Ἀσπαθίνην καὶ Γωβρύην, Περσέων τε πρώτους ἐόντας καὶ ἑωυτῷ ἐπιτηδεοτάτους ἐς πίστιν ἀπηγήσατο πᾶν τὸ πρῆγμα· οἱ δὲ καὶ αὐτοὶ ἄρα ὑπόπτευον οὕτω τοῦτο ἔχειν, ἀνενείκαντος δὲ τοῦ Ὀτάνεος τοὺς λόγους ἐδέξαντο. καὶ ἔδοξέ σφι ἕκαστον ἄνδρα Περσέων προσεταιρίσασθαι τοῦτον, ὅτεῳ πιστεύει μάλιστα, Ὀτάνης μέν νυν [ἐσάγεται] Ἰνταφρένεα, Γοβρύης δὲ Μεγάβυζον, Ἀσπαθίνης δὲ Ὑδάρνεα. γεγονότων δὲ τούτων ἓξ παραγίνεται ἐς τὰ Σοῦσα Δαρεῖος ὁ Ὑστάσπεος ἐκ Περσέων ἥκων· τούτων γὰρ δὴ ἦν οἱ ὁ πατὴρ ὕπαρχος. ἐπεὶ ὦν οὗτος ἀπίκετο, τοῖσι ἓξ τῶν Περσέων ἔδοξε καὶ Δαρεῖον προσεταιρίσασθαι.

奥塔尼斯找来阿斯帕提尼斯和戈布里亚斯，两个地位极高、并被

---

① 本书中使用的古波斯文及转写方式来自于 Roland Kent ed./trans., *Old Persian*, Grammar, Texts, Lexicon, New Haven, Connecticut: American Oriental Society, 1950。

他视为最可信任的两个波斯人,将全部情况向他们和盘托出。这两个人似乎先前已对此有所怀疑,现在便对奥塔尼斯的说法深信不疑。他们决定各自去找自己最信任的波斯人帮忙;奥塔尼斯找来了因塔法尼斯,戈布里亚斯找来了玛伽巴祖斯,阿斯帕提尼斯找来了许达尼斯,这样凑齐了六人。此时恰巧许斯塔斯佩斯之子大流士从父亲管辖的波斯来到苏萨。他抵达后,六位波斯人决定让他也参与此事。(Hdt. 3.70)

可见,《历史》和《贝希斯敦铭文》都列举了刺杀高墨达[在希罗多德著作中为与大流士兄弟同名的司麦尔迪斯(Smerdis)及其兄弟帕提泽特斯(Patizeithes)]的七贵族名单,其中有六人的名字是吻合的(奥塔尼斯即乌塔尼斯,戈布里亚斯即高布鲁亚斯,因塔法尼斯即维塔法尼斯,玛伽巴祖斯即巴伽布祖斯,许达尼斯即维达尼斯,大流士即国王达拉亚瓦斯)。希罗多德只把一位在铭文中叫做阿尔杜马尼斯(Ardumaniš)的波斯贵族错认成了后来在大流士在位期间异常活跃的权臣阿斯帕提尼斯(Ἀσπαθίνης),[①] 这一疏漏其实也可以从侧面证明,希罗多德对大流士统治时期担任要职的官员角色、地位是有比较深入的研究的。相形之下,比希罗多德晚一个世代进行创作,并亲身在波斯宫廷里生活过的泰西阿斯的相关记载在准确性方面要逊色得多。[②] 尽管他也知道发动政变的贵族共有七人,却仅写对了其中的两个半名字(包括大流士)。[③] 同样,大流士在《贝希斯敦铭文》中追述了自己的五代祖上谱系,[④] 而希罗多德在《历史》7.11中用希腊文几乎忠实无误地转写了这份族谱。而埃斯库罗斯(Aeschylus)在《波斯人》(*Persae*)765—781行中叙述的波斯国王世系却充满谬误,令人不得要领。相形之下,希罗多德掌握的波斯王族谱系显然更为完备和准确。[⑤] 希罗多德的成功绝非出自偶然。根据塔普林(Christopher Tuplin)的分析,希罗多德在《历史》

[①] *From Cyrus to Alexander, A History of the Persian Empire*, p. 108.
[②] John L. Myres, *Herodotus, Father of History*, Oxford: Clarendon Press, 1953, p. 159.
[③] Ctesias, *Persica*, F13.16 (in Lenfant); David M. Lewis, *Selected Papers in Greek and Near Eastern History*, p. 346.
[④] DB 1§1-2.
[⑤] Balcer, *Herodotus & Bisitun: Problems in Ancient Persian Historiography*, p. 36.

中使用了若干直接来自古波斯文的词汇;[1]他对波斯人名的尾音进行了细致且正确的研究;[2]他理解父名对波斯贵族社会地位的特殊意义;[3]他对波斯帝国境内为数众多的民族名称及其分布也有相当专业的了解（尽管在细节处不无争议[4]）。[5]要之，同古典时期处理相同题材的其他作家相比，希罗多德充分发挥了自己作为波斯臣民［希罗多德来自小亚地区的希腊殖民城邦哈里卡纳索斯（Halicarnassus），[6]该地区于大流士在位期间被并入波斯帝国版图］的先天优势，并在游历过程中注意积累波斯帝国官方语言的相关知识，或许还直接从个别波斯友人那里获得了关于波斯王室、贵族名单的第一手材料。而对于非本民族文化地区历史的撰写而言，一定的相关语言、人物谱系等专门知识恰恰是保证史著质量的关键要素。

第二，希罗多德对从冈比西斯去世到大流士等刺杀篡位僧侣的政局变动叙述与《贝希斯敦铭文》中的概括大致吻合。根据希罗多德的记载，冈比西斯秘密杀害了其兄弟司麦尔迪斯;[7]玛哥僧侣趁机假冒冈比西斯兄弟的名义篡夺了王位;[8]冈比西斯在从埃及返回平叛途中暴死;[9]波斯贵族纷纷承认了伪司麦尔迪斯的权力;[10]但大流士等七名波斯贵族挺身而出杀死了伪司麦尔迪斯及其兄弟。[11]如果将这段陈述中的玛哥僧兄弟替换为伪巴尔迪亚（Bardiya）/高墨达的话，那么希罗多德的记载几乎就是《贝希斯敦铭文》

---

[1] Tuplin, "Herodotus on Persia and the Persian Empire", p. 792.

[2] Hdt. 1.139.

[3] Pierre Briant, «Hérodote et la société Perse», in Olivier Reverdin and Bernard Grange eds., *Entretiens sur l'Antiquité classique*, Tome XXXV, *Hérodote et les peuples non Grecs*, Genève: Vandoeuvres, 1988, p.84.

[4] O. Kimball Armayor, "Herodotus Catalogues of the Persian Empire in the Light of the Monuments and the Greek Literary Tradition", *Transactions of the American Philological Association* (1974-), Vol. 108 (1978), p. 2.

[5] J. Wells, "The Persian Friends of Herodotus", *The Journal of Hellenic Studies*, Vol. 27 (1907), pp. 37-38.

[6] Hdt. 1.1. 关于希罗多德究竟来自小亚哈里卡纳索斯地区抑或意大利南部图里人（Thurii）聚居区的学术论争，见 Felix Jacoby, „Herodotos", in Georg Wissowa ed., *Paulys Real-Encyclopädie der classischen Altertumswissenschaft*, Supplement 2, pp. 205-520, pp. 205-206, pp. 224-226。

[7] Hdt. 3.30.

[8] Hdt. 3.61.

[9] Hdt. 3.64.

[10] Hdt. 3.66-67.

[11] Hdt. 3.77-78.

1§10-13段落的扩写。二者在叙事脉络和很多细节方面都是极为相似的。[1]而泰西阿斯《波斯志》中关于巴伽帕特斯（Bagapates）和阿塔叙拉斯（Artasyras）将玛哥僧扶植为王的说法[2]却同希罗多德和《贝希斯敦铭文》的版本差异显著。[3]笔者认为，合理的解释是希罗多德作为波斯帝国的臣民，对《贝希斯敦铭文》中所反映的，在各种场合一再重复的官方历史解释十分熟悉，因此能够准确复述其中的基本要素。

第三，在叙述大流士登基始末及其他史事的过程中，希罗多德证明了自己对波斯帝国风俗习惯与基本制度的理解水平远远超过同时代其他希腊作家。他对玛哥僧司麦尔迪斯被割耳后不敢在公共场合露面的叙述[4]虽不符合贝希斯敦浮雕中的高墨达形象，[5]但却说明希罗多德并没有同时代希腊人普遍具有的错误观念，认为波斯君主通常是头顶高冠并深居简出的。[6]他清楚地知道波斯君主"波斯之王、米底之王"[7]的专用头衔。[8]他还理解父名对于波斯贵族身份的重要意义，[9]以及大流士奉阿黑门尼斯（Achaemenes）为祖先的官方说法。[10]总之，在希腊听众或读者面前，希罗多德俨然是以一个对波斯帝国有着深入认识的介绍者形象出现的。[11]他对自己记述主题的亲身感受和认识高度都是同时代及之后的许多希腊作家所无法比拟的。从这个意义上说，希罗多德充分发挥了自身希腊文化精英和波斯帝国臣民双重身份的优势，利用希腊文这一有效的表达工具和严谨的专有名词转写方式，成功地处理了一个极为宏大的题材，将自身对庞大

---

[1] Briant, *From Cyrus to Alexander, A History of the Persian Empire*, p. 99.
[2] Ctesias, *Persica*, F13.15 (in Lenfant).
[3] Ctesias, *La Perse, L'Inde*, Dominique Lenfant ed./trans./comm., Budé, Paris: Les Belles Lettres, 2004, p. 261.
[4] Hdt. 3.69.
[5] 贝希斯敦浮雕中被大流士践踏着的高墨达的左耳在20世纪初仍清晰可见。
[6] David Asheri, Alan Iloyd and Aldo Corcella, *A Commentary on Herodotus*, *Books I-IV*, Oswyn Murray and Alforso Moreno eds., with a contribution by Maria Brosius, Barbara Graziosi, Matteo Rossetti, Carlotta Dus and Vanessa Cazzato trans., Oxford: Oxford University Press, 2007, p. 466.
[7] Hdt. 3.21.1; 8.5.2; 9.7.a1.
[8] Balcer, *Herodotus & Bisitun: Problems in Ancient Persian Historiography*, pp. 34-35.
[9] Briant, «Hérodote et la société Perse», p. 84.
[10] Balcer, *Herodotus & Bisitun: Problems in Ancient Persian Historiography*, p. 36.
[11] Rosaria Munson, "Who Are Herodotus' Persians?", *The Classical World*, Vol. 102, No. 4 (Summer 2009), p. 457.

的波斯帝国政治、文化、民族、地理等方面的重要信息较为精确地传达给了希腊读者们；他的波斯史在可靠性和认识深度方面远远超越了此前史话家、戏剧作家们记载的传说和后来泰西阿斯等人的猎奇性著作，其对波斯史的贡献是无可争议的。

与此同时，我们也应当看到，由于客观条件的限制，希罗多德所收集的波斯史信息中也不可避免地存在着许多缺失。《贝希斯敦铭文》和在巴比伦出土的文书都明确指出，冈比西斯的兄弟名叫巴尔迪亚（Bardiya，巴比伦文书中的拼写为 Barziya），①其波斯文原意为"崇高的"。②希罗多德在《历史》中效法了埃斯库罗斯等人的传统，将这个名字转写为司麦尔迪斯［(Σ)μέρδις，埃斯库罗斯《波斯人》774 行写作Μάρδος］，但却完全不知道假冒巴尔迪亚的僧侣高墨达的名字。《贝希斯敦铭文》中只交代了高墨达发起的暴动，并未提到过高墨达还有一个兄弟。一些亚述学学者们指出，希罗多德很可能是将古波斯文中的"行省长官（pati-khšayathia）"这一专有名词附会成了人名帕提泽特斯（Patizeithes），从而造成了伪司麦尔迪斯两兄弟篡位的错误记载。③更严重的是，希罗多德笔下的内侍司麦尔迪斯秘密篡位和《贝希斯敦铭文》所载伪巴尔迪亚于行省公开兵变的说法差异巨大，④而他对玛哥僧被杀后迅速席卷波斯帝国全境的多次暴动几乎一无所知。⑤他仅仅记载了巴比伦地区的反叛，而其情节与《贝希斯敦铭文》中的说法完全无法调和。⑥根据《贝希斯敦铭文》的叙述，大流士于公元前 522 年冬使用闪电战的方式，仅用一个月左右便平定了伪尼布甲尼撒（Nebuchadnezzar）的叛乱，攻克巴比伦并生擒叛军首领。⑦而在希罗多德的史著中，这次暴动被错误地记载为大流士登基（公元前 521 年）若干年之后的事件，⑧而大流士的围城则被描述成一场长达 19 个月之久的攻坚战，⑨并且他关于大

---

① Briant, *From Cyrus to Alexander, A History of the Persian Empire*, p. 98.
② Balcer, *Herodotus & Bisitun: Problems in Ancient Persian Historiography*, p. 57.
③ Asheri, Iloyd and Corcella, *A Commentary on Herodotus, Books I-IV*, p. 460.
④ Balcer, *Herodotus & Bisitun: Problems in Ancient Persian Historiography*, p. 102.
⑤ Lewis, *Selected Papers in Greek and Near Eastern History*, pp. 346-347.
⑥ Balcer, *Herodotus & Bisitun: Problems in Ancient Persian Historiography*, p. 19.
⑦ DB 1§18-2§20.
⑧ Hdt. 3.150.
⑨ Hdt. 3.152.

流士攻克巴比伦后处决 3000 名反叛贵族并拆毁城墙的记载也没有得到《贝希斯敦铭文》和考古发掘结果的任何证实。①总之，大量证据似乎表明，从玛哥僧被杀的历史时段起，希罗多德的波斯史记载线索陡然中断了，他对《贝希斯敦铭文》和其他波斯官方文献后续记录的间接了解是零散的和充满错误的，其细节很可能来自并不可靠的道听途说或主观想象。

  在古代学术批评史上，希罗多德或许是受到质疑、诟病最多的史家之一。约瑟福斯（Josephus）在《反阿皮翁》（*Against Apion*）中声称，许多史家都会遭到后人的否定，但希罗多德却受到所有评论家的一致批评。②约瑟福斯的说法显然并非毫无根据。我们目前拥有的、可作为约瑟福斯观点佐证的著作有普鲁塔克（Plutarch）的《论希罗多德的邪恶》（*On the Malice of Herodotus*），以及多部内容业已佚失的作品标题，如曼涅托（Manetho）的《反希罗多德》（*Against Herodotus*）、瓦勒里乌斯·波利奥（Valerius Pollio）的《论希罗多德的剽窃》（*On Herodotus' Theft*）、埃利乌斯·哈波克拉提昂（Aelius Harpocration）的《论希罗多德的谎言》（*On Herodotus' Lies*）以及里巴尼乌斯（Libanius）的《反希罗多德》（*Against Herodotus*）。③从标题上判断，这些作家必然都在其作品中对希罗多德作为历史学家所理应具备的诚实品质和求真精神提出了严重质疑。然而，通过对希罗多德《历史》卷三和《贝希斯敦铭文》叙述大流士登基始末段落的比较，笔者认为，总的来说，希罗多德对波斯史材料的收集和理解能力是极为出色的，其叙述的可靠性远远超过在他之前和之后的绝大多数古典作家，甚至基本能够经受外部证据——波斯官方史料《贝希斯敦铭文》的检验，其史学成就是极为难能可贵的。当然，由于时代和自身条件的局限性，希罗多德的记载中也混杂着不少错误与误解。总的来说，希罗多德记载大流士登基过程中所运用的史料具有以下三个特点：

  首先，希罗多德的史料来源在叙述从冈比西斯去世到玛哥僧被杀期间的情节时基本与大流士《贝希斯敦铭文》的官方版本保持了一致，但在记

---

① Dandamaev, *A Political History of the Achaemenid Empire*, pp. 124-125.
② Joseph. *Ap.* 1.3.
③ J.A.S. Evans, "Father of History or Father of Lies: The Reputation of Herodotus", *The Classical Journal*, Vol. 64, No.1 (Oct., 1968), p. 14.

载大流士为巩固自身权力而进行的平叛活动时质量明显下降,或可能直接中断。

其次,希罗多德的史料关注的重点地区是小亚、埃及和巴比伦,对波斯帝国境内的其他地区,特别是东部诸行省的记载相对薄弱。

再次,希罗多德对波斯史料中专有名词、社会风俗等信息的理解能力远远超出同时代其他希腊人的水平和多数后世批评家们的想象,但在涉及特别专门或生僻的官职、地点时仍会暴露其作为局外人所不可避免的认识局限性。

无论如何,普鲁塔克等罗马时代作家们对希罗多德史著可靠性的指责都是有失公允的。在叙述波斯史方面,希罗多德拥有其他古典作家所不具备的优秀史料来源;[1]他将波斯帝国及其所代表的古代东方文明置于同希腊文明平等的地位上,对之进行了认真、严谨的史学研究;他对波斯文化的认识客观、公正且相当深入。除《贝希斯敦铭文》提供的证据外,当代考古学家们在古代近东地区的大量发掘成果同样印证了希罗多德记载的准确性。[2]然而,正是这种不偏不倚的求实态度损害了希罗多德在罗马作家们心目中的正面形象。在其《论希罗多德的邪恶》中,普鲁塔克指责希罗多德是"亲蛮族派(φιλοβάρβαρος)"。[3]随着希波战争、亚历山大东征、布匿战争(Punic War)、米特拉达梯(Mithridates)战争、屋大维(Octavia)与安东尼(Anthony)内战、犹太战争等一系列东西方冲突的发生,希波战争作为自由战胜奴役、团结打败分裂、优秀的希腊人击退劣等的波斯人的象征意义在后世希腊罗马知识精英的心目中早已根深蒂固,[4]当他们回过头来再去阅读《历史》的时候,希罗多德对波斯英雄(如居鲁士)和东方悠久文明的公正评价与由衷赞美,对希腊同盟内部钩心斗角、尔虞我诈状态及底比斯等城邦直接向波斯大军屈膝投降等历史事实的如实直书在他们眼中都已成为不可容忍的、为蛮族歌功颂德而编造的谎言。可见,普鲁塔克、里

---

[1] Lewis, *Selected Papers in Greek and Near Eastern History*, p. 346.

[2] Donald Lateiner, *The Historical Method of Herodotus*, Toronto & Buffalo & London: University of Toronto Press, 1989, p. 102; John Hart, *Herodotus and Greek History*, London & Canberra: St. Martin's Press, 1982, p. 163.

[3] Plut. *Mor.* 857A.

[4] Evans, "Father of History or Father of Lies: The Reputation of Herodotus", p. 14.

巴尼乌斯等具有严重民族偏见的后人对希罗多德史才乃至品德的诋毁与攻击非但不能动摇希罗多德在古典史学史上的崇高地位，反而恰恰成了希罗多德所持公允、客观和开放的历史观的有力见证。

从上文分析中，我们不难看出，希罗多德所记大流士登基部分的材料是同《贝希斯敦铭文》有着密切联系的。事实上，《贝希斯敦铭文》叙述体系的痕迹在《历史》卷三中几乎贯穿始终。①那么，我们应当如何理解这两部在文化背景、读者群体和创作动机等方面截然有别的作品的相似性呢？

在学术史上，确实有部分学者相信希罗多德《历史》的相关部分是直接基于《贝希斯敦铭文》而写就的。前苏联学者丹达玛耶夫（Dandamayev / Dandamaev）甚至相信，希罗多德必然利用了《贝希斯敦铭文》的希腊文译本。②这一看法未免有些极端，并且至今也没有得到文献学的证实。但我们可以确信的是，希罗多德必然通过某种途径，间接收集了以《贝希斯敦铭文》为代表的、由波斯帝国官方制造的、关于大流士王登基前后历史事件的叙述内容。就《贝希斯敦铭文》本身而言，尽管文本本身被铭刻于人迹罕至的绝壁之上，所使用的又是希罗多德无法直接阅读的古波斯文、新埃兰文（Elamite）和阿卡德文（Akkadian）三种文字，但这篇铭文在波斯帝国境内的流传范围必定极为广泛。③大流士在铭文结尾处宣称，他会将整篇文字刻写出来，分发到帝国境内的各个角落。④当代考古学家们在巴比伦王宫遗址中便发现了略加改写过的，刻有《贝希斯敦铭文》内容的文书。⑤已出土的其他材料还有巴比伦地区的两块石板残篇，以及埃及纸草材料中的两份亚兰文（Aramaic）残篇。⑥因此，《贝希斯敦铭文》的基本内容大概早已被巴比伦、埃及等地的学者们熟知，希罗多德很

---

① Balcer, *Herodotus & Bisitun: Problems in Ancient Persian Historiography*, pp. 20-21.
② J.M. Cook, *The Persian Empire*, London & Melbourne & Toronto: J.M. Dent & Sons Ltd., 1983, p. 19.
③ Lewis, *Selected Papers in Greek and Near Eastern History*, p. 346.
④ DB 4§70.
⑤ Margaret C. Miller, *Athens and Persia in the Fifth Century B.C.: A Study in Cultural Receptivity*, Cambridge: Cambridge University Press, 1997, p. 121.
⑥ Hassan Rezai Baghbidi, "Darius and the Bisotun Inscription: A New Interpretation of the Last Paragraph of Column IV", *Journal of Persianate Studies* 2 (2009), p. 45.

可能是通过来自这些地方的文化精英了解到《贝希斯敦铭文》的相关信息的。

然而，无论如何，希罗多德是不可能完整阅读过全篇《贝希斯敦铭文》的。①在叙述大流士登基前后错综复杂的历史进程时，希罗多德显然并不清楚铭文中介绍的大流士等杀死伪巴尔迪亚这一事件与两次巴比伦暴动（在希罗多德作品中仅提及了一次）之间的因果联系。他对铭文信息的出色把握大概来自于对通过各种渠道收集到的只言片语的拼接与整合，②这些叙述中比重相当大的一部分必然是口述材料。在《历史》卷三中，希罗多德先后多次使用了诸如"波斯人说……""埃及人改编了这个故事……""他们说……"等字眼。③约翰·迈尔斯（John L. Myres）猜测，希罗多德如此高质量的史料必然来自某个重要波斯政治人物的直接口述，并举出薛西斯（Xerxes）麾下将领麦加比祖斯（Megabyzus）之子佐普鲁斯（Zopyrus）和另一位波斯将领阿塔巴祖斯（Artabazus）作为假想的可能。④无论事实真相究竟如何，我们都应当看到，希罗多德能够在古代社会信息交流极为不便的情况下，克服语言理解、文化差异、时空距离上的诸多障碍，成功地将自己间接收集到的波斯帝国官方文献所载信息纳入其《历史》的叙述体系，其为撰写史著所付出的精力与心血是无愧于"史学之父（pater historiae）"⑤的美誉的。

第三节 《贝希斯敦铭文》对希罗多德的间接误导

在上文中，笔者初步分析了希罗多德《历史》卷三相关内容与《贝希斯敦铭文》的一致性与分歧。总的来说，希罗多德较为准确地复述了《贝希斯敦铭文》中的姓名、谱系和铭文开篇部分的基本情节，但对大流士登基后平定叛乱的史实和其他若干细节的信息掌握存在一定缺陷。笔者的初步结论是希罗多德虽未读过整篇《贝希斯敦铭文》，却通过游历、咨询和口

---

① Balcer, *Herodotus & Bisitun: Problems in Ancient Persian Historiography*, p. 120.
② Ibid., pp. 68-69.
③ Hdt. 3.1.5; 3.2.2; 3.3.1; 3.12.2.
④ Myres, *Herodotus, Father of History*, p. 159.
⑤ Cic. *Leg.* 1.5.

述材料间接收集了这篇波斯帝国官方材料中的部分信息,这些信息大大提升了《历史》卷三的史料价值。

然而,两部作品之间还有更深层的内在联系。根据当代学者们的研究成果,《贝希斯敦铭文》是一篇充满大流士登基之初波斯帝国官方意识形态色彩的材料,其撰写与颁布带有明显的政治宣传目的,而这一特征也在希罗多德的《历史》中得到了鲜明的反映。

《贝希斯敦铭文》正文所使用的语言——古波斯文本身便是大流士统治时期意识形态的产物。当代亚述学学者们普遍同意,《贝希斯敦铭文》是最早写就的古波斯文文献。[1]古波斯文的语法结构相对简单,其词汇来自多种语言,以巴比伦等波斯帝国核心地区通用的楔形字母为载体。在已发现的古波斯语铭文中,所有文献都是在岩壁、石碑等耐久材料上刻写的,所有的铭文内容都与波斯国王密切相关。[2]因此,学界普遍认为,古波斯文在本质上是一种人造的语言,从未在日常生活中得到过应用;[3]其写作技能仅掌握在波斯国王御用的少数书吏手中,[4]是大流士及其后继波斯君主们宣传符合自己利益的意识形态的文化工具。作为由古波斯文撰写的第一篇历史文献,《贝希斯敦铭文》的陈述中存在着众多疑点,[5]其故意省略之处亦比比皆是。大流士在铭文中用修辞式的手法宣称,他在自述中有意略去了自己从前缔造过的一些丰功伟绩,因为担心后人会因为它们太过神奇而不敢相信这篇铭文的真实性。[6]根据《圣经·旧约》提供的证据看,犹太人在大流士即位之初发动的起义便出于某种未知原因而被《贝希斯敦铭文》忽略了。[7]总的来说,《贝希斯敦铭文》中对史实的扭曲和对细节的忽略大多服务于大流士巩固个人统治的需要。大流士在铭文中列举了自己的多次战役

---

[1] Kuhrt ed., *The Persian Empire: A Corpus of Sources from the Achaemenid Period*, p. 151.
[2] Matthew W. Stolper, "Achaemenid Languages and Inscriptions", in John Curtis and Nigel Tellis eds., *Forgotten Empire, The World of Ancient Persia*, London: British Museum Press, 2005, p. 19.
[3] Stolper, "Achaemenid Languages and Inscriptions", pp. 19-20.
[4] Balcer, *Herodotus & Bisitun: Problems in Ancient Persian Historiography*, p. 31.
[5] Thomas Harrison, *Writing Ancient Persia*, London & New York: Bristol Classical Press, 2011, pp. 22-23.
[6] DB 4§58.
[7] Dandamaev, *A Political History of the Achaemenid Empire*, p. 192.

大捷，却从未承认自己在军事活动中受过任何哪怕十分微小的挫折。[1]在 1§17 部分，大流士在阿卡德文版本和新埃兰文版本中吹嘘自己"杀死了全部敌人，未留下一个俘虏"，但这句话在古波斯文版本中被精心地删除了；[2]同样，2§25 的阿卡德文版中强调大流士"杀敌 3827 人，俘获 4329 人"，却在另外两种语言的版本中隐瞒了杀敌数字；[3]3§38 的记载风格也与之类似。[4]这种处理方式显然是为了在不同身份的臣民面前塑造波斯帝王或冷酷、或宽仁的不同面目，以更好地维持大流士的个人统治。

作为希腊文化圈的一分子和波斯帝国遥远边疆行省的臣民，希罗多德显然并不了解古波斯语文献的特殊性质。因此，希罗多德对《贝希斯敦铭文》政治宣传内容的取舍就成了后世学者评价希罗多德史料批判意识和理性思维能力的重要线索。对两篇文献的比较研究表明，希罗多德在对大流士登基过程中极为关键的两大要素——继承王位所必备的合法世系与铲除篡位僧侣的正当性——的叙述中都受到了《贝希斯敦铭文》等文献所传达的大流士统治时期官方意识形态的蒙蔽。

在《贝希斯敦铭文》1§2 中，新登基的君主大流士叙述了自己的家族谱系：

":θātiy:Dārayavauš:xšāyaθiya:manā:pita:Vštāspa:Vštāspahyā:pita:Aršāma:Aršāmahyā:pita:Ariyāramna:Ariyāmnahyā:pita:Cišpiš:Cišpāiš:pita:Haxāmaniš（国王达拉亚瓦斯[希罗多德转写为大流士（Δαρεῖος）]说：我的父亲是维斯塔斯帕[希罗多德转写为叙斯塔斯佩斯（Ὑστάσπης）[5]]，维斯塔斯帕的父亲是阿尔沙马[希罗多德转写为阿尔萨米斯（Ἀρσάμης）[6]]，阿尔沙马的父亲是阿瑞亚拉姆纳[希罗多德转写为阿瑞亚拉姆尼斯（Ἀριαράμνης）[7]]，阿瑞亚拉姆纳的父亲是奇斯皮斯[希罗多德转写为泰斯皮斯（Τεΐσπης）或提斯

---

[1] Dandamaev, *A Political History of the Achaemenid Empire*, p. 190.
[2] Jack Martin Balcer, *Herodotus & Bisitun: Problems in Ancient Persian Historiography*, pp. 124-125.
[3] Kuhrt ed., *The Persian Empire: A Corpus of Sources from the Achaemenid Period*, p. 154.
[4] Ibid., p. 155.
[5] Hdt. 1.209-210; 2.83; 3.70-71; 3.88; 3.140; 4.83; 4.91; 5.30; 5.73; 7.1; 7.10-11; 7.224.
[6] Hdt. 1.209; 7.11; 7.224.
[7] Hdt. 7.11; 8.90.

皮斯（Τίσπης）[1]，奇斯皮斯的父亲是阿凯迈尼斯[希罗多德转写为阿黑门尼斯（Ἀχαιμένης）[2]]。"大流士进一步宣称，阿黑门尼德氏族自古以来就是皇族，从祖先到他为止有九人世代为王；[3]僧侣高墨达从冈比西斯那里夺走了王位，[4]而他又在神明保佑下为阿黑门尼德氏族将王位重新夺回。[5]我们看到，希罗多德忠实地为我们保存了这份波斯王室谱系，其严谨精神和转写手段的精确性是值得称道的。然而，如果我们将这份名单与其他波斯、希腊文献进行比对，便会发现其中存在着十分严重的问题。

在另一份用阿卡德文撰写的重要波斯史料——《居鲁士圆柱体铭文》中，居鲁士同样陈述了自己的王族世系，宣称自己是"伟大的国王、安萨（Anshan）之王冈比西斯之子，伟大的国王、安萨之王居鲁士之孙，伟大的国王、安萨之王泰斯皮斯的后人"。[6]然而，在这份世系里，居鲁士根本没有提及自己有过一个名叫阿黑门尼斯的始祖。[7]另外，在古典时期希腊人的传说里，大流士通常被描述为一个出身相对低微的下等贵族。埃利安（Aelian）记载过大流士发迹后报答旧日恩人的轶事；[8]柏拉图也认为大流士并非帝王之子。[9]奥姆斯特德指出，大流士的父亲和祖父都不是地位显赫的波斯贵族，[10]他们应该只属于波斯王室中相对次要的旁支。[11]库特（Amélie Kuhrt）认为，大流士通过杜撰的方式构建了自己与居鲁士祖先泰斯皮斯的联系，之后将谱系上溯到一位身份神秘的始祖阿黑门尼斯，以强调自己继承王位的合法性。[12]布里昂详细讨论了大流士族谱中的诸多疑点：他没有澄清自己同帝国创始人居鲁士支系间的关系；他在刺杀巴尔迪亚/高墨达的七贵族政变中并非领袖；而在居鲁士和冈比西斯统治时期，并没有材料提

---

[1] Hdt. 7.11. 不同手稿在传抄中出现了分歧。
[2] Hdt. 3.12; 3.75; 7.7; 7.11; 7.97; 7.236-237.
[3] DB 1§3-4.
[4] DB 1§12.
[5] DB 1§13.
[6] *Cyrus Cylinder*, 21-22.
[7] Kuhrt ed., *The Persian Empire: A Corpus of Sources from the Achaemenid Period*, p. 73.
[8] Ael. *VH* 4.5.
[9] Pl. *Leg.* 695c.
[10] Olmstead, *History of the Persian Empire*, p. 107.
[11] Ibid., p. 109.
[12] Kuhrt ed., *The Persian Empire: A Corpus of Sources from the Achaemenid Period*, p. 152.

到过王室始祖阿黑门尼斯，更无人声称阿黑门尼德氏族身份可以成为继承帝国王位的合法条件。总之，大流士实际上是通过暴力手段攫取王位的，他精心制造的谱系不过是掩盖自己非法地位的幌子。①近年来，部分学者进一步指出，虚构族谱的做法是大流士同时争取波斯、米底贵族支持的重要手段，因为居鲁士是米底人和波斯人通婚的后代，②其姓名本身即来自米底人使用的新埃兰文（Kuraš，意为"受保佑的"）；③而大流士则是纯正的波斯人。④因此，他既要虚构波斯人自身始祖阿黑门尼斯的神话，⑤又要通过伪造谱系和通婚手段⑥拉近自己与居鲁士王室之间的关系。来自考古材料的证据同样证明了大流士的复杂动机。在帕萨加德（Pasargadae）地区居鲁士王宫的考古发掘中，人们发现了石板上刻写的简短铭文"我是居鲁士，阿黑门尼德（Achaemenid）氏族的成员"。⑦技术鉴定表明，这条铭文是在大流士统治时期伪造出来的；⑧这种欲盖弥彰的做法进一步证明，大流士关于自身谱系的陈述是具有明确政治目的的欺骗性说法。⑨

对于希罗多德而言，波斯帝国贵族阶层错综复杂的谱系关系显然是远远超出他的理解能力的。在他心目中，居鲁士和大流士都是纯正的波斯人⑩和皇族成员。他在叙述七贵族宫廷政变的过程⑪中意识到大流士并非组织刺杀活动的领袖，而他关于大流士利用马匹作弊而赢得王位的记述⑫同样表明，他对质疑大流士登基合法性的流言多少有所耳闻。然而，这些信息并未启发他去核实波斯王室世系的可靠性；他对大流士在《贝希斯敦铭文》

---

① Briant, *From Cyrus to Alexander, A History of the Persian Empire*, pp. 110-111.
② Richard Nelson Frye, "Cyrus the Mede and Darius the Achaemenid?" in John Curtis and St. John Simpson eds., *The World of Achaemenid Persia*, London: I.B. Tauris & Co. Ltd, 2010, p. 18.
③ Wouter F.M. Henkelman, "Cyrus the Persian and Darius the Elamite: A Case of Mistaken Identity", in Robert Rollinger, Brigitte Truschnegg and Reinhold Bichler eds., *Herodot und das Persische Weltreich/ Herodotus and the Persian Empire*, Wiesbaden: Harrassowitz Verlag, 2011, p. 585.
④ Richard Nelson Frye, "Cyrus the Mede and Darius the Achaemenid?" p. 18.
⑤ Ael. *NA*, 12.21.
⑥ Hdt. 3.88.
⑦ Allen, *The Persian Empire, A History*, p. 30.
⑧ Ibid., p. 41.
⑨ Frye, "Cyrus the Mede and Darius the Achaemenid?" p. 18.
⑩ Henkelman, "Cyrus the Persian and Darius the Elamite: A Case of Mistaken Identity", p. 577.
⑪ Hdt. 3.77-78.
⑫ Hdt. 3.85-86.

（或其他同类官方文献）中所列举谱系的利用方式仅限于忠实的转录。借助这份伪造的族谱，希罗多德不加批判地断定，居鲁士及后来的波斯诸王无一例外都是阿黑门尼德氏族的成员。[1]通过希罗多德的影响力，"阿黑门尼德王朝"这一标签被一直沿用到今天的学术研究中，成为我们关于古代史知识的重要概念。但事实上，尽管我们不能排除居鲁士同阿黑门尼斯之间存在亲属关系的可能，但居鲁士建立帝国的功业和帝国王位继承权的确定原则显然都与这位传说中的波斯人始祖没有太多关系。

大流士登基过程中的第二个焦点问题是与前一个密切联系着的，那就是大流士取得王位的手段究竟是否合法。根据《贝希斯敦铭文》中的叙述体系，冈比西斯在前往埃及之前秘密处决了自己的兄弟巴尔迪亚，[2]僧侣高墨达在外省假冒巴尔迪亚名义发动叛乱，而冈比西斯在返程途中突然死去；[3]高墨达以巴尔迪亚的身份统治了波斯全境；[4]大流士引兵杀死高墨达并夺取了王位。[5]然而，这一系列说法中同样存在着诸多不可解之处。首先，从考古证据上看，在从冈比西斯出征埃及到大流士登基期间并无各处神庙遭到严重破坏的迹象，[6]因此大流士指责高墨达倒行逆施、毁坏各地主要神庙的说法[7]是无法得到印证的。其次，按照常理判断，一名僧侣假冒王子而僭政半年有余是不太可能发生的事情，[8]但这一举动却几乎瞒过了所有王室成员、波斯贵族的眼睛，[9]各地区纷纷对伪巴尔迪亚的统治表示顺从。[10]再次，从历史的发展进程上看，真正引发地方贵族不满情绪和大规模暴乱的恰恰是大流士的登基：从公元前522年秋至公元前520年1月，[11]帝国境内

---

[1] Hdt. 1.125.

[2] DB 1§10.

[3] DB 1§11.

[4] DB 1§12.

[5] DB 1§13.

[6] Jack Martin Balcer, *A Prosopographical Study of the Ancient Persians Royal and Noble, c. 550-450 B.C.*, Lewiston & Queenston & Lampeter: Edwin Mellen Press, 1993, p. 17.

[7] DB 1§14.

[8] Balcer, *Herodotus & Bisitun: Problems in Ancient Persian Historiography*, pp. 50-51.

[9] Ibid., p. 56.

[10] Dandamaev, *A Political History of the Achaemenid Empire*, p. 93.

[11] Balcer, *A Prosopographical Study of the Ancient Persians Royal and Noble, c. 550-450 B.C.*, p. 18.

的六大地区先后爆发了四次大规模起义,①其中包括帝国统治的核心区域埃兰和巴比伦、②帝国的发源地波斯和米底、③以及大流士之父维斯塔斯帕当时亲自治理的帕提亚地区;④其中个别贵族正是打着冈比西斯兄弟巴尔迪亚的旗号发动反叛;⑤根据《贝希斯敦铭文》的记载,大流士为平叛共发动了19次战役,杀死了约10万名起义者,⑥其斗争过程十分惨烈。种种迹象表明,大流士对"伪巴尔迪亚"僧侣身份的指认是不实的,⑦接替冈比西斯统治波斯帝国的正是他的亲兄弟与合法继承人巴尔迪亚,⑧而大流士才是真正篡夺王位并引起众怒的弑君者。⑨为了安抚民众和巩固自身的统治地位,大流士编造了并不高明的、关于僧侣高墨达冒充王子巴尔迪亚的故事,⑩其实质是一种带有明确政治目的的欺骗。⑪

在《历史》卷三中,希罗多德近乎完整地转述了间接来自《贝希斯敦铭文》等材料的波斯帝国官方版本的前半部分。他天真地相信,伪司麦尔迪斯冒充王子统治七个月之久的事情是可能的。⑫诚然,与当代历史学家们不同,希罗多德的手头没有波斯地区的考古证据,他很可能也无从了解《贝希斯敦铭文》后半部分对各地叛乱的描述。但他至少知道,波斯人在对冈比西斯兄弟真正死亡方式的看法上存在着分歧。⑬如果希罗多德具备较强的史料批判意识和独立思辨精神的话,他也应当能够发现大流士官方叙述线索中相当明显的漏洞。因此,从史学批评的角度看,希罗多德对波斯官方材料的盲从是不能令人满意的,他的史料批判意识和理性思维能力

---

① Balcer, *Herodotus & Bisitun: Problems in Ancient Persian Historiography*, p. 136.
② DB 1§16.
③ DB 3§40; Briant, *From Cyrus to Alexander, A History of the Persian Empire*, p. 103.
④ DB 2§35.
⑤ DB 3§40.
⑥ Dandamaev, *A Political History of the Achaemenid Empire*, p. 128.
⑦ Balcer, *Herodotus & Bisitun: Problems in Ancient Persian Historiography*, p. 61.
⑧ 周洪祥、吴宇虹:《从〈贝希斯敦铭文〉、〈历史〉辨析大流士夺位真相》,《史学史研究》2009年第4期。
⑨ Balcer, *Herodotus & Bisitun: Problems in Ancient Persian Historiography*, pp. 157-158.
⑩ Briant, *From Cyrus to Alexander, A History of the Persian Empire*, p. 100.
⑪ Dandamaev, *A Political History of the Achaemenid Empire*, p. 91.
⑫ Hdt. 3.67.
⑬ Hdt. 3.30.

要逊色于修昔底德、波利比乌斯等其他古代一流史家,而相对接近于"有闻必录"的前代史话家赫卡泰乌斯(Hecataeus)。[1]即便在古典时期的读者中,希罗多德《历史》对伪司麦尔迪斯篡位的牵强记述也必然引起过不小的争议;因为查士丁(Justin)为庞培尼乌斯·特罗古斯(Pompeius Trogus)史著撰写的摘要在引用这段叙述时特意添加了专门的解释,[2]证明希腊、罗马时期的读者们早已开始对希罗多德这部分记载的可靠性产生过十分合理的怀疑。

要之,比较研究表明,《贝希斯敦铭文》中传达的大流士统治时期官方意识形态对希罗多德的《历史》产生了间接影响。由于时代的局限性和自身史料批判意识的欠缺,希罗多德未能识破大流士对自身谱系、登基过程的叙述中包含的谎言,而将这些信息不加甄别地纳入了《历史》中的波斯史叙述体系,对作品的史料价值造成了一定损害。

第四节　从《贝希斯敦铭文》看希罗多德对波斯史源的再加工及其影响

笔者认为,《贝希斯敦铭文》对于希罗多德《历史》卷三的研究还有另外一点启示意义,即帮助我们辨别和梳理希罗多德在作为史实主体部分的波斯官方叙述线索之外添加的情节。这些附加内容(如冈比西斯的幻梦、大流士依靠作弊手段夺得王位、骡子分娩预示巴比伦的陷落、波斯贵族辩论政体优劣等)既不见于《贝希斯敦铭文》的记载,又不符合铭文中所反映的波斯帝国政治文化背景;它们必然或来自希罗多德的道听途说,或来自作者个人的艺术加工与想象。通过分析《历史》卷三中同大流士登基事件相关的篇章,笔者认为,这些添加元素带有明显的希腊文化特征,代表了希罗多德《历史》创作背景中的古希腊文学、修辞学传统。

首先,希罗多德对冈比西斯死亡情节的描述反映了古希腊史诗、悲剧传统的影响。根据亚里士多德《诗学》(*Poetica*)中的著名论断,诗歌与

---

[1] Strab. 8.3.9. (*FGrH* 1, T10); John Gould, *Herodotus*, London: Weidenfeld and Nicolson Ltd., 1989, p. 92.

[2] Just. *Epit.* 1.9.10-11.

历史是两种截然不同的文学体裁。[1]但这种区分恐怕对希罗多德的史著并不完全适用。希罗多德可能与雅典悲剧诗人索福克勒斯有过密切往来，[2]其写作风格也带有希腊悲剧传统的明显烙印。[3]他在《历史》卷三中对冈比西斯发疯情节的描写便是模仿希腊悲剧风格的典范。[4]在希罗多德笔下，疯癫的冈比西斯得到幻梦指示，派人杀害了自己的亲兄弟司麦尔迪斯；[5]他随后得知梦境所指的其实是和自己兄弟同名的玛哥僧司麦尔迪斯，方才追悔莫及；[6]他根据先知的预言认定自己将终老于米底的故乡阿格巴塔纳（Agbatana），却在急行军路过一个名字也叫阿格巴塔纳的小镇时意外自残而死去。[7]在古希腊神话史诗、悲剧情境中，预言式的梦境和对预言的误解往往同英雄人物的悲剧命运和时局的剧烈变动密切相关。[8]希罗多德在叙述冈比西斯之死和《历史》的其他一些段落里多次借用了这一元素。冈比西斯的遗言[9]同样带有荷马史诗、埃斯库罗斯悲剧中英雄人物临终时的悲壮口吻。总体上看，冈比西斯的遭遇与索福克勒斯笔下奥狄浦斯的命运悲剧极其相似；[10]而他的骇人疯狂则令人联想起埃斯库罗斯《被缚的普罗米修斯》（*Prometheus Bound*）中的伊奥（Io）、欧里庇得斯（Euripides）《赫拉克勒斯》（*Heracles*）中的主人公与《巴库斯女信徒》（*Bacchae*）中的潘特乌斯（Pentheus）。[11]中世纪的拜占庭辞书《苏达》（*Suidas*）还提到过古风时期抒情诗人西蒙尼德斯（Simonides）写的一部诗歌《冈比西斯与大流士王》（Καμβύσου καὶ Δαρείου βασιλεία），[12]希罗多德也有可能从这部现已失传的诗歌中汲取了灵感。

---

[1] Arist. *Poet.* 1459a17-24.

[2] Jasper Griffin, "Herodotus and Tragedy", in Carolyn Dewald and John Marincola eds., *The Cambridge Companion to Herodotus*, Cambridge: Cambridge University Press, 2006, p. 46.

[3] Suzanne Saïd, "Herodotus and Tragedy", in Egbert J. Bakker, Irene J.F. De Jong and Hans van Wees eds., *Companion to Herodotus*, Leiden & Boston & Köln: Brill, 2002, p. 146.

[4] Truesdell S. Brown, "Herodotus' Portrait of Cambyses", *Historia: Zeitschrift für alte Geschgichte*, Bd. 31, H. 4 (4th Qtr., 1982), p. 388.

[5] Hdt. 3.30.

[6] Hdt. 3.64.

[7] Hdt. 3.64.

[8] Asheri, Iloyd and Corcella, *A Commentary on Herodotus, Books I-IV*, p. 429.

[9] Hdt. 3.65.

[10] Asheri, Iloyd and Corcella, *A Commentary on Herodotus, Books I-IV*, p. 461.

[11] Griffin, *Herodotus and Tragedy*, p. 48.

[12] *Suidas Lexicon*, Σ439 (in Adler).

其次,希罗多德对大流士作弊赢得王位和攻克巴比伦的记述带有古典喜剧和民间传说的性质。根据希罗多德的记载,推翻司麦尔迪斯的七位贵族通过比赛坐骑嘶鸣的方式决定王位归属,最后大流士凭借奥伊巴瑞斯(Oebares)进献的诡计取得了王冠。[1]这个奥伊巴瑞斯代表的正是古代喜剧中负责解决各种难题的机智奴仆形象。[2]而希罗多德在叙述大流士攻陷巴比伦并平定叛乱的段落里插入了僧侣佐普鲁斯(Zopyrus)的骡子分娩的预兆,[3]该情节属于希罗多德东方史叙述中十分常见的"动物童话(Tiermärchen)";[4]《历史》其他篇章里的类似元素包括跳舞的鱼、[5]有翼的蛇、[6]神秘的凤凰、[7]蛇马之战、[8]为波吕克拉特斯(Polycrates)取回指环的大鱼[9]和会淘金的印度蚂蚁。[10]这些怪异的动物元素增加了作品的趣味性和神秘色彩。耐人寻味的是,这些元素几乎无一例外地出现在希罗多德对波斯帝国各地风情的描述中。

最后,希罗多德所描述的波斯贵族争论政体优劣的情节[11]带有古希腊智者学派(Sophists)所进行的哲学、修辞学辩论的浓厚色彩。在希罗多德的笔下,大流士等波斯贵族像古希腊哲人一样思考问题,像希腊政治家一样论证民主、寡头和专制政体的优劣;[12]奥塔尼斯甚至提出了法律面前人人平等的民主观念。[13]希罗多德的这些记载完全不见于《贝希斯敦铭文》等波斯史料的记录。[14]它们显然更多地反映了希腊人自己的观念、思想与意识

---

[1] Hdt. 3.85-86; 3.88.

[2] Asheri, Iloyd and Corcella, *A Commentary on Herodotus, Books I-IV*, p. 477.

[3] Hdt. 3.153.

[4] Balcer, *Herodotus & Bisitun: Problems in Ancient Persian Historiography*, pp. 127-128.

[5] Hdt. 1.141.

[6] Hdt. 2.75.

[7] Hdt. 2.73.

[8] Hdt. 1.78.

[9] Hdt. 3.41-42.

[10] Hdt. 3.102.

[11] Hdt. 3.80-83.

[12] Norma Thompson, *Herodotus and the Origins of the Political Community*, New Haven & London: Yale University Press, 1996, p. 52.

[13] Hdt. 3.80.

[14] 20世纪中期,对《历史》卷三中波斯贵族辩论政体优劣记载真实性的学术争论一度十分热烈(见 Patrick T. Brannan, "Herodotus and History: The Constitutional Debate Preceding Darius'(转下页)

形态特征。

通过上述列举，我们不难看出，作为西方文化史上第一部成型的史学作品，希罗多德的《历史》反映了希腊古典史学形成与发展初期的典型特征和作者本人的个性化创作风格。它并不是现代意义上的专业史学作品，[1]而是严肃的历史记录、民族学研究同古希腊悲剧、喜剧、哲学、修辞学等文化传统相融合的庞杂混合体。[2]与此同时，希罗多德一方面以《贝希斯敦铭文》中记载的波斯官方历史叙述体系为《历史》卷三的基本骨架，另一方面又插入了许多通过道听途说或个人想象所得来的附加材料；尽管他的描述对象是波斯历史，但他插入的元素却大多来自希腊自身的文化传统，从而建构了一种从希腊文化视角观察波斯帝国与波斯历史的独特认识方式。希罗多德建立的这种认识、感知波斯帝国的叙述传统对后世希腊知识精英的波斯观产生了深远影响，主要体现在以下三个方面：

第一，在介绍波斯帝国历史事件和风土人情时，希罗多德运用了某些固定的叙述模式和着力渲染异域情调的写作风格，对日后多部以波斯社会为创作背景的史学、文学作品产生了影响。例如，希罗多德在虚构波斯贵族进行政体辩论之前，使用了"五天之后（ἐκτὸς πέντε ἡμερέων）"[3]这种讲故事式的口头文学叙述方式，几乎完全相同的、程式化的"五天之后"字样在希罗多德东方史叙述部分中曾反复出现，[4]令人无法不怀疑这是一种固定的传奇故事叙述套路，而非准确的时间描述。[5]在介绍波斯帝国各地的风俗与历史时，希罗多德大量借用了史诗、悲剧、喜剧等希腊文学体裁中的典型表达方式，而他收集的各种动物传说与奇闻轶事又大大增强了其东方

（接上页）Accession", *Traditio*, Vol. 19 (1963), pp. 427-429; pp. 436-438）。对《贝希斯敦铭文》的深入研究澄清了这一问题：既然大流士是依靠暴力而非合法继承的途径弑君夺权并巩固王位的，那么贵族集团内部关于选择何种政体的民主讨论显然只能出自后人的杜撰。

[1] Kurt von Fritz, "Herodotus and the Growth of Greek Historiography", *Transactions and Proceedings of the American Philological Association* 67, 1936, pp. 315-340, p. 315.

[2] Balcer, *Herodotus & Bisitun: Problems in Ancient Persian Historiography*, p. 12.

[3] Hdt. 3.80.

[4] Hdt. 1.72; 2.22; 2.34.

[5] Fehling, *Herodotus and his "Sources": Citation, Invention and Narrative Art*, J.G. Howie trans., Leeds: Francis Cairns Ltd., 1989, pp. 216-217.

史部分的异国情调。这种写法的结果是创造了希腊古典文学史上最引人入胜、最富于可读性的一部历史作品,[①]有助于吸引希腊听众、读者的兴趣和作品本身的传播,但这种做法也在一定程度上破坏了《历史》的严肃性与客观性,并造成了希腊乃至后世读者对东方社会的种种误解。在文学史上,希罗多德的东方史对西方小说体裁的诞生起到了推动作用。公元前四世纪,雅典作家色诺芬创作了一部以居鲁士大帝时代为背景的、半小说体的著作《居鲁士的教育》(*Cyropaedia*),并在其史著《长征记》中着力描绘了波斯帝国的异域风情。希腊化时期,查里顿(Chariton)撰写的、西方文学史上的第一部保存完整的小说《凯瑞阿斯与卡莉萝》(*Chaereas and Callirhoe*)的后半部分也是以波斯帝国为背景的,希罗多德式的、充满东方异国情调的叙述风格在这部分内容中运用得十分普遍。这些作品很可能直接或间接地受到了希罗多德写作风格的影响。

第二,希罗多德在一定程度上继承并发展了由埃斯库罗斯《波斯人》等作品开创的,[②]将波斯帝国视为"他者(the Other)"的文化观念。[③]在其经典著作《希罗多德之镜》中,哈尔托赫详细探讨了斯基泰人在希罗多德著作中的"他者"形象。哈尔托赫认为,在希罗多德笔下,斯基泰人和埃及人代表"他者"文化中的两个极端;[④]斯基泰人兼具欧洲与亚洲的双重特征;[⑤]在同样面对波斯帝国的大举入侵时,斯基泰人的行为构成了日后雅典人英勇表现的参照物;[⑥]甚至斯基泰境内的陶里斯(Tauris)也可以同雅典的苏尼乌姆(Sunium)海角对应起来。[⑦]对英雄品质的独特理解是斯基泰人得以成为希腊人的"他者"的前提条件;[⑧]而希罗多德对斯基泰人的特定描写方式使得他们成了游牧文化的代名词。[⑨]由于对《贝希斯敦铭文》等波

[①] Robert Drews, *The Greek Accounts of Eastern History*, p. 47.
[②] Simon Goldhill, "Battle Narrative and Politics in Aeschylus' *Persae*", in Thomas Harrison ed., *Greeks and Barbarians*, Edinburgh: Edinburgh University Press, 2002, pp. 57-58; p. 60.
[③] Munson, "Who Are Herodotus' Persians?" p. 457.
[④] Hartog, T*he Mirror of Herodotus: The Representation of the Other in the Writing of History*, p. 3.
[⑤] Ibid., pp. 31-32.
[⑥] Ibid., p. 36.
[⑦] Ibid., p. 228.
[⑧] Ibid., p. 163.
[⑨] Ibid., p. 193.

斯史料的间接利用和希罗多德本人作为波斯臣民对波斯帝国的客观认识，"他者"的痕迹在希罗多德波斯史的叙述中并没有像在他记述斯基泰历史时那样明显。但如果我们剔除由《贝希斯敦铭文》提供、被希罗多德采用的波斯官方史料的话，就不难看出，十分相似的特征同样鲜明地体现于希罗多德利用希腊文化传统在《历史》卷三中添加的各段情节中。在希罗多德记载大流士登基部分的插曲里，波斯帝国的世界是疯癫的（冈比西斯的神经错乱、波斯贵族们对僧侣篡位的无动于衷）、专制的（政体辩论的最终结果、大流士攻陷巴比伦后的铲除异己）、残暴的（冈比西斯的戕害手足、伪司麦尔迪斯遭受的割耳肉刑）、淫荡的（玛哥僧霸占王子司麦尔迪斯妻妾、大流士靠挑逗坐骑发情而赢得王位）、渎神的（冈比西斯对埃及神庙的破坏、大流士以作弊手段伪造神意）和病态的（刑余之人伪司麦尔迪斯僭政、骡子分娩的异象），与理性、自由、温和、节制、虔诚、健康的希腊世界形成了鲜明的对比。虽然波斯贵族政体辩论的结果以专制制度胜出而告终，但在《历史》的后半部分里，大流士、薛西斯率领的波斯大军最终将被热爱自由、同仇敌忾的希腊联军所击败，从而证明了希腊文明存在的合理性。该思路是与希罗多德在《历史》篇首交代的神话时期欧亚两个世界间的永恒冲突一脉相承的。[①]这一基本叙述线索是一种将波斯表述为他者的典型模式，而《历史》卷三对大流士登基始末的描述则是该"他者"叙述体系展开过程中的关键一环。[②]

笔者认为，希罗多德选择将波斯帝国作为同希腊文明对立的"他者"来进行描述的做法同希波战争结束后希腊社会的文化环境和公共舆论密切相关。在希波战争这一重大历史事件的影响下，希腊人已开始明确地将波斯及其控制下的亚洲视为自身的对立面。[③]而希腊联军在战争中的胜利则进一步巩固了希腊人认为软弱病态的亚洲必定接受奴役，而强健英勇的欧洲则可以享受自由的文化优越心态。[④]与希罗多德生活年代相近的医学家希波

---

① Rosalind Thomas, *Herodotus in Context: Ethnography, Science and the Art of Persuasion*, Cambridge: Cambridge University Press, 2000, p. 94.

② Emily Baragwanath, *Motivation and Narrative in Herodotus*, Oxford: Oxford University Press, 2008, p. 110.

③ 黄洋：《古代希腊罗马文明的"东方"想像》，《历史研究》2006 年第 1 期。

④ Thomas, *Herodotus in Context: Ethnography, Science and the Art of Persuasion*, p. 94.

克拉底在《空气、水与地域》中甚至通过对欧洲和亚洲的对比，从理论上论证了致使亚洲居民虚弱不堪的地理、气候根源。[1]而希罗多德在雅典的听众也必然会熟悉和欣赏视自身敌人为"他者"的对比叙述模式。尽管希罗多德本人对波斯乃至整个东方世界的历史观基本上是客观公正的，但在向自己的史著中添加奇闻轶事的时候，希罗多德明显采取了迎合听众、读者口味的做法，客观上对古典时期的希腊知识精英们业已开始形成的、视波斯文明为"他者"的文化心态起到了推波助澜的作用。

第三，虽然希罗多德本人并未刻意贬低、诋毁东方文化，[2]但他在史著中附加的许多奇闻轶事（这些插曲往往比间接来自《贝希斯敦铭文》的严肃史料更能吸引古代读者们的注意力）却被后世的希腊罗马知识精英所误读或利用，成为古典盛期带有强烈民族歧视色彩的波斯观的源头。希罗多德关于波斯贵族们推翻司麦尔迪斯僭政五日后举办政体讨论的记载[3]被后世读者以讹传讹，最终竟演变成了东方君主登基后五日内准许随意烧杀抢掠的荒唐传说。[4]希罗多德可能通过道听途说得来的伪司麦尔迪斯曾遭割耳肉刑的说法[5]并不符合贝希斯敦浮雕的描绘（浮雕中被大流士踩在脚下的高墨达的左耳在20世纪初仍清晰可辨），[6]但却成了西方读者心目中惨无人道、森严恐怖的东方刑罚制度与充满了仇恨、报复与可怕秘密的波斯宫廷政治的缩影。希罗多德对伪司麦尔迪斯僭政七个月之久的牵强描述令查士丁等后世史家误认为波斯君主是深居简出、不同任何外人交往的神秘人物。[7]希罗多德对大流士施诡计取得王位的记载[8]同样塑造了查士丁等作家笔下狡诈阴险的波斯国王形象。[9]在希罗多德记载大流士登基始末部分的各种插曲中，影响最为深远的当属他对丧失理智的冈比西斯在埃及四处杀

---

[1] Hippoc. *Aer.* 16.1-14.

[2] Michael Flower, "Herodotus and Persia", in Carolyn Dewald and John Marincola eds., *The Cambridge Companion to Herodotus*, Cambridge: Cambridge University Press, 2006, p. 274.

[3] Hdt. 3.80.

[4] Asheri, Iloyd and Corcella, *A Commentary on Herodotus, Books I-IV*, p. 473.

[5] Hdt. 3.69.

[6] Asheri, Iloyd and Corcella, *A Commentary on Herodotus, Books I-IV*, p. 466.

[7] Briant, *From Cyrus to Alexander, A History of the Persian Empire*, pp. 100-101.

[8] Hdt. 3.85-86.

[9] Asheri, Iloyd and Corcella, *A Commentary on Herodotus, Books I-IV*, p. 477.

戮、大肆破坏的描述。狄奥多鲁斯（Diodorus）、[1]普鲁塔克（Plutarch）[2]和斯特拉波（Strabo）[3]分别在各自记载埃及风土人情的作品中介绍了种种荒诞不经的、滥觞自希罗多德的相关传说。比较典型的是斯特拉波《地理志》（*The Geography*）中对布巴斯图斯（Bubastus）城废墟的描述：

> νυνὶ μὲν οὖν ἐστι πανέρημος ἡ πόλις, τὸ ἱερὸν ἔχουσα τῷ Αἰγυπτίῳ τρόπῳ κατεσκευασμένον ἀρχαῖον, ἔχον πολλὰ τεκμήρια τῆς Καμβύσου μανίας καὶ ἱεροσυλίας, ὃς τὰ μὲν πυρὶ τὰ δὲ σιδήρῳ διελωβᾶτο τῶν ἱερῶν, ἀκρωτηριάζων καὶ περικαίων, καθάπερ καὶ τοὺς ὀβελίσκους … οἱ μὲν ἑστῶτες ἀκμὴν πυρίβρωτοι οἱ δὲ καὶ κείμενοι.
>
> 这座城市如今已被彻底废弃；城中有座埃及风格的古代神庙，它见证了冈比西斯的疯狂与残暴。因为此人用烈火与兵刃摧毁各座庙宇和方尖碑，从四面八方破坏和焚烧它们……方尖碑中的一些依旧矗立，但已被火焰烧得面目全非；另一些则已经坍塌倒地。（Strab. 17.1.27）

然而，所有这些传说和指控的最终来源——希罗多德《历史》卷三中描述冈比西斯精神失常的奥狄浦斯悲剧式情节——却未能得到考古、铭文材料的证实。[4]在埃及地区的考古发掘中，学者们并未发现波斯统治时期神庙、纪念碑大量被毁的迹象；《贝希斯敦铭文》完全没有提及冈比西斯发疯一事；而埃及地区的铭文材料反而表明，冈比西斯对阿皮斯（Apis）神牛非常尊重，并因此得到了阿蒙神庙祭司们的感谢。[5]可见，在缺乏波斯官方史料信息的情况下，希罗多德在其波斯史中插入的戏剧性情节并不具备很高的史料价值，而是更多地反映了他的主观想象和对波斯文明的一些误解；这种扭曲对后来的希腊人产生了深刻影响，[6]成为他们误解、否定、诋毁和重构波斯帝国乃至整个东方文明的基础。

---

[1] Diod. Sic. 1.46.4-5.
[2] Plut. *Mor.* 368F.
[3] Strab. 10.3.21.
[4] Balcer, *Herodotus & Bisitun: Problems in Ancient Persian Historiography*, p. 87.
[5] Kuhrt ed., *The Persian Empire: A Corpus of Sources from the Achaemenid Period*, pp. 122-124.
[6] Thomas, *Herodotus in Context: Ethnography, Science and the Art of Persuasion*, p. 96.

第五节　小结

希罗多德《历史》的前四卷中介绍波斯帝国境内各民族史的部分向来是史学研究中的难点。由于希罗多德记载的内容头绪繁多，而后人往往又缺乏验证希罗多德说法可靠性的外部证据，因而我们对希罗多德波斯史质量的评价往往只能建立在《历史》内部文本的比对和后世读者的主观判断上，难以取得实质性的突破。随着学术界对《贝希斯敦铭文》及相关波斯史史料研究的不断深入，我们终于拥有了对希罗多德《历史》卷三中关于大流士登基始末记载内容史料价值进行判断，进而评估《历史》全书史料来源、叙述方法和史学成就的外部标准与宝贵线索。通过对希罗多德《历史》卷三和《贝希斯敦铭文》若干局部细节的比较，笔者认为，希罗多德的波斯史在人名记录、谱系梳理和宏观叙事等方面总体上相当可靠，对波斯帝国史的记载与阐释做出了巨大贡献，反映了作者收集、整理史料所付出的辛勤劳动和严肃的治史精神。

然而，希罗多德积极的史学贡献主要体现在对史料的获取与记录方面；而在合理分析和取舍材料等问题上，希罗多德暴露了自己过于轻信和缺乏史料批判精神的弱点。就叙述大流士登基的部分而言，他几乎完全受到了大流士官方政治宣传的蒙蔽，不加批判地引述了大流士对王室谱系和王位更迭过程的、带有明确政治目的的说法，暴露了自身在一定程度上缺乏史料批判精神的弱点和不可避免的时代局限性，其谬误对后人认识波斯历史产生了一定的误导作用。

在《贝希斯敦铭文》提供的基本叙事框架之外，希罗多德广泛采用了希腊史诗、悲剧、喜剧、神话传说、哲学、修辞学中的主题、观念与叙事技巧，从而丰富了《历史》的内容，将之扩展成了一部兼具史学、文学双重特征的复杂著作。希罗多德在《历史》卷三中插入的附加情节影响了后世古典作家们波斯观的形成与发展。它们着力渲染波斯帝国的异域风情，开启了日后以波斯为题材或背景的希腊史学、小说作品创作传统的先河；它们在一定程度上迎合了希波战争结束后希腊听众、读者的心态和在埃斯库罗斯、希波克拉底等人作品中有所反映的舆论导向，将波斯帝国表述为希腊文明的他者，通过对波斯的描述来返观自照希腊社会本身，试图借此来论证希腊文明存在的合理性；最后，希罗多德的波斯史对后来的古典作家们产生了深远影响，成为他们塑造古典时代盛期具有明显民族歧视色彩的波斯帝国形象的资料来源。分析、比较希罗多德的波斯史与波斯帝国本身官方材料的联系与区别，对于我们深入认识希罗多德作品的史学价值、理解古典希腊史学草创阶段的叙事特征和把握西方文化史中族群观念的发展线索都是不无裨益的。

第二章

泰西阿斯《波斯志》的"东方主义"及其历史渊源[①]

第一节 泰西阿斯与《波斯志》的"东方主义"源头说

泰西阿斯（Ctesias of Cnidus）完成于公元前 392 年之后[②]的《波斯志》（Persica）是希腊古典时期除希罗多德《历史》（Historiae）与色诺芬《远征记》（Anabasis）、《居鲁士的教育》（Cyropaedia）外仅存的一部以波斯帝国[③]为描述对象、今人仍可大致窥见原书全貌的大部头散文体著作。《波斯志》原书已佚，现今仅存两段纸草残篇和大量辑自狄奥多鲁斯（Diodorus of Sicily）、福提乌斯（Photius）等后世作家的转引文字。[④]迟至 19 世纪末，

[①] 本章主体内容已先期发表于《泰西阿斯〈波斯志〉的"东方主义"及其历史渊源》（《史学史研究》2020 年第 3 期）一文。

[②] T. Brown, "Suggestions for a *Vita* of Ctesias of Cnidus", *Historia: Zeitschrift für Alte Geschichte*, Bd. 27, H. 1 (1st Qtr., 1978), p. 19; J. Stronk, *Ctesias' Persian History*, Part I, Introduction, Text, and Translation, Düsseldorf: Wellem Verlag, 2010, p. 11.

[③] 在泰西阿斯及其他早期波斯志作品的语境下，"波斯帝国"在年代上涵盖了存在于阿黑门尼德（Achaemenid）王朝建立前的亚述帝国，以及其存在尚未得到现代考古材料印证的米底帝国（Median Empire）。

[④] 泰西阿斯《波斯志》辑佚文字的可靠性问题一度是古典学者们争论的焦点。当今学术界基本达成的共识为：狄奥多鲁斯所摘抄的《波斯志》前 6 卷掺杂着其他史料与作者本人的历史观，并非对泰西阿斯原作的准确复述；但狄奥多鲁斯在行文中常常直接标出的、声明引自泰西阿斯著作的文字可视为《波斯志》原书内容的如实反映 [J. Bigwood, "Diodorus and Ctesias", *Phoenix*, Vol. 34, No. 3 (Autumn, 1980), p. 207; Ctesias, *History of Persia*, L. Llewellyn-Jones and J. Robson trans., London & New York: Routledge, 2010, Introduction, pp. 39-40, pp. 18-19]。福提乌斯提供的信息完全来自对《波斯志》（转下页）

古典学界对《波斯志》一书的作品性质、撰述动机与史料价值长期褒贬不一。但从 20 世纪初起,学者们对泰西阿斯《波斯志》的评价逐渐趋于否定,形成了一部从质疑泰西阿斯治史能力、史学视野到批判其史料来源、撰史方法,再到全面否定其历史观的学术批评史。

《希腊历史学家残篇》(*Die Fragmente der grieschen Historiker*)的编订者斐利克斯·雅各比(Felix Jacob)是这场学术批判第一阶段的代表人物,为 20 世纪上半叶欧洲大陆古典学界对泰西阿斯的负面评价奠定了基调。①他发展了德国史家爱德华·迈尔(Eduard Meyer)对《波斯志》在题材上过于侧重宫廷斗争与血腥场面描写的观点,②在为权威的《保利古典学百科全书》(*Paulys Real-Encyclopädie der classischen Altertumwissenschaft*)撰写的、洋洋洒洒长达 42 栏的泰西阿斯词条中将之作为一名不称职的古代史学家予以严厉批判。③认为他笔下的波斯历史缺乏真正的史学价值,④是对希罗多德波斯史的拙劣抄袭。⑤同时代的学者卡斯帕里(M. Caspari)也认为泰西阿斯的记载荒诞不经,题材过于狭窄;⑥年代稍晚的意大利古典学家莫米利亚诺(A. Momigliano)则直接声称泰西阿斯是名毫无诚信可言的骗子。⑦

到了 20 世纪 70 年代,罗伯特·德鲁兹(Robert Drews)的名著《古希腊的东方史叙述》(*The Greek Accounts of Eastern History*)引发了英美学术

(接上页)原书的节录,其内容相当可靠 [J. Bigwood, "Ctesias' Account of the Revolt of Inarus", *Phoenix*, Vol.30, No.1 (Spring, 1976), p. 3; Ctesias, *History of Persia*, L. Llewellyn-Jones and J. Robson trans., Introduction, p. 19];但他对泰西阿斯另一部主要作品《印度志》的节编则在材料选取方面存在着明显的主观选择性 [J. Bigwood, "Ctesias' 'Indica' and Photius", *Phoenix*, Vol. 43, No. 4 (Winter 1989), p. 316]。本书中使用的泰西阿斯文本与编号均引自朗方(Dominique Lenfant)校订的、得到国际古典学界广泛赞誉的权威版本(Ctésias de Cnide, *La Perse, l'Inde, autres fragments*, D. Lenfant ed./trans./comm., Paris: Les Belles Lettres, 2004)。

① Stronk, *Ctesias' Persian History*, Part I, Introduction, Text, and Translation, p. 52.
② Ctesias, *History of Persia*, L. Llewellyn-Jones and J. Robson trans., p. 22.
③ J. Stronk, "Ctesias the Poet", in J. Wiesehöfer, R. Rollinger and G. Lanfranchi eds., *Ktesias' Welt/ Ctesias' World*, Wiesbaden: Harrassowitz Verlag, 2011, p. 386.
④ F. Jacoby, „Ktesias", in *Paulys Real-Encyclopädie der classischen Altertumwissenschaft* (*RE*), neue Bearbeitung, elfter Band, Katoikoi-Kynegoi, W. Kroll ed., Stutgart: J. B. Metzler, 1922, cols. 2044-2045.
⑤ Jacoby, „Ktesias", *RE*, cols. 2050-2059.
⑥ M. Caspari, "On the Egyptian Expedition of 459-4 B.C.", *The Classical Quarterly*, Vol. 7, No.3 (Jul., 1913), p. 199.
⑦ A. Momigliano, "Ctesias", *The Classical Review*, Vol. 62, No. 314 (Dec., 1948), p. 132.

界对泰西阿斯史料来源与"治史传统"的系统批判。[1]德鲁兹认为,泰西阿斯《波斯志》质量低下的根本原因在于作者所掌握的有效信息过于匮乏,[2]为了避免重复希罗多德等"前辈史家"的劳动而被迫转向对宫廷野史的搜集与记载。[3]《波斯志》中充斥着宦官的名字,对"真正重要的大事件(the Great Events,即希波战争)"反而一笔带过;[4]泰西阿斯对薛西斯(Xerxes)之后波斯史的记载聚焦于种种宫廷阴谋与情色丑闻;[5]他笔下的亚述帝国史仅仅是由尼努斯(Ninus)、塞米拉米斯(Semiramis)两位虚构人物的个人英雄事迹和1300年无事可记的空白期构成的;[6]而《波斯志》现存残篇中少有的几处对政治军事史的正面细节描述也被德鲁兹斥为凭空捏造的产物。[7]德鲁兹进一步指出,《波斯志》创作失败的根本原因有二:一是希罗多德所奠定的波斯史叙述传统在泰西阿斯的时代已难以为继,不可避免地走向衰落,并被窜入其中的文学因素所污染;[8]二是泰西阿斯本人所采用的史料存在严重缺陷,他声称自己所使用的王室记录其实并不存在,[9]《波斯志》真正的信息来源不过是宫廷厨房中伙夫仆役们的谈资而已,[10]只能代表底层民众对远古历史和宫廷秘闻的主观想象和若干重大波斯史事件的民间叙述版本。[11]同时代的另一位泰西阿斯的主要研究者比格伍德(J. Bigwood)也认为,《波斯志》的史源缺陷导致了书中充斥着数据统计错误、人物张冠李戴、历史情节简单化、年代顺序错乱等弱点,[12]严重削弱了这部著作的史学价

---

[1] Ctesias, *History of Persia*, L. Llewellyn-Jones and J. Robson trans., Introduction, p. 23.

[2] R. Drews, *The Greek Accounts of Eastern History*, Cambridge, MA: Harvard University Press, 1973, p. 103.

[3] Drews, *The Greek Accounts of Eastern History*, p. 106.

[4] Ibid., p. 106.

[5] Ibid., p. 106-107.

[6] Ibid., p. 110.

[7] Ibid., p. 110.

[8] Ibid., p. 115, p. 119, p. 122.

[9] Ibid., p. 111.

[10] Ibid., p. 107.

[11] Drews, *The Greek Accounts of Eastern History*, p. 108; R. Drews, "Assyria in Classical Universal Histories", *Historia: Zeitschrift für Alte Geschichte*, Bd. 14, H. 2 (Apr., 1965), p. 130; R. Drews, "Sargon, Cyrus and Mesopotamian Folk History", *Journal of Near Eastern Studies*, Vol. 33, No.4 (Oct., 1974), p. 391.

[12] J. Bigwood, "Ctesias as Historian of the Persian Wars", *Phoenix*, Vol. 32, No. 1 (Spring, 1978), p. 36.

值;[①]利用泰西阿斯的记载去检验色诺芬、希罗多德等史家作品可靠性的方法基本是不可取的。[②]埃文斯（J. Evans）甚至指出，"泰西阿斯史学流派"这种将修辞学引入"史学创作"的撰史传统的出现摧残了希罗多德所代表的"正统史学"在公元前4世纪的健康发展。[③]而《波斯志》中偶尔出现的、将尼尼微（Nineveh）置于幼发拉底河（Euphrates）畔[④]和将普拉提亚（Plataea）战役置于撒拉米斯（Salamis）海战之前[⑤]的常识性错误更是遭到了当代古典学家们的尖刻嘲讽。

然而，泰西阿斯《波斯志》在学术批评界遭遇的厄运还远远没有结束;1978年萨义德《东方学》的出版引发了古典学界对泰西阿斯撰史立场的广泛批判。荷兰学者海伦·桑奇希—魏登伯格（Heleen Sancisi-Weerdenburg）成为借用萨义德东方主义理论批判泰西阿斯历史观的第一人。[⑥]她提出，泰西阿斯是站在希腊人的文化立场上去观察波斯帝国的，他所叙述的内容正是希腊读者或听众们希望从他口中听到的东西;[⑦]《波斯志》对波斯帝国宫廷斗争进行渲染的用意在于塑造东方世界家国一体、公私不分的"道德错误"，从而替希腊世界论证东方专制统治模式的不合理性。[⑧]在泰西阿斯笔下，波斯王后与太后们不但时常被卷入种种宫廷阴谋与政治斗争，还往往主动侵夺国王权力去铲除异己、实行恐怖统治。[⑨]他所描述的东方是由后宫、阉奴、放荡与阴谋等元素构成的，是一个性别倒置的病态世界。泰西阿斯主观建构出来的东方世界构成了在政治上与希腊对立、在文化上劣于

[①] J. Bigwood, "Ctesias' Account of the Revolt of Inarus", *Phoenix*, Vol. 30, No. 1 (Spring, 1976), p. 1.

[②] J. Bigwood, "The Ancient Accounts of the Battle of Cunaxa", *The American Journal of Philology*, Vol. 104, No. 4 (Winter, 1983), p. 348, p. 355; Bigwood, "Ctesias as Historian of the Persian Wars", p. 24.

[③] J. Evans, "Father of History or Father of Lies: The Reputation of Herodotus", *The Classical Journal*, Vol. 64, No. 1 (Oct., 1968), p. 13.

[④] Drews, *The Greek Accounts of Eastern History*, p. 109.

[⑤] Bigwood, "Ctesias as Historian of the Persian Wars", p. 19.

[⑥] Ctesias, *History of Persia*, L. Llewellyn-Jones and J. Robson trans., Introduction, p. 26.

[⑦] H. Sancisi-Weerdenburg, "Decadence in the Empire or Decadence in the Sources? From Source to Synthesis: Ctesias", in H. Sancisi-Weerdenburg ed., *Achaemenid History*, Vol. I: *Structures and Synthesis*, Leiden: Brill, 1987, p. 37.

[⑧] Sancisi-Weerdenburg, "Decadence in the Empire or Decadence in the Sources? From Source to Synthesis: Ctesias", p. 38.

[⑨] Ibid., p. 40.

希腊的"他者",成为西方思想文化史上东方主义(Orientalism)传统的源头。[1]法国著名波斯史学者布里昂(P. Briant)也支持这种看法,认为泰西阿斯的《波斯志》并无波斯官方史料支撑,[2]而他对波斯历史的主观建构在一定程度上确实符合现代"东方主义"的基本特征。[3]布里昂还在于2006年5月在萨尔茨奥堡(Salzau)召开的"泰西阿斯国际学术研讨会"上提倡对泰西阿斯的东方主义历史观展开深入研究。[4]德国学者比希勒(R. Bichler)同样认为泰西阿斯在《波斯志》中建构了文化意义上的"东方(Orient)"形象;[5]他的同胞维瑟霍费尔(J. Wiesehöfer)则指出,泰西阿斯所描述的阴森波斯宫廷正是"东方专制主义(orientalischen Despotie)"的缩影。[6]伊琳娜·玛德雷特(Irene Madreiter)在其研究古希腊波斯志体裁的专著中认为,泰西阿斯确实在其《波斯志》中塑造了一个宦官横行、后宫政治占据中心地位的"东方"世界;[7]嗜血成性、恶贯满盈的波斯太后帕吕萨提斯(Parysatis)正是这种邪恶疯癫、变态扭曲的东方专制统治模式的化身。[8]泰西阿斯残篇权威辑本的校订者朗方同样相信,《波斯志》中对波斯宫廷色情、暴力、奢靡场景的渲染缔造了女性化的东方形象,代表着古代西方人对东方世界的主观想象。[9]

笔者认为,近百年来西方古典学界对泰西阿斯《波斯志》文本的批判既取得了巨大的学术成绩,也在某些方面陷入了误区。不可否认的是,欧

---

[1] Sancisi-Weerdenburg, "Decadence in the Empire or Decadence in the Sources? From Source to Synthesis: Ctesias", pp. 43-44.

[2] Briant, *From Cyrus to Alexander, A History of the Persian Empire*, p. 6.

[3] Ibid., p. 7.

[4] P. Briant, «Orientaliser l' Orient, ou: d'un orientalisme à l' autre», in J. Wiesehöfer, R. Rollinger and G. Lanfranchi eds., *Ktesias' Welt / Ctesias' World*, Wiesbaden: Harrassowitz Verlag, 2011, p. 513.

[5] R. Bichler, „Ktesias spielt mit Herodot", in J. Wiesehöfer, R. Rollinger and G. Lanfranchi eds., *Ktesias' Welt / Ctesias' World*, Wiesbaden: Harrassowitz Verlag, 2011, p. 21.

[6] J. Wiesehöfer, „Ktesias und der achaimenidische Hof", in J. Wiesehöfer, R. Rollinger and G. Lanfranchi eds., *Ktesias' Welt / Ctesias' World*, Wiesbaden: Harrassowitz Verlag, 2011, p. 505.

[7] I. Madreiter, *Stereotypisierung – Idealisierung – Indifferenz, Formen der Auseinandersetzung mit dem Achaimeniden-Reich in der griechischen* Persika-*Literatur*, Wiesbaden: Harrassowitz Verlag, 2012, p. 36, p. 65.

[8] Madreiter, *Stereotypisierung – Idealisierung – Indifferenz, Formen der Auseinandersetzung mit dem Achaimeniden-Reich in der griechischen* Persika-*Literatur*, p. 115.

[9] Ctésias de Cnide, *La Perse, L' Inde, autres fragments*, D. Lenfant ed./trans./comm., p. cxxviii, pp. cxxxv-cxxxvii.

美学者们对《波斯志》残篇的整理、考订与研究揭示了这部作品的许多不足之处，纠正了以本书为史料基础所形成的若干错误认识；而针对泰西阿斯的"东方主义渊源论"更是引起了学界对《波斯志》学术史地位和思想特色的高度重视与浓厚兴趣。然而，西方学界在批判泰西阿斯《波斯志》的过程中存在的一个普遍错误在于：学者们往往会简单套用现当代历史科学标准与后殖民主义理论去苛责泰西阿斯，并忽视了《波斯志》这部古典著作继承古风、古典早期希腊文学传统的历史必然性。而当前学界几乎众口一词的、对《波斯志》中东方主义思想的指认与批评同样是值得重新反思的。作为方兴未艾的后殖民主义思潮中涌现出的一个主要应用于近现代西方殖民史的、内涵与外延都在不断发生变化的新生术语，"东方主义（Orientalism）"尚不具备一个放诸四海而皆准的精确定义；[①]但当今古典学界对泰西阿斯《波斯志》东方主义特色的具体所指则是明确而一致的。《波斯志》的所谓东方主义特色主要包含以下内容。

第一，《波斯志》将一部波澜壮阔、内涵丰富的波斯帝国史简化和丑化成了一部以宦官阉奴、太后王后为中心的宫廷斗争史，贬低了男性波斯君主的主导地位和波斯帝国军事外交、经济社会史本应获得的重要性，将波斯史主观建构成为一部性别角色倒置、家事国事不分的病态历史。

第二，与希罗多德不同，泰西阿斯将波斯树立为一个在政治上与希腊世界敌对、在文化劣于希腊的"他者"，以此来树立希腊人文化上的优越感和否定东方专制主义制度存在的合理性。

第三，《波斯志》刻意渲染了波斯帝国宫廷生活的荒淫、残暴、疯癫与奢靡，带有贬低、仇恨东方古老文明的强烈主观感情色彩。

可见，桑奇希—魏登伯格等学者所抛出的"东方主义渊源论"是希腊史学史乃至西方思想文化史范围内的一个重要问题，是值得国内史学界重视与认真思考的。[②]笔者不揣浅陋，仅在此以相关史料文本为基础，提出自

[①] 在相对宽泛的文本分析语境下，近代欧洲古典主义、浪漫主义时代的文学家们对波斯、印度与中国等东方古国的理想化描述与浪漫想象同样可以被视为某种"东方主义"元素；但这种用法与萨义德《东方学》原作的本意和泰西阿斯研究语境下"东方主义"一词的具体含义并不一致。在自桑奇希—魏登伯格以降的相关研究传统中，泰西阿斯的所谓"东方主义"始终是作为一种站在希腊文化立场贬低、丑化东方世界的视角而受到后殖民主义式的严厉批判的。

[②] 就笔者目前所见，国内学术界尚无对泰西阿斯"东方主义"特色的专题性研究。（转下页）

己对泰西阿斯所谓"东方主义"思想特色实质与《波斯志》在古希腊文化史上地位的看法，以期得到各方专家学者的批评指正。

第二节　泰西阿斯《波斯志》中的东方帝国形象

事实上，如果我们按照东方古代政治文明本身的内在逻辑去看待这一问题的话，那么在西方当代古典学者们所指出的泰西阿斯"东方主义"的两大表征——宦官横行与女性专权中，只有后一项才是值得东方学者认真理会的。就东方文明史本身而论，毋庸讳言，宦官制度是古代东方君主专制下特有的一种宫廷管理模式，具有不人道的一面；但宦官角色毕竟是古代波斯、中国等文明古国中长期延续着的一种客观存在。而在古希腊东方史叙述作品的框架内，泰西阿斯也并非强调波斯帝国境内宦官（εὐνοῦχοι）突出作用的第一人：希罗多德、色诺芬对波斯帝国体系下宦官角色的描述与泰西阿斯大致吻合；①而早在希罗多德《历史》问世之前，对波斯宦官的记载就已经在赫拉尼库斯（Hellanicus of Lesbos）的《波斯志》（*Persica*）中出现了。②因此，本节将集中对泰西阿斯《波斯志》所描写的专权女性与暗弱男性君主形象展开分析。

一　性别倒置与所谓"东方主义"特色

《波斯志》中出现的第一位东方女性统治者是传说中的亚述女王塞米拉米斯。这名女子魅力出众，能使丈夫对自己言听计从。③在利用自己的果

（接上页）王以欣的《居鲁士的早年传奇与口传历史》认为泰西阿斯对居鲁士早年身世的记载来自流行于波斯民间的非官方版本（《古代文明》2014 年第 1 期），对《波斯志》的史源问题提出了中国学者的见解。相形之下，国内古代史学界对古代世界的东方主义问题给予了更多关注，代表性论文如黄洋：《古代希腊罗马文明的"东方"想像》（《历史研究》2006 年第 1 期）；黄洋：《希罗多德：历史学的开创与异域文明的话语》（《世界历史》2008 年第 4 期）；张广智：《希罗多德史学的东方形象——以近十年中国学者的相关论著为中心》（《甘肃社会科学》2014 年第 2 期）；陈佳寒：《"东方主义"的滥觞：希腊古典史家作品中的"他者"形象研究》，博士学位论文，上海师范大学，2014 年；等等。

① R. Pirngruber, „Eunuchen am Königshof: Ktesias und die altorientalische Evidenz", in J. Wiesehöfer, R. Rollinger and G. Lanfranchi eds., *Ktesias' Welt / Ctesias' World*, Wiesbaden: Harrassowitz Verlag, 2011, p. 279.

② *FGrH* 4 F178c (= Donat. Terent. *Eunuch*. 167).

③ Ctes. F1b (= Diod. Sic. 2.5.2).

敢机智帮助亚述国王尼努斯（Ninus）攻占巴克特里亚（Bactria）后，她的美貌吸引了国王的爱慕，从而为自己取得了王后身份，却导致自己的原配夫君惨遭横死。[1]当上女王之后，塞米拉米斯为保住权力而拒绝缔结合法婚姻，并不断替换并杀害可能危及自己地位的面首。[2]与塞米拉米斯的强势与凶残形成鲜明对比的是她的儿子尼努阿斯（Ninyas），[3]后者即位后深居简出、花天酒地、不理国事；[4]其后继者们也纷纷对这位"懒王"的行为予以效法，从而缔造了一段长达1360余年的、无事可记的空白历史。[5]而亚述帝国的末代亡国之君萨尔达纳帕鲁斯（Sardanapallus）则在奢靡与懦弱等方面无出其右，身穿女装、涂脂抹粉、终日针织绣花、宴饮纵欲，最终葬送了亚述国运。[6]

显然，在上面这段两极化的对比模式中确实存在着显著的性别倒置特征：塞米拉米斯被展示成一位充满阳刚之气的铁腕统治者，而她的男性后裔则变成了柔弱女子。而罗马帝国时期的后世作家在引述泰西阿斯相关记载时无疑也对之进行了东方主义式的解读：雅典尼乌斯（Athenaeus）将泰西阿斯的描述对象夸张为"所有亚洲的统治者们（πάντας ... τοὺς βασιλεύσαντας τῆς Ἀσίας）"，认为东方君主全都过着深居简出、不与外界沟通的懒散生活；[7]尼科拉奥斯（Nicolaus of Damascus）同样对泰西阿斯对萨尔达纳帕鲁斯女性化特征的描述进行了添油加醋，声称这位亚述国君拥有画眉和与妻妾一同梳辫子的习惯。[8]教会史家优西比乌斯（Eusebius）在介绍泰西阿斯提供的亚述帝王年表时也毫不掩饰自己的轻蔑口吻："我有什么理由或兴趣去转抄那些毫无男子汉气概、懦弱娇嫩、纵欲无度的暴君们的饶舌名字呢？"[9]

无独有偶，在《波斯志》的结尾部分也出现了一位与塞米拉米斯相似

---

[1] Ctes. F1b (= Diod. Sic. 2.6.9-10).
[2] Ctes. F1b (= Diod. Sic. 2.21.1).
[3] Ctes. F1b (= Diod. Sic. 2.21.2).
[4] Ctes. F1b (= Diod. Sic. 2.21.7).
[5] Ctes. F1b (= Diod. Sic. 2.21.8).
[6] Ctes. F1b (= Diod. Sic. 2.23.1-4).
[7] Ctes. F1n (= Ath. 12.38).
[8] Ctes. F1p δ ［= Nicolaus Damascenus, *Exc. de Virtutibus* p. 329, 16 Büttner-Wobst (*FGrH* 90 F2)］.
[9] Ctes. F1o α (= Euseb. *Chron.* p. 29, Karst).

的铁腕宫廷女性——泰西阿斯在担任波斯宫廷御医时亲自为之诊疗过的帕吕萨提斯。大流士二世（Darius Ⅱ）对自己的这位皇后同样言听计从。[①]帕吕萨提斯处死了阴谋推翻国王的宦官阿尔托克萨瑞斯（Artoxares），[②]残酷镇压了谋刺先王薛西斯的贵族团体，[③]毒害了特里图克莫斯（Terutouchmes）之子；[④]库纳克萨（Cunaxa）战役结束后，帕吕萨提斯为了替小居鲁士复仇而大开杀戒；[⑤]身为太后的她还设计陷害了马萨巴特斯（Masabates）等大批忠于国王的宦官，而君主阿塔薛西斯（Artaxerxes）竟无力营救他们。[⑥]最后，丧心病狂的帕吕萨提斯甚至毒杀了自己的儿媳、王后斯塔泰拉（Stateira）。[⑦]这一系列疯狂行径终于为她招来了应得的惩罚。[⑧]

除上述两个极端例子之外，类似的性别倒置现象和对波斯帝国形象的负面描述在《波斯志》中还有很多。波斯王后阿麦斯特里斯（Amestris）和公主阿米提斯（Amytis）母女均淫乱不堪，终至酿成丑闻；[⑨]阿麦斯特里斯曾为泄私愤而一次杀死50名希腊人；[⑩]波斯王后阿米提斯（Amytis）为报杀父之仇，不顾国王居鲁士劝阻而大开杀戒；[⑪]米底国王任命的行省长官纳那鲁斯（Nanarus）穿戴妇女的衣饰，宴饮无度；[⑫]侍妾内特提斯（Neitetis）唆使波斯国王冈比西斯（Cambyses）发动了对埃及的远征。[⑬]如果德尔图良（Tertullian）提供的晚出史料可信的话，那么泰西阿斯甚至在《波斯志》中记载过波斯男子与生母乱伦的骇人习俗。[⑭]

如果我们仅仅参考上述史料的话，那么桑奇希—魏登伯格等学者提出

[①] Ctes. F15 (= Phot. *Bibl.* 51).
[②] Ctes. F15 (= Phot. *Bibl.* 54).
[③] Ctes. F15 (= Phot. *Bibl.* 52).
[④] Ctes. F16 (= Phot. *Bibl.* 61).
[⑤] Ctes. F16 (= Phot. *Bibl.* 66-67); Ctes. F26 (= Plut. *Artax.* 14.8-10, 16.1-7).
[⑥] Ctes. F26 (= Plut. *Artax.* 17.3-9).
[⑦] Ctes. F27 (= Phot. *Bibl.* 70).
[⑧] Ctes. F29b (= Plut. *Artax.* 19.10).
[⑨] Ctes. F14 (= Phot. *Bibl.* 44).
[⑩] Ctes. F14 (= Phot. *Bibl.* 39).
[⑪] Ctes. F9 (= Phot. *Bibl.* 6).
[⑫] Ctes. F6 (= Ath. 12.40).
[⑬] Ctes. F13a (= Ath. 13.10).
[⑭] Ctes. F44a (= Tert. *Ad nat.* 1.16), F44b (=Tert. *Apol.* 9).

的"东方主义渊源说"似乎确实是适用于泰西阿斯的《波斯志》的。这部作品中反复出现了性别倒置的情境,将波斯王权展示为一种由女性操纵的、非理性的残酷权力;泰西阿斯笔下的不少波斯男性统治者懦弱无能、骄奢淫逸,唯妻子、母亲马首是瞻,反映了波斯社会与阳刚健康的希腊世界截然对立的扭曲特征;《波斯志》中还存在着一些敌视、丑化波斯帝国形象的内容,树立了波斯作为希腊文明"他者"的文化形象。然而,《波斯志》中记载的另一部分内容却呈现出了"东方主义渊源说"似乎无法解释的思想特征。

二 贤明宽仁的伟大东方帝王形象

如果我们通读《波斯志》的全部现存残篇,就会发现,泰西阿斯对各东方帝国缔造者普遍持肯定、赞许的态度。在他的笔下,亚述帝国的开国君主尼努斯是位赏罚分明、具备雄才大略的伟大英雄。对于同自己斗争到底的米底君主法努斯(Pharnus),尼努斯会毫不留情地将仇敌赶尽杀绝;[1]而对于主动请降的亚美尼亚帝王巴尔扎尼斯(Barzanes),尼努斯又能以礼相待,给予对方慷慨的馈赠与充分信任。[2]尼努斯的一生完成了许多伟大业绩(μεγάλας πράξεις ἐπετελέσατο);他天性勇武、追求美德(γενόμενος γὰρ φύσει πολεμικὸς καὶ ζηλωτὴς τῆς ἀρετῆς),[3]并建立了一座人世间气度最为恢宏、令后人叹为观止的伟大城市尼尼微。[4]尤其值得注意的是,泰西阿斯或其引用的传说版本显然是按照传统希腊英雄传说中对"命名英雄(ἥρως ἐπώνυμος)"的描述模式[5]去记载和赞美这位虚构的尼尼微城建造者的;[6]泰西阿斯对尼努斯的态度不但并无贬损之意,而且也不存在十分明确的、将这位亚述君主视为希腊英雄对立面的观念。在泰西阿斯心目中,二者的道德品质与功业成就在很多方面都是相通的和近似的,尼努斯身处的东方并

---

[1] Ctes. F1b (= Diod. Sic. 2.1.10).
[2] Ctes. F1b (= Diod. Sic. 2.1.8-9).
[3] Ctes. F1b (= Diod. Sic. 2.1.4).
[4] Ctes. F1b (= Diod. Sic. 2.3.1)
[5] Hdt. 7.147; Paus. 1.39; 7.1; 8.2.
[6] M. Vlaardingerbroek, "The Founding of Nineveh and Babylon in Greek Historiography", *Iraq*, Vol. 66 (2004), p. 233.

非同希腊社会在方方面面都处于截然对立状态的异质世界。倘若如德鲁兹等人所言，尼努斯的传说确实来自泰西阿斯的想象与虚构的话，那么《波斯志》建构出来的东方帝国开国君主的正面形象却同针对泰西阿斯的东方主义论调并不一致。

当然，我们必须看到，由于泰西阿斯对尼努斯传说的记载是通过可能掺有其他史料来源的狄奥多鲁斯转述的，仅凭这一个例子去论证泰西阿斯对东方君主的正面评价尚不够充分。然而，主要由福提乌斯保存下来的、完全从泰西阿斯《波斯志》中摘抄[①]的居鲁士（Cyrus）大帝生平记载也呈现出了相似的特征。在泰西阿斯的叙述版本中，居鲁士尽管出身低微[其生父甚至由于贫苦而被迫以偷窃为业（ὅστις ἐλῄστευεν ὑπὸ πενίας）]，[②]却生性高贵仁慈，将俘获的死敌阿斯图亚格斯（Astyages，泰西阿斯在文本中写成Ἀστυΐγας）视作长辈而加以尊重（ὡς πατέρα τιμηθῆναι）。[③]出于对神意的敬畏与自身的恻隐之心，居鲁士同样宽恕了战场上的对手克洛伊索斯（Croesus），并对后者委以重任。[④]而他在临终前对家人和臣子们的告诫同样能够体现这位东方君主平易近人、光明磊落、注重美德的高贵品质：居鲁士要求自己的孩子们尊重母亲的意旨，赞美精诚合作的团结精神，诅咒世间的一切不义之举。[⑤]即便在福提乌斯这些场景的扼要摘录中，泰西阿斯对居鲁士大帝的景仰之情仍旧跃然纸上，他几乎是将这位君主作为美德的化身和帝王的楷模而加以塑造的。而居鲁士大帝的临终遗训显然也完全合乎公元前 4 世纪初古希腊知识界普遍奉行的伦理观念。这种英雄形象的塑造方式恐怕是不能用"东方主义"去加以形容的。

值得注意的是，即便对于两位部分西方学者所举出的、作为《波斯志》中"邪恶"东方女性政治家代表的塞米拉米斯和帕吕萨提斯，泰西阿斯原作的评价也不是完全负面的。在由狄奥多鲁斯转述的、内容最为详尽的《波斯志》叙述版本中，塞米拉米斯的形象总体上是正面的。她是一位出身低微、

[①] Bigwood, "Ctesias' Account of the Revolt of Inarus", p. 3.
[②] Ctes. F8d ［= Nicolaus Damascenus, *Exc. de Insidiis*, 3 (*FGrH* 90 F66)］.
[③] Ctes. F9 (= Phot. *Bibl*. 1).
[④] Ctes. F9 (= Phot. *Bibl*. 4-5).
[⑤] Ctes. F9 (= Phot. *Bibl*. 8).

但凭借多种才能与品质出人头地的传奇英雄。[1]除超凡绝伦的美貌外，她还具备与之匹配的种种优秀品质（ἐχούσης καὶ τἆλλα ἀκόλουθα τῇ περὶ τὴν ὄψιν εὐπρεπείᾳ）。[2]塞米拉米斯在攻打巴克特里亚的战役中展示了自己的智勇双全；[3]又在晚年挫败儿子夺权阴谋后对他予以宽恕，慷慨大度地让出了手中的权力。[4]根据泰西阿斯的说法，塞米拉米斯建造了不朽的巴比伦城，其宽大的城墙上足可供6辆马车并行；[5]她还在亚洲境内许多地方留下了令后人印象深刻的建筑工程。[6]只是到了阿特纳格拉斯（Athenagoras）很可能掺杂着个人主观偏见的著作中，塞米拉米斯的形象才真正完全变成了一个"淫荡堕落、嗜血成性（λάγνος γυνὴ καὶ μιαιφόνος）"的邪恶女子，并间接通过圭尔奇诺（Guercino）的名作[7]成为西方世界中深入人心的邪恶女王形象。

尤其值得注意的是，无名氏古代作家的《论妇女》（De mulieribus）[8]和优西比乌斯的《年表》（Chronographia）[9]分别为我们保留了两份内容大体一致的、源自泰西阿斯《波斯志》原著的塞米拉米斯生平节要。在这两段文本中，对塞米拉米斯功绩的记载占据了压倒性的优势，而对其恶行的叙述其实只占节要的极小一部分。据此，笔者认为，泰西阿斯对塞米拉米斯的评价其实是褒贬结合且总体上高度肯定的。现代读者之所以对塞米拉米斯的残酷、淫荡等性格污点印象深刻，主要是由泰西阿斯《波斯志》问世后真正持有东方主义或性别偏见的希腊、罗马作家们及文艺复兴时代的艺术家们对相关内容的选择性摘抄、评论与主观解读造成的；[10]确立塞米拉米斯负面形象的并不是泰西阿斯本人。

---

[1] Ctes. F1b (= Diod. Sic. 2.4.1).
[2] Ctes. F1b (= Diod. Sic. 2.5.2).
[3] Ctes. F1b (= Diod. Sic. 2.6.5-8).
[4] Ctes. F1b (= Diod. Sic. 2.20.1-2).
[5] Ctes. F1b (= Diod. Sic. 2.7.3).
[6] Ctes. F1b (= Diod. Sic. 2.14.2).
[7] 圭尔奇诺：《塞米拉米斯闻讯巴比伦叛乱》，1624年作。
[8] Ctes. F1c (= Anonymus, De mulieribus, 1).
[9] Ctes. F1g (= Euseb. Chron. p. 29, 3-10 Karst).
[10] 典型例子如 Ctes. F1m (= Athenagoras, Legatio pro christianis, 30)："如果一些被宙斯嫌弃、痛恨的人物也可以被奉若神明；如果德尔凯托（Dɑrcɑto）之女、淫荡堕落、嗜血成性的女人塞米拉米斯都被视为叙利亚的女神，如果叙利亚人会由于德尔凯托的缘故而同时敬奉鸽子与塞米拉米斯（但那个女人不可能变化成鸽子，该故事是泰西阿斯编造的）的话，那么暴君和权贵们被其同时代人神化又有什么可奇怪的呢？"

即便对于现当代读者眼中的杀人恶魔帕吕萨提斯,泰西阿斯的原始记载同样耐人寻味。在《波斯志》对库纳克萨战役后续事件的报道中,帕吕萨提斯一直是作为被俘的克勒亚库斯(Clearchus)等希腊雇佣军将领的同情者与保护人身份出现的。她曾恳请泰西阿斯帮助自己同狱中的克勒亚库斯建立联系,为后者提供必要的帮助,并强迫国王阿塔薛西斯起誓保护希腊将领们的人身安全。[①]而当阿塔薛西斯食言杀害了除买侬(Menon)外的全体被俘希腊将领后,太后帕吕萨提斯又安排宦官秘密安葬了克勒亚库斯的遗体,[②]甚至筹划为克勒亚库斯的冤屈向王后斯塔泰拉进行报复。[③]如果说帕吕萨提斯的恐怖形象是通过泰西阿斯的东方主义观念建构起来的话,那么这位杀人不眨眼的女性政治家成为缧绁中的希腊将领们庇护者的情节叙述未免显得有悖逻辑和滑稽可笑。因此,笔者认为,泰西阿斯原著中所塑造的帕吕萨提斯形象固然是负面的,但作者本人并非在借此刻意制造作为希腊文明他者与仇敌的东方世界。

此外,散见于《波斯志》现存残篇中的、对其他东方统治者与东方世界的正面叙述与赞美性评价也并不罕见。米底帝国的开国君主阿尔巴克斯(Arbaces)对背叛自己的功臣贝勒苏斯(Belesys)网开一面、以德报怨。[④]而米底帝国的亡国之君阿斯图亚格斯则被泰西阿斯称为阿尔巴克斯身后"最高贵的人物(γενναιότατος)"。[⑤]波斯君主冈比西斯在付出高昂代价才征服埃及后仍旧表现出了宽宏大量的精神;[⑥]国王阿塔薛西斯对反叛自己的伊纳鲁斯(Inarus)、麦伽布祖斯(Megabyzus)既往不咎的气度[⑦]和对恶贯满盈的生母帕吕萨提斯的温和处置方式[⑧]同样令人钦佩。即便生性懦弱的萨尔达纳帕鲁斯也在国破家亡之际展示出了英雄气概,以一种"最高贵的方式(ὡς ... γενναίως)"结束了自己的生命。[⑨]泰西阿斯坦率地承

---

① Ctes. F27 (= Phot. *Bibl.* 69); Ctes. F28 (= Plut. *Artax.* 18.1-5).
② Ctes. F28 (= Plut. *Artax.* 18.8).
③ Ctes. F28 (= Plut. *Artax.* 18.6).
④ Ctes. F1b (= Diod. Sic. 2.28.5-6).
⑤ Ctes. F8d ［= Nicolaus Damascenus, *Exc. de Insidiis*, 1 (*FGrH* 90 F66)］.
⑥ Ctes. F13 (= Phot. *Bibl.* 10).
⑦ Ctes. F14 (= Phot. *Bibl.* 36-43).
⑧ Ctes. F29b (= Plut. *Artax.* 19.10).
⑨ Ctes. F1q (= Ath. 12.38).

认,亚述的历史要比希腊人的历史悠久得多;[1]他还对波斯国王所豢养牛群的神奇智慧表示赞叹。[2]泰西阿斯将波斯帝国一度统治过的印度西北部地区居民称为"极其正直的人(δικαιότατοι)",[3]并对那里的地大物博进行过由衷的赞美。[4]他还曾援引波斯宫廷禁用陶杯的"先进"习俗来纠正希腊人的"陋习"。[5]笔者认为,上述这些往往被桑奇希—魏登伯格等人完全忽视的残篇内容是他们为泰西阿斯贴上的东方主义标签难以圆满解释的。

要之,在《波斯志》现存残篇中,泰西阿斯仅在叙述薛西斯入侵希腊本土期间劫掠阿波罗神庙与德尔斐圣所的段落中站在敌对角度对波斯军队的渎神行径进行过态度鲜明的谴责。[6]而在其他部分里,他对波斯帝国的政治家、统治模式与风土人情的评价都是褒贬结合、相对公允的。《波斯志》对帕吕萨提斯等个别女性政治家的抨击固然带有渲染和夸张成分,但这种贬低与一些当代西方古典学者提出的东方主义动机并无直接联系。笔者认为,这些学者们所指出的性别倒置现象和对色情暴力场景的修辞性描写的确在《波斯志》中广泛存在;但这些要素并不产生于泰西阿斯本身的东方主义创作动机,而是古风、古典时代希腊史诗、抒情诗与史学传统共同确立的波斯史叙述模式在散文体波斯志中进一步发展的结果。

第三节 《波斯志》所承袭的波斯史叙述传统

一 古希腊诗体文学、史学中的性别倒置修辞手法与帝王劝诫主题

根据上文的分析来看,正如英国古典学者卢埃林—琼斯(Lloyd Llewellyn-Jones)所言,泰西阿斯对其笔下的东方形象并无刻意贬低之意。[7]与此同时,我们也不难看出,这部融合了古老东方传说、希罗多德

---

[1] Ctes. F2 (= Clem. Al. *Strom*. 1.102.4).
[2] Ctes. F34a (= Ael. *NA*, 7.1); Ctes. F34b (= Plut. *Mor. De soll*. 974d-e).
[3] Ctes. F45 (= Phot. *Bibl*. 16).
[4] Ctes. F49a (= Arr. *Ind*. 3.6), F49b (= Strans. 15.1.12).
[5] Ctes. F 40 (= Ath. 464a-b).
[6] Ctes. F13 (= Phot. *Bibl*. 29, 31).
[7] Ctesias, *History of Persia*, L. Llewellyn-Jones and J. Robson trans., p. 86.

等人史料信息与作者亲身见闻的庞杂波斯志作品在体例与叙述手法上确实并不完全符合19世纪以来专业化史学作品的特征，与修昔底德、色诺芬等年代相近的阿提卡史家的作品相比也存在着鲜明的特色。首先，泰西阿斯对史料的组织方式是以个人为中心的。后世的节录者们可以毫不费力地从《波斯志》中大段摘抄出尼努斯、塞米拉米斯、麦伽布祖斯、居鲁士、帕吕萨提斯等政治家、军事将领的个人传记，并借助阿斯帕米特瑞斯（Aspamitres）、阿托克萨瑞斯（Artoxares）、阿提巴尔扎尼斯（Artibarzanes）、阿特乌斯（Athous）、萨提巴扎尼斯（Satibarzanes）和玛萨巴特斯（Masabates）等一系列宦官的名字去了解波斯宫廷政治的变迁历程，[①]却很难通过这些文字对当时亚述、波斯社会的政治制度、法律规章、经济生产、对外关系等在现当代史学中受到关注的方面形成系统的认识。其次，对宫廷斗争、刑罚执行、军事冲突等事件的修辞性渲染与戏剧性场景描写在《波斯志》中占据了很大比重，性别倒置手法的频繁运用便是这种戏剧化特征的典型反映。再次，泰西阿斯往往会对自己笔下的中心人物——男性或女性的政治家们的功绩与污点进行脸谱化的处理，使之成为一种带有垂训意味的道德范例。

因此，我们可以理解雅各比、德鲁兹等接受过严格客观主义史学训练的学者们对"泰西阿斯史学流派"的贬低与轻视——狭窄的视野、文学化描写与道德论倾向都是20世纪前期追求"如实直书"的欧美历史科学天然的批判对象。然而，以此为依据去指责、否定泰西阿斯著述劳动成果的做法则是反历史的。作为一名来自古老的多利亚（Dorian）殖民城市克尼多斯的医生[②]和亲斯巴达派，[③]泰西阿斯本来就没有理由甚至机会去阅读或效法当时刚刚完成不久、尚未广为人知和得到时间检验的修昔底德、色诺芬等阿提卡史家的著作。在现存的《波斯志》与《印度志》残篇中，泰西阿斯从未提及修昔底德的名字；而在涉及色诺芬《长征记》中详细记载的库纳克萨战役时，泰西阿斯提供的描述体系迥异于色诺芬的版本，[④]可见他并

[①] Drews, *The Greek Accounts of Eastern History*, p. 106.
[②] Stronk, *Ctesias' Persian History*, Part I, Introduction, Text, and Translation, pp. 3-4.
[③] Ctes. T7b (= Plut. *Artax*. 13.5-7), F28 (= Plut. *Artax*. 18.6).
[④] Bigwood, "The Ancient Accounts of the Battle of Cunaxa", p. 347.

不知晓或不信赖色诺芬的历史著作。笔者认为，在公元前4世纪初撰述《波斯志》时，泰西阿斯有条件参考的前人著作主要包括"史学之父"希罗多德的著作和以波斯历史或希波战争为题材的希腊古风、古典早期诗歌文学作品。在很多方面，后者所提供信息的丰富程度与对泰西阿斯《波斯志》的影响力并不逊色于前者。

事实上，最早将泰西阿斯视为东方主义源头的桑奇希—魏登伯格已经提出过文学传统对泰西阿斯作品中的性别倒置手法产生影响的可能，但却认为这种观点在短期内还只能作为人类学家所提出的一种假说。[①] 然而，文献证据表明，泰西阿斯的《波斯志》同希腊早期诗歌传统的渊源早在罗马帝国前期就已被身处希腊文化环境之内的文学批评家们明确意识到了。德米特里乌斯（Demetrius）在《论文风》（De elocutione）中评价泰西阿斯的作品风格时写道：

Καὶ ὅλως δὲ ὁ ποιητὴς οὗτος (ποιητὴν γὰρ αὐτὸν καλοίη τις ἂν εἰκότως) ἐναργείας δημιουργός ἐστιν ἐν τῇ γραφῇ συμπάσῃ.

概言之，这位诗人（因为有理由把他称为诗人）在他的全部作品中都是一位擅长描述生动场景的大师。[②]

值得注意的是，对泰西阿斯的"诗人"评价并非德米特里乌斯的专利。琉善（Lucian）在自己的作品中也将泰西阿斯与希罗多德明确称为荷马与抒情诗人们的后继者；[③] 斯特拉波（Strabo）在《地理学》（Geographica）中同样把泰西阿斯同荷马（Homer）、赫西俄德（Hesiod）、阿尔克曼（Alcman）、埃斯库罗斯（Aeschylus）等诗人放在一起进行评论。[④] 尽管琉善和斯特拉波并未将泰西阿斯直呼为诗人，但他们无疑都承认泰西阿斯的散文体《波斯志》同之前诗歌作品的渊源关系，或至少是内在相似性。在雅各比等研究希腊史学的专业学者眼中，将历史学家同诗人混为一谈的做

---

① Sancisi-Weerdenburg, "Decadence in the Empire or Decadence in the Sources? From Source to Synthesis: Ctesias", p. 42.
② Ctes. T14a (= Demetrans. *Eloc*. 215).
③ Ctes. T11 hγ (= Lucian, *Philops*, 2).
④ Ctes. T11a (= Strans. 11.6.2-3); Ctes. T11b (= Strab. 1.2.35).

法显然是不能接受的。①然而，笔者认为，德米特里乌斯等人的认识如实反映了泰西阿斯《波斯志》的文化渊源：尽管当今国际学术界对于《波斯志》应归入史学作品还是文学著作这一问题尚未达成统一意见，②但可以肯定的是，这部古希腊文学史上的波斯志集大成之作正是在古风时代与古典早期的诗歌文学传统与希罗多德史著的共同影响下问世的。

如果我们将目光投向古风、古典早期的希腊诗体文学传统的话，我们会发现，性别倒置的手法在大量与"东方"并无直接关联的古希腊戏剧篇章中其实相当常见。在埃斯库罗斯（Aeschylus）的悲剧《阿伽门农》（*Agamemnon*）结尾部分，作者通过扣人心弦的对话，描述了凶恶的王后克吕泰姆涅斯特拉（Clytemnestra）在浴室中杀害远征归来、手无寸铁的丈夫阿伽门农的戏剧化场景；③而在欧里庇得斯（Euripides）的悲剧《酒神的伴侣》（*Bacchae*）中，底比斯（Thebes）君主潘特乌斯（Pentheus）则是在男扮女装的情况下，以手无寸铁的"女性"身份被疯狂凶恶的、男性化的酒神女信徒们残忍地杀害的；④同属欧里庇得斯作品的《美狄亚》（*Medea*）同样对满怀复仇欲望的美狄亚进行了男性化的艺术处理。⑤而在留存至今的

---

① Stronk, "Ctesias the Poet", p. 390.
② 19世纪末以前，《波斯志》通常被视为与色诺芬乃至希罗多德的作品齐名的历史著作。在20世纪以降的泰西阿斯主要研究者中，雅各比、德鲁兹与比格伍德将《波斯志》视为质量低劣、掺杂着大量文学元素的史学作品（Jacoby, „Ktesias", *RE*, col. 2044; Drews, *The Greek Accounts of Eastern History*, p. 103; Bigwood, "The Ancient Accounts of the Battle of Cunaxa", p. 348），斯特龙克认为《波斯志》的体裁介于小说与历史之间（Stronk, *Ctesias' Persian History*, Part I, Introduction, Text, and Translation, p. 42）；朗方与卢埃林—琼斯试图重新为《波斯志》的严肃史著地位正名，但两人也都承认作品中存在着文学元素（Ctésias de Cnide, *La Perse, L'Inde, autres fragments*, D. Lenfant ed./trans./comm., p. xv; Ctesias, *History of Persia*, L. Llewellyn-Jones and J. Robson trans., p. 22）。在当今古典学界较权威的两部工具书中，《牛津古典辞书》第4版（H. Sancisi-Weerdenburg and E. Kuhrt, "Ctesias", in S. Hornblower, A. Spawforth and E. Eidinow eds., *The Oxford Classical Dictionary*, fourth edition, Oxford: Oxford University Press, 2012, p. 396）认为《波斯志》是包含着很多传奇故事与口头传说的史著，《新保利辞书》（P. Högennan, „Ktesias", in H. Cancik and H. Schneider eds., *Der neue Pauly*, Bd. 6, Stuttgart: J.B. Metzler, 2003/2012, col. 874）则同时保留了将《波斯志》视为史著与历史小说的两种提法。笔者认为，对于这部创作于各种散文体裁尚未完全定型的公元前4世纪的《波斯志》而言，过分纠缠"史著"与"历史小说"等不可避免地掺杂着后世认识的称呼选择并无太多实际意义。众多泰西阿斯研究者对《波斯志》中史学与文学要素并存这一现象达成的共识已经足以为诗歌传统与希罗多德史著共同塑造泰西阿斯《波斯志》面貌的观点提供有力的学术史支持。
③ Aes. *Ag.* 1090-1246, esp. 1231-1238; cf. Aes. *Eum.* 625-639.
④ Eur. *Bacch.* 912 ff.
⑤ Eur. *Med.* 764 ff.

阿里斯托芬（Aristophanes）喜剧作品中，为追求戏谑、讽刺等戏剧化效果而故意采用性别倒置的手法同样常见：《骑士》（Equites）对雅典政客克勒昂（Cleon）进行了女性化的丑化处理；[1]而《吕西斯特拉特》（Lysistrata）、《地母节妇女》（Thesmophoriazusae）、《公民大会妇女》（Ecclesiazusae）等带有荒诞色彩的喜剧完全是以性别倒置作为剧本情节展开的基础的。可见，性别倒置的修辞手法原本就是古希腊诗体文学中十分常用的写作技巧，可以在高度戏剧化的场景中起到渲染恐怖、悲壮氛围或实现戏谑、讽刺效果的作用；而在上述几个例子中，除来自黑海地区的可怕女性美狄亚（但欧里庇得斯对美狄亚也并非全无同情之心，参见 Eur. Med. 465-660）外，被性别倒置的克吕泰姆涅斯特拉、潘特乌斯、克勒昂、吕西斯特拉特等角色都无法同东方世界和作者的东方主义写作动机建立起直接联系。这些性别倒置手法的运用当然并不意味着作者对现实生活中雅典、斯巴达等社会中女性地位高于男性的认可或忧虑；它们所刻意强调的恰恰是与读者、观众日常生活经验相悖的特殊性或戏剧性，从而增强作品的文学可读性。

尤其值得注意的是，作为泰西阿斯的前辈，"史学之父"希罗多德同样在其史作中运用过性别倒置的写作手法。在希罗多德《历史》卷一的情节叙述中，归顺居鲁士的吕底亚君主克洛伊索斯（Croesus）曾建议前者对吕底亚人进行移风易俗，要求他们不再随身携带武器，并在袍子里面穿上内衣，脚上穿高筒靴，教授儿子们弹里拉琴、唱歌、跳舞和叫卖商品。这样一来，吕底亚人便会"从男子变成女子（γυναῖκας ἀντ' ἀνδρῶν ... γεγονότας）"，再也不会发动暴乱了。[2]无独有偶，希罗多德笔下的哈里卡纳索斯（Halicarnassus）女王阿尔特米希娅（Artemisia）也在撒拉米斯（Salamis）海战中扮演了男性英雄的形象，一度令与自己对阵的雅典男性军人恼羞成怒。[3]无论后人看到的这些材料来自希罗多德对自身史源的忠实复述还是史家本人的艺术加工，它们都可以证明，作为史学之父的希罗多德同样将这种性别倒置的艺术技巧视为可以增强历史著作趣味性与可读性的"合法"手段。泰西阿斯与希罗多德的区别仅仅在于大大增加了这种性

---

[1] Ar. Eq. 1054-1057.
[2] Hdt. 1.155.
[3] Hdt. 7.99; 8.88-93.

别倒置情节在其作品中的比例与重要程度而已。

与此相似,《波斯志》中对东方君主功业的赞颂和对其恶行的道德批判同样是古风时代与古典早期希腊诗歌的基本功能之一。在《神谱》(*Theogonia*)的开篇处,赫西俄德诠释了宙斯、缪斯(Muses)、帝王与诗人四者间的平行对应关系:缪斯是宙斯与其他天神功业的讴歌者;缪斯将创作诗歌的神圣天赋赋予诗人,命令他去歌唱帝王统治下的凡俗世界中正在发生的和业已发生的事迹;这种诗才既可以被用来编造谎言,也可以道出世俗历史中的各种真相。①可见,诗人既是侍奉、赞美帝王的奴仆,又拥有直接得自上天的神圣天赋,并借此取得了几乎可以随心所欲地赞美、告诫甚至贬损帝王功业的自由权利。在古典时期的哲学、历史作品中,诗人面见君主并大胆地对后者进行道德劝诫已成为十分常见的定式与套路,希罗多德笔下梭伦(Solon)与吕底亚(Lydia)君主克洛伊索斯的相遇②和色诺芬《希耶罗》(*Hiero*)中诗人西蒙尼德斯(Σιμωνίδης ὁ ποιητής)与僭主希耶罗(Ἱέρων ὁ τύραννος)的会面③都是这方面的典型例子。而诗人与统治者间这种特殊的合作关系在现实诗歌创作中也是真实存在的。诗人品达(Pindar)便在《皮提亚颂歌》中分别对僭主希耶罗和阿尔克西拉斯(Alcesilas)的道德操守与政策制定提出了劝诫;④另一位抒情诗人巴库利德斯(Bacchylides)也在现存残篇中歌颂过僭主希耶罗慷慨大方的优秀品质。⑤根据晚出史料的记载,为了争取得到僭主希耶罗的重视与赏识,品达与巴库利德斯两人长期不和,彼此冷嘲热讽。⑥埃斯库罗斯则在悲剧《波斯人》(*Persae*)中对功业卓著的历位波斯先王和薛西斯的庸碌无能进行了对比式的评述。⑦而在希罗多德的史著中,对克洛伊索斯、⑧居鲁士、⑨冈比西

---

① Hes. *Theog*. 1-52.

② Hdt. 1.30 ff.

③ Xen. *Hier*. 1.1.

④ Pind. *Pyth*. 1.85-94; 4.262. S. Hornblower, *Thucydides and Pindar*, *Historical Narrative and the World of Epinikian Poetry*, Oxford: Oxford University Press, 2004, pp. 63-64.

⑤ Bacchyl. 3.64-66 (in Campbell).

⑥ Bacchyl. T9b (= Schol. Pind. *Pyth*. 2.97, in Campbell), T10 (= Schol. Pind. *Nem*. 3.82, in Campbell).

⑦ Aes. *Per*. 759-786.

⑧ Hdt. 1.30 ff.

⑨ Hdt. 1.207, 212.

斯（Cambyses）、[①]薛西斯[②]等东方君主功业与政治统治成就的道德论评价同样大量存在。要之，从道德论角度出发，对帝王的举止与政策进行褒贬原本就是古希腊诗歌文学与希罗多德史学所承担的一项基本职能，同样不是到了泰西阿斯动笔讴歌居鲁士的宽仁、贬抑帕吕萨提斯的残暴的公元前4世纪初才出现的新现象。

在当代的泰西阿斯研究者中，荷兰学者斯特龙克（Jan P. Stronk）较为清晰地认识到了《波斯志》中所包含的古希腊诗歌传统元素，[③]指出不能简单地将现代历史学的标准套用于对泰西阿斯作品的评价。[④]然而，笔者认为，斯特龙克提供的解释模式同样存在着不尽完善之处：一方面，他似乎未能意识到这种诗歌传统与多位当代古典学者在《波斯志》中予以严厉批判的"东方主义"元素之间存在着密切关系；另一方面，他对希罗多德史学传统与诗歌传统关系的判断是错误的。根据斯特龙克的解读，泰西阿斯运用了古风、古典时代诗歌文学中的修辞学元素对希罗多德所创立的、不含杂质的"正统"史学体裁进行了改造。[⑤]这种观点将古希腊的诗歌文学同以希罗多德为代表的史学简单对立了起来。按照这种说法，泰西阿斯仍是希罗多德以降的古希腊史学传统的背叛者，而他对原本正在走向成熟的史学体裁的诗歌化改造也不过是在做一种逆时代潮流而动的无用功。在笔者看来，斯特龙克的解释模式忽略了古希腊波斯史叙述模式中文学与史学元素原本不可割裂的密切联系：古希腊波斯志体裁的发展历程可以证明，泰西阿斯并不是希罗多德的背叛者；这两位作家都是从古风时代直至亚历山大东征前夕古希腊波斯史叙述传统的重要继承者与发扬者。

二 古希腊人波斯记忆的文学渊源

问世于公元前430—前425年间的希罗多德《历史》是现存最早的一部以波斯帝国为主要描述对象的史著，但这部作品远远不是古希腊人波斯记忆

[①] Hdt. 3.30-65.

[②] Hdt. 7.10; 7.18; 7.45-52.

[③] J. Stronk, "Ctesias of Cnidus, a Reappraisal", *Mnemosyne*, Fourth Series, Vol. 60, Fasc. 1 (2007), p. 44.

[④] Stronk, *Ctesias' Persian History*, Part I, Introduction, Text, and Translation, p. 37, p. 40; Stronk, "Ctesias of Cnidus, a Reappraisal", p. 55.

[⑤] Stronk, *Ctesias' Persian History*, Part I, Introduction, Text, and Translation, p. 42.

的最初源泉。① 早在希波战争爆发之前，亚述帝国的个别人物、城市名称已在希腊诗歌残篇中出现。② 于公元前 6 世纪上半叶创作于米利都（Miletus）的六音步体诗《弗库利德斯》（Phocylides）即提到了传说中的亚述开国君主尼努斯。③ 希波战争对希腊社会的深刻影响激发了希腊诗人们对波斯帝国的强烈兴趣，④ 一系列与波斯或希波战争相关的诗体作品在战后开始如雨后春笋般地涌现出来。现存古典文本中保存了多篇为希波战争所作的纪念性短诗；⑤ 诗人西蒙尼德斯用多利亚方言创作过一部业已失传的、题名为《冈比西斯与大流士王》的叙事诗和描写撒拉米斯、阿尔特米修姆（Artemisium）两场海战的哀歌体诗歌；⑥ 西蒙尼德斯另一部以普拉提亚战役为题材的诗作似乎采用了与埃斯库罗斯《波斯人》如出一辙的叙事模式。⑦ 品达在《皮提亚颂歌》中提到过撒拉米斯海战和与波斯作战过的吕底亚君主克洛伊索斯。⑧ 萨摩斯人侯埃里鲁斯（Choerilus）在 5 世纪末创作过以波斯史为主题的史诗。⑨ 生活年代略早于埃斯库罗斯的雅典悲剧诗人弗吕尼库斯（Phrynichus）以波斯帝国入侵小亚细亚希腊殖民地的历史事件为主题，创作了悲剧《米利都的陷落》；⑩ 他的另一部悲剧《腓尼基妇女》的现存残篇中同样提及了波斯与薛西斯的使节；⑪ 他还同抗击波斯的英雄、雅典政治家铁米斯托克里

---

① Drews, *The Greek Accounts of Eastern History*, p. 19.
② Ibid., p. 36.
③ Dio Chrys. *Or*. 36.13.
④ Drews, *The Greek Accounts of Eastern History*, p. 42.
⑤ Hdt. 4.88; 7.228. Lycurg. *In Leocr*. 108-109.
⑥ Simonides, T3 (= *Suda*, s.v. 〈Σιμωνίδης〉), F 249-252 (in Poltera); Drews, *The Greek Accounts of Eastern History*, p. 34.
⑦ M. Hopman, "Layered Stories in Aeschylus' *Persians*", in J. Grethlein and A. Rengakos eds., *Narratology and Interpretation, The Content of Narrative Form in Ancient Literature*, Berlin & New York: Walter de Gruyter, 2009, pp. 360-361.
⑧ Pind. *Pyth*. 1.75-78, 94-98.
⑨ Drews, *The Greek Accounts of Eastern History*, p. 34.
⑩ *TrGF*, Phrynichus, T1 (= *Suda*, s.v. 〈Φρύνιχος〉), T2 (= Hdt. 6.21). Drews, *The Greek Accounts of Eastern History*, p. 32.
⑪ *TrGF*, Phrynichus, F8: ΕΥΝΟΥΧΟΣ στορνὺς θρόνους τοῖς τῆς ἀρχῆς παρέδροις·
Τάδ' ἐστὶ Περσῶν τῶν πάλαι βεβηκότων
(ἀγγέλλει τὴν Ξέρξου ἧτταν)
宦者：你应请王者的侍从落座，
那是古已有之的波斯习俗。
（薛西斯的使节就座）

（Themistocles）合作导演过悲剧。[1]在第一部几乎完整地保存至今的阿提卡悲剧《波斯人》[2]中，波斯帝国与希腊世界的性别对立、[3]以女性身份秉持朝纲的太后阿托萨（Atossa）[4]等泰西阿斯《波斯志》中的所谓"东方主义"

---

[1] Plut. *Vit. Them*. 5.5.

[2] Hopman, "Layered Stories in Aeschylus' *Persians*", p. 357; P. Kyriakou, *The Past in Aeschylus and Sophocles*, Berlin & Boston: Walter de Gruyter, 2011, p. 17.

[3] Aes. *Per*. 115-125: ταῦτά μοι μελαγχίτων

φρὴν ἀμύσσεται φόβῳ –

ὀᾶ Περσικοῦ στρατεύματος –

τοῦδε μὴ πόλις πύθη-

ται, κένανδρον μέγ' ἄστυ Σουσίδος·

καὶ τὸ Κισσίων πόλισμ'

ἀντίδουπον ᾄσεται,

ὀᾶ, τοῦτ' ἔπος γυναικοπλη-

θὴς ὅμιλος ἀπύων,

βυσσίνοις δ' ἐν πέπλοις πέσῃ λακίς.

我的心因此变昏暗，

忍受着恐惧的折磨，

天哪，那支波斯军队，

国家不要从此衰微，

苏萨都城变得无男子。

基西昂人的都城会

起哀歌悲吟地回应，

啊，一群群的妇女会

大声呼号，悲痛哭泣，

扯碎自己的亚麻衣衫。

（译文引自《埃斯库罗斯悲剧》，王焕生译，凤凰传媒出版集团、译林出版社2007年版，第80—81页）

[4] Aes. *Per*. 150-158: ἀλλ' ἥδε θεῶν ἴσον ὀφθαλμοῖς

φάος ὁρμᾶται μήτηρ βασιλέως,

βασίλεια δ' ἐμή· προσπίτνω·

καὶ προσφθόγγοις δὲ χρεὼν αὐτὴν

πάντας μύθοισι προσαυδᾶν.

ὦ βαθυζώνων ἄνασσα Περσίδων ὑπερτάτη,

μῆτερ ἡ Ξέρξου γεραιά, χαῖρε, Δαρείου γύναι·

θεοῦ μὲν εὐνάτειρα Περσῶν, θεοῦ δὲ καὶ μήτηρ ἔφυς,

εἴ τι μὴ δαίμων παλαιὸς νῦν μεθέστηκε στρατῷ.

有如神明的璀璨目光，

国王的母亲秉辇前来，

我的太后，我跪地迎接，

现在让我们一起迎驾，

向她致敬问候。（转下页）

元素业已出现。大量证据表明，对于在公元前392年之后完成《波斯志》创作的克尼多斯医生、亲斯巴达派泰西阿斯而言，他所能读到或听说过的、用希腊语撰写的波斯史资料必然是以诗歌作品为主的。

在希腊散文作家中，希罗多德同样不是描述波斯事务的第一人。早在公元前470年之前，卡吕安达的斯库拉克斯（Scylax of Caryanda）很可能已在一篇集中叙述米拉萨僭主赫拉克利德斯（Heraclides of Mylasa）的散文中记载过后者参加反抗波斯统治的爱奥尼亚暴动的事件。[①] 出生于公元前520年前后的米利都人狄奥尼修斯（Dionysius of Miletus）写过一部散文体的《波斯志》；[②] 此后，可能出生于公元前490年左右的列斯波斯岛人赫拉尼库斯（Hellanicus of Lesbos）[③]和另一位公元前5世纪作家、兰普萨库斯人查戎（Charon of Lampsacus）[④]同样写过散文体的《波斯志》作品。从现存残篇的性质看，这些早期的波斯志作品大多文字简约、篇幅不大、侧重

（接上页）波斯人民的腰带低束的至尊的太后，
　　薛西斯的尊贵母亲，大流士之后，你好！．
　　你会永远是波斯神的王后，波斯神的母后，
　　只要古老的神明未厌弃我们的军队。
　　（译文引自《埃斯库罗斯悲剧》，第82—83页）

① Drews, *The Greek Accounts of Eastern History*, pp. 34-35.

② *FGrH* 687, T1 (= *Suda*, s.v.〈Διονύσιος Μιλήσιος〉), T2 (= *Suda*, s.v.〈Ἑκαταῖος Ἡγησάνδρου Μιλήσιος〉). Drews, *The Greek Accounts of Eastern History*, p. 22; Ctesias, *History of Persia*, L. Llewellyn-Jones and J. Robson trans., p. 48. 根据古代注疏家的说法，希罗多德关于玛哥僧兄弟篡夺冈比西斯王位的戏剧化情节即来自狄奥尼修斯的记载，见 *FGrH* 687, F2 (*Schol. Herodot.* 3.61)。泰西阿斯则在《波斯志》中沿袭了狄奥尼修斯与希罗多德对这段历史的叙述线索 [Ctes. F13 (= *Phot. Bibl.* 37-40)]。

③ *FGrH* 4, T1 (= *Suda*, s.v.〈Ἑλλάνικος〉). Ctesias, *History of Persia*, L. Llewellyn-Jones and J. Robson trans., p. 48. 赫拉尼库斯的著作提及了居鲁士之女、王后阿托萨（Atossa）（*FGrH* 178a and b）和宫廷宦官（*FGrH* 178c）等同样在泰西阿斯《波斯志》中地位十分突出的角色。

④ *FGrH* 262, T1 (= *Suda*, s.v.〈Χάρων〉). 查戎记载过希波战争期间阿索斯山（Athos）周边在波斯舰队溃败之际出现希腊人此前从未见过的白鸽这一异象 [*FGrH* 687b, F1 (Ath. 9.51 and Ael. *VH*, 1.15)]。帕克图亚斯（Pactyas）反叛居鲁士兵败被俘 [*FGrH* 687b, F4 (Plut. *Mor.* 859b)] 和雅典增援起义反抗波斯统治的城邦米利都 [*FGrH* 687b, F5 (Plut. *Mor.* 861c-d)] 的史事，普鲁塔克曾引用查戎的这两段文字为权威材料去批评希罗多德《历史》在记载同一时期时为回护或贬低某些城邦而对史实进行的删改。他还叙述过雅典将领铁米斯托克里投奔波斯国王阿塔薛西斯的事件[*FGrH* 687b, F6 (Plut. *Vit. Them.* 27.1)]、米底君主阿斯图亚格斯的婚姻情况 [*FGrH* 687b, F2 (Tert. *De anim.* 46)] 及弗吕吉亚（Phrygia）的爱神崇拜与吕底亚的大母神（Cybele）崇拜等东方宗教习俗[*FGrH* 687b, F3 (Phot. *Lex.* s.v. κύβηβος)]。综合上述残篇来看，查戎的《波斯志》似乎具备重视对趣闻轶事与戏剧化情节的渲染、以人物为中心叙述历史和将米底史纳入波斯志叙述体系等特征，与泰西阿斯《波斯志》的基本特征存在着很多相似之处。

于对东方神话传说的收集,[①]并且与泰西阿斯的《波斯志》同样遵循着将亚述、米底帝国纳入波斯志范畴的材料处理方式。[②]雅各比曾断言上述三人的波斯志作品均成书于希罗多德《历史》之后;[③]但日后对这些早期《波斯志》逐一进行过深入研究的德鲁兹与塔普林(Tuplin)则认为不能排除它们成书于《历史》之前的可能。[④]无论如何,这些文学色彩浓厚的早期散文体波斯志作品无疑同之前的、以波斯帝国为题材的诗歌作品和之后的泰西阿斯《波斯志》存在着密切的传承关系,构成了衔接泰西阿斯《波斯志》与题材近似的早期诗歌文学作品之间的桥梁。

希罗多德《历史》的问世标志着古希腊波斯史叙述模式乃至古希腊史学萌芽发展过程中的一个飞跃。希罗多德的叙史模式改变了赫卡泰奥斯(Hecataeus)和早期波斯志作者采用的、零散解释各地风土掌故与知名人物的民族志编撰方法,在《历史》的后半部分确立了以叙述事件为中心,追溯历史进程的来龙去脉与因果联系的史学撰述模式,并在史料的去伪存真、考辨源流等方面达到了远远超越前代史话家的水平。从这两层意义上讲,希罗多德是当之无愧的"史学之父"。然而,中外学者们早已认识到,即便希罗多德所代表的史学体裁也不可避免地掺杂着来自史诗的许多文学、修辞学元素。[⑤]事实上,希罗多德同样是希腊古风、古典早期诗体文学与散文体波斯志中波斯史叙述模式的继承者与发扬者。在上文中,我们已经看到了《历史》一书对性别倒置的修辞手法与褒贬人物的道德论等希腊文学传统的继承和对狄奥尼修斯等波斯志作家材料的使用。除此之外,《历史》前四卷中对波斯帝国境内各地区风土人情连篇累牍的报道表明,他并未完全推翻传统民族志的体例模式;希罗多德的历史叙述技巧广泛借鉴了古希腊史诗、悲剧、喜剧、民间寓言、哲学与修辞学传统中的各种元素;[⑥]

[①] Drews, *The Greek Accounts of Eastern History*, pp. 30-31.

[②] *FGrH* 4, F177 (= Euseb. *Chron.* p. 28 Karst). Drews, *The Greek Accounts of Eastern History*, p. 22, p. 30.

[③] Drews, *The Greek Accounts of Eastern History*, p. 19.

[④] Drews, *The Greek Accounts of Eastern History*, pp. 23-25; C. Taplin, "The Sick Man of Asia?" in G. Parmeggiani ed., *Between Thucydides and Polybius*, Cambridge, MA and London: Harvard University Press, 2014, pp. 211-213.

[⑤] 李尚君:《希罗多德与西方历史学的起源》,《历史教学》2009年第2期。

[⑥] 关于《历史》中对大流士登基前后历史叙述的个案分析,见拙著《希罗多德波斯史(转下页)

而他关于东方历史的许多史料也直接取材于安奇洛库斯（Archilochus of Paros）、[①]西蒙尼德斯[②]等抒情诗人的作品。因此，泰西阿斯富于文学修辞色彩的波斯史叙述模式是对同时包括了诗体文学传统与希罗多德本人著作在内的、原本就具有高度统一性的古希腊文学传统的自然承袭，斯特龙克等人将泰西阿斯描述为希罗多德史学传统背叛者的做法其实是对简单史实的复杂化和一种错误认识。

事实上，在古希腊文学传统中。史诗、抒情诗与悲剧等体裁的诞生与高度成熟要远远早于包括历史、哲学在内的各类散文作品。因此，诗歌体裁的影响在萌芽于公元前5—前4世纪的各类古希腊散文体裁的早期发展阶段均有所体现。古典传记的雏形——伊索克拉底（Isocrates）的《埃瓦戈拉斯》（*Evagoras*）与色诺芬的《阿格西劳斯》（*Agesilaus*）均来自对赞美诗体裁（ἐγκώμιον）的改编；[③]而柏拉图在《理想国》（*Respublica*）中对诗人的严厉控诉[④]同样反映了早期学园派哲学同古风、古典早期诗歌道德教谕传统之间既相互竞争、又存在着密切联系的事实。而古希腊波斯志体裁发展的特殊性则在于，由于希波战争对希腊社会与希腊诗歌文学的强烈影响，以波斯帝国为主题的诗作在战后大量涌现，成为紧随其后兴起的散文体波斯志的直接模板。完成于公元前4世纪初的泰西阿斯《波斯志》正是在结合以波斯为主题的丰富希腊文学传统和作者亲身游历过波斯宫廷的有利条件基础上完成的希腊古典时代波斯志集大成之作。

第四节　小结

泰西阿斯的《波斯志》问世后，迅速成为希腊知识界中的一部尽人皆知的流行作品。根据对现存史料的统计，在自己的著作中引用过泰西阿斯《波斯志》的古代作家多达50余位。[⑤]在公元前4世纪上半叶，《波斯志》被视

（接上页）及其对古希腊知识精英波斯观的塑造，《历史研究》2014年第1期。

[①] Hdt. 1.12.
[②] Hdt. 4.88; 7.228.
[③] Isoc. *Evag.* 5, 8; Xen. *Ag.* 10.3.
[④] Pl. *Resp.* 376d-403c.
[⑤] Ctesias, *History of Persia*, L. Llewellyn-Jones and J. Robson trans., p. 2.

第二章 泰西阿斯《波斯志》的"东方主义"及其历史渊源

为关于古代东方历史的权威著作之一,[①]得到过伊索克拉底、柏拉图等作家的高度重视。[②]《波斯志》的影响力一直持续到古典晚期;[③]泰西阿斯的声望也长期与色诺芬等古典作家难分伯仲。[④]到了罗马时期,狄奥多鲁斯、庞培·特罗古斯(Pompeius Trogus)与尼科拉奥斯等希腊语作家在追述亚述帝国的历史时,仍以泰西阿斯的《波斯志》作为最基本的史料来源。[⑤]即便在罗马帝国晚期,泰西阿斯的《波斯志》仍对基督教作家的东方观产生着深刻影响。[⑥]因此,尽管《波斯志》原始文本现已不幸佚失,对这部名著性质、特色与思想动机的分析仍对古希腊史学史与政治思想史研究具有重要意义。

泰西阿斯的《波斯志》是一部文学特征较为突出的著作。它的整体结构与细节内容与希罗多德、色诺芬的同题材史著存在着一定差异。[⑦]根据我们仅有的两段残缺不全的《波斯志》原文来看,泰西阿斯的行文具有简洁明快的特色。[⑧]在情节设计上,泰西阿斯广泛借鉴了古希腊史诗、悲剧中的修辞技巧。他对亚述帝国末代国君萨尔达纳帕鲁斯结局的描述带有古典命运悲剧的震撼效果;[⑨]他对斯巴达优秀将领克勒亚库斯被俘后遭遇扣人心弦的叙述同样被读过原文的普鲁塔克评价为一部文采斐然的悲剧。[⑩]修辞学家狄奥尼修斯(Dionysius of Halicarnassus)认为泰西阿斯与色诺芬的作品在可读性方面不相上下;[⑪]福提乌斯也对泰西阿斯文风的简洁明快与情节的趣味性予以高度评价;[⑫]德米特里乌斯同样赞美了泰西阿斯的写作技巧,

---

[①] Jacoby, „Ktesias", *RE*, col. 2066.

[②] P. Högennan, „Ktesias", col. 875.

[③] Drews, *The Greek Accounts of Eastern History*, p. 104.

[④] Ctes. T5a (= Euseb. *Chron.* Olympiade 95.1).

[⑤] Drews, "Assyria in Classical Universal Histories", p. 134; M. Vlaardingerbroek, "The Founding of Nineveh and Babylon in Greek Historiography", p. 233.

[⑥] Drews, "Assyria in Classical Universal Histories", p. 137.

[⑦] Ctes. T8 (= Phot. *Bibl*. 72), F1b (= Diod. Sic. 2.15.1-2), F1k (= Diod. Sic. 1.56.5-6), F8d (= Nicolaus Damascenus, *Exc. de Insidiis*, 3 (*FGrH* 90 F66)), F13 (= Phot. *Bibl*. 26), F16 (= Phot. *Bibl*. 62). Ctesias, *History of Persia*, L. Llewellyn-Jones and J. Robson trans., pp. 2-3; Bigwood, "The Ancient Accounts of the Battle of Cunaxa", p. 347.

[⑧] J. Bigwood, "'POxy' 2330 and Ctesias", *Phoenix*, Vol. 40, No.4 (Winter, 1986), p. 397.

[⑨] Ctes. F1b (= Diod. Sic. 2, 26.9-27.1), F1q (= Ath. 12.38).

[⑩] Ctes. F28 (= Plut. *Artax*. 18.7).

[⑪] Ctes. T12 (= Dion. Hal. *Comp*. 10.4-5).

[⑫] Ctes. T13 (= Phot. *Bibl*. 72).

认为他擅长运用重复的手法达到生动的表达效果。[1]可见，泰西阿斯的《波斯志》原作必然不是一部粗制滥造、毫无价值的低劣作品；无论我们对它的思想性与史料价值给出怎样的评价，它的文学成就都是不容抹杀的。

泰西阿斯的《波斯志》是古希腊诗体文学与希罗多德史学的共同继承者。在公元前5世纪至4世纪早期的古希腊文化史语境下，文学、修辞学与史学的界限并不是泾渭分明的。作为希腊史学初创阶段的代表作品，希罗多德的《历史》同样保留着大量文学元素，从而同泰西阿斯的《波斯志》存在着许多相通之处；[2]而使用爱奥尼亚方言的泰西阿斯在用词方面也受到了希罗多德著作与阿提卡方言文学的影响。[3]值得注意的是，泰西阿斯在一些方面同样汲取了希罗多德所塑造的史学传统中的优秀元素。尽管具备浓厚的文学色彩，但《波斯志》一书并非完全缺乏史料批判意识。泰西阿斯在作品中声称自己曾经接触到并使用过来自波斯皇宫的档案资料，[4]这说明他是重视作品史料来源的可信性与原始文献的价值的。[5]他还在《波斯志》里运用旁证材料与理性分析相结合的方法对前辈希罗多德的作品进行过独立的史料批判。[6]与撰写波斯志的狄奥尼修斯、赫拉尼库斯、查戎等前辈相比，泰西阿斯得天独厚的优势在于他在波斯宫廷中长达17年的亲身阅历。[7]作为波斯宫廷御医，泰西阿斯得到了波斯国王阿塔薛西斯与太后帕吕萨提斯的器重，[8]有机会为准备自己的波斯历史叙述体系收集各种书面与口

---

[1] Ctes. T14a (= Demetrans. *Eloc*. 212-215).

[2] Ctesias, *History of Persia*, L. Llewellyn-Jones and J. Robson trans., p. 51.

[3] Bigwood, "'*POxy*' 2330 and Ctesias", pp. 395-396, p. 403; R. Andria, "Novità testuali su *P. Oxy*. 2330 (Ctesias Cnidus, 'FGrHist' 688 F8b)", *Zeitschrift für Papyrologie und Epigraphik*, Bd. 144 (2003), p. 18.

[4] Ctes. T3 (= Diod. Sic. 2.32.4).

[5] 史密斯、德鲁兹等学者均曾撰文辨析过泰西阿斯《波斯志》中的东方史料渊源（W. Smith, "Ctesias and the Semiramis Legend", *The English Historical Review*, Vol. 2, No. 6 (Apr., 1887), pp. 303-317; R. Drews, "Sargon, Cyrus and Mesopotamian Folk History", *Journal of Near Eastern Studies*, Vol. 33, No. 4 (Oct., 1974), pp. 387-393; M. Vlaardingerbroek, "The Founding of Nineveh and Babylon in Greek Historiography", *Iraq*, Vol. 66 (2004), pp. 233-241）。遗憾的是，由于泰西阿斯作品与古代亚述、波斯现存史料共同存在的不完整性，学术界一直无法在二者间建立起令人信服的直接联系。因此，我们尚无法对泰西阿斯作品中东方史源运用的情况进行具体分析与客观评价。但以此为依据去否定泰西阿斯使用波斯宫廷史料可能性乃至《波斯志》全书史料价值的做法同样是武断的和不可取的。

[6] Ctes. T8 (= Phot. *Bibl*. 72), F1b (= Diod. Sic. 2.15.1-2), F13 (= Phot. *Bibl*. 26), F16 (= Phot. *Bibl*. 62).

[7] Drews, *The Greek Accounts of Eastern History*, p. 30.

[8] Ctes. T3b (= Phot. *Bibl*. 72).

头史料,[1]甚至有可能直接接触到波斯帝国的皇家档案材料。[2]他对库纳克萨战役的原始报道比色诺芬的记载更加详细;[3]他对巴比伦节庆日期的报道得到了当地作家贝罗苏斯(Berossus)的印证;[4]而他对于自己亲身经历过的许多同时代波斯史事件也确实拥有足够的发言权。[5]现当代亚述学者对波斯文献与考古证据的研究一方面澄清了泰西阿斯叙述体系中的许多谬误,[6]另一方面也印证了他所提供的若干细节信息确实是有据可依的。[7]要之,作为一部带有一定文学性质的希腊语波斯史料,泰西阿斯的记载对于文献资料相对欠缺的古波斯史研究仍具有重要的学术价值。

笔者认为,与部分当代古典学者的解释不同,泰西阿斯和他的《波斯志》并非西方政治思想史上东方主义观念的始作俑者。泰西阿斯对东方世界的评价是褒贬结合、理性中肯的;《波斯志》中常用的性别倒置手法与对东方君主的道德评判则是希腊古风时代、古典早期诗歌传统在其塑造的散文体波斯志体裁中的自然延伸。尽管我们很容易从《波斯志》现存残篇中抽取出若干貌似符合东方主义特征的片断(希罗多德的作品同样具备这样的特点[8]),但它们尚未构成将整个东方世界视为反面与他者的系统话语和逻辑体系。事实上,将泰西阿斯或任何一位希腊作家视为东方主义观念缔造者的认识都是反历史的——作为一种广泛盛行于公元前4世纪中后期与希腊化—罗马时代的社会思潮,东方主义文化传统的确立必然是一个漫长的渐变过程。综合《波斯志》现存残篇的内容来看,泰西阿斯基本上继承了希罗多德褒贬结合、总体上肯定东方文明成就的历史观念。事实上,

---

[1] Ctesias, *History of Persia*, L. Llewellyn-Jones and J. Robson trans., pp. 61-62; Ctésias de Cnide, *La Perse, L'Inde, autres fragments*, D. Lenfant ed./trans./comm., p. xv.

[2] Ctes. T3 (= Diod. Sic. 2.32.4).

[3] Ctes. F19 (= Plut. *Artax*. 17.3-9).

[4] Ctes. F4 (= Ath. 14.44).

[5] Ctes. T11d (= Plut. *Artax*. 1.4), T11e (= Plut. *Artax*. 6.9). Bigwood, "The Ancient Accounts of the Battle of Cunaxa", pp. 344-345.

[6] Drews, *The Greek Accounts of Eastern History*, p. 138.

[7] W. Smith, "Ctesias and the Semiramis Legend", *The English Historical Review*, Vol. 2, No. 6 (Apr., 1887), pp. 304-305; M. Vlaardingerbroek, "The Founding of Nineveh and Babylon in Greek Historiography", p. 235.

[8] 如 Hdt. 7.118; 9.80 对波斯王公贵族铺张宴饮习俗的负面描写;但希罗多德对波斯饮食风俗的总体评价其实是相当正面的,见 Hdt. 1.133。

在古代批评史上，泰西阿斯与希罗多德的名字往往是同时出现在谎言编造者的名单上的。[1]笔者认为，造成这种现象的原因一方面是由于两位作家在各自的著作中都广泛使用了文学修辞手法；另外一方面恰恰是因为两位东方历史的叙述者都对古代近东文明的悠久与成就给予了充分肯定，从而在形成了东方主义观念的后世作家眼中成了波斯等"蛮族"的回护者。

与桑奇希—魏登伯格、布里昂等学者的设想不同，泰西阿斯的《波斯志》并不存在自觉的东方主义写作动机。然而，这部戏剧性、可读性极强的著作无疑满足了公元前4世纪之后的希腊、罗马知识界的东方主义趣味，[2]成为后世学者用来异化、贬低和重构东方世界的文本依据。[3]尼科拉奥斯笔下高度女性化的亚述帝王、[4]普鲁塔克对原作中波斯酷刑惨状的选择性摘抄、[5]雅典尼乌斯作品中东方王朝覆灭时的末日式场景、[6]优西比乌斯对亚述帝国存在价值的彻底否定[7]都是对泰西阿斯《波斯志》原著的断章取义、添油加醋和主观想象的产物。然而，这部名著的历史影响也存在着积极的一面。几乎所有泰西阿斯的研究者们都承认《波斯志》为希腊化时代出现的小说体裁的先驱，反映了这部作品在西方文学史上的重要地位。[8]亚历山大东征前夕，科洛丰人狄侬（Dinon of Colophon）与库迈人赫拉克勒德斯（Heracleides of Cumae）分别续写了泰西阿斯的《波斯志》，从而将原作记至阿塔薛西斯一朝为止的叙述体系又向后推移了至少50年，[9]补齐了一套始于传说中的亚述开国君主尼努斯，终于阿黑门尼德王朝末期的完

---

[1] Ctes. T17 (= Euseb. *Praep. Evang.* 10.3.23), T11h β (= Lucian, *Ver. hist.* 2.31). Evans, "Father of History or Father of Lies: The Reputation of Herodotus", p. 13.

[2] Ctesias, *History of Persia*, L. Llewellyn-Jones and J. Robson trans., p. 55.

[3] 希罗多德的《历史》也受到了类似的待遇。参见拙著《希罗多德波斯史及其对古希腊知识精英波斯观的塑造——〈历史〉卷三与〈贝希斯敦铭文〉比较研究》，《历史研究》2014年第1期。

[4] Ctes. F1p δ ［= Nicolaus Damascenus, *Exc. de Virtutibus* p. 329, 16 Büttner-Wobst (*FGrH* 90 F2)］.

[5] Ctes. F26 (= Plut. *Artax.* 9.4).

[6] Ctes. F1q (= Ath. 12.38).

[7] Ctes. F1o α (= Euseb. *Chron.* p. 29, Karst).

[8] Jacoby, „Ktesias", *RE*, col. 2064; Drews, *The Greek Accounts of Eastern History*, pp. 32-33, p. 116; Bigwood, "'*POxy*' 2330 and Ctesias", p. 406; R. Syme, "The Cadusii in History and in Fiction", *The Journal of Hellenic Studies*, Vol. 108 (1988), p. 148; Stronk, *Ctesias' Persian History*, Part I, Introduction, Text, and Translation, p. 47; Stronk, "Ctesias of Cnidus, a Reappraisal", p. 52; Stronk, "Ctesias the Poet", p. 391; Högennan, „Ktesias", col. 874.

[9] Ctesias, *History of Persia*, L. Llewellyn-Jones and J. Robson trans., p. 53.

整东方历史叙述体系。

当然，不可否认的是，从现存残篇的面貌看，与修昔底德、波利比乌斯（Polybius）等古代一流史家的作品乃至史学草创期的希罗多德《历史》相比，泰西阿斯的《波斯志》对作者收集到的史料进行戏剧化、修辞化的比例似乎要高出许多。这种写作方式确实要比在严肃的史料批判意识与求真精神指导下完成的作品更容易产生史实错误。更显著的弱点在于：《波斯志》的历史视野始终局限于个人层面与宫廷范围，[1]缺乏对东方世界社会结构、法律制度、经济状况与文化成就的深层次观察。因此，这部文学性较强的《波斯志》无法为现代波斯史研究者们全面提供关于古代波斯帝国政治、经济、思想文化史的有效信息。早在公元前2世纪，史学家波利比乌斯便已对这种掺杂着大量戏剧性、文学化元素的史学传统予以过严厉批评（他称之为"悲剧化的历史"），认为这种追求修辞效果的倾向容易导致历史著作的失真。[2]然而，古代史学批评界也存在着态度鲜明的、倡导史家在客观叙述历史的基础上引入文学修辞手法、借此增强史著可读性和影响力的立场；甚至有人认为，只有通过文学手段细致描述历史人物的精神与思想、生动再现历史情境的史学作品才有可能是真实的。迟至希腊化时代，萨摩斯的僭主、历史学家杜里斯（Duris of Samos）仍在倡导这种文学化的历史叙述模式。他在批评埃弗鲁斯（Ephorus）、特奥庞普斯（Theopompus）等公元前4世纪史学家时提出，这些历史学家所做的工作仅仅是撰写记录（γράφειν），不再重视史著中的形象塑造（μίμησις）与作品的可读性（ἡδονὴ ἐν τῷ φράσαι）；而真正优秀的历史著作则应当描述人

---

[1] Jacoby, „Ktesias", *RE*, col. 2044; Sancisi-Weerdenburg, "Decadence in the Empire or Decadence in the Sources? From Source to Synthesis: Ctesias", pp. 35-36.

[2] Polyb. 2.56.6-13. 但一些现代研究者指出，波利比乌斯本人也并未完全跳出"悲剧式历史"的窠臼，修辞化与戏剧化的现象在这位往往被认为代表着古代客观主义史学最高成就的伟大史家笔下同样是大量存在的。相关讨论见 K. Sacks, Polybius on the Writing of History, Berkeley & Los Angeles: University of California Press, 1981, pp. 144-169; J. Marincola, "Polybius, Phylarchus, and 'Tragic History': A Reconsideration", in B. Gibson and T. Horrison eds., *Polybius and his World*, Oxford: Oxford University Press, 2013, pp. 73-74, p. 80; Houliang Lü, "Dramatic Elements in Polybius' General History: An Analysis Based on the Model of the Connectivity of the Ancient Mediterranean World", *Journal of Ancient Civilizations*, Vol. 33/1 (2018), pp. 83-112.

的真实生活（βίος），并能够激发起读者的热情（πάθος）。[①]显然，杜里斯所认可与称赞的正是泰西阿斯所奉行的那种源远流长的、文学色彩突出的历史叙述方法。值得注意的是，杜里斯早在公元前 3 世纪提出的这些言论似乎同 20 世纪新史学流派对兰克史学的反思与批判存在着一定的相通之处。在古希腊文化史上，泰西阿斯所代表的波斯志传统继承了诗体文学与希罗多德《历史》共同树立的波斯史叙述模式，构筑了希腊知识界对东方历史的认识。而时至今日，史学与文学的关系以及历史学叙事的自身特征与发展方向仍是史学理论前沿领域引人关注的重要课题。

[①] *FGrH* 76, F1 (= Phot. *Bibl.* 176). Stronk, *Ctesias' Persian History*, Part I, Introduction, Text, and Translation, pp. 42-43.

第三章

色诺芬著作《居鲁士的教育》中的波斯帝国理想统治模式[①]

第一节 色诺芬代表作《居鲁士的教育》的性质问题

作为色诺芬篇幅最长的现存作品,《居鲁士的教育》(*Cyropaedia*)一书的性质长期以来一直饱受争议。[②]它涉及了色诺芬在其他著作中探讨过的几乎一切主题——统治术、哲学、教育、军事技术、波斯风俗,等等。早在罗马共和晚期,读者们已感到这部作品过于庞杂,以至于需要对之进行若干开宗明义式的导读。在写给弟弟的一封信中,西塞罗认为,《居鲁士的教育》所提供的不是信史,而是一件公正政体的理想模型(*non ad historiae fidem scriptus sed ad effigiem iusti imperi*)。[③]

至于昆图斯·西塞罗(Quintus Cicero)是否赞同兄长的观点,我们如今已无从得知。但可以肯定的是,多数现代研究者们都不认为这种简单化的解释令人满意,因为《居鲁士的教育》内容的丰富程度显然不是三言两语能够交代清楚的。瓦尔特·米勒(Walter Miller)在《居鲁士的教育》洛

[①] 本章主体内容已先期发表于《色诺芬著作〈居鲁士的教育〉的性质与素材来源》(《政治思想史》2018年第2期)一文。

[②] P. Carlier, "The Idea of Imperial Monarchy in Xenophon's *Cyropaedia*", in V. Gray ed., *Xenophon*, Oxford: Oxford University Press, 2010, p. 327; M. Reichel, "Xenophon's *Cyropaedia* and the Hellenistic Novel", in V. Gray ed., *Xenophon*, Oxford: Oxford University Press, 2010, p. 420.

[③] Cic. *QFr*. 1.1.23.

布古典丛书本（Loeb Classical Library）序言中指出："《居鲁士的教育》汇集并总结了色诺芬著述的几乎全部成果。"[①]80年后，德博拉·格拉（Deborah Gera）仍在她研究《居鲁士的教育》的专著中坦承，自己对所研究的这部著作的性质与目的并不清楚。[②]显然，诸如此类的说法并不是对色诺芬写作水平的褒扬，因为它们等于在宣称色诺芬的撰述主旨是含混不清、杂乱无章的。但就连坚决捍卫色诺芬文学成就的博迪尔·迪尤（Bodil Due）也不得不承认："色诺芬并未向读者们阐述一套高度成熟、一以贯之的思想体系。他的思想是由五花八门的多种元素拼凑起来的，反映了他对雅典、斯巴达思想与价值观念诸多方面的共鸣与抵触。"[③]

其他一些学者则不愿轻言放弃寻找色诺芬代表作统一主旨思想的努力。他们坚信，既然色诺芬肯为这部卷帙浩繁的著作耗费巨大心血，那么他必然是有其明确目的的。卢奇奥尼（J. Luccioni）认为，色诺芬写作这部作品的真实目的在于团结四分五裂的希腊人抗击波斯帝国；[④]皮埃尔·卡利尔（Pierre Carlier）甚至相信色诺芬是在为防止希腊征服波斯后走向腐化堕落而献计献策。[⑤]然而，正如迪尤所指出的那样，设想色诺芬会为了征服波斯而选取波斯政体为理想模板的假说未免牵强。[⑥]并且色诺芬在《居鲁士的教育》中对波斯的态度其实是同他真正具备泛希腊主义精神的作品《阿格西劳斯》（*Agesilaus*）中的大量言论背道而驰的。[⑦]保罗·克里斯蒂森（Paul Christensen）认为，《居鲁士的教育》是为当时斯巴达的军事改革量身定做的一本技术指导手册，[⑧]其借用波斯帝国历史外壳的做法是为了增强作品本

[①] W. Miller ed./trans., Xenophon: *Cyropaedia*, Books I-IV, Cambridge, Massachusetts & London: Harvard University Press, 1914, p. x.

[②] D. Gera, *Xenophon's Cyropaedia, Style, Genre, and Literary Technique*, Oxford: Clarendon Press, 1993, p. 1.

[③] B. Due, *The Cyropaedia, Xenophon's Aims and Methods*, Aarhus & Copenhagen: Aarhus University Press, 1989, pp. 228-229.

[④] J. Luccioni, *Les idées politiques et sociales de Xénophon*, Paris: Publications de la Sorbonne, 1947, p. 203, p. 232, p. 305.

[⑤] Carlier, "The Idea of Imperial Monarchy in Xenophon's *Cyropaedia*", p. 366.

[⑥] Due, *The Cyropaedia, Xenophon's Aims and Methods*, p. 23.

[⑦] É. Delebecque, *Essai sur la vie de Xénophon*, Paris: Klincksieck, 1957, p. 467.

[⑧] P. Christensen, "Xenophon's '*Cyropaedia*' and Military Reform in Sparta", *The Journal of Hellenic Studies* 126 (2006), p. 47.

身的说服力。①有趣的是，我们发现阿祖莱（V. Azoulay）的观点恰恰与之相反——后者认为色诺芬选择波斯与居鲁士大帝为主题的做法正是由于他已对当时的斯巴达政权灰心绝望。②然而，上述几种假说事实上都缺乏坚实的证据支撑，并不足以令人信服。

近年来，多数《居鲁士的教育》的研究者开始回归西塞罗的基本思路——《居鲁士的教育》是一部探讨政治与统治艺术的著作。法贝尔（J. Farber）指出，《居鲁士的教育》所提出的政治学说主导了此后三百年间的希腊化世界，③其主题是探讨如何成为"成功的帝国君王"。④尼维尔（W.R. Newell）相信《居鲁士的教育》所讨论的是政治生活可能存在的基本组织形式，在这层意义上，它是一部同柏拉图《法律篇》（Leges）、亚里士多德《政治学》（Politica）性质近似的政治学著作。⑤德博拉·格拉更加明确地指出，色诺芬是按照古希腊的政体（πολιτεία）研究传统来撰写这部著作的。⑥

笔者认为，根据《居鲁士的教育》的文本内容来看，认为这部作品符合政体研究传统的解释模式是相对合理的。然而，这一假说必将导致文化传统所赋予这部著作的标题同作品实际主题之间的尖锐矛盾。如果这部色诺芬著作确实是以政体为研究主题的话，那么色诺芬本人（或该书的早期编订、抄录者们）为何要将之命名为"居鲁士的教育（Κύρου παιδεία）"，而非符合色诺芬另一部政体著作（《拉栖第梦政制》）与"老寡头（Old Oligarch）"、亚里士多德（Aristotle）的两部小册子《雅典政制》命名习惯的《波斯政制》呢？

更大的麻烦在于，出于色诺芬本人之手的《拉栖第梦政制》（也是希腊

---

① Christensen, "Xenophon's 'Cyropaedia' and Military Reform in Sparta", p. 63.

② V. Azoulay, "The Medo-Persian Ceremonial: Xenophon, Cyrus and the King's Body", in C. Tuplin ed., *Xenophon and His World, Papers from a Conference Held in Liverpool in July 1999*, Stuttgart: Franz Steiner Verlag, 2004, p. 153.

③ J. Farber, "The *Cyropaedia* and Hellenistic Kingship", *The American Journal of Philology* 100 (1979), p. 497.

④ Farber, "The *Cyropaedia* and Hellenistic Kingship", p. 504.

⑤ W. Newell, "Tyranny and the Science of Ruling in Xenophon's '*Education of Cyrus*'", *The Journal of Politics* 45 (1983), p. 889.

⑥ Gera, *Xenophon's Cyropaedia, Style, Genre, and Literary Technique*, p. 11.

文化史上关于该主题最早的现存样本①）虽然可以归入政体文学传统之中，却并非一部探讨政治组织方式的典型作品。古典时代政体研究传统的分析者雅克林·伯德斯（Jacqueline Bordes）认为，一方面，色诺芬的《拉栖第梦政制》确实与同时代的古代政治学作品存在着许多相通之处；②另一方面，它也呈现出许多有别于"老寡头"《雅典政制》等作品的独特之处。③换言之，《拉栖第梦政制》实为古希腊政体文学传统内的一部非常规作品。迈克尔·利普卡（Michael Lipka）认为该作品的传统手稿标题"拉栖第梦政制（Λακεδαιμονίων Πολιτεία）"多少是有些牵强附会的，因为色诺芬所讨论的实际上是相当宽泛意义上的"公共事务"。④事实上，色诺芬这部作品的大部分篇幅都被用来探讨斯巴达的教育制度。税收制度、议事会的组织模式和司法审判流程等在亚里士多德的政治学论著中占据核心地位的主题并不是色诺芬关注的对象。

作为同时出现在色诺芬现存著作集中的两部较难把握性质的作品，《居鲁士的教育》大谈政治统治艺术，《拉栖第梦政制》反倒将儿童与青年的教育作为核心主题——这种作品传统题目与内容之间的严重错位显然是需要现代研究者们予以澄清的。笔者认为，消除这一逻辑矛盾的关键在于把握色诺芬从"社会教化"的角度出发对"教育（παιδεία）"形成的独特理解。在古典学研究史上，克里斯托弗·塔普林（Christopher Tuplin）已对色诺芬作品中波斯与斯巴达的文学形象（当然不仅限于《居鲁士的教育》与《拉栖第梦政制》内容与主题的比较）；但他的结论否认二者间存在着基本相似性。在他看来，以同时代的斯巴达为模板去描述古代波斯帝国绝非色诺芬的本意；⑤并且两种政体之间的若干差异是一望即知的。⑥然而，笔者认为，

---

① S. Rebenich ed./trans., Xenophon: *Die Verfassung der Spartaner*, Darmstadt: Wissenschaftliche Buchgesellschaft, 1998, p. 14.

② J. Bordes, *Politeia dans la pensée grecque jusqu' à Aristote*, Paris: Les Belles Lettres, 1982, pp. 202-203.

③ Bordes, *Politeia dans la pensée grecque jusqu'à Aristote*, p. 166.

④ M. Lipka ed./trans., Xenophon: *Spartan Constitution*, Introduction, Text and Commentary, Berlin & New York: Walter de Gruyter, 2002, p. 97.

⑤ C. Tuplin, "Xenophon, Sparta and the *Cyropaedia*", in A. Powell, and S. Hodkinson eds., *The Shadow of Sparta*, London & New York: Routledge for the Classical Press of Wales, 1994, p. 162.

⑥ Tuplin, "Xenophon, Sparta and the *Cyropaedia*", pp. 138-139.

尽管塔普林关于《居鲁士的教育》中的波斯帝国并非以现实生活中的斯巴达为模型的观点是正确的,但两个政权(以及《居鲁士的教育》和《拉栖第梦政制》两部著作的主题)之间的相似性其实是不容否认的,反映了色诺芬在其特定语境下对政治与社会化教育互为表里关系的个人理解。为了认清这一点,我们有必要对《居鲁士的教育》和《拉栖第梦政制》的具体内容进行比较分析。

第二节 《居鲁士的教育》与《拉栖第梦政制》的主题异同

从色诺芬本人(或其文本的早期编订者)提供的作品标题来看,《居鲁士的教育》的主题应当是与居鲁士大帝有关的教育内容;《拉栖第梦政制》所探讨的则是斯巴达政权的政治组织与结构。二者似乎风马牛不相及。从篇幅上看,短小精悍的《拉栖第梦政制》自然是无法与卷帙浩繁、包罗万象的《居鲁士的教育》相提并论的。然而,对两部作品内容的细致比对表明,尽管差异确实存在,两部著作主题的共通之处却是相当可观的。

一 虔敬神明与尊重权威

虔敬神明与效忠君王是《居鲁士的教育》所宣扬的两项至高美德,并且二者之间存在着密切的逻辑联系。根据色诺芬的报道,居鲁士在攻占巴比伦后"相信朋友们的虔诚(εὐσέβεια)是于己有利的……居鲁士认为如果他的所有朋友们都敬畏神明的话,他们便不大可能会对彼此和他本人做出伤天害理的事情,因为他自视为朋友们的造福者"。[①]我们看到,作者所论述的动机兼具教育与政治的双重特性:一方面,虔诚的道德意义当然是色诺芬所提倡的社会教育的重要目标;另一方面,它也具备自身的政治价值——敬畏神明的臣民通常是不会对居鲁士及其统治构成威胁的。出于这一动机,居鲁士大帝抓住各种机会向自己的追随者们灌输虔诚的观念。例如,居鲁士在战争中使用的暗号口令往往是"神明是我们的佑助者

---

① Xen. *Cyr.* 8.1.25.

（拯救者）与指引者[Ζεὺς σύμμαχος (σωτὴρ) καὶ ἡγεμών]"。①而当将士们赢得战斗胜利后，居鲁士要求他们做的第一件事便是向神明献祭。②居鲁士的这道指令将对胜利的犒赏、神明的佑助、严格的军纪和对自身指挥权的敬畏合而为一，并将至高的荣誉赋予神明而非自己。与此同时，这也是一种将道德教化与统治艺术结合在一起的巧妙方式。

在《居鲁士的教育》中，居鲁士大帝还通过自身近乎神奇的人格魅力赢得了追随者们的尊敬。在整部著作中反复出现的情节是：每当居鲁士大帝提出倡议并向属下们征求意见时，后者都会毫无保留地支持他的提议。③如果他们当真开口说话的话，我们听到的也只是对居鲁士的赞美言辞。他的一名族人说道："国王啊，在我看来，您是一位天生的帝王，就像蜂巢中的蜂群首领。正如与生俱来的神奇本能促使蜂群自愿地追随蜂后左右、无条件地服从其指令，在我看来，世人也出于某种类似的本能而心甘情愿地受您驱驰。"④居鲁士的另一名追随者提格拉尼斯（Tigranes）则对居鲁士说道："您永远无需对我的缄默感到惊讶。因为我的习惯并不是向您进言献策，而是执行您的任何指令。"⑤可见，这些臣子对居鲁士的服从是无条件的；但这种服从并非受迫于居鲁士的权威或高压，而是居鲁士大帝人格魅力感召的自然产物。

这种局面真的可能在任何历史情境下发生吗？大部分现代读者无疑会认为，此类场景只有在色诺芬过度简化、甚至虚构杜撰的情节叙述中才有可能出现；但色诺芬却在作品中明确指出，这种统治效果至少在理论上是有可能实现的。冈比西斯（Cambyses）对居鲁士的告诫清晰地反映了作者的这一思路：

> ἐπὶ δὲ τὸ κρεῖττον τούτου πολύ, τὸ ἑκόντας πείθεσθαι, ἄλλη ἐστὶ συντομωτέρα. ὃν γὰρ ἂν ἡγήσωνται περὶ τοῦ συμφέροντος ἑαυτοῖς φρονιμώτερον ἑαυτῶν εἶναι, τούτῳ οἱ ἄνθρωποι ὑπερηδέως πείθονται.

① Xen. *Cyr.* 3.3.58; 7.1.10.
② Xen. *Cyr.* 4.1.6.
③ Xen. *Cyr.* 4.4.8.
④ Xen. *Cyr.* 5.1.24-25.
⑤ Xen. *Cyr.* 5.1.27.

γνοίης δ' ἂν ὅτι τοῦθ' οὕτως ἔχει ἐν ἄλλοις τε πολλοῖς καὶ δὴ καὶ ἐν τοῖς κάμνουσιν, ὡς προθύμως τοὺς ἐπιτάξοντας ὅ τι χρὴ ποιεῖν καλοῦσι· καὶ ἐν θαλάττῃ δὲ ὡς προθύμως τοῖς κυβερνήταις οἱ συμπλέοντες πείθονται· καὶ οὕς γ' ἂν νομίσωσί τινες βέλτιον αὐτῶν ὁδοὺς εἰδέναι, ὡς ἰσχυρῶς τούτων οὐδ' ἀπολείπεσθαι θέλουσιν.

还有一条好得多的捷径，那就是自愿的服从。民众只会自愿服从比自己更加明智的人的领导。你可以通过许多事例认识到这一点，特别是病人如何自愿地服从医嘱，海上的水手们如何自愿地听从舵手，以及旅客如何不愿离开比自己更熟悉旅途的同行者。（Xen. Cyr. 1.6.21）

根据同样的推理方式，精明强干、造福民众的政治领袖是完全有能力"教育"下属自愿地服从自己的。事实上，在色诺芬的叙述体系中，居鲁士大帝主要是通过对臣民进行道德教化的手段完成了波斯帝国的统一大业的，这也正是他有别于其他征服者的伟大之处。在色诺芬笔下，居鲁士大帝的人格魅力具备着某种神奇效果，以至于"民众自愿服从居鲁士，尽管一些人距他有几天的路程，有些人距他足足有数月的路程；有些人同他素未谋面，另外一些人明知自己终生都将无缘与国王谋面。但他们全都乐意服从国王的指令"。[①]居鲁士大帝正是凭借着臣民的信任与顺从维持着波斯帝国全境的统一与安宁。[②]色诺芬用近似颂歌式的笔触赞美道："他（居鲁士大帝）统治着所有这些族裔，尽管它们彼此之间或同他本人并不讲同样的语言；他能够令如此广大区域内的臣民对自己心存敬畏，以至于没有一个人胆敢尝试同他作对；他又能激发全体臣民对自己的爱戴之情，使得他们全都心甘情愿地服从自己的意志。"[③]我们从中再次看到了教育与政治目的的统一性：居鲁士采取的手段是道德化的与教育性的；而他的动机与行动后果显然是政治性的。

---

① Xen. Cyr. 1.1.3: Κύρῳ γοῦν ἴσμεν ἐθελήσαντας πείθεσθαι τοὺς μὲν ἀπέχοντας παμπόλλων ἡμερῶν ὁδόν, τοὺς δὲ καὶ μηνῶν, τοὺς δὲ οὐδ' ἑωρακότας πώποτ' αὐτόν, τοὺς δὲ καὶ εὖ εἰδότας ὅτι οὐδ' ἂν ἴδοιεν, καὶ ὅμως ἤθελον αὐτῷ ὑπακούειν.

② Xen. Cyr. 1.1.4.

③ Xen. Cyr. 1.1.5.

与《居鲁士的教育》详细探讨理想君主同臣民关系的思路不同,《拉栖第梦政制》关注的乃是斯巴达法律对民众的影响。相形之下,后者的结构显然更加单纯,内容也更为简明。然而,色诺芬笔下斯巴达人遵纪守法的特征几乎构成了《居鲁士的教育》中相应文本的翻版与摘要。在《拉栖第梦政制》中,"儿童督导($ὁ\ παιδονόμος$)"[①]与法律取代了居鲁士大帝的角色。国王莱库古(Lycurgus)则取代了神明的地位,通过立法手段向民众灌输自己的意志。很能说明问题的是,这位斯巴达国王在葬礼上是作为"英雄($ὁ\ ἥρως$)"而非"凡人($ὁ\ ἄνθρωπος$)"而受到纪念的。[②]色诺芬告诉我们,当斯巴达少年们发生斗殴时,"任何碰巧在场的人都有权将打斗双方分开。如果任何一方拒绝服从调解者的话,儿童督导便会把他带到监察官($ἔφορος$)面前。监察官将对这样的少年进行极其严厉的惩罚,以便确保仇恨情感永远不可凌驾于遵纪守法的原则之上($καθιστάναι\ βουλόμενοι\ εἰς\ τὸ\ μήποτε\ ὀργὴν\ τοῦ\ μὴ\ πείθεσθαι\ τοῖς\ νόμοις\ κρατῆσαι$)"。[③]尽管少年斗殴的严重性无法同帝国分裂相提并论,但《拉栖第梦政制》关于尊重权威的严格规定却是同《居鲁士的教育》如出一辙的。

二 自律精神

在色诺芬《居鲁士的教育》的叙述体系中,尽管国王的人格魅力在大部分情况下都是强大且有效的,自律的美德对于有可能脱离君主与旁人监督的臣民而言仍是不可或缺的。色诺芬强调指出,居鲁士大帝亲自做出了自律($σωφροσύνη$)的表率,从而促使全体臣民去努力追求这一美德。[④]根据色诺芬的观点,自律是可以通过道德教育培养起来的优秀品质;通过以身作则的垂范作用教育民众学会自律乃是居鲁士大帝等贤明君王应尽的义务:"当弱者们($οἱ\ ἀσθενέστεροι$)看到可以为所欲为者仍旧厉行自律时,他们势必会留意不让自己做出出格的举动。"[⑤]色诺芬相信,这种言传身教型的教育方式确实能够对臣民的道德品质产生积极影响。居鲁士大帝只需

---

① Xen. *Lac.* 2.2.
② Xen. *Lac.* 15.9.
③ Xen. *Lac.* 4.6.
④ Xen. *Cyr.* 8.1.30.
⑤ Xen. *Cyr.* 8.1.30.

提醒廷臣们注意不在公共场合随地吐痰和擤鼻涕，①高雅得体的波斯宫廷礼仪便被成功地树立起来，一直维持到色诺芬本人所生活的时代。②色诺芬的描述意在说明，自律精神、包括交往礼仪中的种种细节规范完全是可以通过杰出领袖为追随者们树立的榜样而成为良好的时代风气的。

我们还应注意到的是，这种垂范式的道德教育同样具有明确的政治目的。当波斯人牢牢掌握了控制广袤帝国的政治权力后，居鲁士立刻提醒他们要在当家做主后注意培养自律精神。他向自己的同胞告诫道："请你们牢记，我们必须在掌握这些优势后比从前更加重视美德；因为一个人所得愈多，就会有更多的人嫉妒、反对他，转而成为他的仇敌，在此人剥削、奴役不情愿的被统治者时尤其如此。"③他还在另一场合下向族人们义正词严地指出：

> ἐννοήσατε δὲ κἀκεῖνο τίνα πρόφασιν ἔχοντες ἂν προσιοίμεθα κακίονες ἢ πρόσθεν γενέσθαι. πότερον ὅτι ἄρχομεν; ἀλλ᾿ οὐ δήπου τὸν ἄρχοντα τῶν ἀρχομένων πονηρότερον προσήκει εἶναι. ἀλλ᾿ ὅτι εὐδαιμονέστεροι δοκοῦμεν νῦν ἢ πρότερον εἶναι; ἔπειτα τῇ εὐδαιμονίᾳ φήσει τις τὴν κακίαν [ἐπι]πρέπειν; ἀλλ᾿ ὅτι ἐπεὶ κεκτήμεθα δούλους, τούτους κολάσομεν, ἢν πονηροὶ ὦσι; καὶ τί προσήκει αὐτὸν ὄντα πονηρὸν πονηρίας ἕνεκα ἢ βλακείας ἄλλους κολάζειν;
>
> 我们有什么借口放松对自己的要求呢？是因为我们掌握了权力吗？但统治者的品质不可比被统治者更为恶劣。那么是因为我们看似较从前更加幸运吗？莫非有人会说邪恶宜于同好运相配？难道是因为既然我们拥有奴隶，我们就有权在他们表现不好时予以责罚？自身生性邪恶的人有什么理由去惩罚别人的过失呢？（Xen. *Cyr.* 7.5.83）

笔者认为，这些段落清晰地反映了自律精神的道德特征同政治之间的关系。自律精神使得统治者在独处之际或在被统治者面前继续维持着自己

---

① Xen. *Cyr.* 8.1.42.
② Xen. *Cyr.* 1.2.16.
③ Xen. *Cyr.* 7.5.77.

的美德形象；正是这种受人尊敬的声望维持着波斯人的领导地位与权威，并保护他们免遭臣民的忌恨。这一思路反映了色诺芬的典型逻辑思维方式，揭示了他对道德教育与统治术关系的基本态度。

无独有偶，《拉栖第梦政制》中讨论儿童教育的一段文字同样涉及了自律这一主题：

> 当他们结束童年时代，步入少年阶段（μειράκιον）时，其他希腊人会允许他们摆脱教仆（παιδαγωγός），告别老师（διδασκαλός）；这样他们就不再受任何管教，可以自行其是。莱库古在这方面同样设计了与众不同的制度。他认识到，处于这一年龄段的人往往心浮气躁，被粗暴的性情左右，其追求各种物质享乐的欲望暴露无遗；在这种情况下，莱库古尽量多地向他们分派劳役，并千方百计地占用他们的闲暇时间。此外，他还规定，但凡逃避这些义务的人都不得享受各种利益。他命令公务人员和亲戚们都要管束这些少年，使得他们不致因怯懦而在城邦里彻底辱没名声。莱库古还希望少年们能够常怀敬畏之心，于是规定他们在路上的时候必须将手放在长袍下面，默默地走路，不得四处张望，而要眼盯着脚前方。这样他就向世人清楚地表明，男性比女性拥有更强的自制力（σωφρονεῖν）。换言之，他们比石像更为安静，一直少言寡语；比铜像还要坚定，永远目不转睛。他们看上去比自己眼里的瞳仁还要羞怯。当这些少年去吃公共便餐（φιλίτιον）时，除非有人向他们发问，否则你就休想听到这些人的声音。（Xen. *Lac.* 3.1-5）

不难看出，两部著作中的相关文本在内容与用词等方面存在着耐人寻味的相似性。在《居鲁士的教育》中，自律精神在波斯人成为帝国统治者后变得至关重要。而在《拉栖第梦政制》里，自律同样成了少年们脱离督导监管、成为自己身体主宰后的首要要求。《居鲁士的教育》中的道德教育服务于政治目的；《拉栖第梦政制》中的政治制度则为教育活动的效果提供了基本保障。

三 军事化管理与体育锻炼

在社会管控中应用军事化管理手段是《居鲁士的教育》的重要特色之一。色诺芬借居鲁士麾下将领克吕珊塔斯（Chrysantas）之口宣称，军事活动与社会生活的其他方面存在着内在的相通性："不服管教的士兵如何能够攻城略地或守卫城池？桀骜不驯的队伍如何能够赢得胜利？只顾个人安危的散兵游勇怎能避免一触即溃？不听指挥的军人能够获取什么成就？没有规矩约束的话，国家怎能得到合法治理？私人产业怎能得到妥善经营？船只怎能平安抵达目的地？"[①]这一连串的追问意在表明：军事纪律与管理手段在其他公共事务的管理中同样是不无裨益、甚至不可或缺的。

将克吕珊塔斯的想法付诸实践的同样是居鲁士大帝。首先，居鲁士借用了军事化手段去进行行政管理。在卷 8 中，色诺芬为我们描述了居鲁士的军事化行政管理艺术：

> 他（居鲁士）思索着如何能够在拱手而治的前提下出色地完成行政管理的职责。他突然想到了自己的军事组织方式：每位十夫长（δεκάδαρχος）负责管理 10 人，每位百夫长（λοχαγός）负责管理 10 名十夫长，每名千夫长（χιλίαρχος）负责管理 10 名百夫长，每名万夫长（μυρίαρχος）则负责管理 10 名千夫长。这样一来，尽管士兵数以万计，所有人都能够得到有效的管理；当将领需要调动军队时，他只需要将命令传达给各位万夫长即可。于是，居鲁士大帝按照同样的方式集中了手头的行政权力。这样一来，他只需跟几名官员进行交流，就足以将自己的行政命令充分贯彻下去。通过这种方式，他也获得了比一座住宅或一艘舰船的管理者更多的闲暇。（Xen. *Cyr.* 8.1.14-15）

其次，居鲁士还将作为一种军事训练活动的狩猎确立为下属和他本人必须定期接受的体育操练手段，[②]其理由是任何出色的政治领袖都必须精通

---

① Xen. *Cyr.* 8.1.2.
② Xen. *Cyr.* 8.1.34.

战争艺术。①这一观念同色诺芬《论狩猎》(*Cynegeticus*) 中的主张是一致的。色诺芬在《论狩猎》中写道:"我建议青年们不要轻视狩猎或其他教育形式 (παιδεία)。因为人们可以凭借这些技巧而变得精于战事,并在其他一切需要卓越思想、言行的事务中出人头地。"②

我们在《拉栖第梦政制》所描述的城邦生活中看到,斯巴达的青少年们同样是在极其严格的军事纪律与体育锻炼要求约束下接受种种训练的。儿童督导有权体罚男孩们,并要求他们终年统一着装。青年们甚至还要练习忍饥挨饿。③与居鲁士大帝的理念相同,莱库古同样将狩猎视为一种宝贵技能,并"将狩猎树立为青年完成公共义务之余的一种常规高雅消遣活动"。④甚至出身自由人家庭的女孩们也必须参与体育锻炼,以便将来能够生育健壮的儿女。⑤所有这些手段都同《居鲁士的教育》中的统治政策存在着明显的相似之处。

四 对教育活动与公共道德的密切监督

色诺芬社会教育思想的一个独特之处在于:基础教育与公共道德的负责人自身必须具备高贵的美德。在古典时期雅典的典型家庭生活中,抚养、教育儿童的职责通常是由奴仆、女性和老人来承担的。⑥因此,除色诺芬与亚里士多德外,雅典作家们往往并不关心基础知识与行为规范的传授者。然而,在《居鲁士的教育》和《拉栖第梦政制》中,色诺芬均对这一角色予以高度重视。在前者中,色诺芬拓展了传统意义上"教育 (παιδεία)"的年龄适用范围,使之延伸为对终身性道德教育的系统监督机制;而在后者中,色诺芬的注意力主要则局限于传统意义上的教育范畴——即对儿童和青年的抚养与教导。然而,我们仍然可以从色诺芬笔下理想化的波斯与斯巴达社会中发现极其相似的道德监督机制。

---

① Xen. *Cyr.* 8.1.37.
② Xen. *Cyn.* 1.18.
③ Xen. *Lac.* 2.1-5.
④ Xen. *Lac.* 4.7.
⑤ Xen. *Lac.* 1.4.
⑥ J. Christes, "Paidagogos", in H. Cancik and H. Schneider eds., *Der neue Pauly, Enzyklopädie der Antike* 9, Stuttgart & Weimar: J.B. Metzler, 2000, col. 150.

第三章 色诺芬著作《居鲁士的教育》中的波斯帝国理想统治模式

色诺芬借居鲁士之口指出，只有品行高洁之人才能承担道德教育的重任。因为"卑下的情操往往比高贵的精神更能迎合人的本性。由于作恶足以逞一时之快，恶行可以借助种种诱惑而吸引大批追随者；行善则犹如负重上山，乍看上去并不讨人喜欢或令人毫无顾虑。而一旦有人教唆受教育者误入歧途，土崩瓦解之势便在所难免"。[1]因此，邪恶伴侣（无论他是教育者还是亲密朋友）的负面影响是灾难性的，向善者必须"不惜代价地清除他们"。[2]因此，居鲁士在为臣民们挑选教育者时费尽了心思。在他看来，真正适合承担道德教育职责的只有父母和政治领袖本人。居鲁士对波斯人讲道："要亲自教育我们生养的儿子们，因为我们自己是完成这一任务的最佳人选。只要我们尽力为他们树立最好的榜样，孩子们即便动了念头，也不会轻易走上邪路；因为他们不会看到或听闻可耻的事情，而会在追求美好与高贵（καλὸς κἀγαθός）的目标过程中健康成长。"[3]与此同时，这些父亲们的终极道德教育者则是居鲁士大帝本人。克吕珊塔斯（Chrysantas）对此评论道："各位，我已多次认识到，一位优秀的统治者无异于一名好父亲。正如父亲关爱自己的子女，使他们不至于缺吃少穿一样；在我看来，居鲁士也不断向我们提出忠告，以便我们能够维持目前的兴盛局面。"[4]换言之，对全社会进行道德教育的重担最终落在了理想化的政治领袖——《居鲁士的教育》中的居鲁士大帝——肩上。这一看似过于苛刻的要求也许并不现实，但它在色诺芬的道德教育体系中构成了至关重要的环节。

为了对臣民们进行严格监督，居鲁士大帝甚至雇用了众多耳目（ὀφθαλομοὶ καὶ ὦτα βασιλέως）。他们负责对波斯帝国臣民的行为举止与道德风尚进行秘密监督，并随时向居鲁士本人进行报告。居鲁士还鼓励臣民们彼此之间进行道德督促，以便他们感到自己无时无刻不处于旁人的关注之下，从而在追求美德的道路上努力前行。[5]

与此类似，在《拉栖第梦政制》所描述的政治体系下，斯巴达儿童督

---

[1] Xen. *Cyr.* 2.2.24.
[2] Xen. *Cyr.* 2.2.25.
[3] Xen. *Cyr.* 7.5.86.
[4] Xen. *Cyr.* 8.1.1.
[5] Xen. *Cyr.* 8.2.10-12.

导（παιδονόμος）也必须是一丝不苟、认真负责的。[1]即便在他碰巧外出的情况下，斯巴达儿童们仍不缺乏道德监督者，因为碰巧在场的任何公民都有义务担任他们的临时督导。[2]这套监管体系是全面、严格甚至苛刻的；它与通行的希腊伦理观念颇多龃龉，但在色诺芬的道德教育—政治治理理论体系中扮演着不可或缺的重要角色。

五　对公共生活的高度重视

在《居鲁士的教育》中，居鲁士鼓励自己的臣民积极参与公共生活。为了实现这一目的，居鲁士专门为自己搭建了一座巨大的帐篷（σκηνή），用来容纳他在一日之内宴请的众多宾客。[3]在居鲁士看来，公共宴饮同样具备某种教育功能，因为"赴宴者必然不愿做出任何有失身份或不道德的举动，因为他们不仅坐在君王面前，而且还知道自己的一举一动都被宴会上最优秀的人物们看在眼里"。[4]如果有人拒绝赴宴的话，居鲁士便有理由怀疑他们"犯下了某种出格的、不义的或玩忽职守的罪过"。[5]并且他还会千方百计强迫这些失约者参加下一次公共宴会。[6]

有趣的是，我们在《拉栖第梦政制》中也发现了一座功能相似的营帐，也就是莱库古举办公共宴会所使用的帐篷（σκηνή），它的功能是保证国王能与公民们一起用餐并参与公共生活。[7]国王举办宴会的动机也同居鲁士大帝十分相似：拒绝参与公共活动、深居简出的公民会被怀疑有不检点行为；[8]而在公共场合下注意举止得体适度的紧张感也有助于提升公民们的道德水准。[9]甚至连老人们也不会彻底告别公共生活，因为莱库古会专门从高龄公民中选举元老院（γεροντία）成员，以便他们在年迈之际仍能牢记治

---

[1] Xen. *Lac.* 2.10.
[2] Xen. *Lac.* 2.10-11.
[3] Xen. *Cyr.* 2.1.30.
[4] Xen. *Cyr.* 8.1.16.
[5] Xen. *Cyr.* 8.1.16.
[6] Xen. *Cyr.* 8.1.17-20.
[7] Xen. *Lac.* 15.4.
[8] Xen. *Lac.* 5.2-3.
[9] Xen. *Lac.* 5.6-7.

国的基本原则。[1]在重视公共生活方面,《居鲁士的教育》与《拉栖第梦政制》再度呈现出了高度相似性。

六 两个伟大政权的共同命运

同样值得注意的是,我们加以比较的两部作品各自附有一篇简短后记(《居鲁士的教育》第8卷第8章和《拉栖第梦政制》第14节);两篇后记分别概述了波斯与斯巴达在各自的杰出领袖逝世后走向道德衰落的命运。在色诺芬文本研究史上,大量学者曾围绕这两段文字的真伪性展开过热烈讨论。[2]在出版于1914年的洛布古典丛书版《居鲁士的教育》中,校译者瓦尔特·米勒(Walter Miller)相信第8卷第8章必然是后世窜入的文字。他的理由是这一章"破坏了全书的完美统一性"。但由于这段"窜入文字"出现在了几乎所有现存手稿与前人校订本中的缘故,他决定将这部分文本与译文保留下来,但建议读者们"在此掩卷,结束阅读"。[3]然而,在今天看来,米勒的观点未免过于主观,因为当代学者们很难接受他的这种过度简单化的结论。

个别研究者仍然相信文本窜入的问题确实存在。詹姆斯·塔图姆(James Tatum)认为,这段附录突兀地指出,居鲁士大帝苦心经营的整套制度在他去世后马上变得难以为继,它所反映的只能是某些仇视波斯的希腊作家、而非色诺芬本人的立场。[4]但大部分学者相信,《居鲁士的教育》第8卷第8章同前文在文字风格和逻辑上的统一性是不容置疑的。保拉·萨格(Paula Sage)指出,8.8.2一节在行文上起到了将8.8与8.7紧密衔接起来的结构功能。[5]德博拉·格拉相信,色诺芬在前文中早已暗示,波斯帝国的悲剧性结局早在居鲁士统治末年业已注定,[6]因为居鲁士大帝本人

---

[1] Xen. *Lac.* 10.1.

[2] Due, *The Cyropaedia, Xenophon's Aims and Methods*, pp. 16-20; Bordes, *Politeia dans la pensée grecque jusqu'à Aristote*, p. 165.

[3] W. Miller ed./trans., Xenophon: *Cyropaedia*, Books V-VIII, Cambridge, Massachusetts & London: Harvard University Press, 1914, pp. 438-439.

[4] J. Tatum, *Xenophon's Imperial Fiction: On The Education of Cyrus*, Princeton: Princeton University Press, 1989, p. 222.

[5] P. Sage, "Dying in Style: Xenophon's Ideal Leader and the End of the '*Cyropaedia*'", *The Classical Journal* 90 (1995), pp. 167-168.

[6] Gera, *Xenophon's Cyropaedia, Style, Genre, and Literary Technique*, p. 286.

已在攻克巴比伦后由一位理想政治领袖蜕变为专制暴君。[1]并且 8.8 同前文的语言风格也是高度一致的。[2]博德尔·迪尤认为，8.8 集中讨论的话题其实早已在前文中有所涉及。[3]要之，当代相关研究者们普遍认为，《居鲁士的教育》第 8 卷第 8 章确实出自色诺芬本人之手。[4]

《拉栖第梦政制》第 14 节在文本批判史上的命运几乎与此如出一辙；迈克尔·利普卡已对相关学术史进行过全面详尽的梳理。[5]概言之，少数前代学者对《居鲁士的教育》第 8 卷第 8 章和《拉栖第梦政制》第 14 节真实性提出的质疑并无任何文本与手稿方面的可靠证据；这种怀疑是主观性的，或许反映了对色诺芬思想与古典作家写作习惯的某种误解。笔者认为，仅仅以叙述语气的转变为理由去质疑两段文本真实性的做法是不可取的。首先，认为理想的社会道德与政治制度终将走向衰落的思想在古希腊作家中其实相当普遍。在赫西俄德（Hesiod）的《工作与时日》（*Opera et Dies*）中，我们可以清晰地看到天神宙斯（Zeus）所创造的人类在 5 个时代中不断走向道德沦丧的演变趋势。[6]无独有偶，在柏拉图的《理想国》中，苏格拉底也承认即便最优秀的政体——斯巴达模式——也会逐步走向衰落。[7]因此，古希腊读者们是不会对色诺芬关于波斯道德风尚与斯巴达政体在各自的英雄领袖去世后走向衰落的记载感到惊奇。其次，波斯与斯巴达古今社会状况的反差乃是古典时代阿提卡作家们头脑中的基本常识。在《波斯人》（*Persae*）中，埃斯库罗斯（Aeschylus）对居鲁士大帝等伟大波斯先王的英武与薛西斯的庸碌无能进行了鲜明对比。[8]伊索克拉底（Isocrates）一方面在写给腓力二世（Philip Ⅱ）的信函中赞美了居鲁士大帝的功业与声名，[9]一方面又在《泛希腊赛会演说词》（*Panegyricus*）

---

[1] Gera, *Xenophon's Cyropaedia, Style, Genre, and Literary Technique*, pp. 296-297.
[2] Ibid., p. 300.
[3] Due, *The Cyropaedia, Xenophon's Aims and Methods*, p. 20.
[4] Ibid., p. 16.
[5] Lipka ed./trans., Xenophon: *Spartan Constitution*, Introduction, Text and Commentary, pp. 27-31.
[6] Hes. *Op*. 109-201.
[7] Pl. *Resp*. 551a-579e.
[8] Aesch. *Pers*. 765-783.
[9] Isoc. *Phil*. 66-67.

中贬损了居鲁士的后继者。[①]这些评论并不存在矛盾之处，并且古希腊的听众或读者们也并不会产生这方面的疑问。[②]毋庸讳言，斯巴达的政治霸权也确实在受挫于底比斯（Thebes）后走向了瓦解；像色诺芬这样的道德论者将斯巴达衰落的根源归结为道德沦丧当然是不足为怪的。要之，笔者认为，上述两份文本作为色诺芬本人思想载体的性质是无可怀疑的；对二者的比较可以帮助我们进一步认清《居鲁士的教育》同《拉栖第梦政制》之间的相似性。

根据色诺芬的记载，当居鲁士大帝与世长辞之后，"他的儿子们马上陷入了纷争；各地的城市与族裔开始与国王离心离德，一切都在变得每况愈下"。[③]最大的变化在于：波斯人不再像从前那样虔诚恭顺，其根源则是后世国王与官吏们丧失了先辈的荣誉感。在晚近的社会环境下，波斯臣民们不再信任行省总督，因为他们的不守信用已经臭名昭著。[④]信任感丧失的直接后果便是居鲁士大帝树立的道德规范迅速解体，"亚洲的全体居民逐渐走向邪恶与堕落"。[⑤]色诺芬对此评价道："统治者的品质如何，他们治下的大部分民众就会变得与之大同小异。"[⑥]居鲁士大帝时代的种种美德随之走向衰落。波斯人在金钱交易中变得言而无信；[⑦]他们酗酒成风、[⑧]骄奢淫逸、[⑨]心术不正，[⑩]废弃了军事操练传统，将守卫波斯帝国的任务交给希腊雇佣兵去完成。[⑪]通过这些描述，色诺芬向我们指出，英雄人物的死亡或离去会导致此类道德教化事业的急转直下，这种衰落恰恰可以反衬出以居鲁士大帝为代表的理想政治领袖对于全社会道德教化的重要意义与核心作用。

---

① Isoc. *Paneg.* 144-153.

② N. Sandridge, *Loving Humanity, Learning, and Being Honored: The Foundations of Leadership in Xenophon's* Education of Cyrus, Cambridge, Massachusetts & London: Center for Hellenic Studies, 2012, p. 10.

③ Xen. *Cyr.* 8.8.2.

④ Xen. *Cyr.* 8.8.3.

⑤ Xen. *Cyr.* 8.8.5.

⑥ Xen. *Cyr.* 8.8.5

⑦ Xen. *Cyr.* 8.8.6.

⑧ Xen. *Cyr.* 8.8.8-9.

⑨ Xen. *Cyr.* 8.8.12, 8.8.15.

⑩ Xen. *Cyr.* 8.8.13-14.

⑪ Xen. *Cyr.* 8.8.26.

那么，莱库古逝世后斯巴达的社会状况又如何呢？色诺芬写道："如果有人问我是否相信莱库古时代的规矩原封不动地保留到了今天的话，凭宙斯起誓，我是不敢自信地给出肯定答复的。"[1]在色诺芬眼中，斯巴达的道德风尚同样走向了腐化堕落。贵族们如今喜欢定居在城邦之外，不愿固守乡土；[2]公民们为攫取权力而钩心斗角，并不在意自己是否具备担任领袖的品质；[3]其他希腊人不再衷心欢迎斯巴达人担任希腊世界的领袖，而是千方百计地试图阻止腐化堕落的斯巴达人重建霸权。[4]尽管色诺芬对同时代斯巴达社会的批判在言辞上不如对波斯那么激烈，他对二者的历史演变趋势的描述却是如出一辙的。

七 两种政体的相通本质：理想政治领袖依据贤明法度进行的道德教化

在近年来的学术研究中，《居鲁士的教育》经常被描述成一部探讨不受法律约束的绝对王权统治形式的著作。尼维尔（W.R. Newell）指出："色诺芬政治思想的核心是试图将僭主制度改良为一种另类的治理模式——在不受法律约束的情况下对'顺民'进行的统治。"[5]尼维尔的观点得到了部分学者的赞同。大卫·约翰逊（David Johnson）相信，色诺芬在《居鲁士的教育》中对帝国是有着自己的批评意见的，因为这种体制是一种人治模式，并不符合法治原则。[6]克里斯托弗·惠登（Christopher Whidden）更加大胆地认为，色诺芬"对帝国是持怀疑与批判态度的"。[7]在他看来，《居鲁士的教育》事实上提出了由王权主导的两种统治模式，即个人专制与立法模式，但二者都未在实践中获得成功。[8]色诺芬的真正意图在于对比居鲁士

---

[1] Xen. *Lac*. 14.1.

[2] Xen. *Lac*. 14.4.

[3] Xen. *Lac*. 14.5.

[4] Xen. *Lac*. 14.6.

[5] Newell, "Tyranny and the Science of Ruling in Xenophon's '*Education of Cyrus*'", pp. 890-891.

[6] D. Johnson, "Persians as Centaurs in Xenophon's '*Cyropaedia*'", *Transactions of the American Philological Association* 135 (2005), p. 203.

[7] C. Whidden, "The Account of Persia and Cyrus' Persian Education in Xenophon's '*Cyropaedia*'", *The Review of Politics* 69 (2007), p. 540.

[8] Whidden, "The Account of Persia and Cyrus' Persian Education in Xenophon's '*Cyropaedia*'", pp. 561-562.

与苏格拉底的教育方式,[①]并告诫读者们采纳苏格拉底在《回忆苏格拉底》（*Memorabilia*）中提出的告诫,因为哲学才是推行道德教育的唯一恰当方式。[②]然而,正如我们在前面已经指出的那样,将居鲁士时代的强盛与波斯帝国日后的衰落进行对比并非色诺芬本人的专利;这种做法在古典时代的希腊作家中间是司空见惯的,并不能说明色诺芬对居鲁士的统治模式本身是持批评意见的。事实上,色诺芬在《居鲁士的教育》全书开篇处对居鲁士大帝的热情赞美[③]是同克里斯托弗·惠登的理论完全无法兼容的。

笔者认为,这些假说误解了居鲁士所推行的道德教化的实质。它确实是君主灌输给臣民的,但这一点也是居鲁士的统治与绝对专制形式的唯一共同点。在色诺芬所描述的道德教育模式中,三种元素是不可或缺的:道德教育的推行者必须是一位理想的政治领袖;民众必须乐于接受他的领导;并且这种教育必须在贤明法度的规范下才能顺利开展。

居鲁士与父亲冈比西斯（Cambyses）的长篇对话集中反映了色诺芬对理想政治领袖的严格要求。他必须拥有货真价实的聪明才智;[④]他必须通过学习不断更新自己的知识;[⑤]他必须拥有超越自己所有下属的顽强毅力;[⑥]他还必须通过阅读历史、向哲人请教和研究其他政权的统治艺术来积累治国经验。[⑦]为了成为一名出色的政治领袖,居鲁士努力在各个细节方面树立自己的正面形象。例如,在军事生涯中,居鲁士花费了大量时间与精力去牢记每一名部下的姓名和性格特征,以至于全体将领们都对居鲁士惊人的记忆力感到诧异,发现他能够脱口说出每位将士的姓名,并向他们布置符合各自特长的任务。通过这一看似烦琐的细节工作,居鲁士成功地提升了部将们对自己的忠诚感。[⑧]正如德博拉·格拉所言,居鲁士大帝的身影"在《居

[①] Whidden, "The Account of Persia and Cyrus' Persian Education in Xenophon's '*Cyropaedia*'", pp. 549-550.

[②] Ibid., p. 567.

[③] Xen. *Cyr*. 1.1.1-3.

[④] Xen. *Cyr*. 1.6.22.

[⑤] Xen. *Cyr*. 1.6.23.

[⑥] Xen. *Cyr*. 1.6.25.

[⑦] Xen. *Cyr*. 1.6.44-46.

[⑧] Xen. *Cyr*. 5.3.46-51.

鲁士的教育》全书中是无处不在的",①他的建议永远会被恭顺的下属与臣民无条件地采纳。②事实上,在色诺芬设计的政治模型中,也只有居鲁士大帝才是完成社会教化任务过程中唯一不可或缺的角色。《居鲁士的教育》全书提及了数百个人物,但其中只有十余人在色诺芬的叙述体系中扮演过活跃角色。③其他人似乎仅仅是居鲁士个人意志的影子与回声。而在这些屈指可数的活跃人物中,在整部作品中反复出现的只有居鲁士的叔父库亚克萨瑞斯(Cyaxares)。但这一角色恰恰完全出自色诺芬的艺术虚构,并非真实存在过的历史人物。④事实上,这一虚构形象也并非不可或缺:他同样代表着居鲁士的个人意志,辅佐居鲁士完成其社会教化使命,但并不是这项事业终极意义上的承担者。

然而,理想政治领袖的素质并非仅仅是通过后天的勤奋学习和探索实践习得的;领袖本身必须具备一定的天才与圣人禀赋。根据色诺芬的记载,当一批亚美尼亚人觐见居鲁士后返回家乡时,他们七嘴八舌地议论着居鲁士的智慧、体魄、风度、俊美与威严。⑤居鲁士大帝的个人魅力是取之不尽、用之不竭的。"时至今日,异邦人们仍在故事和歌曲中赞美居鲁士大帝的英俊相貌、古道热肠、勤勉好学和雄心壮志;他可以为了荣誉而忍受劳苦、出生入死。"⑥他甚至具备某种解读神意的超自然能力,可以提前预知自己的死亡时刻。⑦只有这样的理想君王与凡间"超人"才能将自己与生俱来的,并在现实生活中不断磨砺的公正、慷慨、自律、坚忍与虔诚等高贵品质培植在廷臣、将士与普通民众的心里。⑧

与此同时,我们还应牢记,居鲁士大帝并不是一位为所欲为、权力无边的专制僭主,至少色诺芬无意将他描绘成一位无视法律的绝对专制践行者。在古典时期的希腊文化语境下,"法律(νόμος)"既可以直接来自神明,

---

① Gera, *Xenophon's Cyropaedia, Style, Genre, and Literary Technique*, p. 280.
② Ibid., p. 282.
③ Due, *The Cyropaedia, Xenophon's Aims and Methods*, p. 53.
④ Ibid., p. 55.
⑤ Xen. *Cyr.* 3.1.41.
⑥ Xen. *Cyr.* 1.2.1.
⑦ Xen. *Cyr.* 8.7.2.
⑧ Due, *The Cyropaedia, Xenophon's Aims and Methods*, p. 106.

也可以由凡俗世界的政治家制订；它可以是祖先留下来的、约定俗成的文化习惯，也可以是应现实需要而临时提出的刚性规定。①事实上，在现存第一部提及"法律（νόμος）"的希腊语传世文献——《工作与时日》中，赫西俄德告诉我们，最早向凡人颁布法律（νόμος）的正是天神宙斯。②马丁·奥斯特瓦尔德（Martin Ostwald）在其经典著作《法律与雅典民主制的起源》(*Nomos and the Beginnings of the Athenian Democracy*)总结了现存古希腊语文本中"法律（νόμος）"一词的 13 种不同义项，③并明确提出该字眼从相当古老的时代起便包含了宗教规范的含义。④因此，毫无疑问的是，将虔诚视为至高美德的居鲁士在色诺芬眼中必定是一位恪守神圣法度的优秀国王。

首先，《居鲁士的教育》留下了关于居鲁士敬奉神明法度的大量记载，以至于该书的一位早期译者莫里斯·阿什利（Maurice Ashley）甚至将之视为一部讨论宗教教育的作品。⑤在《居鲁士的教育》中，居鲁士在进行重要活动前一定不会忘记向神明占卜和奉献祭祀。⑥攻克巴比伦后，居鲁士立刻召见玛哥僧们（magi），请他们为神明选定圣所，用战利品中的一部分首先向诸神献祭。⑦居鲁士大帝通过以身作则的方式向新征服的臣民表明，自己充分尊重诸神的意志和玛哥僧的指令。他"永远不会忘记在破晓时向天神吟唱颂歌，以及每天向玛哥僧供奉的神明奉献祭品"。⑧色诺芬在这些段落中主要意在表彰居鲁士大帝的虔诚，但如此虔诚的国王必然是会尊重神明的法度与玛哥僧的指令的。

其次，居鲁士大帝也并不轻视世俗法律的重要性。居鲁士个人权力的最初来源——父亲冈比西斯的权力便是严格受到法律限制的。尽管他的父亲已成为"米底（Media）全境的主宰"，他仍旧尊重全体波斯人在法律面

---

① H. Liddell and R. Scott, *A Greek-English Lexicon*, the ninth edition, Oxford: Clarendon Press, 1996, p. 1180.
② Hes. *Op.* 276-280.
③ M. Ostwald, *Nomos and the Beginnings of the Athenian Democracy*, Oxford: Clarendon Press, 1969, pp. 20-54.
④ Ostwald, *Nomos and the Beginnings of the Athenian Democracy*, p. 40.
⑤ Tatum, *Xenophon's Imperial Fiction: On The Education of Cyrus*, p. 31.
⑥ Xen. *Cyr.* 1.5.6; 6.2.40.
⑦ Xen. *Cyr.* 7.5.35.
⑧ Xen. *Cyr.* 8.1.23.

前的平等权利。①居鲁士的父亲永远率先接受法律的决议,执行法律的指令。他判断是非的依据不是个人意志,而是既定的法律。②事实上,色诺芬笔下的居鲁士大帝不仅尊重世俗法律,还会努力按照法律的要求提高自己的美德。在他的心目中,优秀的统治者应当成为"长眼睛的法律"。③在弥留之际,居鲁士告诫自己的孩子们说:"要听从我的话,因为它是合乎传统、习俗与法度的(ὡς οὖν παλαιὰ καὶ εἰθισμένα καὶ ἔννομα λέγοντος ἐμοῦ οὕτως ἀποδέχεσθε)。"④这条证据清晰地表明,居鲁士推行的德化教育并不触犯现行法律。相反,二者始终是一致的,有时甚至可以彼此等同。我们有理由认为,色诺芬《居鲁士的教育》中居鲁士大帝的若干教导所反映的正是波斯历史上某个时期宗教法规与传统习俗所提出的具体要求。⑤

与《居鲁士的教育》有所不同的是,《拉栖第梦政制》的主题正是立法活动对斯巴达公民的积极影响。然而,读者们很快就会意识到,形象酷似居鲁士大帝的莱库古始终在幕后操纵着法律体系的运转。色诺芬在篇首处开门见山地指出了莱库古的成就与贡献:

Ἀλλ' ἐγὼ ἐννοήσας ποτὲ ὡς ἡ Σπάρτη τῶν ὀλιγανθρωποτάτων πόλεων οὖσα δυνατωτάτη τε καὶ ὀνομαστοτάτη ἐν τῇ Ἑλλάδι ἐφάνη, ἐθαύμασα ὅτῳ ποτὲ τρόπῳ τοῦτ' ἐγένετο· ἐπεὶ μέντοι κατενόησα τὰ ἐπιτηδεύματα τῶν Σπαρτιατῶν, οὐκέτι ἐθαύμαζον. Λυκοῦργον μέντοι τὸν

---

① Xen. *Cyr*. 1.3.18.
② Xen. *Cyr*. 1.3.18.
③ Xen. *Cyr*. 8.1.21-22.
④ Xen. *Cyr*. 8.7.10.
⑤ 在古典学研究史上一度存在着一种全盘否定色诺芬《居鲁士的教育》史料价值的倾向(见 S. Hirsch, *The Friendship of the Barbarians, Xenophon and the Persian Empire*, Hanover & London: Press of New England, 1985, pp. 61-62)。然而,正如赫希指出的那样,很难想象色诺芬会完全凭空虚构出如此丰富的波斯史细节,并且其中一些信息是同外部证据高度吻合的 (Hirsch, *The Friendship of the Barbarians, Xenophon and the Persian Empire*, p. 63)。笔者认为,尽管《居鲁士的教育》一书确实包含着不少违背史实的细节描述(参见王以欣《居鲁士的早年传奇与口传历史》,《古代文明》2014 年第 1 期;陈铁《〈居鲁士的教育〉体裁考析》,《文教资料》2013 年第 15 期),但色诺芬对波斯政治制度与开国历史的整体叙述框架与同时代希腊人对波斯帝国的认识水平是基本一致的,在许多具体方面无疑还要更胜一筹。色诺芬必然能够通过自己的生平阅历和史学研究了解波斯政治意识形态对神圣与世俗法律的高度尊重,设想色诺芬会将自己笔下的理想英雄居鲁士大帝描述成不受法律节制的僭主形象的思路是难以自圆其说的。

θέντα αὐτοῖς τοὺς νόμους, οἷς πειθόμενοι ηὐδαιμόνησαν, τοῦτον καὶ θαυμάζω καὶ εἰς τὰ ἔσχατα [μάλα] σοφὸν ἡγοῦμαι. ἐκεῖνος γὰρ οὐ μιμησάμενος τὰς ἄλλας πόλεις, ἀλλὰ καὶ ἐναντία γνοὺς ταῖς πλείσταις, προέχουσαν εὐδαιμονίᾳ τὴν πατρίδα ἐπέδειξεν.

从前，每当我想到，尽管斯巴达本身的人口相当稀少，她却可以作为一个最为强大、最负盛名的城邦屹立于希腊世界的时候，我都会感到惊异，想知道这一切是通过何种方式实现的；但当我理解了斯巴达人的生活方式之后，我便不复感到惊讶了。我钦佩莱库古，因为他赐予斯巴达人法律，引领他们走向繁荣昌盛；并认为此人具有极高的智慧。因为他并不机械地效法其他城邦，而是采用了与大多数城邦截然不同的制度，从而为他的母邦指出了通向强盛的道路。[1]

可见，莱库古在斯巴达所扮演的角色同缔造波斯帝国的居鲁士极其相似。他正是整部作品其余部分详细介绍的贤明法律、制度的制订者与设计师。与居鲁士大帝相似，莱库古也十分注意同身边的官吏精诚合作。居鲁士的士兵们无条件地服从长官的指令；斯巴达的监察官们也会代表国家与莱库古交换誓言。[2]莱库古和斯巴达的其他贤明国王同样具备某些超自然的特性，会在葬礼上被奉为介于人神之间的伟大英雄。[3]

要之，《居鲁士的教育》和《拉栖第梦政制》所勾勒的政治体系蓝图在本质上是高度相似的。在前者中，理想君王居鲁士大帝在贤明法度的指引下承担着全社会道德教化的艰巨使命；而在后者中，莱库古通过身体力行的立法活动规范着斯巴达公民的行为，维持着社会的政治稳定与道德水准。然而，两套体系都在创建者去世后无可挽回地走向衰落与瓦解。

八　差异性

在其名作《色诺芬、斯巴达与〈居鲁士的教育〉》("Xenophon, Sparta and the *Cyropaedia*")一文中，克里斯托弗·塔普林比较了色诺芬大部分现存

---

[1] Xen. *Lac*. 1.1-2.
[2] Xen. *Lac*. 15.7-8.
[3] Xen. *Lac*. 15.9.

作品中斯巴达与波斯的形象,指出二者在《回忆苏格拉底》[①]《会饮篇》(*Symposium*)[②]与《阿格西劳斯》[③]等色诺芬作品中的相似性很低,并且对两个政权进行直接比较的例子十分稀少。[④]然而,我们前面的一系列分析似乎表明,《居鲁士的教育》与《拉栖第梦政制》两部著作的内容确实存在着高度相似性。当然,二者间也确实存在着一定差异,其中十分显著的一点便是对待赏罚的态度。

在《居鲁士的教育》中,奖赏朋友构成了道德教育的一项重要手段。居鲁士大帝相信,"好牧人和好国王的职责是非常近似的"。[⑤]既然好牧人有时需要取悦于他的畜群,那么好国王有时也需要如此对待他治下的民众。基于这一考虑,居鲁士大帝"在热心款待朋友方面无出其右"。[⑥]更重要的是,居鲁士大帝不是在滥施赏赐,而是怀有明确的道德教育目的。色诺芬解释道,居鲁士相信"如果行为正直的人总能得到相应的犒赏,那么其他人就更有可能打消追逐不义之财的念头,转而通过光明正大的手段为自己争取一个好前程"。[⑦]赏赐也是劝善抑恶[⑧]和争取民心[⑨]的最佳手段。居鲁士慷慨赏赐的结果是"每个人都尽力在居鲁士的眼中展示自己最好的一面"。[⑩]

在色诺芬的《拉栖第梦政制》中,同样的效果则是通过截然相反的手段——严厉的惩罚措施实现的。例如,怯懦者会在几乎所有公共场合下受到轻视甚至羞辱。没有人会愿意在摔跤训练中与他同组;他会在合唱队中被置于最不起眼的角落;他在大街上必须为其他公民让路;他在宴会上必须给比自己年幼的人让座。如果这个懦夫拒绝做到这一切的话,"更优秀的人便有资格对他进行体罚"。[⑪]根据色诺芬的报道,莱库古的严厉惩罚不仅

[①] Tuplin, "Xenophon, Sparta and the *Cyropaedia*", p. 128.
[②] Ibid., p. 128.
[③] Ibid., pp. 132-133.
[④] Ibid., p. 132.
[⑤] Xen. *Cyr.* 8.2.14.
[⑥] Xen. *Cyr.* 8.2.14.
[⑦] Xen. *Cyr.* 8.1.26.
[⑧] Xen. *Cyr.* 8.1.27.
[⑨] Xen. *Cyr.* 8.1.29.
[⑩] Xen. *Cyr.* 8.1.39.
[⑪] Xen. *Lac.* 9.4-5.

针对公民的过失；他还会处罚那些没能做到最好的怠惰者。[1]

我们从中可以看到一种相反相成的对比关系。一方面，居鲁士大帝的赏赐是相当奢侈的。他会用"财物、权位和荣誉等种种好处"去犒赏自己的追随者，[2]以至于他的出手阔绰较他的富有更加令人印象深刻。[3]然而，在《拉栖第梦政制》所描绘的世界里，诸如此类的滥赏与挥霍是不可容忍的。莱库古甚至禁止公民经商，要求他们时刻保持生活简朴。[4]另一方面，作为教育手段的惩罚在《居鲁士的教育》中仅仅出现了两次，[5]并且其作用远不如在斯巴达体制下那样重要。

另一个显著区别在于，两部著作对"教育（παιδεία）"的理解似乎存在着较大差异。在《拉栖第梦政制》中，教育的范畴更加符合希腊古典时期的传统语境，主要针对儿童和青年；而在《居鲁士的教育》里，正如本章即将详细介绍的那样，教育是终身性的，对每个人施加着从生到死的巨大影响。

塔普林在其论文中还罗列了居鲁士统治的波斯与莱库古治理的斯巴达在其他方面的若干差异，如居鲁士的帝国模式缺乏斯巴达的特异性等。[6]笔者认为，诸如此类的差异性其实是很好理解的。毕竟，色诺芬并不像纳顿针对《居鲁士的教育》所提出的假说（他将整部作品称为"一套政治理论"）那样，完全凭空捏造了波斯与斯巴达两个政权的各种构成要素；[7]并且他也没有必要在介绍波斯帝国的幌子下对斯巴达进行赞美。[8]现实中斯巴达与波斯的政治、教育制度当然存在着诸多差异，并且色诺芬的古典读者们必然也对此心知肚明。因此，尽管色诺芬确实利用时空相隔遥远的便利取得了一定程度的创作自由，但他不可能完全抛开历史事实

---

[1] Xen. *Lac*. 10.5.

[2] Xen. *Cyr*. 8.1.39.

[3] Xen. *Cyr*. 8.2.7.

[4] Xen. *Lac*. 7.1-2.

[5] Xen. *Cyr*. 8.1.17-18.

[6] Tuplin, "Xenophon, Sparta and the *Cyropaedia*", pp. 138-139.

[7] C. Nadon, *Xenophon's Prince: Republic and Empire in the Cyropaedia*, Los Angeles & London: University of California Press, 2001, p.1.

[8] Tuplin, "Xenophon, Sparta and the *Cyropaedia*", p. 135.

而进行随心所欲的虚构。①而他在两部作品中对"教育（παιδεία）"概念的有别阐释或许反映了不同创作年代中色诺芬本人的思想演变轨迹或两部作品预设读者群体的差异性，其具体情况是现代读者们无从得知的。总的来说，《居鲁士的教育》与《拉栖第梦政制》在内容上的相似性是主导性的和引人注目的；而二者的差异性则是次要的和易于解释的。这些共同特征并不仅仅是历史上波斯与斯巴达相似发展轨迹的产物，②而是与两篇文献的共同作者色诺芬观念中理想教育体系与成功政治体制之间的密切联系高度相关的。

与此同时，我们也需要看到，《居鲁士的教育》在题材上往往较《拉栖第梦政制》更为宽泛，其中穿插着潘特娅（Pantheia）的凄美悲剧爱情故事、③狩猎④与军事技术⑤的传授、会饮场合的礼仪规范⑥——概言之，它囊括了一切公共场合进行的集体活动。可见，《居鲁士的教育》是一部涵盖了《拉栖第梦政制》中色诺芬所关注的几乎全部要点，但其题材又不仅限于"政体论著"范畴的庞杂作品。

第三节　色诺芬借助理想君主居鲁士大帝所阐发的社会教化观念

诚然，对于同一作者撰写的两部作品而言，逻辑思路、核心观点、写作素材与文字风格等方面的局部雷同是一种正常现象。但当我们之前的分析似乎表明，讨论"教育（παιδεία）"主题的《居鲁士的教育》同分析"政体（πολιτεία）"的《拉栖第梦政制》之间存在着如此众多的相似之处时，这一发现确实是耐人寻味，甚至令人惊异的。自罗马时代以降，许多学者都试图将《居鲁士的教育》解释成一部讨论政体优劣的作品。除本章开篇

---

① Due, *The Cyropaedia, Xenophon's Aims and Methods*, p. 22.
② Tuplin, "Xenophon, Sparta and the *Cyropaedia*", pp. 137-138. 古希腊史料中将莱库古与居鲁士进行对比的另一个例子是 Pl. *Epist*. 4.320d, 但该文本被大多数校勘者疑为伪作。
③ Xen. *Cyr*. 4.6.11-7.3.16.
④ Xen. *Cyr*. 1.4.8.
⑤ Xen. *Cyr*. 8.8.24.
⑥ Xen. *Cyr*. 4.5.4-8.

处引述的西塞罗信函外，第欧根尼·拉尔修（Diogenes Laertius）将柏拉图和色诺芬视为同一主题方面的竞争者，[1]并将《居鲁士的教育》与柏拉图的名著《理想国》（Respublica）相提并论。盖利乌斯（Gellius）也认为《居鲁士的教育》一书代表了色诺芬对柏拉图《理想国》的批判意见。[2]尽管第欧根尼·拉尔修的若干细节描述很可能出自后人的附会，但古代评论家所指出的《居鲁士的教育》政治学色彩可能在一定程度上是符合史实的。在现代研究者中，博迪尔·迪尤相信，在《居鲁士的教育》一书中，"色诺芬的主题是统治艺术或统治者与民众的关系问题"。[3]笔者认为，博迪尔·迪尤的看法已十分接近于事实本身。色诺芬的《居鲁士的教育》确实如作品标题所述，是一部以教育为主题的著作；但色诺芬语境下的教育兼具浓厚的道德与政治色彩。

我们没有理由怀疑《居鲁士的教育》希腊文标题（Κύρου Παιδεία）的合法性与通行程度：它出现在了所有现存早期手稿与第欧根尼·拉尔修为色诺芬撰写的传记中。[4]然而，布赖滕巴赫（Breitenbach）认为只有全书的第1卷才符合这一主题。[5]德博拉·格拉甚至相信，除1.6.1—2.1.1这部分段落之外，全书的任何章节都与居鲁士的教育毫无干系。[6]然而，希金斯（W.E. Higgins）于1973年正确地指出：

> 居鲁士的一生诠释了一种实践的理想。一些批评者认为"居鲁士的教育"是一个具有误导性的标题，因为只有第1卷才与居鲁士的教育相关；这种意见是对色诺芬思想的误读。在色诺芬看来，真正的教育（paideia）是一个循序渐进、永无止境的过程，受教育者随着身体与心智的成熟而在不同的年龄掌握不同的技能、完成不同的任务。它显然不仅限于教导青少年，因为色诺芬根本就不认为学习的

---

[1] Diog. Laert. 3.34.
[2] Gell. *NA*. 14.3.1-4.
[3] Due, *The Cyropaedia, Xenophon's Aims and Methods*, p. 207.
[4] Diog. Laert. 2.56.
[5] Due, *The Cyropaedia, Xenophon's Aims and Methods*, p. 15.
[6] Gera, *Xenophon's Cyropaedia, Style, Genre, and Literary Technique*, p. 50.

过程是有止境的。[1]

博迪尔·迪尤还指出,色诺芬所理解的"教育"是广义上的,并不仅限于文化知识与实用技能的学习。[2]笔者认为,色诺芬语境下的"教育（παιδεία）"确实是广义的,但其涵盖范围可能比希金斯和迪尤所设想的还要广泛。

首先,色诺芬笔下的教育是终身性的。在《居鲁士的教育》卷1中,色诺芬向读者系统介绍了波斯的教育模式。在色诺芬语境下的波斯帝国中,教育并不是贵族享受的特权或富人进行的投资,而是法律强制规定的义务。[3]这种教育有其专用场地——"公共广场（ἐλεύθερα ἀγορά）"。[4]根据色诺芬的记载,"[公共建筑物四周的]广场分为四个部分,一部分属于儿童,一部分属于青年,第三部分属于成年人,最后一部分则属于已过服兵役年龄的老人（διῄρηται δὲ αὕτη ἡ ἀγορὰ [ἡ περὶ τὰ ἀρχεῖα] τέτταρα μέρη· τούτων δ' ἔστιν ἐν μὲν παισίν, ἐν δὲ ἐφήβοις, ἄλλο τελείοις ἀνδράσιν, ἄλλο τοῖς ὑπὲρ τὰ στρατεύσιμα ἔτη γεγονόσι）"。[5]法律规定,所有本地居民每天都要到属于自己的那部分广场去接受教育。[6]广场上的每个区分别由从12个波斯部落中选出的12名官员负责管理。[7]儿童们需要学习公正与自律等美德。[8]他们在16—17岁时进入青年区。[9]青年们的任务是守卫城市和进一步培养自律能力。[10]如果儿童或青年在竞赛中获奖,管理他们的官员也会得到表彰。[11]10年之后,受教育者进入成年组并参军服役。[12]当他们达到50岁左右后,这

---

[1] W. Higgins, *Xenophon the Athenian, The Problem of the Individual and the Society of the Polis*, Albany: State University of New York Press, 1973, p. 54.
[2] Due, *The Cyropaedia, Xenophon's Aims and Methods*, p. 15.
[3] Xen. *Cyr.* 1.2.2-3.
[4] Xen. *Cyr.* 1.2.3.
[5] Xen. *Cyr.* 1.2.4.
[6] Xen. *Cyr.* 1.2.4.
[7] Xen. *Cyr.* 1.2.5.
[8] Xen. *Cyr.* 1.2.6-8.
[9] Xen. *Cyr.* 1.2.8.
[10] Xen. *Cyr.* 1.2.9.
[11] Xen. *Cyr.* 1.2.12.
[12] Xen. *Cyr.* 1.2.12-13.

些人便可以成为元老，负责各种公私案件的审判工作。[1]

我们看到，这种类型的教育显然是有别于现代的教育概念和雅典古典时期的哲学教育的。[2]它伴随受教育者的一生，[3]并且主要是在课堂与学校之外进行的。它是一种社会教育和终身教育，涉及公共生活的方方面面。这样一来，我们便不难理解《居鲁士的教育》何以是一部讨论教育的著作了。色诺芬所探讨的不是狭义上的教育概念，而是在上述波斯教育模式基础上改造而成的社会化教育。

其次，色诺芬语境下的社会教育必须由一位理想的政治领袖付诸实践。这正是他选取居鲁士大帝为主人公的理由，因为居鲁士在治理民众方面取得了巨大的成功。[4]然而，色诺芬并未事无巨细地描述居鲁士一生中的各种经历，也没有覆盖居鲁士传奇生涯中的全部光辉业绩；他的素材择取方式是按照古代道德化传记作者们的习惯，择取居鲁士生平中被后世作家普鲁塔克（Plutarch）称为"迹象（σημεῖον）"的典型事例。[5]在这层意义上，《居鲁士的教育》所记载的各种内容都是合乎作者设定的主题的。[6]按照色诺芬的思路，既然他所理解的教育是公共的和社会性的，那么只有居鲁士大帝与莱库古等人格完满、禀赋过人的政治领袖才具备足够的责任感、能力与权威去将这种社会教化付诸实践。这种教育的内容有很大一部分是适用于政治生活的；而优秀政体最重要的使命之一便是推行色诺芬的社会教育理想。这正是我们在《居鲁士的教育》与《拉栖第梦政制》中发现大量共同点的原因。

最后，作为苏格拉底的崇拜者与弟子，色诺芬语境下社会教化的根本目的在于提升全社会的道德水准。笔者认为，这一点是博迪尔·迪尤等研究者们有所忽略的重要方面。色诺芬的终极目标并不是为某位君王歌功颂

---

[1] Xen. *Cyr.* 1.2.13-14.

[2] J. Reisert, "Ambition and Corruption in Xenophon's *Education of Cyrus*", *The Journal of Ancient Greek Political Thought* 26 (2009), pp. 296-315.

[3] Higgins, *Xenophon the Athenian, The Problem of the Individual and the Society of the Polis*, p. 46; Due, *The Cyropaedia, Xenophon's Aims and Methods*, p. 15.

[4] Xen. *Cyr.* 1.1.6.

[5] Tatum, *Xenophon's Imperial Fiction: On* The Education of Cyrus, p. 102.

[6] Ibid., p. 146.

德，或为政治家与军事将领撰写技术指导手册。他的雄心是通过自己的社会化教育树立一套臻于完美的、苏格拉底式的道德规范。[1]因此，《居鲁士的教育》绝非为政治家量身定做的实用手册。在这部作品中，色诺芬并不关心如何课税理财、发展对外贸易、选拔与考核官吏、饲养战马和生产武器。作为一名经验丰富的将领与政治家，色诺芬当然知道处理这些事务对于现实生活中的政治统治而言是至关重要的。但这些工作与他的社会化教育关系不大，因而并未成为《居鲁士的教育》一书所关注的主题。另一方面，政治范畴之外的某些事务却是同社会教育密切相关的，如爱情与友谊的本质、社交活动中的得体规范、敬奉神明的神圣仪式，等等。这些事务对于培养民众的道德情操而言至关重要。因此，《居鲁士的教育》的主题基本涵盖了《拉栖第梦政制》的核心要点，但其关注范围又不仅局限于此。色诺芬心目中社会教育的范畴与政治领域存在着巨大的交集，同时又包含了政治之外的许多内容。

当然，这一雄心勃勃的理想并不是可以轻而易举地实现的。色诺芬在《居鲁士的教育》导言中写道：

Ἔννοιά ποθ' ἡμῖν ἐγένετο ὅσαι δημοκρατίαι κατελύθησαν ὑπὸ τῶν ἄλλως πως βουλομένων πολιτεύεσθαι μᾶλλον ἢ ἐν δημοκρατίᾳ, ὅσαι τ' αὖ μοναρχίαι, ὅσαι τε ὀλιγαρχίαι ἀνῄρηνται ἤδη ὑπὸ δήμων, καὶ ὅσοι τυραννεῖν ἐπιχειρήσαντες οἱ μὲν αὐτῶν καὶ ταχὺ πάμπαν κατελύθησαν, οἱ δὲ κἂν ὁποσονοῦν χρόνον ἄρχοντες διαγένωνται, θαυμάζονται ὡς σοφοί τε καὶ εὐτυχεῖς ἄνδρες γεγενημένοι. πολλοὺς δ' ἐδοκοῦμεν καταμεμαθηκέναι καὶ ἐν ἰδίοις οἴκοις τοὺς μὲν ἔχοντας καὶ πλείονας οἰκέτας, τοὺς δὲ καὶ πάνυ ὀλίγους, καὶ ὅμως οὐδὲ τοῖς ὀλίγοις τούτοις πάνυ τι δυναμένους χρῆσθαι πειθομένοις τοὺς δεσπότας. ἔτι δὲ πρὸς τούτοις ἐνενοοῦμεν ὅτι ἄρχοντες μέν εἰσι καὶ οἱ βουκόλοι τῶν βοῶν καὶ οἱ ἱπποφορβοὶ τῶν ἵππων, καὶ πάντες δὲ οἱ καλούμενοι νομεῖς ὧν ἂν ἐπιστατῶσι ζῴων εἰκότως ἂν ἄρχοντες τούτων νομίζοιντο· πάσας τοίνυν ταύτας τὰς ἀγέλας ἐδοκοῦμεν

---

[1] R. Seager, "Xenophon and Athenian Democratic Ideology", *The Classical Quarterly* 51 (2001), p. 391.

ὁρᾶν μᾶλλον ἐθελούσας πείθεσθαι τοῖς νομεῦσιν ἢ τοὺς ἀνθρώπους τοῖς ἄρχουσι. πορεύονταί τε γὰρ αἱ ἀγέλαι ᾗ ἂν αὐτὰς εὐθύνωσιν οἱ νομεῖς, νέμονταί τε χωρία ἐφ' ὁποῖα ἂν αὐτὰς ἐπάγωσιν, ἀπέχονταί τε ὧν ἂν αὐτὰς ἀπείργωσι· καὶ τοῖς καρποῖς τοίνυν τοῖς γιγνομένοις ἐξ αὐτῶν ἐῶσι τοὺς νομέας χρῆσθαι οὕτως ὅπως ἂν αὐτοὶ βούλωνται. ἔτι τοίνυν οὐδεμίαν πώποτε ἀγέλην ᾐσθήμεθα συστᾶσαν ἐπὶ τὸν νομέα οὔτε ὡς μὴ πείθεσθαι οὔτε ὡς μὴ ἐπιτρέπειν τῷ καρπῷ χρῆσθαι, ἀλλὰ καὶ χαλεπώτεραί εἰσιν αἱ ἀγέλαι πᾶσι τοῖς ἀλλοφύλοις ἢ τοῖς ἄρχουσί τε καὶ ὠφελουμένοις ἀπ' αὐτῶν· ἄνθρωποι δὲ ἐπ' οὐδένας μᾶλλον συνίστανται ἢ ἐπὶ τούτους οὓς ἂν αἴσθωνται ἄρχειν αὐτῶν ἐπιχειροῦντας. ὅτε μὲν δὴ ταῦτα ἐνεθυμούμεθα, οὕτως ἐγιγνώσκομεν περὶ αὐτῶν, ὡς ἀνθρώπῳ πεφυκότι πάντων τῶν ἄλλων ῥᾷον εἴη ζῴων ἢ ἀνθρώπων ἄρχειν.

我们会想到，无数民主政权曾被民众所推翻，他们宁愿生活在任何一种其他政体之下，也不愿继续在民主制中苟活；与此同时，历史上的无数君主制与寡头政权都被民众废除了。我们还会想到，无数个人在掌握绝对权力后迅速遭到罢黜；或者他们在短期掌权之后，世人便会惊异于他们如何一度被视为睿智、幸福之人。无独有偶，我们还曾看到，即便在私人家庭中，拥有大量或少数几名奴仆的人都无法在仆人面前树立自己的权威，尽管他们本是名义上的主人。此外，我们还会想到，放牛郎是牛群的主人，马夫是马匹的主人，所有的牧人都是他们负责的畜群当之无愧的主人。我们注意到，所有这些动物都比人类能够更好地服从自己的统治者。因为畜群总会跟随牧人带领的方向，在指定的地点吃草，远离主人禁止它们去的地方。更重要的是，它们还欣然准许主人通过自己获得利益。而我们从未听说哪只牲畜密谋反对牧人，拒绝服从他的指令或阻挠他获取放牧的收益。不过，当生人试图驾驭它们或从它们身上获得好处时，畜群可就不像在主人面前那么听话了。相反，人类最激烈地反对的恰恰是试图统治他们的人。因此，在进行了这样的比较后，我们会认为管理任何生物都要比管理人类来得容易。(Xen. Cyr. 1.1.1-3)

笔者认为，这两段文字明确指出了色诺芬撰写《居鲁士的教育》的基本目的。它所关注的既是道德教育，又是领导艺术。[1]古代作家将之同柏拉图的《理想国》进行比较确有一定道理，因为二者所探讨的主题存在着一定程度上的相似性。牧人的比喻同样也出现在了柏拉图的《理想国》中，尽管后者讨论的是统治的正义性，而非管理人类的难度。[2]在色诺芬眼中，统治人类的难度远过于驯服其他动物。这并非因为人类拥有比动物更大的气力，而是因为他们拥有自由意志，勇于反抗强加给他们的任何权威。因此，解决社会治理的终极手段只能是德化与哲学教育。居鲁士大帝圆满地完成了这一使命。色诺芬描述道："通过树立道德榜样，居鲁士为自己的臣子们树立了得体的宫廷行为准则。他们恭敬地对待比自己高贵的人物，彼此之间也能做到互相尊重礼让。你永远不会听到他们高声怒吼或放声大笑；仔细观察的话，你会发现他们确实在追求高贵的生活方式。"[3]在波斯臣民眼中，居鲁士大帝不只是他们的君王，而且还是他们的慈父；他是人民的造福者，而非独断专行的暴君。[4]我们看到，在全书结尾处，导言中弥漫的悲观情绪被费劳拉斯（Pheraulas）的乐观评价一扫而光：在他看来，人类乃是"所有生灵中最为优秀、最懂得知恩图报的。当人们受到他人赞美时，他们便乐于用赞美作为回报；当有人赐予他们恩惠时，他们会尽力报答自己的恩人；当他们意识到别人在善待自己时，他们也会对对方以礼相待；当他们知道有人喜爱自己时，他们也不会反感这样的人。人类还比其他生物更真诚地在父母生前死后报答他们的养育之恩，可见其他生物都不如人类懂得感恩和有情有义"。[5]要之，每个臣民拥有自己的自由意志并不是坏事，因为人类的天性是善良的和知恩图报的。重要的是统治者应懂得如何引导他们的心智进入向善、节制与虔诚的状态。这正是色诺芬虚构的居鲁士大帝的首要成就，同时也是哲学家色诺芬的社会改造理想。

---

[1] Sandridge, *Loving Humanity, Learning, and Being Honored: The Foundations of Leadership in Xenophon's* Education of Cyrus, p. 119.

[2] Pl. *Resp.* 343b-345e.

[3] Xen. *Cyr.* 8.1.33.

[4] Xen. *Cyr.* 8.2.9.

[5] Xen. *Cyr.* 8.3.49.

第四节　色诺芬笔下居鲁士大帝的历史原型

在古典文学史上，理想化君主的形象并不罕见。伊索克拉底《埃瓦格拉斯》（Evagoras）中的贤明帝王埃瓦格拉斯、索福克勒斯（Sophocles）《奥狄浦斯在科洛诺斯》（Oedipus Coloneus）中的提修斯（Theseus）以及西蒙尼德斯（Simonides）与巴库利德斯（Bacchylides）颂歌中的希耶罗（Hiero）都是高度理想化的、遵守法度的帝王形象。然而，纵观整部希腊古典时代的政治思想史，似乎只有苏格拉底的两位门徒——柏拉图和色诺芬——提出了理想的政治领袖可以凭一己之力挑起全社会道德教育重担的思想。我们看到，作为完美政治领袖的、理想化的居鲁士大帝在色诺芬的社会教育体系中扮演着决定性角色。他建立了并维系着整套教育体系；这套体系在他去世后随即走向瓦解。那么，这个独特虚构人物是否拥有自己的历史原型呢？色诺芬关于居鲁士大帝的素材究竟是来自于波斯帝国的历史档案与口头传说，还是简单剽窃了自己的"对手"柏拉图在《理想国》中塑造的哲学王形象呢？

古典学界关于《居鲁士的教育》创作年代的研究或许可以为我们提供一些相关线索。与色诺芬的大部分其他著作不同的是，《居鲁士的教育》的成书年代是可以大致确定的。绝大多数相关研究者认为，《居鲁士的教育》定稿于公元前 370—前 360 年之间，[1] 也就是创作于柏拉图《理想国》成书二十余年之后；并且古代作家们确实普遍认为两部作品的论点存在着承袭关系。[2] 因此，色诺芬有可能确实从柏拉图的《理想国》中汲取了若干灵感。然而，笔者认为，《居鲁士的教育》中居鲁士大帝的鲜活形象在一定程度上也来自于色诺芬本人的生活阅历，代表着作者对当代史与个人政治军事生涯成败得失的总结。

在其年代最早的现存作品[3]——《长征记》（Anabasis）中，色诺芬向

---

[1] Gera, *Xenophon's Cyropaedia, Style, Genre, and Literary Technique*, p. 23; J.K. Anderson, *Xenophon*, London: Duckworth, 1974, p. 2.

[2] Gell. *NA*. 14.3.1-4.

[3] Due, *The Cyropaedia, Xenophon's Aims and Methods*, p. 205.

我们介绍了亲自领导过自己的波斯王公小居鲁士的形象；正如德博拉·格拉所指出的那样，小居鲁士无疑构成了色诺芬笔下自身先祖的第一个原型。[1]色诺芬认为，小居鲁士是"自居鲁士大帝时代以来最具帝王气质、最适合统治全体波斯人的统治者"。[2]自孩提时代以来，他便在许多方面鹤立鸡群。[3]小居鲁士的侠义作风使得所有朋友对他忠心不贰。[4]他赏赐朋友时的挥金如土与色诺芬笔下的居鲁士大帝如出一辙。[5]

居鲁士的另一个原型是色诺芬《希腊史》（*Hellenica*）所提及的帖撒利（Thessaly）僭主伊阿宋（Jason of Pherae）。[6]作为《希腊史》4—6卷重点介绍的一位枭雄，伊阿宋的功业与政治手腕必然是色诺芬耳熟能详的。[7]这位僭主生前享受着巨大权力和崇高声望。[8]他身体健壮，勤于政事。[9]他同样慷慨地赏赐自己的朋友，[10]并成功地吸引仇敌自愿转变为自己的盟友。[11]他自比为波斯国王与阿格西劳斯，并认为自己更胜一筹。[12]由于盟友众多的缘故，伊阿宋成了色诺芬生活时代声名最为显赫、不容任何人小觑的风云人物。[13]正如居鲁士大帝尊重波斯神祇与玛哥僧一样，伊阿宋也对天神阿波罗极其虔诚。[14]

居鲁士大帝的第三个原型来自《长征记》中的色诺芬本人。当希腊雇佣兵的领袖们被捕，士气低落的希腊将士们被困于波斯帝国中心的危难关头，[15]色诺芬接受了神圣的梦兆，[16]决定率领同胞们突出重围。通过整饬军

---

[1] Gera, *Xenophon's Cyropaedia, Style, Genre, and Literary Technique*, p. 11.
[2] Xen. *An.* 1.9.1.
[3] Xen. *An.* 1.9.2.
[4] Xen. *An.* 1.9.20.
[5] Xen. *An.* 1.9.23.
[6] Due, *The Cyropaedia, Xenophon's Aims and Methods*, p. 186.
[7] Xen. *Hell.* 6.1.4-9; 6.4.20-37.
[8] Xen. *Hell.* 6.1.4.
[9] Xen. *Hell.* 6.1.5-6.
[10] Xen. *Hell.* 6.1.6.
[11] Xen. *Hell.* 6.1.7.
[12] Xen. *Hell.* 6.1.12.
[13] Xen. *Hell.* 6.4.28.
[14] Xen. *Hell.* 6.4.29-30.
[15] Xen. *An.* 3.1.2.
[16] Xen. *An.* 3.1.11-12.

纪、敬奉神明、[1]树立威信与鼓舞军心[2]等手段，色诺芬和其他希腊将领共同带领这支内部矛盾重重的雇佣军逃离了险境，完成了古代军事史上的一次罕见壮举。他所采用的手段同样是与居鲁士大帝十分近似的。

居鲁士的最后一位原型是色诺芬的老师苏格拉底。德博拉·格拉对此已进行过扎实且深入的研究。她指出，苏格拉底的身影在《居鲁士的教育》中是无处不在的。[3]他和色诺芬笔下的居鲁士大帝具有许多相似的人格特征；《居鲁士的教育》所记载的若干事件可能同苏格拉底的审判和临终谈话有关；[4]居鲁士与克吕珊塔斯之间的交谈与《回忆苏格拉底》中的对话甚至存在着文字上的雷同之处。[5]

要之，《居鲁士的教育》中的居鲁士形象主要来自色诺芬现实生活中的经历与见闻。与此同时，它也可能部分来自苏格拉底哲学流派传统，如柏拉图《理想国》关于哲学王的论述。《居鲁士的教育》是色诺芬老年时期对自身教育思想与人生阅历的一次总结。作为一名生于雅典、奔走漂泊于波斯、斯巴达、伊利斯（Elis）、科林斯（Corinth）等地[6]的"世界公民"，[7]色诺芬将自己一生的经验和对理想政治制度与社会教育体系的严肃思考成果写进了自己篇幅最长、分量最重的巨著——《居鲁士的教育》之中。

第五节　小结

《居鲁士的教育》在形式上颇为近似一部讨论政体问题的著作，但它的真正主题是社会教育。这种教育适用于各个年龄段的民众，涉及公共生活的方方面面。推行社会教化的中流砥柱是一位理想化的政治领袖，在《居鲁士的教育》中具体化身为历史人物居鲁士大帝，其完美形象的构成要素主要来自色诺芬本人的阅历与见闻。这种教育的终极目的在于从苏格拉底

---

[1] Xen. *An.* 3.1.38-44.
[2] Xen. *An.* 3.2.20-31.
[3] Gera, *Xenophon's Cyropaedia, Style, Genre, and Literary Technique*, p. 26.
[4] Ibid., p. 27.
[5] Ibid., p. 115.
[6] Delebecque, *Essai sur la vie de Xénophon*, p. 56.
[7] J. Ferguson, *Utopias of the Classical World*, London: Thames & Hudson, 1975, p. 56.

伦理哲学的意义上提升全社会的道德水准。

因此，尽管《居鲁士的教育》对希腊化时代的小说创作产生了重要影响，①它本身并不是色诺芬著作集中的次要作品，②或一部用于消遣娱乐的波斯传奇故事集。它的主题是宏大和严肃的，构成了色诺芬在晚年对自己人生阅历与思想成果的一次系统总结。

与柏拉图笔下略显抽象的哲学王不同，色诺芬所虚构的居鲁士大帝自始至终是一位实干家。③他在童年时代偶尔会犯下幼稚错误，但很快便通过勤奋好学与身体力行而具备了种种美德。他征服并教化了波斯帝国境内形形色色的居民；他甚至具备洞察神意的超自然能力；并且他还会在必要的场合下为达到目的而不择手段。④他的成功是以军事征服与政治集权为基础的。与此同时，这位生杀予夺的政治领袖首先是一位有血有肉、德行高洁之人。⑤他推行社会教化的终极目的是道德性的和哲学性的。⑥一切政治、经济与家庭事务的管理者都可以通过学习他的榜样而获益。⑦他提供了色诺芬《家政论》（*Oeconomicus*）中伊斯科玛库斯（Ischomachus）渴求的一整套统治艺术；他完成了小居鲁士、阿格西劳斯与伊帕密浓达（Epaminondas）等豪杰在现实生活中未能彻底完成的历史使命；⑧他的个人魅力足以感化推翻贤君统治、处死苏格拉底的冥顽暴民。一言以蔽之，居鲁士大帝式的超人"非但不会被现实压倒，还能够让整个世界改头换面"。⑨

然而，与柏拉图和其他学者提出的乌托邦式理想不同的是，色诺芬从未梦想过他所赞美的波斯教育制度与斯巴达政体可以万古长存。他从未试图回答在其生活年代之前与之后的专制制度始终未能解决的普遍性难题：当一代雄主与世长辞、暗弱之君取而代之后，当一套优秀的政治体制在成

---

① Reichel, "Xenophon's *Cyropaedia* and the Hellenistic Novel", p. 438.
② Tatum, *Xenophon's Imperial Fiction: On The Education of Cyrus*, p. 40.
③ Due, *The Cyropaedia, Xenophon's Aims and Methods*, p. 184.
④ Xen. *Cyr.* 7.5.37-40; 8.1.17-20; 8.2.10-12.
⑤ Due, *The Cyropaedia, Xenophon's Aims and Methods*, p. 19.
⑥ M. Tamiolaki, "Virtue and Leadership in Xenophon: Ideal Leaders or Ideal Losers?" in F. Hobden and C. Tuplin eds., *Xenophon: Ethical Principles and Historical Enquiry*, Leiden: Brill, 2012, p. 563.
⑦ Carlier, "The Idea of Imperial Monarchy in Xenophon's *Cyropaedia*", p. 330.
⑧ Tatum, *Xenophon's Imperial Fiction: On The Education of Cyrus*, p. 58.
⑨ Ibid..

功与荣耀中走向腐败与保守之际，伟大的帝国与完美的体制终极走向分崩离析。当色诺芬笔下的居鲁士大帝与莱库古撒手人寰之后，他们苦心经营的完美社会教化体系也会成为过眼云烟。克里斯托弗·纳顿认为，色诺芬事实上洞察到了所有古代政治生活方式的共同弱点与同时代一切现存政体的局限性。[①]认为一位生活在2000余年前的古人业已具备如此深刻思想的假说或许不无拔高之嫌。然而，无论如何，作为一位实践经验丰富的将领与政治家，色诺芬关于理想状态下波斯帝国统治艺术的思想确实具备有别于同时代其他哲学家、演说家的个人特色，值得受到当代古希腊政治思想史研究的高度重视。

---

① Nadon, *Xenophon's Prince: Republic and Empire in the* Cyropaedia, p. 164, p. 178.

第四章

色诺芬理想帝国统治模式中的权术[①]

公元前401年,色诺芬(Xenophon)心目中同时代最优秀的波斯人小居鲁士(Cyrus the Younger)为争夺波斯帝国王位发动了讨伐兄长阿塔薛西斯二世[Artaxerxes Ⅱ,原名阿尔西伽斯(Arsicas)]的远征。他在巴比伦附近遭遇敌军,在近战中因孤身突入敌阵而惨遭杀害。[②]阿塔薛西斯的部下残忍地割下了小居鲁士尸体上的头颅和右手,[③]洗劫了后者营帐中的珍宝,掳掠了他容貌出众的腓尼基侍妾。[④]随后不久,大部分追随小居鲁士的希腊雇佣兵将领也在波斯将领提萨法尼斯(Tissaphernes)伪誓的欺骗下遭到诱捕和处决。[⑤]

公元前399年,色诺芬的老师苏格拉底(Socrates)受到渎神与败坏青年罪名的指控,被雅典陪审团判处死刑。苏格拉底拒绝缴纳罚金和在朋友们协助下潜逃越狱,最终选择了从容赴死。[⑥]

公元前370年的某天,色诺芬《希腊史》(Hellenica)中有望争夺希腊世界霸权的帖撒利(Thessaly)僭主伊阿宋(Jason of Pherae)在检阅完骑兵后坐在宝座上接见全体有求于他的造访者。七个似乎发生了口角的青年佯装前来找他评理,在得以靠近伊阿宋后突然一齐拔刀将他刺死。伊阿宋

[①] 本章主体内容已先期发表于《色诺芬道德观中的权术》(《古典学评论》2018年总第4期,上海三联书店2018年版,第229—256页)一文。

[②] Xen. *An.* 1.8.27.

[③] Xen. *An.* 1.10.1.

[④] Xen. *An.* 1.10.2.

[⑤] Xen. *An.* 2.3.8.

[⑥] Xen. *Ap.* 23.

的卫队杀死了其中两名凶手，另外五人则成功逃脱。不少希腊人将这两名刺客奉为烈士，认为他们铲除了一名对希腊世界的自由构成了严重威胁的野心家。[1]

作为小居鲁士的崇拜者、苏格拉底的弟子和将伊阿宋视为一代枭雄的历史学家，色诺芬清楚了解并亲自记载了这三位英雄人物的不幸结局。与此同时，上述三人均在色诺芬道德观的叙述体系中扮演着核心角色——小居鲁士、苏格拉底与伊阿宋分别是色诺芬的《长征记》（*Anabasis*）卷1、《回忆苏格拉底》（*Memorabilia*）和《希腊史》4—6卷等历史类作品的中心人物，三者还共同构成了全面展示色诺芬心中完美政治家形象的《居鲁士的教育》（*Cyropaedia*）主人公居鲁士大帝（Cyrus the Great）的原型。根据色诺芬本人的道德观，这些杰出人物理应为他们身处的社会树立榜样，并通过贤明治理或伦理教育等手段为提升整个时代的道德水准做出自己应有的贡献。然而，这三位色诺芬心目中的正面英雄均因仇敌的暗算而未能充分实现自身的历史价值：小居鲁士在近战中不顾个人安危的勇猛致使自己身首异处，从而使得整体战局急转直下；伊阿宋遇刺则是因为他暴露无遗的称霸野心引起了希腊世界的普遍警觉与反感；即便纯洁无瑕的贤哲苏格拉底同样难逃政治与意识形态迫害的魔爪。那么，在如此复杂险恶的历史情境下，承载着色诺芬道德理想的帝国统治者如何能够确保自己的人身安全，并进而取得令人瞩目的政治业绩呢？这是在其史学著作中频繁进行道德说教、宣扬自身道德教育理想的史家色诺芬无法回避的一个尖锐话题。

诚然，色诺芬从未在现存著作中明确提出并集中讨论过这一问题。然而，笔者认为，我们是可以从散布于色诺芬作品各处的历史叙述中概括出色诺芬本人对此给出的答案的。他的观点隐含在对其笔下理想政治领袖运用权术行为的一系列描述与暗示中。

---

[1] Xen. *Hell.* 6.4.31-32.

第一节 色诺芬历史叙述体系中对正面领袖形象的"抹黑"

一 争议缘起：《居鲁士的教育》卷7—8中的"抹黑"问题

西方古典学界对色诺芬历史叙述体系中"抹黑"问题的关注主要源于若干学者近年来对《居鲁士的教育》一书（尤其是其中充满争议、一度被目为伪作的第8卷第8章）所进行的深入研究。德博拉·格拉（Deborah Gera）对该问题的阐释颇具代表性：

> 然而，如果我们仔细通读一下这部著作（《居鲁士的教育》）的其余结尾部分（7.5—8.7）的话，我们就会发现，在进行第8卷第8章的批判之前，色诺芬早已向读者们指出，居鲁士大帝并非一位永远遵循理想道德原则的统治者，而他所建立的政权也不可能是完美无缺的。当居鲁士大帝在征服巴比伦后开始着手建立帝国及其行政体系时，我们已很难继续将这位波斯君主视为可敬的英雄了：在他起初信奉的道德理想与他成为巴比伦统治者后的观念举止间存在着一道无法逾越的鸿沟。[1]

格拉指出，色诺芬对居鲁士大帝的描述确实包含着一定的负面元素；它们在居鲁士征服巴比伦之后马上变得清晰可辨。[2] 对于一部传统上被视为以完美政体与完美政治领袖为主题的著作而言，这一充满颠覆性的观点当然会得到色诺芬研究者们的关注。迄今为止，古典学界对这一问题的解释大体上可以分别归入以下两大类别。

第一种观点认为，《居鲁士的教育》在本质上是一部对波斯政体进行明褒暗贬的讽刺性著作。大卫·约翰逊（David M. Johnson）和克里斯托弗·惠登（Christopher Whidden）是持这一观点的代表性人物。大卫·约

---

[1] D. Gera, *Xenophon's Cyropaedia, Style, Genre, and Literary Technique*, Oxford: Clarendon Press, 1993, p. 286.

[2] Ibid..

翰逊写道:"只要剥开裹在该书外面的薄薄一层波斯元素外壳(Tuplin 1990),并将《居鲁士的教育》视为一部以帝国而非波斯为主题的作品,我们就不会再因色诺芬对帝国持批判态度而感到惊讶了。"[1]克里斯托弗·惠登进一步发展了约翰逊的观点,声称"色诺芬的《居鲁士的教育》是一部讽刺性著作,其作者对帝国明确持怀疑与否定态度"。[2]然而,约翰逊与惠登的观点缺乏有力的史料支持。并且他们的基本前提——身为雅典公民的色诺芬必然对帝国持批判态度——带有先入为主的色彩,很可能并不符合历史事实。事实上,在全部现存著作中,色诺芬对鼎盛时期的波斯与斯巴达政体始终持肯定态度(尽管他相信二者在晚近的发展历程中均已走向衰落),并且他的政治立场在某些方面也体现出了反民主的特色。可见,将色诺芬的《居鲁士的教育》视为讽刺性作品的观点带有过度简单化和想当然的色彩。

第二种观点认为,色诺芬意识到了伦理学意义上的纯粹道德准则在现实政治生活中有时是苍白无力的。因此,色诺芬对居鲁士大帝的负面描写完全是可以理解的——即便在最理想的状态下,政治也是不可能完全合乎道德准则的。[3]克里斯托弗·纳顿(Christopher Nadon)认为,色诺芬所批判的并非居鲁士大帝或帝国政体,而是一切政治生活所共有的原罪。[4]因此,《居鲁士的教育》全书"构成了对古典世界政治生活的整体批判"。[5]皮埃尔·卡利尔(Pierre Carlier)也解释道,在色诺芬的思想体系中,仁政与独裁在治理庞大帝国的过程中都是必不可少的手段。[6]

在概述这些争论时,维维恩·格雷(Vivienne Gray)将它们统称

---

[1] D. Johnson, "Persians as Centaurs in Xenophon's 'Cyropaedia'", *Transactions of the American Philological Association* 135 (2005), p. 203.

[2] C. Whidden, "The Account of Persia and Cyrus's Persian Education in Xenophon's *Cyropaedia*", *The Review of Politics* 69 (2007), p. 540.

[3] N. Sandridge, *Loving Humanity, Learning and Being Honored: The Foundations of Leadership in Xenophon's* Education of Cyrus, Cambridge MA & London: Center for Hellenic Studies, 2012, p. 8.

[4] C. Nadon, *Xenophon's Prince: Republic and Empire in the* Cyropaedia, Los Angeles & London: University of California Press, 2001, p. 164.

[5] Nadon, *Xenophon's Prince: Republic and Empire in the* Cyropaedia, p. 178.

[6] P. Carlier, "The Idea of Imperial Monarchy in Xenophon's *Cyropaedia*", in V. Gray ed., *Xenophon*, Oxford: Oxford University Press, 2010, pp. 296-297.

为现代学者对色诺芬关于政治权力叙述模式的"抹黑式"解读（dark readings）。[①]笔者认为，纳顿和卡利尔所代表的解释模式无疑是更加合理与接近史实的；但他们的论点尚不完备，因为两位研究者都未对色诺芬的全部现存著作进行整体分析。事实上，当代古典学界的"抹黑式"解读只是一种表象，其背后的实质性问题则同色诺芬笔下理想政治家所使用的"权术"密切相关。[②]这种权术绝非居鲁士大帝的专利，而是色诺芬历史叙述体系中几乎所有优秀政治家共同具备的基本生存技能。

二 严格的社会管控与对公民个人自由的束缚

色诺芬关于社会控制的一段代表性言论出现在其《居鲁士的教育》一书中。使用这套权术的书中角色恰恰是其笔下的"理想"政治领袖——居鲁士大帝：

> 我们还发现他（居鲁士大帝）通过馈赠钱财和分配荣誉的手段收买了"国王的耳目（οἱ βασιλέως ... ὀφθαλοί καὶ τὰ βασιλέως ὦτα）"。通过慷慨犒赏向自己提供有利情报的告密者的做法，他培植了许多专职刺探对国王有用情报的眼线。这种做法所导致的结果自然是国王拥有了众多耳目。但认为国王指定某人担任"眼线"的看法其实是错误的。因为一个人能够看到和听到的东西毕竟有限，其信息量是不足以引起他人的充分重视的。况且如果民众知道谁是眼线的话，他们必然会注意对这个人心存戒备。但居鲁士大帝的做法并非如此，因为这位国王会认真听取任何一位声称自己风闻或窥见某种风吹草动的告密者的汇报。因此人们认为国王拥有众多耳目。并且他们在任何场合下都会留心不对国王品头论足，仿佛波斯国王本人正在监听；他们也不会在任何场合下做出冒犯国王的举动，好像国王本人

[①] V. Gray, *Xenophon's Mirror of Princes, Reading the Reflections*, Oxford: Oxford University Press, 2011, pp. 54-62.

[②] 对于学术研究而言，"抹黑"与"权术"等概念无疑带有一定程度的主观性与时代性，其具体所指是因时因地因人而异的，取决于判断者所依据的伦理道德规范体系。本章的分析重点探讨当代社会伦理准则与作为色诺芬本人教育文化背景的古典时代雅典知识精英伦理观念的交集，即在公元前5—前4世纪的雅典知识精英语境下和当代民主与法制评价标准中都会被普遍视为"权术"的非道德政治手段。

在场一样。因此，波斯臣民不会向任何人乱讲贬损居鲁士的话；并且他们还会随时规范自己的举止，相信自己的一举一动都在国王耳目的监视之下。[1]

正如皮埃尔·卡利耶（Pierre Carlier）所指出的那样，居鲁士大帝所采用的乃是"传统的僭主统治手段"。[2]它当然不是民主式的；即便相对温和的君主制也无必要通过如此严密的体系去侵犯臣民的隐私。但最令读者感到惊骇的则是此类国王眼线的无处不在与不可胜计。在成功地建立起这种制度的社会中，臣民的一切隐私都将不复存在。君主可以凭借自己的独断意志调查并干预社会的方方面面。毋庸置疑的是，在原文语境下，色诺芬相信这套由睿智、贤明君主操纵的体系在提升社会生活道德水准方面是行之有效的。但它对民众自由乃至人身安全的威胁必然是十分巨大的；恐怕多数生活在社会控制并不十分严密的民主制、贵族制甚至僭主制度统治下的希腊读者们都不会毫无保留地将色诺芬所描述的这种君主统治权术视为一种光明正大的社会治理手段。

居鲁士大帝还会利用身边的宦官进行类似的严格社会管控。在波斯宫廷生活中，宦官的基本职责之一便是代表国王对其家庭生活进行家长式的专制管理。亲自参与过小居鲁士远征的色诺芬无疑对此心知肚明；但尽管明知宦官制度在多数希腊读者的眼中必然是怪异的和野蛮的，色诺芬仍然在向希腊读者介绍居鲁士时代波斯宫廷制度的段落中对这种东方制度赞誉有加。[3]要之，色诺芬笔下的居鲁士大帝社会治理模式其实是相当阴森可怖的：宫廷内王室成员的举手投足无不受到宦官们的密切监视；宫墙外的民众则将彼此视为国王的耳目而加以小心提防。这样一套人人自危的社会秩序在现代与古希腊读者们眼中都不会是和谐完美的。

然而，笔者认为，居鲁士大帝并不是色诺芬现存著作中唯一一位通过牺牲民众个人自由来实现其社会治理理想的正面英雄。贤明的斯巴达立法者莱库古（Lycurgus）也做过类似的事情。色诺芬在其《拉栖第梦政制》

---

[1] Xen. *Cyr.* 8.2.10-12.
[2] Carlier, "The Idea of Imperial Monarchy in Xenophon's *Cyropaedia*", p. 357.
[3] Gera, *Xenophon's Cyropaedia, Style, Genre, and Literary Technique*, p. 288.

（*Respublica Lacedaemoniorum*）中写道：

ὅπως δὲ μηδ' εἰ ὁ παιδονόμος ἀπέλθοι, ἔρημοί ποτε οἱ παῖδες εἶεν ἄρχοντος, ἐποίησε τὸν ἀεὶ παρόντα τῶν πολιτῶν κύριον εἶναι καὶ ἐπιτάττειν τοῖς παισὶν ὅ τι [ἂν] ἀγαθὸν δοκοίη εἶναι, καὶ κολάζειν, εἴ τι ἁμαρτάνοιεν. τοῦτο δὲ ποιήσας διέπραξε καὶ αἰδημονεστέρους εἶναι τοὺς παῖδας· οὐδὲν γὰρ οὕτως αἰδοῦνται οὔτε παῖδες οὔτε ἄνδρες ὡς τοὺς ἄρχοντας. ὡς δὲ καὶ εἴ ποτε μηδεὶς τύχοι ἀνὴρ παρών, μηδ' ὣς ἔρημοι οἱ παῖδες ἄρχοντος εἶεν, ἔθηκε τῆς ἴλης ἑκάστης τὸν τορώτατον τῶν εἰρένων ἄρχειν· ὥστε οὐδέποτε ἐκεῖ οἱ παῖδες ἔρημοι ἄρχοντός εἰσι.

斯巴达男孩们是永远不会没有管理者的。当教育督导因故离开时，他会将手中的权力托付给碰巧在场的任何一位成年公民，委托他去命令儿童们做适合自己身份的事情，惩戒他们的不端行为。莱库古通过这种方式使得斯巴达男孩们学会了毕恭毕敬，因为儿童和成年人都会尊重那些拥有权威的人。为了确保男孩们随时有人监督，即便在没有任何成年人在场的情况下，每组中最聪明的男孩也会被指定临时担任教育督导。这样一来，他们就无时无刻不处于监督管理之下了。（Xen. *Lac*. 2.10-11）

我们如今已很难考证，色诺芬的这段记载究竟是另有所本，还是出自作者本人的构想与设计。但显而易见的是，色诺芬是欣赏和赞成这种做法的。在他心目中，为了取得良好的社会治理效果，最有效的手段之一就是要将民众置于从生到死、无处不在的监督之下。[①]因此，色诺芬作品中的理想政治家会毫不妥协地执行这一社会管控方案，尽管它意味着公民或臣民的个人自由和隐私必然要受到凌犯。如果我们将这些材料同色诺芬的《长征记》（*Anabasis*）进行比照的话，我们会发现，这种做法正是色诺芬本人

---

① 在《拉栖第梦政制》中，社会管理的主要对象为儿童（παίς）和青年（εἴρην）。但色诺芬也在这部作品中介绍了相当多的适用于各年龄段公民的道德与社会规范。而在其有机会更为自由地设计理想社会治理模式蓝图的《居鲁士的教育》一书中，色诺芬明确提出了一种与斯巴达模式十分相似的、对臣民从生到死进行严格管理的社会监督体系。

在万人远征中担任将领时所使用过的。他在战略撤退开始之际向士兵们建议道:"我们必须投票通过这样一条决议:一旦发现有人违反了军令,所有在场的人都要跟将领们一道对他进行相应惩罚。这样一来敌人们便会发现自己的诡计只是一厢情愿:我们不是只有克勒亚库斯(Clearchus)一位将领,而是拥有一万名将领,他们不会容许任何一名部下得过且过。"①

要之,色诺芬三部不同著作中的理想政治领袖(《居鲁士的教育》中的居鲁士大帝、《拉栖第梦政制》中的莱库古和《长征记》中的色诺芬本人)都采用了发动臣民(或公民、士卒)进行彼此监督,限制民众自由与隐私的做法。一方面,在色诺芬的理想政治体制下,完美政治家是通过自己的个人魅力(charisma)和道德垂范来赢取民意的;②但在实践中,他所推崇的统治艺术在终极意义上是专制独裁的和以暴力为支撑的。③更重要的是,在色诺芬的语境下,在以维系与改善社会秩序为目的的基本前提下,几乎一切限制民众自由的手段都是可以得到容忍的。色诺芬不同著作中贯穿的相似道德评判标准表明,他对居鲁士大帝攻占巴比伦后统治手段的"抹黑式"描述其实并不是一个孤立现象;它暗示了隐藏在色诺芬道德观背后的某种深层次伦理评价准则。

三 滥用赏赐与践踏人格尊严

在色诺芬著作《居鲁士的教育》和《希耶罗》(Hiero)的语境下,合理的物质奖励是贤明政治领袖借以进行道德引导的重要手段。在其研究《居鲁士的教育》的专著中,博迪尔·迪尤(Bodil Due)认识到,这种政治管理模式是同色诺芬曾生活于其中的雅典民主伦理观念不兼容的。④在色诺芬的政治学说阐释体系中,慷慨的赏赐可以为居鲁士大帝赢得臣民的爱戴,从而使得政治治理变得简便易行。⑤然而,色诺芬笔下原本被树立为正面形

---

① Xen. *An.* 3.2.31.
② Xen. *Cyr.* 4.4.8; 5.1.24-25; 5.1.27. Xen. *Hier.* 11.7-15.
③ J. Ferguson, *Utopias of the Classical World*, London: Thames and Hudson, 1975, p. 56.
④ B. Due, *The Cyropaedia, Xenophon's Aims and Methods*, Aarhus and Copenhagen: Aarhus University Press, 1989, p. 215.
⑤ Due, *The Cyropaedia, Xenophon's Aims and Methods*, p. 217.

象的贤明政治领袖经常会突破"乐善好施"的应有界限,①将适度的物质奖励变为毫无原则的滥用奖赏,甚至有时不免损害当事人的基本人格尊严。

在《居鲁士的教育》中,半虚构的人物②居鲁士大帝仿佛拥有取之不尽的财富来源。但对于色诺芬传记、史著中的其他历史人物而言,他们积累赏金的手段往往更为复杂,有时并不合乎道德标准。在色诺芬所记载的军事征服活动中,"犒赏"士卒的最常见手段是纵容甚至帮助他们去放手劫掠。色诺芬赞扬阿格西劳斯(Agesilaus)帮助士兵以高价兜售战利品的做法。他还指出,阿格西劳斯之所以被视为一名优秀将领,是因为"叛徒们一旦得知在哪里可以劫掠财物,就会前去报告波斯国王;阿格西劳斯便命令自己的朋友们必须留心抓捕这样的人,以便让自己既能赚到钱财,又能博取声望。通过这样的手段,阿格西劳斯很快就拥有了一大批渴望同自己交朋友的人"。③显而易见的是,在色诺芬所描述的军事生活中,即便德行卓著的将领也需要通过纵容士兵劫掠仇敌与无辜民众的财物来换取他们的服从与友谊。至少按照现代社会的战争伦理观念来看,这类犒赏方式并不总是光明正大的和无可指摘的。但色诺芬却在其散文体纪念性颂词中将悼念对象阿格西劳斯的类似做法视为光荣事迹而加以宣扬。

与阿格西劳斯相比,《长征记》卷1的另一位英雄小居鲁士的做法可谓有过之而无不及。当小居鲁士离开弗吕吉亚(Phrygia)地区时,他以吕考尼亚(Lycaonia)为敌方领土为借口,将之留给希腊雇佣兵去进行肆意劫掠。④但在手头拮据的情况下,这位在色诺芬眼中具备雄才大略的波斯王位角逐者还会采用更加出格的手段。色诺芬在《长征记》中暗示道,小居鲁士一度困窘到必须依赖自己同奇里乞亚(Cilicia)女王埃普亚克萨(Epyaxa)的暧昧关系才能支付部下薪饷。⑤但他在此后行军经过奇里乞亚时并未有效地约束自己的士卒,而是放任部下洗劫了塔尔苏斯城

---

① V. Azoulay, "Exchange as Entrapment: Mercenary Xenophon?" in R. Lane Fox ed., *The Long March, Xenophon and the Ten Thousand*, New Haven & London: Yale University Press, 2004, p. 149.
② Cic. *QFr.* 1.1.23.
③ Xen. *Ages.* 1.17-19.
④ Xen. *An.* 1.2.19.
⑤ Xen. *An.* 1.2.11-12.

（Tarsus）与女王居住的宫殿。①而小居鲁士对于这种忘恩负义的"犒赏"行为并不介意。

令研究古希腊军事伦理准则的普里切特（W. Kendrick Pritchett）倍感诧异的是，②色诺芬著作中光彩照人的英雄居鲁士大帝也遵循着同样的伦理标准。他在对部下发表的演说中声称："你们不要认为手头的这些战利品并不属于自己所有。因为当一座城市在战争中被攻陷时，那里的人口与财富便听凭征服者支配——这是通行于一切时代与各个民族中的基本法则。因此，你们保留战利品本与公正问题无关；倘若你们给被征服者留下了一点东西的话，那也是出于你们不愿攫取过度的仁慈之心。"③要之，在色诺芬的语境下，劫掠战利品几乎永远是一种得到准许的手段，同时也是他笔下的英雄人物犒赏部下的重要财富来源。

按照色诺芬的道德观，优秀政治军事将领们赏赐下属的最终目的在于引导臣民树立良好的社会道德规范。④然而，在某些情况下，这种恩惠事实上构成了对接受赏赐者人格尊严的冒犯。例如，在《家政论》(Oeconomicus)中，伊斯科玛库斯（Ischomachus）向苏格拉底解释道，自己犒赏仆从的理由在于，这些人的本性同牛马等牲畜并无差异。换言之，对于某些"卑贱粗俗者"（主要为奴隶，但范围并不仅限于此）而言，主人赏赐的目的仅仅在于填饱他们的肚子，换取他们的顺从和剥夺他们的理性思考能力与主观能动性。伊斯科玛库斯露骨地宣称：

> 对于自由人（ἄνθρωπος）而言，我们是有可能仅仅通过谈话和晓以利害而说服他们顺从自己的。但对于奴隶（δοῦλος）来说，训练牲畜的办法才是真正适宜教会他们如何顺从的。只要你通过填饱肚子的方式满足他们的愿望，他们就可以充分为你所用。⑤

---

① Xen. *An.* 1.2.25-27.

② W. Pritchett, *Ancient Greek Military Practices*, Part I, Berkeley & Los Angeles & London: University of California Press, 1971, p. 57.

③ Xen. *Cyr.* 7.5.73.

④ Xen. *Cyr.* 7.5.86, 8.1.1, 8.2.10-12; Xen. *Lac.* 2.10-11.

⑤ Xen. *Oec.* 13.6-12.

当然，伊斯科玛库斯本人并不认为这种管理奴隶的方式是值得炫耀的；因为他声称这套手段是"极其粗糙（φαύλος πάνυ）"的。[1]结合上下文语境进行分析，我们可以看到，这种管理方式的问题不仅仅是过于简单而已。根据当时通行的雅典伦理标准来看，这种利诱的做法其实是有失高贵公民身份的，因此伊斯科玛库斯才会羞于介绍自己的劳动管理经验。然而，对话中的苏格拉底和作者色诺芬本人却相信这种行为是值得提倡的。色诺芬笔下的苏格拉底对此评论道：

οὐ μὲν δὴ ἄξιόν γ', ἔφην ἐγώ, τὸ πρᾶγμα καταγέλωτος, ὦ Ἰσχόμαχε. ὅστις γάρ τοι ἀρχικοὺς ἀνθρώπων δύναται ποιεῖν, δῆλον ὅτι οὗτος καὶ δεσποτικοὺς ἀνθρώπων δύναται διδάσκειν, ὅστις δὲ δεσποτικοὺς δύναται ποιεῖν, καὶ βασιλικούς. ὥστε οὐ καταγέλωτός μοι δοκεῖ ἄξιος εἶναι ἀλλ' ἐπαίνου μεγάλου ὁ τοῦτο δυνάμενος ποιεῖν.

伊斯科玛库斯啊，我认为这当然不是什么值得笑话的事情。因为能够教会别人如何进行妥善治理的人显然能教会别人如何做一名好主人；如果他能使人成为好主人，他就显然能够使人成为贤明的君王。因此，在我看来，拥有这种能力的人非但不应受到哂笑，反而应当得到高度赞扬。[2]

可见，在色诺芬眼中，无论多么简单粗暴的统治手段，只要它能够顺利实施并产生积极效果，就一定是有价值的和值得肯定的。伊斯科玛库斯对待奴隶态度的正当性基于这种管理方式可以带来家庭生活中的良好秩序与富足局面这一客观事实。与此相似，在《居鲁士的教育》一书中，居鲁士大帝也是采用同样的方式去对待自己的仆役的。色诺芬记载道：

οὓς δ' αὖ κατεσκεύαζεν εἰς τὸ δουλεύειν, τούτους οὔτε μελετᾶν τῶν ἐλευθερίων πόνων οὐδένα παρώρμα οὔθ' ὅπλα κεκτῆσθαι ἐπέτρεπεν·

---

[1] Xen. *Oec.* 13.4.

[2] Xen. *Oec.* 13.5.

ἐπεμελεῖτο δὲ ὅπως μήτε ἄσιτοι μήτε ἄποτοί ποτε ἔσοιντο ἐλευθερίων ἕνεκα μελετημάτων.

　　另一方面，居鲁士大帝并不鼓励自己训练的奴隶效仿自由人的举止，也不准许他们随身携带武器。但他会注意不让那些服侍自由人的奴隶忍受任何饥渴之苦。①

　　事实上，通过这些赏赐手段，居鲁士大帝希望能够从奴隶那里获得狗对主人的忠诚感。在狩猎活动期间，跟随居鲁士的自由人必须自始至终忍饥挨饿；但居鲁士却为奴隶准备了充足食物，从而为自己赢得了"父亲（πατήρ）"的尊称。但正如格拉所质问的那样，否认奴隶制正当性的现代读者们真的会景仰这样一位无视人性尊严的"慈父"和他隐藏在慷慨赏赐背后的真实动机吗？②

　　值得注意的是，另外一些证据清晰地表明，根据色诺芬的伦理观念，这种收买式的犒赏在某些场合中也是适用于雇佣兵首领等自由人的。色诺芬本人推崇备至的杰出领袖小居鲁士便深谙此道。为了说服克勒亚库斯帮助自己欺骗被蒙在鼓里的希腊雇佣兵们，小居鲁士单独向他馈赠了10000达里克（Daric）金币。③而当买侬（Menon）为犹疑未定的希腊雇佣军树立榜样，率先领兵渡过幼发拉底河（Euphrates）后，相传小居鲁士秘密地给他送去了丰厚的礼品。④当希腊人最终明白了小居鲁士的真实意图，拒绝继续前进时，小居鲁士再次向他们分发了赏赐，⑤并特别收买萨摩斯岛（Samos）被流放者高利特斯（Gaulites）向其他希腊人提供了许多空洞许诺，⑥从而暂时稳定了军心。在本质上，这些举动都可被视为贿赂行为，其直接目的在于收买希腊雇佣军首领进行互相欺骗，从而维护小居鲁士本

---

① Xen. *Cyr.* 8.1.43.
② Xen. *Cyr.* 8.1.44; Gera, *Xenophon's Cyropaedia, Style, Genre, and Literary Technique*, p. 295. 柯贝特（Cobet）等色诺芬文本的校订者认为 *Cyr.* 8.1.44 中对于理解作者意图至关重要的末尾分句 "ὅπως ἀναμφιλόγως ἀεὶ ἀνδράποδα διατελοῖεν（以便他们能够永远心甘情愿地忍受奴役）"应被删除。但迄今为止，学术界尚未发现支持这一处理方式的明确手稿与文本证据。
③ Xen. *An.* 1.3.3.
④ Xen. *An.* 1.4.16-17.
⑤ Xen. *An.* 1.4.11-13.
⑥ Xen. *An.* 1.7.5-8.

人的一己私利。这种"犒赏"似乎同色诺芬在《居鲁士的教育》[①]和《希耶罗》[②]等著作中所描述的理想政治统治模式存在着天壤之别。

要之,尽管赏赐手段构成了色诺芬笔下理想政治领袖团结追随者、树立道德规范的重要手段,它在实践过程中也包含着两种十分明显的负面色彩。首先,在军事行动中获取犒赏士卒财富的手段往往是非法的、暴力的和肮脏的,很难同色诺芬在其他语境下[如《居鲁士的教育》开篇处[③]与《论狩猎》(Cynegeticus)的结尾部分[④]]阐释的道德论抽象原则彼此兼容。其次,色诺芬的伦理观念似乎依照天生的道德素质将人隐性地划分为"尊贵的"和"卑贱的"两大类别(其精确界限在色诺芬现存著作中并不统一)。卑贱者由怠惰慵懒的奴隶和不肯安分的暴民构成。管理这些"卑贱者"的唯一可行办法是像对待牲畜一样填饱他们的肚子,或使用蝇头小利对他们进行收买。在这样做的过程中,色诺芬心目中的理想政治领袖事实上侵犯了现代与古希腊伦理价值观所共同承认的基本人格尊严。

四 维护个人统治权威的欺诈与高压手段

在色诺芬的现存作品中,欺骗朋友甚至敌人的行为通常会被视为一种严重的道德过失。[⑤]然而,在特定场合下,欺诈手段也可以得到色诺芬道德尺度的容忍,甚至被视为适宜杰出政治领袖采用的统治艺术。

作为一部旨在劝说君王放弃僭主统治手段、实行宽仁王政的修辞学对话,[⑥]色诺芬著作《希耶罗》中的一段文字让我们惊讶地意识到,在某些特定方面,色诺芬所说的"王政"与"僭政"或许并不存在泾渭分明的本质差异。

在对话结尾处,僭主希耶罗向诗人西蒙尼德斯(Simonides)抱怨道,

---

① Xen. *Cyr.* 8.2.14.
② Xen. *Hier.* 11.13-15.
③ Xen. *Cyr.* 1.1.1-6.
④ Xen. *Cyn.* 12.19-13.18.
⑤ Xen. *An.* 5.7.5-11; *Symp.* 4.10; *Ages.* 1.11-13; P. Krentz, "Deception in Archaic and Classical Greek Warfare", in H. Wees ed., *War and Violence in Ancient Greece*, London: Duckworth and the Classical Press of Wales, 2000, p. 169.
⑥ L. Strauss, *On Tyranny*, revised and enlarged, New York: Free Press of Glencoe, 1963, p. 40.

僭主很难避免遭到臣民的憎恨，因为他必须承担大量责任，做出许多必然会引发争议的决策。①西蒙尼德斯针对这个问题回答说：

> 希耶罗啊，我不否认这一问题确实是值得重视的。但我认为，统治者的工作可分为两类，其中一种必然会让他不得民心，另一类则会使得民众对他感激涕零。引导民众向善、并对成就卓著者进行表彰的行为必然会使君主得到民众的爱戴。而宣布禁令、实行高压、对行为不端者进行惩戒的做法则必然会在一定程度上引起反感。因此，在我看来，伟大的统治者应当指定他人去承担惩恶的任务，而将扬善的特权保留给自己。②

希耶罗接下来向西蒙尼德斯问道："那么雇佣兵卫队呢？你能告诉我如何能够做到使用雇佣兵卫队而不引起民众反感吗？或许你认为统治者一旦赢得了民心，他们就不再需要卫队了吗？"③西蒙尼德斯对此回答说："当然并非如此。要知道民众就像马匹一样：他们所得越多，就越有可能变得桀骜不驯。约束民众的方式正是将对武装卫队的恐惧根植到他们心里。而对于正人君子（καλοὶ κἀγαθοί）而言，雇佣兵卫队或许正是保护他们利益的最佳手段。"④

我们在上面两段文字中看到了一幅略带讽刺意味的场景：一方面，西蒙尼德斯劝诫希耶罗的主旨是希望他放弃僭主统治手段，实行"王政"；另一方面，这种所谓的"王政"仍旧是以典型的僭主统治权术——阴谋诡计与暴力镇压为基础的。⑤不过，色诺芬的本意显然不是进行戏谑或嘲讽。在他心目中，诈术和铁腕都是优秀领导者不可或缺的统治手段。他要将荣耀和赞美保留给自己，而强迫其下属分担其头上的骂名。他还要使用暴力去约束桀骜不驯的暴民，保护尊奉温良恭俭让原则的君子。色诺芬所塑造的

---

① Xen. *Hier.* 8.8-10.
② Xen. *Hier.* 9.1-3.
③ Xen. *Hier.* 10.1.
④ Xen. *Hier.* 10.2-4.
⑤ E. Baragwanath, "The Wonder of Freedom: Xenophon on Slavery", in F. Hobden and C. Tuplin eds., *Xenophon: Ethical Principles and Historical Enquiry*, Leiden: Brill, 2012, p. 659.

理想君主形象并不是现代通行道德评判标准中的完美英雄;即便按照古典时代知识精英所信奉的伦理标准来看,他们的一些出格行为也是难以容忍的。尽管色诺芬著作中的某些角色(如《居鲁士的教育》中孩提时代的居鲁士①和《家政论》中的伊斯科玛库斯②)曾对此类行为的正当性提出过质疑,但色诺芬却无一例外地在紧接其后的段落里借其他角色之口指出,这些手段在现实生活中是不可或缺的。③在他悼念阿格西劳斯逝世的颂词中,色诺芬公开赞美了死者的欺诈技巧:

> 至于敌人,尽管他们无疑会痛恨此人,但阿格西劳斯却并不给他们小觑自己的机会。因为他永远能让自己的盟友在同这些人作战时占得上风,在时机成熟时使用诡计,在需要速度时抢占先机,在必要的时刻神不知鬼不觉地销声匿迹——总之,阿格西劳斯会用跟对待自己朋友们完全相反的手段来收拾自己的敌人。对他而言,黑夜就是白昼,天明则是夜晚;因为他经常把自己隐藏起来,让敌人无从判断他在哪里、做什么和打算做什么。他能使敌人的铜墙铁壁显得如同不设防一般,佯攻第一个要塞,绕过第二个,再奇袭攻陷第三个。④

色诺芬笔下的波斯统治者更为频繁地使用着诈术与暴力。居鲁士大帝的父亲冈比西斯(Cambyses the Elder)教导他说,干练的军事将领必须"工于心计、狡诈多端,拥有扒手与强盗的本领,在各种诈术的运用方面胜过自己的对手"。⑤具备这种素质的君王同时又可以是"世界上最为正直守法的人"。⑥正如赫斯克(John Hesk)指出的那样,冈比西斯用来教导居鲁士的这些军事诡计是无法同现代的道德标准与教育理念兼容的。⑦但居鲁士大

---

① Xen. *Cyr.* 1.6.27.
② Xen. *Oec.* 13.4.
③ Xen. *Cyr.* 1.6.27; Xen. *Oec.* 13.5.
④ Xen. *Ages.* 6.5-6.
⑤ Xen. *Cyr.* 1.6.27.
⑥ Xen. *Cyr.* 1.6.27.
⑦ J. Hesk, *Deception and Democracy in Classical Athens*, Cambridge: Cambridge University Press, 2000, p. 129.

帝全盘接受了这些建议，并在日后的戎马征程与和平年代治理中频繁地使用着欺诈与暴力手段。例如，为了鼓励臣子们参与宫廷议事，居鲁士会故意寻找借口没收不愿经常面见国王的臣子们的财富，并且从不向他们分配任何利益；而将易于完成的、有利可图的差事交给围绕自己左右的近臣。[①]他在公开场合故意表现得淡泊名利、与世无争，暗地里却怂恿朋友们拥立自己当上了波斯国王；他还有意减少自己在公共场合抛头露面的次数，以便使得自己对实际政治权力的牢牢把持尽量不引起民众的忌恨。[②]格拉指出，"在这位波斯统治者眼中，君主仅仅成为臣民的榜样是远远不够的；他们还必须迷惑治下的民众——国王运用的诈术正是确保朝廷得到民心支持的手段之一"。[③]在格拉看来，居鲁士大帝的统治手腕正是近现代政治斗争中"胡萝卜加大棒（carrot and stick）"[④]与"分而治之（divide and conquer）"[⑤]等权术的先驱。丹齐希（Gabriel Danzig）也注意到，《居鲁士的教育》中主角英雄居鲁士大帝的权威往往是依靠简单的暴力与威胁手段维系的。[⑥]

作为居鲁士大帝的后继者，小居鲁士同样精于使用诈术与暴力。在对波斯帝国发动的远征中，他成功地将自己争夺王位的真实意图一直隐瞒到大军抵达幼发拉底河（Euphrates）河畔之际。[⑦]包括色诺芬本人在内的希腊雇佣军普遍爱戴小居鲁士这位慷慨的主人和干练的将领。但他们也对精于权术的小居鲁士心存畏惧。克勒亚库斯向雇佣军同伴们指出："要记住，居鲁士在与你们为善的时候是位宝贵的朋友；但他在与你们为敌的时候则是一位凶神恶煞……我可不敢登上他赐给我们的返航船只，担心他会将我们连同战舰一道沉入海底；我也害怕他派来指引我们返乡的向导，怀疑他会把我们引到插翅难飞的绝境。"[⑧]可见，色诺芬笔下的小居鲁士是一名诡计

[①] Xen. *Cyr.* 8.1.17-20.
[②] Xen. *Cyr.* 7.5.37.
[③] Gera, *Xenophon's Cyropaedia, Style, Genre, and Literary Technique*, p. 292.
[④] Ibid., p. 293-294.
[⑤] Ibid., p. 294.
[⑥] G. Danzig, "Big Boys and Little Boys", *The Journal of Ancient Greek Political Thought* 26 (2009), p. 295.
[⑦] Xen. *An.* 1.4.11-13.
[⑧] Xen. *An.* 1.3.12-17.

多端、心狠手辣的领袖；他既能倾其所有慷慨地帮助自己的朋友，又能对背弃自己事业的叛徒毫不留情地进行残酷惩罚。一个很能说明问题的例子便是他对背叛自己的心腹奥伦塔斯（Orontas）的处置。当奥伦塔斯对自己的背叛行为供认不讳后，小居鲁士当众将他交给自己的贴身侍从阿塔帕特斯（Artapates）带走。[1]色诺芬写道："从那一刻起，再也没有人见到过奥伦塔斯或他的尸首，也没有人能说清他是如何被处死的——种种说法都只是猜测而已，并且也没有任何人见过他的坟冢。"[2]显然，这种既公开、又隐秘的处决方式不仅是为了惩罚叛徒，更是为了警示小居鲁士的其他追随者——希望他们在耳闻目睹了这场处决的种种片断后会继续为小居鲁士尽忠效力；但这次不再是由于政治领袖本人具备的美德与人格魅力，而是出于对其狡诈诡计和赤裸裸暴力的畏惧。

作为大量同时代波斯帝国事务的目击者和历史叙述者，色诺芬理应意识到，诡计与谎言在波斯政治伦理系统中的形象是极其负面的。正如赫希（Steven W. Hirsch）所指出的那样，"波斯文化语境下的欺诈与背信乃是非同小可的事件，因为'谎言'在主导阿黑门尼德王朝（Achaemenid）时期波斯文化的琐罗亚斯德宗教观念中构成了邪恶观念的核心。破坏誓言与说谎背信是在任何情况下、甚至在同敌人打交道时都不能容忍的严重罪过"。[3]可见，色诺芬对两位波斯领袖上述行为的宽容态度不可能来自波斯方面的叙述版本，而是建立在他本人的观察与判断之上的。色诺芬在叙述这些情节时自始至终使用的毫无贬义色彩的形容词[4]与平实语调[5]明白无疑地表明，他并不认为这些举动是同自己心目中的理想英雄不相称的。事实上，在《长征记》中，"色诺芬或任何其他角色都不曾指责过小居鲁士的欺诈、残暴或背信弃义"；[6]《居鲁士的教育》对居鲁士大帝的评价同样是全面肯定的。

---

[1] Xen. *An.* 1.6.5-10.

[2] Xen. *An.* 1.6.10-11.

[3] S. Hirsch, *The Friendship of the Barbarians, Xenophon and the Persian Empire*, Hanover & London: Tufts, 1985, p. 135.

[4] Hirsch, *The Friendship of the Barbarians, Xenophon and the Persian Empire*, pp. 22-23.

[5] Ibid., pp. 23-24.

[6] Ibid., p. 24.

值得注意的是，即便在《长征记》对色诺芬本人功绩所进行的、充满自我道德辩护色彩的历史叙述中，我们同样能够观察到诈术与专制手腕的运用。当色诺芬骑马指挥步兵抢占山顶要地时，西库翁（Sicyon）人索特里达斯（Soteridas）挑战了他的权威，抱怨说要求徒步登山的步兵跟上自己的命令是不公平的。反应机敏的色诺芬马上跳下马匹，拿过索特里达斯的盾牌徒步前进。正如他所预料的那样，自己的其他部下马上开始责骂和推搡索特里达斯，并恳请色诺芬重新上马带领他们全速前进。[①]利用这种表演手段，色诺芬成功地捍卫了自己的权威，并抢在敌人之前占领了具有战略意义的山顶高地。在另一个例子中，由于抵达海岸的多数将士们拒绝继续沿陆路前进，色诺芬便假意许诺他们全军即将登船出海，暗地里却联系毗邻的城镇帮助自己修缮道路，这一未雨绸缪的举措在后来的陆上行军中发挥了重要作用。[②]要之，为了终极性的正当目标而欺骗朋友的做法在《长征记》的语境下永远是合情合理的，同时也是色诺芬本人多次采用的手段。[③]

由于色诺芬自己从未在万人远征中独立担任过最高将领，他的军事统治权其实是相当有限的。然而，即便在这一背景下，我们仍可管窥到其统治手腕中的某些专断色彩。例如，当色诺芬在军事会议上的提议遭到一位名叫阿波罗尼德斯（Apollonides）的与会者反对时，色诺芬粗暴地打断了后者的发言，并毫不客气地宣称："你这个奇葩（θαυμασιώτατε）啊，你不知道用眼睛去看，也不记得用耳朵去听。"[④]最终，色诺芬将阿波罗尼德斯驱逐出会场，并使得自己关系到全军命运的正确意见得到了认可。[⑤]我们可以清晰地从诸如此类的叙述文字中看出，色诺芬不仅在现实生活中运用过诈术与高压手段，并且不以将之记录下来并公之于众为耻。因此，在色诺芬的伦理道德体系中，专制高压式的统治手段是可以得到宽容乃至赞许的；并且根据他的主张，"在虽然违背对方意愿、但有可能产生双赢后果的局面

---

① Xen. *An.* 3.4.46-49.
② Xen. *An.* 5.1.14.
③ Hesk, *Deception and Democracy in Classical Athens*, p. 135.
④ Xen. *An.* 3.1.26-27.
⑤ Xen. *An.* 3.1.31-32.

下，欺诈行为显然被视作一种正当举动"。[1]

基于上述各种材料，笔者认为，色诺芬历史道德论中"完美"政治领袖身上的"阴暗面"并非产生于作者本人的疏忽或讽刺性描写。它们反映了历史学家色诺芬的历史观与道德批判标准中的某些核心要素。这些被当代古典学家们零星发现、并错误地冠以"抹黑式叙述"标签的权术手腕具有以下四个基本特征：

第一，按照现代通行的伦理标准来看，色诺芬笔下英雄人物运用的这些"权术"侵犯了民众的自由和隐私，损害了基本的人格尊严，其中包含的诡诈与暴力元素远多于正直与美德。它们代表着希腊政治文化语境下典型的僭主专制统治方式，几乎无法得到普遍信奉自由、平等等伦理准则的现代读者们的认可。与此同时，正如居鲁士大帝和伊斯科玛库斯偶尔提出的抗议与批评所反映的那样，这套权术中的一部分极端手段也是与色诺芬生活在同一时代的希腊知识精英们难以接受的。

第二，色诺芬著作中杰出政治领袖所使用的权术兼具普遍性与含蓄性。一方面，色诺芬作品中的一切理想领袖都或多或少地使用过这套权术。另一方面，色诺芬又从未在现存文本中从伦理原则的角度明确论述过这些看似有悖于同时代道德准则的权术何以是不可或缺的，以及它们如何能够同自己道德论色彩浓厚的历史观调和起来。换言之，权术要素的存在正是色诺芬道德观体系中理论与现实层面裂痕的集中反映。

第三，在相当多的细节历史叙述场景中，权术手段的存在确实造成了色诺芬道德观中的双重标准乃至逻辑矛盾。《希耶罗》整篇对话的主旨便是说服君主抛弃僭主的种种权术而改行王政；但西蒙尼德斯的建议本身又包含了僭主权术中的若干核心要素。在《居鲁士的教育》中，色诺芬借费劳拉斯（Pheraulas）之口宣称，鉴于人性本身是知恩图报、理性向善的，任何个人都是有可能通过教育得到道德改造的；[2]但在政治实践中，居鲁士大帝却用对待牲口的方式去利用范围十分模糊的"粗俗"下人群体。事实上，

---

[1] G. Danzig, "The Best of the Achaemenids: Benevolence, Self-interest and the 'Ironic' Reading of *Cyropaedia*", in F. Hobden and C. Tuplin eds., *Xenophon: Ethical Principles and Historical Enquiry*, Leiden: Brill, 2012, p. 499.

[2] Xen. *Cyr.* 8.3.49.

在色诺芬的语境下,道德境界可塑的公民(或臣民、士卒,甚至包括勤勉尽职的奴隶①)与暴民(或兵痞和懒惰奴隶)之间的界限在理论上与实践中都是难以厘清的;但色诺芬却从未在现存著作的任何一个部分里为我们提供明确的、可操作的分类尺度,并且他个人对这些范畴的使用也存在着一定的随意性与主观性。因此,这些双重标准与逻辑矛盾不可避免地会对色诺芬道德观的统一性构成严重破坏。

第四,在色诺芬的语境下,历史上的英雄人物对各种"肮脏"权术的运用最终都是为了实现建立社会秩序、促进民众福祉或赢得战争胜利等终极意义上的积极目的。无论这些权术手段的具体操作有多么不堪入目,它们都具备巩固贤能政治领袖权威的客观积极作用。这些色诺芬心目中的英雄人物将通过军事征伐中的凯歌高奏、政治治理中的敬神保民、司法审判中的惩恶扬善而完成历史进程赋予他们的崇高使命,进而从根本上证明了其权变手段运用的正当性。《居鲁士的教育》中的这段文字清晰地反映了色诺芬的这一思路:

> 冈比西斯说:"孩子啊,凭神明起誓,你所问的这个问题(如何成为优秀军事将领)并不容易用三言两语加以解答;但我可以告诉你的是,想要达到这一境界的人必须工于心计、狡诈多端,拥有扒手与强盗的本领,在各种诈术的运用方面胜过自己的对手。"
>
> 居鲁士大笑着说:"天啊,父亲,你要求我成为的是怎样一种人!"
>
> 冈比西斯说:"我的孩子,与此同时,你也要成为世界上最为正直守法的人。"②

我们可以从这段文字中清晰地看到,色诺芬所描述的种种权术只有在服务于崇高的道德目标时才获得了自身的正当性。为了不像苏格拉底、小居鲁士和伊阿宋那样遭受我们在本章篇首所看到的那种惨死命运,阿格西劳斯、居鲁士大帝和色诺芬本人必须运用某些不可或缺的统治权术去巩固自身的权威。为了成功地进行政治统治或军事管理,仁政

---

① Xen. *Oec.* 7.41.
② Xen. *Cyr.* 1.6.27.

善举与铁血手腕是不可或缺、相辅相成的两种手段。[1]色诺芬的这种极富特色的道德观念是在特定时代的文化背景与他本人独特的人生阅历共同塑造下形成的。

第二节　色诺芬独特权术观的塑造因素

一　公元前5世纪后期至公元前4世纪期间希腊知识精英支持理性社会控制的思想倾向

作为一位生活于公元前5世纪后期至公元前4世纪前期的阿提卡作家,色诺芬具有与同时代的其他知识精英十分相似的思想特征。在一定程度上,色诺芬笔下理想政治领袖的专制特征可能受到了宣扬理性社会控制的同时代军事、政治学作品的影响。

在这一时期的军事著作中,战术家埃涅阿斯（Aeneas Tacticus）撰写的一部军事手册[2]提倡实现严格的社会控制,其理由是许多城市都会因其内部冲突而遭到陷落。这部手册的现存部分主要关注的恰恰是色诺芬盛年期间（公元前400—前360年[3]）发生的一系列军事活动,其主题则是如何有效地布置城防。这位军事作家认为,守城将领必须调拨一部分军队去专门负责监视城内居民,[4]并且承担此项任务的士兵必须是"忠诚可靠和拥护现政权的"。[5]另一方面,军事将领们则必须"密切监视那些心怀不满的公民,不可轻率地采纳他们的建议"。[6]战术家埃涅阿斯还指出,为了避免城中居民与城邦外部的流亡者们进行串通,所有进出城门的信件都要在投递前由监察官拆开审阅。[7]如果某些公民想同外交使节进行交谈的话,"必须有值得信赖的公民在场进行监督;后者在使节们逗留于城中期间必须对他们寸

---

[1] Gera, *Xenophon's Cyropaedia, Style, Genre, and Literary Technique*, pp. 296-297.

[2] 对这部作品性质与作者身份的详细讨论参见 Aineias the Tactician, *How to Survive under Siege*, D. Whitehead ed., Oxford: Clarendon Press, 1990, pp. 4-7。

[3] Members of the Illinois Greek Club ed., Aeneas Tacticus, Asclepiodotus, Onasander: *Works*, London & Cambridge MA: Harvard University Press, 1948, p. 5.

[4] Aen. Tact. 1.3.

[5] Aen. Tact. 1.5-7.

[6] Aen. Tact. 11.1.

[7] Aen. Tact. 10.5-8.

步不离"。[1]他还提醒官员们留心公民们聚集起来观看火炬比赛、赛马或其他竞技的场合,[2]因为往往会有人利用这些时机挑起暴乱。这些预防措施同色诺芬笔下居鲁士大帝与立法者莱库古对臣民与青年的监督在严格方面有过之而无不及。作为一名经验丰富的军事将领,色诺芬本人必然对类似的场景耳熟能详,甚至可能亲自阅读过类似的军事手册。因此,为军事需要而实行的社会控制手段在他眼中可能是稀松平常的,色诺芬所做的不过是将当时通行的一些军事管理手段推广到了自己笔下理想政治领袖统治艺术的各个方面而已。

在大致同时代的政治思想史作品中,柏拉图[3]和亚里士多德[4]均指出,斯巴达和克里特(Crete)所代表的、以实行严格社会控制闻名于世的政体形式得到了大多数政体研究者的推崇。伊索克拉底(Isocrates)在概述了当时的希腊世界政治局势后指出,将政治权力集中于一人之手似乎在任何地方都是最流行的做法。[5]伪色诺芬[即"老寡头(the Old Oligarch)"][6]认为雅典民主制的主要弊端之一便是社会管理过于宽松,[7]无力保护富人和贵族免遭嘲弄与损害。[8]色诺芬以斯巴达和波斯政体为蓝本建立起来的、同时运用法治与专制手段的理想社会管理模式似乎正是对这些观念与责难的共鸣和回应。

二 色诺芬独特个人阅历所塑造的二元道德观念

然而,我们必须看到,在色诺芬作品中获得正当性的权术手段并不仅仅是一种严格的社会控制形式,它还意味着在坚持道德评价标准的前提下

---

[1] Aen. Tact. 10.11.

[2] Aen. Tact. 17.1.

[3] Pl. *Resp*. 544c.

[4] Arist. *Pol*. 1269a29-36.

[5] Isoc. *Nicocles*, 23.

[6] "老寡头"小册子的创作年代传统上被置于公元前430—前420年间。但西蒙·霍恩布洛尔(Simon Hornblower)认为他可能是色诺芬的同时代人。详细讨论见 S. Hornblower, "The *Old Oligarch* (Pseudo-Xenophon's *Athenaion Politeia*) and Thucydides, A Fourth-Century Date for the *Old Oligarch*?" in P. Flensted-Jensen, M. Hansen, T. Nielsen and L. Rubinstein eds., *Polis & Politics*, Copenhagen: Museum Tusculanum Press, University of Copenhagen, 2000, pp. 363-384。

[7] Xen. [*Ath. pol.*] 1.10-11.

[8] Xen. [*Ath. pol.*] 2.18.

对特定场合中欺诈、暴力手段的宽容甚至推崇。支撑这套论述体系的二元道德观念正是色诺芬有别于同时代其他学者的独具特征。与苏格拉底、柏拉图、伊索克拉底（Isocrates）和年代略晚的亚里士多德等毕生潜心钻研哲学、修辞学的书斋式学者不同的是，色诺芬是一位经验丰富的军事将领与社会活动家。[①]他的人生经历充满了戏剧性色彩。色诺芬出生并成长于雅典，接受过苏格拉底的哲学教育，并在波斯、斯巴达、科林斯等地进行过军事活动或广泛游历。他先后担任过普通雇佣兵与高级将领，并在老年从事过多种题材的学术著述。因此，"在古典作家中，色诺芬的个人阅历是与众不同的，因为他集苏格拉底的道德教育与危机时期的军事指挥经验于一身"。[②]笔者认为，这种极其丰富的人生阅历同样可以在一定程度上解释色诺芬心目中完美英雄形象的"阴暗面"与复杂性。

色诺芬亲自参与并领导的、从巴比伦地区前往小亚细亚海岸的长途行军是一场令他终生难忘的磨难。希腊雇佣兵们遭到了波斯敌军毫不留情的步步追剿，而希腊人也以同样强硬的方式予以回应。波斯人用起伪誓的手段欺骗了希腊雇佣兵们，[③]逮捕了几乎全部雇佣兵首领。[④]希腊人则将杀死的波斯士兵毁容后抛置于大路两旁，以此来恐吓追击自己的敌军。[⑤]当希腊军队被围困在亚美尼亚（Armenia）境内的漫天暴雪中时，一些士兵甚至恳请色诺芬直接杀死他们，因为他们已无力继续前行。[⑥]由于食物供给出现了严重困难，希腊雇佣军维持生存的主要途径便是肆意劫掠。[⑦]色诺芬向自己的盟友们坦率地承认了这一点："在成为你们的朋友之前，我们这支军队在这片土地上随意穿行，毫无约束地烧杀抢掠。"[⑧]我们看到，色诺芬似乎通过这段难忘经历形成了一种与《苏格拉底回忆录》（*Memorabilia*）中阳春

[①] D. Gish and W. Ambler, "The Political Thought of Xenophon", *The Journal of Ancient Greek Political Thought* 26 (2009), p. 181.

[②] F. Hobden and C. Tuplin eds., *Xenophon: Ethical Principles and Historical Enquiry*, Leiden: Brill, 2012, p. 39.

[③] Xen. *An.* 2.3.28.

[④] Xen. *An.* 2.5.32.

[⑤] Xen. *An.* 3.4.5.

[⑥] Xen. *An.* 4.5.15-16.

[⑦] Pritchett, *Ancient Greek Military Practices*, Part I, p. 69.

[⑧] Xen. *An.* 7.7.5.

白雪式的道德训诫截然有别的伦理观念。例如，当色诺芬向我们报道希腊人在卡杜启亚人（Carduchians）国土上的活动时，他声称希腊人已因希望获得后者的帮助而对自己的行为有所约束，但他们"仍会攫取自己碰巧发现的任何补给品，因为这种做法是完全必要的"。[1]因此，在色诺芬看来，战争中雇佣兵劫掠补给品的行为并不必然是可耻的。此外，为了在士兵中间树立自己的权威，色诺芬还在行军途中频繁对他们进行体罚，[2]并相信自己的做法是完全正当的。[3]他在一次集会上说道："我对任何人的责罚都是为了他好；我相信自己的做法就像父母对儿女、教师对学生那样；要知道进行手术的医生还会为了治愈病人而对他们火烧刀割。"[4]无独有偶，在对话《希耶罗》中，当希耶罗抱怨说僭主必然会因惩戒怠慢其指令的臣下而受人憎恨时，[5]代表色诺芬的立场提出忠告的西蒙尼德斯坦率地指出，这个问题是无法避免的。[6]按照色诺芬的这种"实用"逻辑，只要政治治理或军事指挥的最终目的是积极的，其采用的具体手段完全可以是严酷的和暴力的，在紧急情况下尤其如此。一方面，色诺芬终生信奉苏格拉底道德哲学所追求的"至善"终极目标；另一方面，他又在自己的戎马征程中形成了另一套伦理价值观念。因此，他的道德观不可避免地存在着双重标准和无法调和的矛盾冲突。

另一个值得注意的事实在于，色诺芬在万人长征中的权威是不断受到冲击与挑战的。尽管 20 世纪上半叶的古代史学者们还会将这支完成了古代军事史上一大壮举的希腊雇佣军队伍美化为"行进的民主"、"游动的共和"和"行动在亚细亚中部的雅典缩影"，[7]他们的将领与事迹记录者色诺芬本人显然并不是这样认为的。他将自己描述为一名"遭到忘恩负义、妨功害

---

[1] Xen. *An.* 4.1.8-9.

[2] Xen. *An.* 5.8.1.

[3] Xen. *An.* 5.8.13-17.

[4] Xen. *An.* 5.8.18-20.

[5] Xen. *Hier.* 8.8-9.

[6] Xen. *Hier.* 9.2; M. Christ, *The Bad Citizen in Classical Athens*, Cambridge: Cambridge University Press, 2006, p. 59.

[7] [古希腊]色诺芬：《长征记》，崔金戎译，商务印书馆 1985 年版，英译本序言第 4 页。S. Hornblower, "This was Decided (edoxe tauta)", in R. Lane Fox ed., *The Long March, Xenophon and the Ten Thousand*, New Haven & London: Yale University Press, 2004, p. 224.

能的暴民们不公责难的"优秀军事将领与政治领袖。[1]色诺芬仅仅是以普罗克西努斯（Proxenus）私人朋友的身份偶然参加这次远征的。[2]即便在当选将领后，他也始终要同他人分享军事指挥权。[3]更糟糕的是，当雇佣军抵达黑海地区时，感觉已摆脱危险的他们变得日益桀骜不驯。[4]在行军途中，色诺芬同法萨利亚的米诺（Meno the Pharsalian）[5]和彼奥提亚的托拉克斯（Thorax）[6]结下了仇怨；他还遭到过哗变士卒[7]和德克西普斯（Dexippus）[8]的严重指控。根据色诺芬自己的说法，在他交出军事指挥权后，他的部下马上便失去了控制，[9]而他的亲密战友则继续遭受着私敌们党同伐异式的疯狂迫害。[10]这些不堪回首的军事管理失败教训，以及我们在篇首中看到的苏格拉底、小居鲁士、伊阿宋等色诺芬心目中英雄人物的惨死，似乎使色诺芬得出了臣民与士卒天生具有桀骜不驯特征的偏激论断。[11]因此，优秀的统治者必须想方设法动用一切可行的必要手段来维护自己的权威地位。成功的政治领袖必须首先学会如何维持自己的权力，即便这意味着他必须吸收暴君僭主们的若干违背理想道德原则的权术手段。

色诺芬在现存著作中对自己万人远征后的军事生涯着墨不多。但我们似乎有理由设想，他的"实用"伦理观也受到了自己为之效劳的斯巴达国王与杰出将领阿格西劳斯的影响。根据色诺芬传记作者第欧根尼·拉尔修（Diogenes Laertius）的记载，色诺芬在远征后"再度返回亚细亚，收拢小居鲁士的雇佣军残部为他所效忠的斯巴达国王阿格西劳斯服务"。[12]现实生活中对自己有着知遇之恩的这位政治领袖必然也会对色诺芬心目中理想政

---

[1] Azoulay, "Exchange as Entrapment: Mercenary Xenophon?" p. 303.
[2] Xen. *An.* 3.1.4.
[3] J. Anderson, *Xenophon*, London: Duckworth, 1974.
[4] M. Whitby, "Xenophon's Ten Thousand as a Fighting Force", in R. Lane Fox ed., *The Long March, Xenophon and the Ten Thousand*, New Haven & London: Yale University Press, 2004, p. 224.
[5] Xen. *An.* 3.1.26-31; Diog. Laert. 2.50.
[6] Xen. *An.* 5.6.25-26.
[7] Xen. *An.* 5.7.1-2.
[8] Xen. *An.* 6.1.32.
[9] Xen. *An.* 6.2.4-8.
[10] Xen. *An.* 6.6.11.
[11] Xen. *An.* 5.1.14; Hesk, *Deception and Democracy in Classical Athens*, p. 130.
[12] Diog. Laert. 2.51.

治家的形象产生某种塑造作用。

　　自从步入政治生涯伊始,阿格西劳斯便不得不为巩固自己的权力而同政敌们进行你死我活的激烈斗争。色诺芬宣称,阿格西劳斯是凭借其高贵出身与卓越品德而被毫无异议地选为国王的。[1]但大量外部史料表明,色诺芬的这一说法显然是欲盖弥彰的曲笔。根据普鲁塔克(Plutarch)的记载,阿格西劳斯为了赢得王位而同当时声名最为显赫的斯巴达人莱山德(Lysander)结成政治同盟;后者为了扶植阿格西劳斯而不遗余力,甚至不惜为此有意曲解神谕内容。[2]阿格西劳斯最终继承了阿吉斯(Agis)的王位与产业;[3]而他的竞争对手勒奥图希德斯(Leotychides)则被宣布为私生子而惨遭放逐。游记作家波桑尼阿斯(Pausanias)也认为莱山德一度是阿格西劳斯的积极支持者,在德尔斐神谕风波中不遗余力地偏袒后者。[4]然而,登上王位后的阿格西劳斯很快意识到功高震主的莱山德对自己地位构成的巨大威胁。[5]于是,他"抵制莱山德的各项提议,故意无视后者最为迫切的要求,甚至反其道而行之"。[6]莱山德为此抱怨说,阿格西劳斯不愧为羞辱自己朋友的行家里手。[7]即便在莱山德死后,不依不饶的阿格西劳斯仍然试图出版一本人身攻击的小册子,以便进一步损害莱山德的名誉。[8]我们似乎可以从这些过河拆桥的举动中看到色诺芬笔下理想政治、军事领袖所用权术的影子。

　　现实生活中的阿格西劳斯也的确是一位善于玩弄权术的政客。普鲁塔克在《阿格西劳斯传》(*Life of Agesilaus*)中记载道:"对于那些公开反对自己的政敌,阿格西劳斯不会露骨地对他们进行打击报复,而是故意任命这些人去做会使他们当众出丑的事情;而当他们因这些过失而接受审判时,阿格西劳斯又会挺身而出替他们说话,从而将这些仇敌拉拢为朋友。这样

---

[1] Xen. *Ages.* 1.5.
[2] Plut. *Vit. Ages.* 3.3-5.
[3] Plut. *Vit. Ages.* 4.1.
[4] Paus. 3.8.10.
[5] Plut. *Vit. Ages.* 7.1-3.
[6] Plut. *Vit. Ages.* 7.4-5.
[7] Plut. *Vit. Ages.* 8.1-4.
[8] Plut. *Vit. Ages.* 20.2-3.

一来便再也没有人同他作对了。"①根据狄奥多鲁斯（Diodorus）提供的史料，阿格西劳斯有时同斯巴达另一王室的年轻国王阿格希波利斯（Agesipolis）政见相左。②于是阿格西劳斯便利用阿格希波利斯的娈童癖使之纵情声色，甚至主动将自己宠爱的娈童推荐给后者。③毫无疑问，阿格西劳斯的确是一位伟大的政治家和卓越的军事将领；但他政治权术的阴暗面也是十分突出的。作为阿格西劳斯的忠实追随者与崇拜者，色诺芬很少在自己的《希腊史》（Hellenica）与《阿格西劳斯》（Agesilaus）中揭露前者并不光彩的一面。④但他必然了解自己为之效劳的这位政治家的从前经历与为人处世风格；这些细节信息构成了他在塑造其他理想英雄形象时采用的素材。根据色诺芬理想主义式的道德观，真正伟大的政治领袖应当像他在《居鲁士的教育》、《希耶罗》、《阿格西劳斯》或《家政论》的大部分篇幅里呕心沥血塑造的理想领袖那样道德完满、无可指摘，遵循苏格拉底的道德哲学准则，用自己的行为表率与人格魅力去教化和造福民众，引导他们走向哲学意义上的至善境界。另一方面，在并不完美的现实生活与残酷血腥的政治斗争中，阿格西劳斯或小居鲁士这样的雄主已足够优秀；他们的专制手腕和权术诡计理应得到容忍和默许。在色诺芬的现存文本中，上述两种来源迥异的道德标准彼此对峙，甚至在特定场合下构成了某种难以调和的深刻逻辑矛盾。

第三节 小结

充满欺诈与暴力色彩的政治权术构成了历史学家色诺芬笔下波斯帝国君主正面形象中的不和谐元素。这些"肮脏"的权术通过森严的社会控制手段侵犯了民众的政治与个人自由，用劫掠得来的不义之财收买人的灵魂，以诡诈和暴力维护着政治权威。在一定程度上，这些观念反映了公元前5世纪

---

① Plut. *Vit. Ages.* 20.4.
② Diod. Sic. 15.19.4.
③ Plut. *Vit. Ages.* 2.5-6.
④ 然而，在个别场合下，色诺芬也承认阿格西劳斯擅长在军事行动中施展诡计的事实。见 Xen. *Ages.* 1.25-34。他还在 *Lac.* 11.1-13.11 中记载过斯巴达军队的严酷军纪，其中一些制度或许还在阿格西劳斯麾下的军队中继续沿用着。

后期至公元前 4 世纪中叶推崇理性社会控制模式的知识精英思潮中的某些共性；与此同时，它们也是色诺芬独特个人经历及其在苏格拉底道德哲学和现实生活中政治、军事斗争游戏规则共同影响下形成的二元道德观念的产物。色诺芬对这些政治权术的宽容甚至赞许态度并不总是能够得到现代读者与古希腊知识精英的普遍认可，但这些信息对于我们理解色诺芬道德观的实用性与复杂性，以及把握在西方政治思想史中影响深远的"马基雅维利主义（Machiavellianism）"的历史发展线索具有十分重要的启示价值。

无论如何，色诺芬对其笔下英雄形象道德污点的揭露或直书反映了他作为人类灵魂与历史真相研究者的真诚态度。如果色诺芬打算刻意维护自己作品中英雄人物的道德形象的话，他完全可以对笔下居鲁士大帝、小居鲁士、莱库古，尤其是自己使用过的一切政治权术只字不提。但色诺芬并未省略这些内容，尽管他明知同时代的读者们会对这些记载提出质疑与非难。可见，我们不能片面地根据"道德论"在色诺芬历史作品中的统治地位而全盘否定历史学家色诺芬在追求历史真相与树立独特史观两方面做出的积极历史贡献。

对政治生活中权术要素的接受与认可也反映了色诺芬在古典作家中独树一帜的乐观主义世界观与进步主义历史观。[①]与李维（Livy）、威利乌斯（Velleius Paterculus）等对政治生活的本质抱有盲目幻想的官方意识形态宣扬者和赫西俄德（Hesiod）、品达（Pindar）等对人类的道德前景持悲观态度的末世论者有所不同，色诺芬坚定地认为，尽管现实生活中的政治斗争是血腥且肮脏的，它仍旧有可能在得到理性与智慧指引的情况下造福人类，改善社会的道德水准，引导历史向苏格拉底哲学语境下的至善状态逐步前进。尽管色诺芬本人是一位命运坎坷的被流放者和历经磨难的军事将领，他却从未怀疑自己敬畏的诸神终将向虔诚守法、德行卓著、运用理性合理规划社会生活的凡人降下福祉；并且他也从未放弃过在充满暴力、邪恶与阴谋诡计的现实政治生活中寻找追求幸福与道德最佳途径的执着努力。

勇于承认自身道德观中权术地位的做法体现了色诺芬作为社会改良思想家的魄力与抱负。正如后世学者攸纳皮乌斯（Eunapius）所评价的那样：

[①] R. Parker, "One Man's Piety: The Religious Dimension of the *Anabasis*", in R. Lane Fox ed., *The Long March, Xenophon and the Ten Thousand*, New Haven & London: Yale University Press, 2004, p. 132.

"色诺芬是一位独一无二的哲学家,因为他对哲学的推崇不仅体现在言词上,还反映在具体行动上。"[1]色诺芬并不满足于在伦理学与形而上学的层面上探讨道德问题,而是努力尝试用理论去指导社会实践,以及在具体的历史案例中观察与思考抽象伦理原则的可操作性。在这层意义上,色诺芬展示了他在古典思想家中独具一格的特色与价值。他试图建立兼具理性精神与可行性的政治统治模式[2]的努力得到了马基雅维利(Machiavelli)等人文主义者的高度重视,[3]从而间接为现代政治学与社会科学的诞生做出了独特的理论贡献。

---

[1] Eunap. *VS*. 1.1.1.

[2] Danzig, "The Best of the Achaemenids: Benevolence, Self-interest and the 'Ironic' Reading of *Cyropaedia*", p. 499.

[3] 往往会被近代早期欧洲政治思想史的研究者们所忽视的是,马基雅维利是从研读色诺芬的文本开始自己的学术生涯的。他在《君主论》与《论提图斯·李维的前十书》两部政治学代表作中对色诺芬文本的引述总量超过了参考柏拉图、亚里士多德与西塞罗三位主要古典政治思想家内容的总和,其对权术的基本看法受到了色诺芬思想的深刻影响。参见刘训练《驯化僭主:〈君主论〉与〈希耶罗:论僭政〉的对勘》,《学海》2015 年第 3 期;C. Nadon, "From Republic to Empire: Political Revolution and the Common Good in Xenophon's *Education of Cyrus*", *The American Political Science Review* 90 (1996), p. 362。

第五章

东方主义传统的确立与强化
——以古希腊历史叙述中波斯宫廷宴饮场景的变迁为例[①]

第一节 衰朽帝国的末日狂欢？

1948年，美国学者奥姆斯特德（A.T. Olmstead）在其名著《波斯帝国史》（*History of the Persian Empire*）中生动、细致地向读者呈现了一幅波斯帝国宫廷宴饮的壮观场景：在波斯国王过生日的那一天，帝国宫廷中要举行一场盛大的酒宴。国王会宴请1500名客人，为这场酒席豪掷400塔兰同。然而，这些贵客中的绝大部分注定将终生无缘面见国王的殊荣，因为只有为数寥寥的心腹才有资格与国王同处一室，隔着亚麻编织的彩色帷幕瞥见一眼深居简出的圣上的侧影。这些高级贵族在宦官的引领下在蓝色、白色、黑色与红色的石头上就座；国王本人则躺在黄金制成的御床上，一边透过帷幕观察近臣们的一言一行，一边啜饮着手中金杯里用大马士革（Damascus）周边山上阳坡精心栽培的葡萄酿出的美酒。整场宴席期间，国王的妻妾们轮流来到圣上身边弹琴唱曲。而在宫廷外面的庭院里正在进行着一场可怕的杀戮——成千上万的牛羊、马匹、骆驼、驴子、野鹿、鸵鸟、鸡鹅被每天重复这项工作的屠夫就地宰杀，由御厨制成美味佳肴送入

[①] 本章主体内容已先期发表于《从贤哲会饮到饕餮盛宴——古希腊历史叙述中波斯宫廷宴饮场景的变迁》（《古代文明》2016年第4期）一文。

宫中去满足那些从早到晚永不停嘴的食客们的骇人胃口。①

请注意，我们在这里读到的戏剧化场面并非来自某位近现代浪漫主义作家的艺术加工，而是出自一部以权威性和严谨性著称的、代表着20世纪中叶西方学者对古代波斯帝国认识最高水平的严肃史学著作。事实上，奥姆斯特德也确实没有杜撰这幅场景中的任何一个细节——除个别信息采自《旧约·以斯帖记》（Esther）外，奥姆斯特德主要的史料来源是2世纪学者雅典尼乌斯（Athenaeus）《智者盛宴》（Δειπνοσοφισταί）中辑录的、取自前代各位希腊历史学家著作中的关于波斯宫廷宴饮的种种记载。换言之，这幅细致入微、生动传神但却骇人听闻、极富东方主义色彩的场景的构建者并非现代学者，而是生活于公元前5世纪至2世纪的各位描述过波斯帝国饮食、仪式与宫廷生活的希腊语作家们。奥姆斯特德所做的仅仅是原封不动地接受了希腊史家们的原始记载而已。那么，这幅图景是否真的还原了古代波斯宫廷生活的原貌呢？

在20世纪末以前，由于相关史料与研究的匮乏，这个问题与其说属于学术范畴，还不如说是一个纯粹的信念问题。倡导文化多元主义与后殖民主义的"激进"历史学家必然要猛烈抨击这种来自古希腊文化视角的、很可能带有强烈民族偏见和主观想象元素的片面史料。而观念正统、遵循"学院派"治史规则的"保守"西方史家则坚持声称，这种记载至少在一定程度上是对古代东方宫廷生活奢侈作风的真实描述；即便这幅画面存在着失真之处，它也是对现存史料和当代学者认识能力局限性的客观反映。②上述两派观点当然各有道理；而由于新史料、新视角的缺乏，20世纪的多数波斯史学者长期无法在波斯帝国社会生活史的研究中取得具有决定性意义的突破。迟至1994年，研究希腊史学的名家西蒙·霍恩布洛尔（Simon Hornblower）依旧不得不无奈地表示，在目前的认识水平基础上，自己对公元前4世纪波斯帝国社会生活状况的描述仍需依赖于零星的、带有很大

---

① A. Olmstead, *History of the Persian Empire*, Chicago & Illinois: University of Chicago Press, 1948, pp. 182-183.

② S. Hornblower, "Persia", in D. Lewis, J. Boardman, S. Hornblower and M. Ostwald eds., *The Cambridge Ancient History*, second edition, Vol. VI, *The Fourth Century B.C.*, Cambridge: Cambridge University Press, 1994, p. 45.

主观性、偶然性与片面性的希腊史料。[1]

然而，就在霍恩布洛尔发出这样的抱怨时，情况似乎正在悄然发生着变化。一方面，埃利亚斯（Norbert Elias）早在20世纪30年代对路易十四（Louis XIV）宫廷的研究在20世纪末引起了西方学界迟到的关注，推动了古典学、亚述学和考古学领域对波斯宫廷文化的研究；[2]另一方面，萨义德（Edward Said）东方主义文化理论的提出也引发了古典学界对古希腊作家提供的波斯史料性质、内容的热烈讨论，促进了在后殖民主义背景下重获新生的波斯史料学的大发展。[3]2007年，法国学者朗方（Dominique Lenfant）运用严格的文献学史料批判方法，对雅典尼乌斯转述史料过程的精确性问题与史料再加工现象进行了深入剖析，大大提升了古典学界对《智者盛宴》所保存的波斯史料性质的认识水平。[4]美中不足的是，由于篇幅所限，朗方的论文基本没有参考在当时业已初具规模的亚述学相关研究成果。同样是在2007年，来自欧洲各国的波斯帝国史研究者们在瑞士（Switzerland）奥格斯特（Augst）召开了一次以"阿黑门尼德宫廷（Der Achämenidenhof）"为主题的高水平学术研讨会，并于2010年将与会论文结集出版。该论文集是学界第一部关于波斯宫廷的专题论著，汇集了到当时为止在史学、考古学、艺术史和文学领域关于波斯宫廷生活史的前沿性研究成果。[5]其中，亨克尔曼（W. Henkelman）利用亚述学界对波斯波利斯要塞新埃兰文泥版文书（Persepolis Fortification Tablets）的释读与整理成果分析了大流士（Darius）在位时期波斯宫廷的膳食结构，在波斯宫廷宴饮的研究方面取得了具有决定性意义的重大突破。2013年，英国学者卢埃林—琼斯（Lloyd Llewellyn-Jones）出版了其学术专著与史料集《古代波斯的国王与宫廷：公元前559—前331年》（*King and Court in Ancient Persia: 559 to 331 BCE*），

---

[1] Hornblower, "Persia", p. 48.

[2] A. Kuhrt, "Der Hof der Achämeniden: Concluding Remarks", in B. Jacobs and R. Rollinger eds., *Der Achämenidenhof / The Achaemenid Court*, Wiesbaden: Harrassowitz Verlag, 2010, p. 901.

[3] 关于术语"东方主义（Orientalism）"的兴起过程与在古典学研究中的基本内涵，参见黄洋《古代希腊罗马文明的"东方"想像》，《历史研究》2006年第1期。

[4] D. Lenfant, "On Persian *Tryphē* in Athenaeus", in C. Tuplin ed., *Persian Responses: Political and Cultural Interaction with(in) the Achaemenid Empire*, Oxford: The Classical Press of Wales, 2007, p. 51.

[5] L. Llewellyn-Jones, *King and Court in Ancient Persia 559 to 331 BCE*, Edinburgh: Edinburgh University Press, 2013, p. xiv.

对与古代波斯宫廷生活相关的古典希腊拉丁文献、亚述学出土材料和艺术史图像资料进行了系统梳理与研究，并提出了在波斯宫廷生活史研究中引入巴比伦之囚与第二圣殿时期希伯来文旧约圣经史料作为参照的新颖研究思路。①

笔者认为，由于现存相关资料仍旧存在着总量稀缺、分布不均（来自古希腊语文献的资料仍旧占据压倒性的优势）的特点，真实还原波斯宫廷生活史的全貌在可预见的将来仍是一个可望而不可即的目标。尽管如此，在近20年波斯史料学前沿成果的启示下，从史学史的角度对古希腊历史叙述中波斯宫廷宴饮形象的演变历程及其基本特征进行归纳的条件业已具备。笔者在此不揣浅陋，试图以对雅典尼乌斯、色诺芬（Xenophon）等希腊作家记载波斯宫廷宴饮的传世文献的文本分析为基础，结合近年来西方古典学、亚述学领域的相关前沿成果，针对公元前5世纪末至公元前3世纪初期间希腊史学传统中波斯帝国宫廷宴饮形象的演变过程及其文化含义提出个人的一己之见。

第二节　饕餮之徒的醉生梦死：希腊史料中东方主义式的波斯宫廷宴饮场面

在审视记载波斯宫廷宴饮的古希腊史料时，我们不难发现，在这批文本中居于主流的论调是将波斯帝国的王家宴饮丑化成一批饕餮之徒醉生梦死式的狂欢，带有露骨的道德批判意味和夸张的东方主义想象色彩。

在希腊作家的历史记忆中，波斯国王所组织的宫廷宴席的第一个显著特点便是食客的食量惊人和纵酒无度。在诗人帕麦农（Pamenon of Byzantium）和学者雅典尼乌斯的心目中，位于鼎盛时期波斯帝国治下的埃及尼罗河是一座取之不尽、用之不竭的宝库，源源不断地向波斯宫廷提供各式各样的珍馐佳肴。②波斯宫廷中的屠夫每天要为准备国王的膳食而宰杀1000只牲畜，包括牛马、骆驼、驴子、野鹿、绵羊、山羊、鸵鸟、鸡鹅等不同动物

---

① Llewellyn-Jones, *King and Court in Ancient Persia 559 to 331 BCE*, p. xiv.
② Ath. 203b-d.

品种。^①根据史家克勒塔库斯（Cleitarchus）的记载，底比斯（Thebes）人阿塔吉努斯（Attaginus）为了招待将领玛多尼乌斯（Mardonius）和其他50名波斯人吃一顿晚宴而足足花掉了440塔兰同。^②2世纪后期的希腊作家波吕埃努斯（Polyaenus）为我们提供了一份波斯国王餐桌上的食材名单及消耗量，其品种之多样与供应量之巨令人瞠目结舌。^③克勒亚库斯（Clearchus）声称，波斯国王曾悬赏重奖能向自己提供新鲜美味佳肴的臣民，还不以为耻地将他们美称为"神明与国王的智囊（Διὸς ἅμα καὶ βασιλέως ἐγκέφαλος）"。^④他还夸张地描述波斯贵族坎提巴里斯（Cantibaris）的旺盛食欲说，当此人持续不断地狼吞虎咽，以至于下颚酸痛时，他便张大嘴巴，命令仆人将大量食物直接倾倒进去，仿佛自己的肚子是只储物瓶一样。^⑤

波斯国王与贵族在饮酒方面同样毫无节制地放纵自己的欲望。国王的饮酒品位十分考究，永远只喝产自大马士革的上等卡吕波尼亚（Chalybonia）葡萄酒。^⑥色诺芬（Xenophon）生活时代的波斯贵族在宴饮时毫无节制，经常烂醉如泥、不省人事地被仆人抬出门去。^⑦波斯宫廷的豪饮恶习同样影响了其治下臣民的社会风尚：在埃及地区，即便一贫如洗的穷人也会狂饮劣质的大麦酒，每天过着醉生梦死的颓废生活。^⑧

波斯王公贵族们的饕餮盛宴消耗的当然不只是食材而已，它是同一系列挥霍大量人力物力的奢华生活方式紧密联系在一起的。波吕阿尔库斯（Polyarchus）认为，波斯国王花天酒地的奢侈生活是靠全亚洲的物质资源勉力维持的。^⑨狄侬（Dinon）提及了波斯国王从遥远的埃及行省向宫廷调拨食盐与尼罗河河水的不惜民力的做法。^⑩特奥庞普斯（Theopompus）指出，波斯国王宴饮时使用的华美服饰、金银器皿来自全亚洲各地区的

---

① Heracleides of Cumae, *FGrH* 689 F2 (= Ath. 145a-146a).
② Cleitarchus, *FGrH* 137 F1 (= Ath. 148d-f).
③ Polyaenus, *Strat.* 4.3.32.
④ Ath. 529d; cf. Ath. 144b.
⑤ Ath. 416b.
⑥ Posidonius, *FGrH* 87 F68 (= Ath. 28d).
⑦ Xen. *Cyr.* 8.10; Ath. 496c-d.
⑧ Ath. 34c.
⑨ Ath. 545f.
⑩ Dinon, *FGrH* 690 F23a (= Ath. 67b).

供奉。①塔索斯（Thasia）人安提帕特（Antipater）在招待波斯入侵者薛西斯（Xerxes）及其宫廷随从的一场宴席中花掉了 400 塔兰同，几乎倾家荡产。②根据阿伽索克勒斯（Agathocles of Babylon）的说法，为了照顾友人皮塔尔库斯（Pytharchus of Cyzicus）的饮食起居，居鲁士大帝直接馈赠给他七座城市作为礼物；③而后世波斯君主阿塔薛西斯（Artaxerxes）也为满足投靠自己的铁米斯托克里（Themistocles）而做过类似的事情，④并在赏赐另外两位归顺者提玛戈拉斯（Timagoras）和恩提姆斯（Entimus）时不惜挥金如土。⑤当斯巴达将领波桑尼阿斯（Pausanias）麾下的希洛人（Helots）闯入战败逃跑的波斯将领的营帐时，当即被眼前珠光宝气的金银宴饮器皿惊得目瞪口呆；⑥而亚历山大夺取大流士三世营帐时的经历几乎与此如出一辙。⑦马其顿（Macedonia）将领帕梅尼昂（Parmenion）向亚历山大上报的缴获波斯敌军金质酒杯和镶宝石酒杯分别重达 73 巴比伦塔兰同和 56 巴比伦塔兰同。⑧查瑞斯（Chares of Mitylene）宣称骄奢淫逸的波斯国王要在寝室中常备 5000 塔兰同金币和 3000 塔兰同银币以供随手花销。⑨波斯帝国境内的王公贵族们往往对诸如此类的奢侈浪费不以为耻，反而当作光彩的行为拿来进行炫耀。⑩

希腊作家们笔下的波斯宫廷宴饮不仅铺张浪费到了令人惊骇的程度，这种生活方式还是淫荡与病态的。波斯国王要在侍妾的弹唱声中享用御膳；还会安排 300 名女子专职在夜间演奏乐器和轮流满足自己的淫欲。⑪普鲁塔克（Plutarch）声称波斯君主阿塔薛西斯拥有不少于 360 名侍妾。⑫安提斯提尼（Antisthenes）的说法更加骇人听闻，宣称波斯男子会毫无顾忌地

---

① Theopomp. *FGrH* 115 F263a.

② Hdt. 7.118.

③ Agathocles, *FGrH* 472 F6 (= Ath. 30a).

④ Ath. 29f.

⑤ Ath. 48c-49a.

⑥ Hdt. 9.80.

⑦ Plut. *Alex*. 20.11-13.

⑧ Ath. 781f-782a.

⑨ Chares of Mitylene, *FGrH* 125 F2 (= Ath. 514e-f).

⑩ Xen. *Cyr*. 8.8.18; Ath. 465e.

⑪ Heracleides of Cumae, *FGrH* 689 F2 (= Ath. 145a-146a).

⑫ Plut. *Artax*. 27.

同自己的母亲、姐妹和女儿交媾。[1]除情色意味外，作为宫廷宴饮组织者的波斯帝王还往往怀着病态的、非理性的虚荣心。波斯国王会在俘虏埃及君主后与他攀比谁的御膳更加奢华气派；[2]个别波斯君主在用膳时还有观看血腥角斗表演的古怪癖好。[3]

此外，希腊作家笔下的波斯宫廷宴饮场景还往往笼罩着森严、肃杀的氛围。根据希罗多德（Herodotus）的记载，先于波斯人统治东方世界的米底人（Medes）最先确立了让君主深居简出，不与臣子轻易见面的规矩。[4]而历任波斯帝王为了维持自己的神圣性与崇高地位，也继承了这种刻意塑造自己神秘性的宫廷生活规矩，独居于深宫之中，通过耳目特务进行秘密统治。[5]除克里特人恩提姆斯外，任何希腊人都不曾享受过与波斯国王共进午餐的殊荣。[6]波斯君主通常会在完全私密的场合独自用膳；[7]而在仪式性的盛大宴席中，国王只会与少数心腹同室进餐，并且还要隐身于亚麻帷幕之后注视臣子们的一举一动。[8]而被邀请赴宴的贵族们在与国王的侍妾们打交道时也必须十二分小心，因为善妒的君王会对任何胆敢靠近或触碰自己妻妾、甚至无意阻挡皇室女眷车队通行的臣下处以极刑。[9]米底、波斯君主在饮酒前必须要求掌管酒杯的仆人试饮，以防仆人伺机下毒；[10]波斯王子们从小就必须接受关于辨认与防范各种毒药的知识教育；[11]而泰西阿斯笔下的太后帕吕萨提斯正是采用十分精巧繁复的投毒方式，在王室宴席上毒杀了对自己已有戒备的王后斯塔泰拉。[12]希腊作家对波斯宫廷形象的妖魔化在生活于3世纪的费劳斯图斯（Philostratus）那里达到了顶点。在他的夸张笔触下，在波斯宫廷中发表演讲的铁米斯托克里身处环境的阴森可怖完

---

[1] Ath. 220d.
[2] Lyceas, *FGrH* 613 F4 (= Ath. 150b-c).
[3] Paus. 6.5.7; Ath. 416a-b.
[4] Hdt. 1.99-100; Llewellyn-Jones, *King and Court in Ancient Persia 559 to 331 BCE*, p. 46.
[5] Arist. [*Mund.*] 398a.
[6] Ath. 48c-49a.
[7] Theopomp. *FGrH* 115 F124 (= Ath. 252a-b).
[8] Heracleides of Cumae, *FGrH* 689 F2 (= Ath. 145a-146a).
[9] Plut. *Artax.* 27.1; cf. Plut. *Them.* 26.5.
[10] Xen. *Cyr.* 1.3.9.
[11] Xen. *Cyr.* 8.8.14.
[12] Ctes. F29b (= Plut. *Artax.* 19.10).

全不亚于荷马、维吉尔史诗中的冥界。①

值得注意的是，波吕阿尔库斯等希腊作家还对自己作品中建构出来的波斯宫廷宴饮的奢华无度进行了深刻反思，将之上升为一种具有普遍性的理论性认识。波吕阿尔库斯对历史上统治过的所有君王进行了比较，认为波斯国王享受的耳目之娱是无出其右的。②他指出："有力的证据表明，任何人在掌握了必要的权力、并将之用于获取肉体快感之后，都会把这种快感视为权力的目的所在，并将其他一切都抛到脑后（τεκμήριον δ' ἰσχυρὸν εἶναι τὸ πάντας ἀνθρώπους, ὅταν ἐξουσίας ἐπιλάβωνται μέγεθος ἀξιόχρεων ἐχούσης, ἐπὶ τὰς σωματικὰς ἡδονὰς καταφέρεσθαι καὶ τοῦτο νομίζειν τέλος εἶναι τῆς ἐξουσίας, τὰ δὲ ἄλλα πάντα σχεδὸν ἁπλῶς εἰπεῖν ἐν παρέργου τίθεσθαι χώρᾳ)。"③而波斯君主的糜烂生活正是将这一原则贯彻到极致的最高表现。

笔者认为，波吕阿尔库斯的分析与概括十分鲜明地展示了希腊史料对波斯宫廷宴饮场景的种种负面描述的道德批判色彩及其在塑造希腊人东方主义波斯观过程中所扮演的重要角色。诚然，在古典史家中，似乎只有泰西阿斯或许曾以波斯君主的宫廷宴饮为真正的主题撰写过作品。④而在自希罗多德以降的其他希腊史学作品中，奢华、淫荡、病态、可怖的波斯宫廷宴饮场景仅仅构成对波斯帝国风土人情的民族志式介绍中的一小部分，或不过是上层贵族活动的背景舞台与帝国政治军事史发展主线之外浮光掠影式的次要插曲，对历史事件的叙述往往并不产生多少影响。然而，这些细节描述对于希腊史家对波斯宫廷乃至波斯文明历史地位的认识却产生着重要影响，因为它们在普遍意义的层面上论证了波斯政权乃至一切东方民族的骄奢淫逸（τρυφή）。⑤在希腊史学的主流话语体系中，这样一个穷奢极欲、近似鬼蜮、与崇尚节制的希腊文化精神背道而驰的波斯宫廷及其维系的东方世界政权根本不具备生存的合理性与合法性。因此，这种极富东方主义色彩的历史著作描述方式事实上起到了为希腊文明的先天优越性与西方战

---

① Philostrans. *Imag.* 2.31.
② Ath. 545f-546c.
③ Ath. 545c-d.
④ Ath. 67a-b.
⑤ Lenfant, "On Persian *Tryphē* in Athenaeus", pp. 51-52.

胜、征服东方的合理性辩护的重要作用。那么，上述这套对波斯宫廷宴饮场景的负面描述中究竟存在着多少属于真实历史的成分呢？

第三节 波斯宫廷荒淫豪饮场景的非历史性

时至今日，考古学家们对波斯帝国境内物质文化的研究仍是零散的和有待深入的，[1]而可资亚述学学者研究的波斯帝国文献中与宫廷宴饮直接相关的记载也十分有限。尽管如此，自奥姆斯特德基本完全依据希腊文、希伯来文传世文献建构波斯宫廷宴饮狂欢场景的时代以来，在国际学界的不懈努力下，我们毕竟已经掌握了若干可以作为评价希腊作家记载准确性标准的、来自波斯帝国内部的可靠依据。应当承认的是，希腊作家们构建的波斯宫廷宴饮描述并非完全出自想象与杜撰，其中一些细节是同实物证据和波斯帝国官方文献的记载基本吻合的。不容否认的是，波斯国王是典型的专制君主，[2]其统治确实带有对穷苦社会阶层的剥削性和对被征服民族的压迫性。当君主大流士的王后、居鲁士之女阿尔图斯托涅（Artystone，新埃兰文泥版文书中写作 Irtašduna）出行时，她和随从们可以按日从王室财产中无偿领取旅途所需的食材。[3]而在等级森严的波斯专制社会里，可能也确实只有少数高级官吏才能获得定期与国王本人见面的机会。[4]妻妾成群、任用大批宦官的后宫制度实为传统东方专制制度下宫廷生活组织模式中的常见现象。而来自造型艺术和官方铭文的证据也足以表明，波斯君主的身体在浮雕作品与铭文中被人为地神圣化了。[5]而宫廷政治斗争中的波谲云诡、尔虞我诈现象也确实贯穿了阿黑门尼德王朝的始终。[6]然而，来自亚述学与考古学前沿成果的多数相关证据表明，古希腊史料中对波斯帝国宫廷

---

[1] A. Kuhrt, *The Ancient Near East, c. 3000-300 BC*, Vol. II, London & New York: Routledge, 1995, p. 651.

[2] Ibid., Vol. II,

[3] J. Wiesehöfer, *Ancient Persia from 550 BC to 650 AD*, A. Azodi, trans., London & New York: I.B. Tauris, 2001, p. 69.

[4] M. Brosius, "New out of Old? Court and Court Ceremonies in Achaemenid Persia", in A. Spawforth ed., *The Court and Court Society in Ancient Monarchies*, Cambridge: Cambridge University Press, 2007, p. 39.

[5] Llewellyn-Jones, *King and Court in Ancient Persia 559 to 331 BCE*, p. 56.

[6] Ibid., p. 137.

宴饮狂欢场面的戏剧性描写主要基于希腊作家们的东方主义式想象,在很大程度上是非历史的。

可以肯定的是,无论波斯君主真实的饮食生活究竟是怎样的,他们都不会像克勒亚库斯、波吕阿尔库斯和雅典尼乌斯等希腊作家所声称的那样,将自己的穷奢极欲视作光荣而加以公开宣扬,因为这种奢靡腐化的生活方式在根本上是同波斯帝国信奉的宗教、政治意识形态背道而驰的。与多数希腊作家相信的情况相反,波斯国王本身并不是法律,而是玛兹达神(Ahuramazda)[①]意志的尊奉者和贯彻者。[②]国王本身并不能随心所欲地动用手中的专制权力。[③]根据波斯人的宗教观念,如果国王的暴政使自己失去了玛兹达神的支持,那么无论多么强大的实力也无法继续维系他的统治。[④]而神意本身便要求波斯国王永远维护真理、和平与正义,保障社会秩序与公平。[⑤]阿黑门尼德王权的一项核心职责便是代表玛兹达神贯彻正义原则,保护弱者免受强者的压迫。[⑥]无论帝国的统治现实与这些理想存在着多么巨大的反差,现存的绝大多数波斯帝国官方铭文都忠实地宣扬着波斯王权的这些使命与美德。例如,大流士一世在一份著名的古波斯语铭文中宣称:自己是正义而非不义的盟友;自己永远不希望看到强者(tunuvā)压迫弱者(skauθiš)或弱者反过来损害强者的情况。[⑦]根据现当代语言学家的研究,文本中"强者"与"弱者"具体所指实为波斯社会中的贵族阶层和贫民阶层;而波斯君主在理想化的波斯帝国治理模式下所扮演的角色正是居于两个对立阶层之间维持社会的公正秩序。[⑧]此外,保护农业发展和保卫帝国安全也是波斯君主最为根本的两项统治职

[①] 字面含义为"智慧之神"。
[②] Llewellyn-Jones, *King and Court in Ancient Persia 559 to 331 BCE*, p. 41.
[③] Kuhrt, *The Ancient Near East, c. 3000-300 BC*, Vol. II, p. 681.
[④] Ibid., p. 676.
[⑤] Llewellyn-Jones, *King and Court in Ancient Persia 559 to 331 BCE*, p. 28.
[⑥] V. Provencal, *Sophist Kings, Persians as Other in Herodotus*, London & New Delhi & New York & Sydney: Bloomsbury, 2015, p. 252.
[⑦] DNb, 5-11; R. Kent ed./trans., *Old Persian, Grammar, Texts, Lexicon*, New Haven: American Oriental Society, 1950, pp. 138-140.
[⑧] P. Briant, "Social and Legal Institutions in Achaemenid Iran", in J. Sasson ed., *Civilizations of the Ancient Near East*, Vol. I, Peabody: Hendrickson Publishers Inc., 1995, p. 518.

能。[1]可见，大流士及其继任者们是绝对不会在官方意识形态宣传中毫无顾忌地夸耀自己在剥削民众与农业生产者基础上同贵族们进行的奢华宴饮以及部分希腊作家们所描述的纵欲乱伦等明显的渎神行为的；而这样的内容也确实没有在迄今为止所发现的任何官方铭文、泥版文书或造型艺术史料中出现过。

那么，考古实物材料与非公开的档案类经济史料是否能够提供波斯君主奢华宴饮的直接证据呢？就我们目前掌握的、尽管零散但已相当丰富的相关证据而言，答案仍旧是否定的。一般性的考古发掘所展示的波斯帝国经济史面貌似乎并不适合支撑一个穷奢极欲、消耗各种珍馐佳肴的宫廷宴饮系统。波斯帝国的主要财富来自于其属地的农业生产；[2]而帝国境内的主要农作物为大麦、亚麻、坚果、日常蔬菜、椰枣、无花果、李子、苹果、柠檬、石榴、葡萄等。波斯帝国居民食用的主要肉类来自牛羊；但社会下层民众、特别是被征服地区的居民很少能拥有食肉的机会。[3]可见，与希腊本土相比，波斯帝国的物产确实相对丰富，但还远未达到部分希腊作家想象中的富饶程度。在目前考古发现的波斯帝国日常餐饮器皿中，绝大多数为毫无装饰的铜器，带有装饰花纹的铜器和银器仅占很小的比例。[4]值得注意的是，波斯宫廷常用的标准饮酒坛容量不超过 1 升，似乎并不适合放纵豪饮的用途。[5]迄今为止，考古学家们的确已发掘出了一定数量的、专供波斯王室使用的贵重金质餐具，但其工艺的精美程度与希腊史料中的传说往往相去甚远。[6]可见，希腊作家们对波斯民族奢侈宴饮风气的渲染存在着相当的夸张成分，至少对于王室之外的波斯民众与地方贵族的日常生活而言是不真实的。

---

[1] Xen. *Oec.* 4.4.

[2] T. Young, "The Consolidation of the Empire and Its Limits of Growth under Darius and Xerxes", in J. Boardman, N. Hammond, D. Lewis and M. Ostwald eds., *The Cambridge Ancient History*, second edition, Vol. IV, *Persia, Greece and the Western Mediterranean, c. 525 to 479 B.C.*, Cambridge: Cambridge University Press, 1988, p. 79.

[3] M. Burgan, *Empires of Ancient Persia*, New York: Chelsea House, 2010, p. 94.

[4] St. J. Simpson, "The Royal Table", in J. Curtis and N. Tallis eds., *Forgotten Empire: The World of Ancient Persia*, London: The British Museum Press, 2005, p. 106.

[5] Simpson, "The Royal Table", p. 106.

[6] Ibid., pp. 112-131.

在对波斯王室饮食情况的研究方面,我们至今仍未发现直接来自波斯宫廷的御膳食谱,[1]但于 20 世纪中后期逐步公布的波斯波利斯要塞新埃兰文泥版文书却提供了与此关系极为密切的间接证据。[2]这一系列出土文献涵盖的年代范围为公元前 509—前 458 年(大部分泥版的年代处于大流士一世统治期间),[3]其中提及的很多波斯社会上层人物信息可以得到希罗多德等希腊作家相关记载的印证。[4]这套珍贵史料中的 82 块泥版使用了"在国王面前食用(HALEŠŠANA tibba makka/kitka)"的程式化语言。[5]根据相关领域语言学家的研究成果,该术语的字面含义为"当着国王的面食用",其具体所指在亚述学界尚存在着一定争议,[6]但这部分泥版文书与波斯国王宫廷宴饮所用食材的密切联系显然是毋庸置疑的。学界近年来对这批史料的释读与统计表明,一方面,波斯国王宫廷宴饮的食材消耗在某些方面确实相当惊人;并且御膳中的食材种类与波吕埃努斯、赫拉克利德斯(Heraclides)等希腊作家的记载在大体上是能够吻合的。[7]另一方面,波吕埃努斯与赫拉克利德斯著作中列举的一些特殊食品,如乳酪、酥油、蜂蜜、马肉、驴肉、骆驼肉、鹿肉等并非波斯君主在首都波斯波利斯所食用的日常食物;[8]而两人记载的宫廷宴饮食材消耗量也往往远远高于泥版文书中记录的平均值甚至最高值。[9]例如,泥版文书中记载的三个年份谷物日均消耗量分别为 135545 夸脱(大流士在位第 21 年)、39725 夸脱(大流士在位第 19 年)和

---

[1] P. Briant, *From Cyrus to Alexnader, A History of the Persian Empire*, P. Daniels, trans., Winona Lake, Indiana: Eisenbrauns, 2002, p. 290.

[2] 关于波斯波利斯要塞新埃兰文泥版文书中与波斯贵族饮食相关的文献选译,见 A. Kuhrt, *The Persian Empire, A Corpus of Sources from the Achaemenid Period*, Abingdon: Routledge, 2007, pp. 607-608。较完整的汇编校译本见 R. Hallock, *Persepolis Fortification Tablets*, Chicago, Illinois: University of Chicago Press, 1969。

[3] Wiesehöfer, *Ancient Persia from 550 BC to 650 AD*, p. 66.

[4] Ibid., p. 68.

[5] W. Henkelman, "'Consumed before the King', The Table of Darius, That of Irdabama and Irtaštuna and That of His Satrap, Karkiš", in B. Jacobs and R. Rollinger eds., *Der Achämenidenhof / The Achaemenid Court*, Wiesbaden: Harrassowitz Verlag, 2010, pp. 676-677.

[6] Henkelman, "'Consumed before the King', The Table of Darius, That of Irdabama and Irtaštuna and That of His Satrap, Karkiš", pp. 684-685.

[7] Ibid., p. 685.

[8] Ibid., pp. 685-686.

[9] Ibid., p. 687.

21367夸脱（大流士在位第22年），而波吕埃努斯提供的数据则为771600夸脱，高于已明显偏离平均值的最高值（大流士在位第21年数据，基于若干节庆日谷物消耗量的统计结果）近6倍。[1]大流士在位第19年（公元前503年）为王后阿尔图斯托涅举办的一场宫廷宴席调拨了200坛葡萄酒和100只绵羊；[2]这两个数字不可谓不小，但同波吕埃努斯等希腊作家所提供的夸张数据相比仍旧差距巨大。而位高权重的太后伊尔达巴玛（Irdabama）举行的一次宴席所消耗的食材量则只有国王宴席平均水平的十分之一。[3]在较低的社会阶层中，为王室服务的普通成年工人每日的口粮仅为1—1.5夸脱面粉，儿童和青年获得的份额还要更低。[4]埃及总督阿尔萨玛（Aršama）赴任期间每名随从的口粮为每日一杯（具体容量不详）面粉，而总督本人的日配给口粮为两杯普通面粉、三杯优质面粉和两杯葡萄酒。并且一旦他们耽搁了行程，宫廷就将拒绝追加提供任何额外的口粮配给。[5]可见，与侍从下人相比，行省总督们无疑享受着更高的旅途伙食标准，但可供他们消耗的食品资源只是在一定程度上较常人更加丰富，并不是取之不尽、用之不竭的。

为了调和波斯波利斯要塞新埃兰文泥版文书统计结果与希腊史著记载之间的矛盾，亨克尔曼提出了阿黑门尼德宫廷从国库调配之外向首都周边居民大量购买食品的可能。[6]然而，来自大流士统治时期帝国经济中心巴比伦[7]富有商人埃吉比家族（Egibi）[8]的私人商业档案似乎并不支持这种假说。对这份文献的统计数据表明，尽管埃吉比家族十分重视对优质椰枣、大麦、

---

[1] Henkelman, "'Consumed before the King', The Table of Darius, That of Irdabama and Irtaštuna and That of His Satrap, Karkiš", p. 687.

[2] Wiesehöfer, *Ancient Persia from 550 BC to 650 AD*, pp. 68-69.

[3] Henkelman, "'Consumed before the King', The Table of Darius, That of Irdabama and Irtaštuna and That of His Satrap, Karkiš", p. 695.

[4] Wiesehöfer, *Ancient Persia from 550 BC to 650 AD*, p. 70.

[5] Llewellyn-Jones, *King and Court in Ancient Persia 559 to 331 BCE*, pp. 171-172.

[6] Henkelman, "'Consumed before the King', The Table of Darius, That of Irdabama and Irtaštuna and That of His Satrap, Karkiš", p. 688.

[7] F. Joannès, "Private Commerce and Banking in Achaemenid Babylon", in J. Sasson ed., *Civilizations of the Ancient Near East*, Vol. III, Peabody: Hendrickson Publishers Inc., 1995, p. 1475.

[8] Joannès, "Private Commerce and Banking in Achaemenid Babylon", p. 1480.

洋葱等农产品的经营，①并同波斯王室长期保持着密切的商业往来，②但埃吉比家族在为帝国政府服务时的核心营利手段是提供运输船只；③并且他们主要的农产品供应对象也并非宫廷，而是巴比伦境内的埃萨吉尔（Esagil）神庙等宗教中心与帝国军队。④也就是说，至少在史料相对丰富的大流士统治时期，我们目前尚无法找到波斯宫廷向私人商人大规模购买食品的充足证据。

要之，一方面，我们看到，波吕埃努斯等希腊作家的记载中确实包含着若干同波斯帝国内部文献相吻合的资料；与下层劳动者相比，波斯的王公贵族也的确在消费食物的数量与质量上享有无可置疑的、与其统治阶级身份相符的特权。另一方面，希腊作家对波斯帝国宫廷宴饮的描述毕竟存在着明显的虚构成分：他们对御膳的食品种类与消耗量极尽夸张之能事，从而起到了耸人听闻的夸张效果和对波斯统治者进行道德贬损的写作目的。

此外，希腊作家们关于波斯君主极力避免在宴饮场合同臣属见面的记载也很可能存在着夸张的成分。大量证据表明，在阿黑门尼德王朝统治期间，地位较高的波斯帝国官吏显然是经常会获得与君王面对面交谈的机会的；⑤那些定期受到国王召见的臣子们会受到同僚们的艳羡和民众的赞颂。⑥而作为游牧民族的后裔，波斯帝王似乎也从不刻意摆出深居简出的姿态，相反却要在帝国的三至四座都城间定期穿梭往返，以便可以亲自对帝国境内各个区域的政务进行直接部署。⑦因此，希腊作家们对波斯君主在宴饮上使用帷幕动机的解释很可能同样是一种文化误解或有意为之的道德批判。

希腊史料对波斯宫廷宴饮的描述体系的非历史性不仅体现在同波斯帝国内部史料的分歧上，还反映于其内部固有的种种叙述版本差异、程式化

---

① K. Abraham, *Business and Politics under the Persian Empire: The Financial Dealings of Marduk-nāṣir-apli of the House of Egibi (523-487 B.C.E.)*, Bethesda: CDL Press, 2004, pp. 141-142.

② Ibid., p. 114, p. 118, p. 142.

③ Ibid., p. 84.

④ Ibid., pp. 143-154.

⑤ Llewellyn-Jones, *King and Court in Ancient Persia 559 to 331 BCE*, pp. 44-45.

⑥ Ibid., p. 46.

⑦ Ibid., p. 86; p. 95.

第五章　东方主义传统的确立与强化　153

雷同与无法调和的逻辑矛盾中。[1]在我们所掌握的、为数有限的几个可以将流传至今的相对原始文本同波斯宫廷宴饮史料的最重要来源——雅典尼乌斯《智者盛宴》中的转述版本进行比对的例子中，我们看到，雅典尼乌斯对狄侬、赫拉克利德斯与色诺芬等前代作家历史作品的转引并不忠实于原文，而是按照东方主义的叙述模式进行了选择性裁剪、画蛇添足与主观评论，这在很大程度上影响了他提供的波斯史料的可靠性。[2]在关于波斯君主深居简出、不与外界联系的东方主义式叙述模式中，波斯帝国的首都往往被固定在苏萨（Susa）。[3]然而，来自色诺芬、金口狄奥（Dio Chrysostom）、埃利安（Aelian）等人的材料证据表明，[4]波斯国王拥有数座都城并进行季节性迁徙的情况乃是许多希腊知识精英熟知的常识，这一常识是同东方君主完全不与外界沟通的错误认识存在着根本矛盾的。在关于波斯君主不肯轻易接见希腊人的历史叙述中，普鲁塔克给出了另一个很可能更加原始的版本：波斯君主乐于接见承诺遵守敬奉自己的波斯宫廷礼节的希腊人，而在与拒绝遵守这些礼仪的异邦人交流时则采取由宦官传话的方式。[5]结合常理和我们目前掌握的波斯宫廷制度知识来判断，普鲁塔克提供的版本很可能才是较为接近历史真相的。当代著名波斯史学者布里昂（Pierre Briant）敏锐地注意到，往往被现代波斯史研究者视为权威史料的、由波吕埃努斯提供的波斯宫廷御膳菜单是同亚历山大巡视大流士三世营帐的情节紧密联系在一起的，[6]而后者又同希罗多德笔下波桑尼阿斯部下劫掠波斯营帐的场景[7]存在着太多的雷同元素，令人不能不怀疑波吕埃努斯的记载直接来自于对希罗多德《历史》的抄袭。

除此之外，波吕阿尔库斯、雅典尼乌斯等人对波斯乃至东方民族宴饮习俗中骄奢淫逸（τρυφή）恶劣品质的批判还包含着一个更为深刻的根本性

---

[1] T. Harrison, *Writing Ancient Persia*, London & New York: Bristol Classical Press, 2011, p. 23.
[2] Lenfant, "On Persian *Tryphē* in Athenaeus", p. 58.
[3] Young, "The Consolidation of the Empire and Its Limits of Growth under Darius and Xerxes", p. 79.
[4] Xen. *Cyr*. 8.6.22; C. Tuplin, "Xenophon and Achaemenid Courts: A Survey of Evidence", in B. Jacobs and R. Rollinger eds., *Der Achämenidenhof / The Achaemenid Court*, Wiesbaden: Harrassowitz Verlag, 2010, p. 224; Dio Chrys. *Or*. 6.1-7; Ael. *VH* 1.31-33.
[5] Plut. *Them*. 27.4-5.
[6] Briant, *From Cyrus to Alexnader, A History of the Persian Empire*, pp. 287-288.
[7] Hdt. 9.80.

矛盾：如果这种品质是东方民族与专制帝王固有劣根性的反映，希腊作家们就无法解释众多希腊人对波斯风尚的欣赏与效法，也无从说明"落后"的波斯文明何以会对"先进"的希腊风俗产生了种种难以磨灭的深远影响，而这方面的记载在希腊语文献（甚至包括雅典尼乌斯本人的汇编）中可谓俯拾皆是。杜里斯（Duris）记载道，斯巴达国王波桑尼阿斯曾嫌弃本城邦使用的粗糙衣袍，改穿波斯人的精美衣物；亚历山大也在征服亚洲后采纳了波斯帝王服饰。[1]根据提迈乌斯（Timaeus）的说法，克罗东（Croton）人的首领曾一度改穿波斯人的华贵衣物。[2]而帖撒利人（Thessalians）和以弗所人（Ephesians）同样醉心于波斯人的考究生活方式，前者据说甚至曾为此邀请波斯人入侵希腊。[3]无论这些记载的真实性究竟如何，它们都足以证明：追求生活的高品质与外表的美观乃是人类的共同天性，并不仅为波斯人或东方民族所独有，并且这种天性就其本身而论是与道德水准无必然联系的。而在希腊历史学家中，对波斯帝国的成就持肯定态度的史学家大有人在；[4]赫拉克利德斯在描述波斯人与米底人的奢侈生活方式的同时也称赞他们是最英勇果敢的异邦人（ἀνδρειότατοι καὶ μεγαλοψυχότατοι τῶν βαρβάρων ὄντες）。[5]在个别场合下，雅典尼乌斯笔下的哲人也肯定波斯人善于将事务经营得井井有条。[6]亲身经历过波斯宫廷生活的泰西阿斯声称波斯国王每年只允许自己在向米特拉（Mithra）神献祭的那一天喝醉。[7]雅典尼乌斯不得不承认，古典时代的许多一流诗人都会在自己的作品中使用波斯帝国的文化词汇；[8]喜剧诗人安提法尼斯（Antiphanes）曾在作品中慨叹过希腊人的贫困和波斯人饮食的考究；[9]而泰西阿斯似乎也曾援引波斯宫廷禁用陶杯的"先进"习俗来纠正希腊人的"陋习"。[10]散见于雅典尼乌斯作品中的这些

---

[1] Duris, *FGrH* 76 F14 (= Ath. 535e-f).
[2] Timaeus, *FGrH* 566 F44 (= Ath. 522a-c).
[3] Ath. 527b; 525d-e; 663a.
[4] Ath. 506c.
[5] Ath. 512a-b.
[6] Ath. 432a.
[7] Ctes. F 50 (= Ath. 434d-f).
[8] Ath. 121f-122a.
[9] Ath. 130e-131a.
[10] Ctes. F 40 (= Ath. 464a-b).

反面言论充分印证了波斯宫廷风尚在其强盛时期具备的文化向心力和对成长中的希腊文明的积极示范作用。

无论如何,希腊史家们仅仅基于宫廷宴饮的盛大排场而对波斯政权做出的否定性道德评价都是有欠公正的。事实上,波斯国王所掌握的巨大财富、波斯民族身穿的漂亮服饰同样是描述它们的希腊知识精英们所欣赏的;[1]这种对富足与美好事物的适度追求本身其实与善恶无关。可以证明这一点的例子是,尽管同阿黑门尼德王朝长期保持友好关系的第二圣殿时代犹太人[2]也曾描述过波斯宫廷宴饮的气派排场,但《旧约·以斯帖书》中的相关评论并无丝毫贬损之意。[3]可见,对波斯宫廷宴饮场景的极端负面评价在很大程度上反映了希腊人自身的文化偏见。[4]而将骄奢淫逸(τρυφή)视为公元前4世纪波斯帝国衰落根源的历史观念则是根本错误的。[5]考古证据表明,直至亚历山大征服前夕,波斯王室统治下的帝国长期维持着稳定、富足的局面。[6]马修·施托尔珀(Matthew Stolper)对巴比伦地区穆拉沙(Murasha)私人家族经济档案的出色研究则表明,在阿黑门尼德王朝统治时期,巴比伦地区农业经济中长期存在的问题反而是粮食生产过剩所导致的谷贱伤农现象,[7]可见个别希腊作家笔下波斯宫廷的饕餮盛宴造成国家粮库空虚的记载完全是凭空想象出来的、不负责任的说法。此外,将波斯国王组织的壮观宫廷宴饮单纯视为饕餮之徒们的挥霍也是有悖于历史事实的。波斯国王的宴席并不仅供自身享用,还要供应他的家庭成员和卫队士

---

[1] Kuhrt, *The Ancient Near East, c. 3000-300 BC*, Vol. II, p. 648; Llewellyn-Jones, *King and Court in Ancient Persia 559 to 331 BCE*, p. 62.

[2] R. Zarghamee, *Discovering Cyrus: The Persian Conqueror Astride the Ancient World*, Washington DC: Mage Publishers Inc., 2013, p. 235.

[3] Hebrew Bible, *Esther*, 1:3-9; H. Mathys, „Der Achämenidenhof im Alten Testament", in B. Jacobs and R. Rollinger eds., *Der Achämenidenhof / The Achaemenid Court*, Wiesbaden: Harrassowitz Verlag, 2010, p. 254.

[4] Llewellyn-Jones, *King and Court in Ancient Persia 559 to 331 BCE*, p. 122.

[5] Ibid., p. 144.

[6] L. Llewellyn-Jones, "The Greak Kings of the Fourth Century and the Greek Memory of the Persian Past", in S. Marincola, L. Llewellyn-Jones and C. Maciver eds., *Greek Notions of the Past in the Archaic and Classical Eras: History without Historians*, p. 318.

[7] Joannès, "Private Commerce and Banking in Achaemenid Babylon", pp. 1482-1483.

兵。^①对波斯宫廷宴饮进行过猛烈道德批判的雅典尼乌斯也承认，这些宴席有时具有集合军政要人商讨国家大事的政治职能。^②事实上，阿黑门尼德王朝时期的帝国宫廷原本就承担着举办大型公共仪式庆典的天然任务。^③体面的宫廷宴饮是王权的象征，^④也是国王和上层贵族们共同需要的交流平台，^⑤承载着阿黑门尼德氏族治理国家的基本政治理念。^⑥该统治模式并非波斯帝国的首创，而是一种在古代东方世界长期存在着的政治文化传统。^⑦这种行之有效的政治生活组织方式显然是身处异质文化传统中的希腊史学家们难以深入理解的。^⑧

第四节　贤哲之士的会饮：公元前 5—前 4 世纪古典会饮文学传统中对波斯帝国贤明君主形象的理想化建构

在上文的史料梳理中，我们不难发现：尽管主要通过雅典尼乌斯保留下来的、关于波斯宫廷宴饮生活的大部分历史记忆带有鲜明的东方主义色彩，但《智者盛宴》同样有意无意地为后人保存了若干与"主流"观点并不相符、甚至截然相反的赞美波斯帝国宫廷饮食文化与波斯政治家形象的言论。笔者认为，这些散见各处的信息其实透露了希腊语世界波斯史叙述传统中的一个重大转折：对波斯宫廷豪饮场景的戏剧性丑化与道德批判很可能是通过取代古典文学传统中对波斯贤哲之士会饮时高贵谈吐的理想化建构而逐步确立起来的。

---

① Burgan, *Empires of Ancient Persia*, p. 95.
② Ath. 192c.
③ Llewellyn-Jones, *King and Court in Ancient Persia 559 to 331 BCE*, p. 51.
④ M. Brosius, „Das Hofzeremoniell", in B. Jacobs and R. Rollinger eds., *Der Achämenidenhof / The Achaemenid Court*, Wiesbaden: Harrassowitz Verlag, 2010, p. 469; Brosius, "New out of Old? Court and Court Ceremonies in Achaemenid Persia", p. 42.
⑤ Llewellyn-Jones, *King and Court in Ancient Persia 559 to 331 BCE*, pp. 32-33; p.41. 关于波斯帝国统治模式中君主集权与地方自治之间的关系，参见晏绍祥《波斯帝国的"专制"与"集权"》，《古代文明》2014 年第 3 期。
⑥ Llewellyn-Jones, *King and Court in Ancient Persia 559 to 331 BCE*, p. 42.
⑦ Brosius, "New out of Old? Court and Court Ceremonies in Achaemenid Persia", p. 56.
⑧ Brosius, „Das Hofzeremoniell", p. 469.

在古希腊社会内部，会饮传统可能起源于古风时代成年贵族战士间的交际活动。最早的古风时期会饮文学作品是描述战争的哀歌体诗歌；而会饮的组织形式似乎也在斯巴达（Sparta）城邦的军事组织模式中留下了痕迹。[1]散文体的会饮文学传统则是由柏拉图（Plato）和色诺芬确立的；[2]哲学家伊壁鸠鲁（Epicurus）可能对会饮文学的发展做出过突出贡献，琉善（Lucian）、普鲁塔克和雅典尼乌斯都是希腊会饮文学传统的后继者，佩特罗尼乌斯（Petronius）、盖利乌斯（Aulus Gellius）和玛克罗比乌斯（Macrobius）则印证了这一文学样式对拉丁语世界的深远影响。[3]会饮文学的主题在其草创阶段即已呈现出两大鲜明特色：一是富含消遣娱乐和情色内容的轻松主题，二是聚焦于对高雅文学、治国安邦之道和人生哲理问题的深刻讨论。[4]笔者认为，希腊古典时期叙述波斯历史的两位最重要的史家——希罗多德与色诺芬对波斯宫廷生活的描述均受到了诗歌体会饮文学中后一主题的显著影响；而他们对前一主题的零星记载则在普遍对波斯帝国怀有强烈东方主义歧视心态的后世希腊作家的笔下被不断夸张放大和添油加醋。

事实上，在相当多的希腊史料语境下，宫廷宴席的组织者——波斯君主都是以英武睿智的贤君形象出现的，该特征与雅典尼乌斯笔下醉生梦死的酒囊饭袋形象根本无法兼容。柏拉图记载说，波斯王子从呱呱坠地时起便受到国中最高级的宦官和最渊博的饱学之士们的悉心照料，培养其强健的体魄，接受宗教、哲学等方面的系统教育，[5]最终成为居鲁士大帝那样的天之骄子。[6]色诺芬在其《家政论》（*Oeconomicus*）将古代的波斯君主视为

---

[1] O. Murray, "Symposium", in S. Hornblower, A. Spawforth and E. Eidinow eds., *Oxford Classical Dictionary*, fourth edition, Oxford: Oxford University Press, 2012, p. 1418.

[2] H. Görgemanns, „Symposion-Literatur", in H. Cancik and H. Schneider eds., *Der neue Pauly, Enzyklopädie der Antike*, Band 11, Stuttgart: J.B. Metzler, 2003/2012, col. 1139; O. Murray, "Symposium Literature", in S. Hornblower, A. Spawforth and E. Eidinow eds., *Oxford Classical Dictionary*, fourth edition, Oxford: Oxford University Press, 2012, p. 1418.

[3] Murray, "Symposium Literature", pp. 1418-1419; Athenaeus, *The Learned Banqueters*, Vol. I, S. Olson ed./trans., London & Cambridge MA: Harvard University Press, 2006, pp. xii-xiii.

[4] Görgemanns, „Symposion-Literatur", cols. 1139-1140.

[5] Pl. *Alc.* 1, 121c-122a; Strabo, 15.3.18; Kuhrt, *The Ancient Near East, c. 3000-300 BC*, Vol. II, p. 683.

[6] Pl. *Leg.* 694c-696a.

理想的道德楷模；[①]并在《长征记》(*Anabasis*)中为波斯王子小居鲁士(Cyrus the Younger)的道德品质谱写了一曲昂扬的颂歌。[②]在普鲁塔克笔下，阿黑门尼德王朝执政时间最长的波斯君主阿塔薛西斯长于吃苦耐劳，勇武过人，[③]是一位慷慨、仁慈、干练的贤明帝王。[④]狄奥多鲁斯(Diodorus)声称，大流士三世(Darius III)是全体波斯人中最勇敢的战士，在波斯臣民心目中享有崇高的声望；[⑤]普鲁塔克同样指出，大流士三世是全亚细亚身材最为高大强健、面容最为英俊的男子。[⑥]上述这些历史记忆显然是完全不能同雅典尼乌斯笔下那些酒囊饭袋式的波斯君主形象兼容的。

那么，在公元前5—前4世纪的希腊史家希罗多德与色诺芬笔下，波斯帝国的宫廷宴饮形象究竟是怎样的呢？令人遗憾的是，希罗多德在《历史》(*Historiae*)并未对波斯宫廷宴饮场景进行过正面描述。[⑦]不过，普罗万卡尔(Vernon L. Provencal)对希罗多德的最新研究成果似乎有助于我们理解希罗多德对波斯宫廷的总体态度。普罗万卡尔指出，正如日后柏拉图提出的"哲学王"概念一样，希罗多德也在其作品中塑造了一系列拥有超凡智力、致力于将自己的政治理想贯彻于现实世界的"智者国王(sophist king)"形象，[⑧]这套叙述模式被希罗多德系统地应用于《历史》中对历任波斯君主形象的构建方式中。建立米底—波斯帝国的戴伊奥克斯(Deioces)是一位典型的智者；波斯开国君主居鲁士大帝由于执着追求世界帝国的梦想而走向灭亡；在宫廷政体辩论中胜出的大流士是智者国王中的翘楚；冈比西斯(Cambyses)和薛西斯分别步居鲁士的后尘，同样毁灭于自身的政治理想和不切实际的征服野心。[⑨]笔者认为，一方面，普罗万卡尔在波斯君主与智者学派之间建立起的联系相当牵强，而他认为希罗多德是站在希腊

---

① Xen. *Oec*. 4.4.
② Xen. *An*. 1.9.1-31.
③ Plut. *Artax*. 24.10-11.
④ Kuhrt, *The Ancient Near East, c. 3000-300 BC*, Vol. II, p. 673.
⑤ Diod. Sic. 17.6.1-3.
⑥ Plut. *Alex*. 21.6.11.
⑦ Briant, *From Cyrus to Alexnader, A History of the Persian Empire*, p. 255.
⑧ Provencal, *Sophist Kings, Persians as Other in Herodotus*, p. 215.
⑨ Ibid., p. 223.

传统价值观基础上批判智者学派的解读更有穿凿附会之嫌;[1]另一方面,普罗万卡尔对《历史》文本分析的结论中有一点是合理且十分重要的:希罗多德确实将居鲁士、冈比西斯、大流士、薛西斯等波斯帝王和克洛伊索斯(Croesus)、阿塔巴努斯(Artabanus)等宫廷谋臣塑造成了喜剧性或悲剧性的贤哲之士。戴伊奥克斯的智者头衔(Ἀνὴρ ἐν τοῖσι Μήδοισι ἐγένετο σοφὸς τῷ οὔνομα ἦν Δηιόκης)、[2]《历史》卷三中大流士等波斯政治家关于民主制、寡头制与君主制优劣的著名辩论、[3]薛西斯与老臣阿塔巴努斯围绕是否应出兵希腊和人间祸福转化的戏剧性争执、[4]以及全书开篇处梭伦与日后归顺居鲁士的克洛伊索斯之间的哲理谈话[5]都是这方面的典型例子。在对波斯人宴饮习俗十分有限的交代中,希罗多德简略地记载了波斯君主每年庆祝生日时举办大规模酒宴的传统;[6]他还指出波斯人食用较多零食,但每日只进一顿正餐,且自认为这种饮食习惯较希腊人更为优越;希罗多德也记载了他们喜爱美酒的风俗和不得在公共场合呕吐或便溺的禁忌。[7]值得注意的是,尽管希罗多德显然可以在这些记载中对身为希腊仇敌的波斯人予以嘲讽或批判,但他真正采用的平实文字与客观介绍方式却并无任何贬损、批判波斯宴饮习俗的意味,而希罗多德对波斯帝王记载所惯用的贤哲形象塑造程式使得我们有理由确信,尽管极少直接付诸笔端,但希罗多德心目中的波斯宫廷宴饮场景理应是如克洛伊索斯与梭伦的对话或大流士等人进行的政体辩论那样的、饱学之士之间充满机锋的哲理玄谈,符合同时代抒情诗传统对希腊会饮场景的建构模式。

作为现存最早的两篇散文体对话《会饮篇》(*Symposium*)之一的作者,色诺芬在其文史参半的著作《居鲁士的教育》(*Cyropaedia*)中塑造了波斯宫廷宴饮场景的原型。在这部作品中,波斯宫廷宴席中的主导者——居鲁

---

[1] Provencal, *Sophist Kings, Persians as Other in Herodotus*, p. 93; p. 257.
[2] Hdt. 1.96.
[3] Hdt. 3.80-83.
[4] Hdt. 7.10; 7.18; 7.45-52.
[5] Hdt. 1.30-33.
[6] Hdt. 9.110.
[7] Hdt. 1.133.

士大帝是一位容貌俊美、慷慨宽仁、果敢坚毅、睿智贤哲的圣主。[1]在米底末代君主、外祖父阿斯图亚格斯（Astyages）招待自己的酒宴上，居鲁士批评了米底宴饮风俗的奢侈浪费，倡导俭朴、节制的饮食习惯，并将自己面前的肉食分给了外祖父手下的宫廷仆从。[2]而在居鲁士本人招待米底、亚美尼亚（Armenia）将士的庆功宴上，他禁止自己的部下喝酒吃肉，要求他们去喝河中的淡水，并保持节制的半饥饿状态。[3]建立帝国之后，居鲁士在宴饮场合接受了更为艳丽的米底服饰。但他的初衷绝不是追求奢侈，而是为了通过华美的着装掩饰每位宾客的生理缺陷，从而维持宴会的平等与祥和气氛。[4]与此同时，他仍旧要求臣子们在宴饮场合保持节制，严禁当众吐痰或擦鼻涕。他在安排宴会座位时确立了尊卑有别的次序，但却不是按照社会身份，而是按照每个人在自己心目中的品质与荣誉的高低安排入座次序的流动，从而激励自己的臣下们竞相向善。他还会利用宴会的场合对麾下将领们进行思想教育。[5]居鲁士大帝建立的节制会饮制度中的若干基本原则一直延续到了色诺芬生活的时代；[6]在居鲁士组织的波斯宴饮模式下，所有人每日都只进一餐，以便自己可以抓紧时间投入充实的日常劳动中去；当时的波斯贵族们在宴饮中始终保持着理性与节制，永远不会因为饮酒过量而酩酊大醉。[7]

要之，在《居鲁士的教育》中，色诺芬塑造了波斯宫廷宴饮场景在古希腊历史记忆中的最初形象。与后世作家对这一场面的东方主义式建构截然不同，色诺芬笔下的居鲁士宫廷宴会场面是健康、节制、睿智和符合古希腊传统美德观念的。这一描述方式同聚焦于伦理问题、重视哲学教育功能的希腊会饮文学传统和希罗多德史学对波斯帝王的贤哲形象塑造一脉相承。可见，在色诺芬所呈现的公元前4世纪早期希腊语波斯史叙述模式中，典型的波斯宫廷宴饮场景是希腊英雄、哲人会饮形象的翻版与升华，反映

---

[1] Xen. *Cyr*, 1.2.1.
[2] Xen. *Cyr*, 1.3.4-7.
[3] Xen. *Cyr*, 4.5.1-4.
[4] Xen. *Cyr*, 8.1.40.
[5] Xen. *Cyr*, 8.4.1-8.
[6] Xen. *Cyr*, 1.2.16.
[7] Xen. *Cyr*, 8.8.9-10.

了古希腊知识精英对以居鲁士大帝统治下的波斯帝国为代表的古老东方文明智慧的推崇与向往。与后世东方主义式的叙述手法相似，希罗多德、色诺芬笔下的波斯宫廷同样是真实的历史元素与希腊人自身主观想象的混合体，但后者所加入的理想化建构元素却迥异于前者中充斥的对波斯文明的诋毁与道德否定，从而在现存希腊史料中保留了两套以波斯宫廷宴饮场面为描述对象的反差巨大、往往难以调和的历史叙述模式。

第五节　小结

在古希腊文学传统中，对波斯宫廷宴饮的负面道德评价与对它的理想化塑造是同步出现的。希罗多德保留了个别对波斯贵族奢侈生活状态的记录；[1]对居鲁士大帝时代波斯宫廷贤哲会饮场面进行了积极建构的色诺芬著作《居鲁士的教育》同时也是古希腊散文文学中对同时代波斯贵族盛宴奢华排场予以抨击的始作俑者。[2]不过，在公元前5世纪末至前4世纪中前期的希腊史家（希罗多德、色诺芬、泰西阿斯）语境下，对波斯宫廷组织模式的正面评价要远远多于对它的负面批评，并且二者间往往并不存在明显的逻辑矛盾——这些论述通常采用今昔对比的阶段论模式，认为居鲁士时代的波斯古风是优越的和值得效法的，而直接同希腊人兵戎相见的、生活在大流士与薛西斯统治时期的波斯王公贵族们在某些方面业已腐化堕落。[3]随着时间的推移，希罗多德、色诺芬、柏拉图等作家对波斯政治家与波斯宫廷组织模式的正面评价开始被后人淡忘或选择性无视；而对奢靡无度、纲常崩坏、阴森恐怖的波斯宫廷宴饮场景的东方主义式想象逐渐大行其道，最终几乎完全淹没了前者，并通过雅典尼乌斯等人的著作成为现代西方知识分子对东方世界最鲜明的印象之一。

由于记载波斯宫廷宴饮的现存希腊文史料大多来自雅典尼乌斯的选择性摘抄，相关原书的全貌早已无从得见，而相当一部分相关史家的生活年

---

[1] Hdt. 7.118; 9.80.

[2] Xen. *Cyr.* 8.8.9-10.

[3] 相关例子见 Aes. *Per.* 759-786; Pl. *Leg.* 694c-696a; Xen. *Cyr.* 8.8; Xen. *Lac.* 14 (对斯巴达社会风尚兴衰历程的类似解释模式)。

代也已无法精确判定。因而，对这一历史记忆演变趋势的精确还原已成为一项不可能完成的任务。不过，可以肯定的是，掺杂在希腊作家东方主义式波斯宫廷记忆中的许多元素是同波斯社会本身无关的，它们来自希腊化与罗马时代的后世历史经验的窜入。

对波斯宫廷奢靡生活的夸张描写在很大程度上产生于亚历山大东征后希腊化前期历史学家的杜撰，其目的是为了制造耸人听闻的叙述效果，或论证希腊人统治东方的合理性。[1]在雅典尼乌斯摘录的波斯宫廷宴饮细节中，许多材料是同亚历山大或希腊化早期王国历史直接相关或构成类比的，[2]反映了希腊化前期希腊文明的东方化趋势留给当时希腊知识精英们的深刻印象。而亚克兴（Actium）海战前夕屋大维（Octavius）对埃及王后克莉奥帕特拉（Cleopatra）奢侈淫荡生活方式的攻讦[3]和罗马人对本都（Pontus）国王米特拉达梯（Mithridates）形象的丑化描写[4]也在雅典尼乌斯的作品中被同波斯宫廷宴饮的奢靡风气混为一谈。此外，来自早期罗马帝国内部的社会生活记忆很可能也在帝国时期的希腊语作家们建构东方主义式波斯宫廷宴饮场景的过程中发挥了重要作用。[5]根据当代罗马史学家们对帝国早期铭文和相关考古资料的研究成果来看，创作于1世纪中期的罗马文学史上现存第一部小说《萨蒂利孔》（Satyricon）残篇中相对完整的核心情节"特里马乔之宴（Cena Trimalchionis）"很可能是对当时罗马帝国上层贵族宴饮场面的较为真实的艺术再现，[6]这篇文献中对特里马乔晚宴的奢侈豪华[7]、规矩森严[8]、情色意味[9]与魔幻色彩[10]的渲染与讽刺与雅典尼乌斯作品中对波斯国王宴席的描述内容高度相似，大概反映了罗马帝国

---

[1] Briant, *From Cyrus to Alexnader, A History of the Persian Empire*, p. 255.
[2] Cleitarchus, *FGrH* 137 F1 (= Ath. 148d-f); Ath. 196a-203b; 535c-f; 539c-f. Polyaenus, *Strat.* 4.3.24.
[3] R. Syme, *The Roman Revolution*, Oxford: Clarendon Press, 1939, pp. 281-293; Socrates of Rhodes, *FGrH* 192 F1 (= Ath. 147e-148b), F2 (= Ath. 148b-c).
[4] Ath. 213a.
[5] Sen. *Helv.* 10.3; Plin. *HN*, 9.67.
[6] G. Schmeling, *A Commentary on the Satrica of Petronius*, Oxford: Oxford University Press, 2011, pp. 103-104; p. 294.
[7] Petron. *Sat.* 35; 53.
[8] Petron. *Sat.* 30; 49; 52.
[9] Petron. *Sat.* 67-68.
[10] Petron. *Sat.* 61-63.

早期上层贵族生活经验窜入希腊作家对波斯宫廷宴饮场面的历史记忆的情况。

对于古波斯史料学研究而言，波斯宫廷宴饮形象在希腊史学发展过程中的彻底反转生动地揭示了这门以希腊语文献为主要资料的学科的复杂性与研究难度。①由于公元前4世纪以降的希腊作家对波斯历史、波斯帝国形象的误解或歪曲，阿黑门尼德王朝时期的大量历史真相已被淹没在层垒式的古史杜撰运动之下，使得作为文化失语者的波斯帝国的历史形象长期以来不断受到道德论式的贬抑与批判。然而，我们看到，随着文化多元主义思潮的兴起和亚述学、古典学、考古学的分头发展与密切合作，当前的古波斯史料学正在呈现出全新的发展面貌，向世人展示着一部不断修正、日益逼近历史真相的波斯帝国社会生活史。

对于希腊史学史和思想史而言，波斯帝国宫廷宴饮形象变迁的案例生动地展示了东方主义波斯观在公元前4世纪至2世纪的漫长历史进程中萌芽、发展并建立统治地位的宏观过程。在公元前4世纪中叶以前，希腊史学家们普遍是怀着仰慕、敬畏的心态去观察历史悠久、幅员辽阔的波斯帝国的。事实上，在公元前6世纪末至公元前4世纪末的200年间，波斯帝国始终是地中海区域内最为庞大、富足和强盛的君主制国家。②在古典早期的大多数希腊作家们眼中，波斯王权是成功的绝对专制统治模式的代名词，比希腊文明更为悠久的波斯文明是值得希腊人学习、效法的智慧源泉。③但从公元前4世纪中期起，随着泛希腊主义（Pan-Hellenism）思潮的兴起、波斯帝国的分崩离析和希腊知识精英文化优越感的膨胀，一套东方主义式的、道德贬抑色彩浓重的波斯历史叙述体系发展起来，④逐步取代了希罗多德、色诺芬等前辈们对波斯帝国与东方世界的平视或仰视姿态，最终成为近现代西方殖民主义世界观的历史依据。波斯宫廷宴饮性质在古希腊文献叙述体系中的反转正是整部古希腊东方主义历史观发展历程的缩影。

---

① Harrison, *Writing Ancient Persia*, pp. 19-21.
② Kuhrt, "Der Hof der Achämeniden: Concluding Remarks", p. 901.
③ Xen. *Cyr.* 1.1.3-5; Arist. [*Mund.*] 398a-b.
④ Llewellyn-Jones, *King and Court in Ancient Persia 559 to 331 BCE*, p. 101.

下 编

罗马篇

iuniores post Actiacam victoriam, etiam senes plerique inter bella civium nati: quotus quisque reliquus, qui rem publicam vidisset?

如今的年轻人都是在亚克兴战役胜利后出生的,老人们也不过出生于内战期间。活着的人中还有几个见过共和国呢?(Tac. *Ann.* 1.3)

第六章

拓荒与附会：波利比乌斯对罗马征服地中海世界普世史的建构与《历史》中的戏剧化元素[①]

第一节 波利比乌斯与戏剧化史学

在《历史》[②]2.56中，波利比乌斯（Polybius）用令现代读者感到刺耳、[③]但合乎希腊化时代史学著述习惯的论战式笔触[④]猛烈抨击了前辈史家弗拉尔库斯（Phylarchus）及以其为代表的"戏剧化历史"。[⑤]波利比乌

[①] 本章主体内容已先期发表为《戏剧化元素与波利比乌斯的普世史体系——基于古代地中海世界连通性的分析》（《世界历史评论》2019年夏季号）一文。

[②] 国内学界习惯上将波利比乌斯的主要著作命名为"《通史》"。该名称与波利比乌斯普世史拥有明确时间终始断限的基本特征存在着冲突，因而笔者在本书中按照波利比乌斯传世抄本中的标题（ΙΣΤΟΡΙΩΝ）与英美学者的称呼习惯（The Histories）而称之为"《历史》"。关于波利比乌斯之普世史实非通史的考辨，见刘家和《史学·经学与思想》，北京师范大学出版社2005年版，第95页；易宁《波利比乌斯的普世史观念》，《史学史研究》2007年第4期。

[③] F. Walbank, "Polemic in Polybius", *The Journal of Roman Studies*, Vol. 52, Parts 1 and 2 (1962), p.1; 邵大路：《波利比乌斯的历史编纂理论——以〈通史〉第十二卷为中心的探究》，《黑河学刊》2010年第11期。

[④] A. Eckstein, "Polybius, Phylarchus, and Historiographical Criticism", *Classical Philology*, Vol. 108, No. 4 (Oct. 2013), p. 335.

[⑤] Polyb. 2.56.1-13. 波利比乌斯在现存著作中并未直接使用"戏剧化历史"这一术语，仅仅笼统地声称弗拉尔库斯等撰史者使用了悲剧的文学虚构手法，以调动读者情感、添油加醋、想象夸张等手段片面追求其作品的可读性，从而损害了历史的真实性与借鉴意义。在英美古典学研究传统中，学者们通常将波利比乌斯的批判对象命名为"悲剧化历史（tragic history）"；法语古典学界有时则称之为（转下页）

斯指出,严肃的历史学家不应用耸人听闻的方式去吸引读者眼球,也不能像悲剧作家们(οἱ τραγῳδιογράφοι)那样虚构情节与台词,而应按照可靠的记忆去忠实地记载史事,即便这些事件有时是平淡无奇的。[1]由于波利比乌斯是唯一在现存著作中正面提及这种"戏剧化史学"传统的古典作家,[2]并且其具体表述本身存在着笼统与含混之处,[3]当代学者们对"戏剧化历史"性质的判断并不完全一致。马林科拉(John Marincola)认为其核心在于对读者情感的调动和强调人类命运跌宕起伏(περιπέτειαι)的悲剧主题的借用,[4]并具有过度夸张的倾向;[5]德雷尔(B. Dreyer)将波利比乌斯对"戏剧化历史"的批判等同于修昔底德(Thucydides)对史学求真致用功能的强调;[6]富隆(E. Foulon)将"戏剧化历史"解读为希腊化史家针对亚里士多德(Aristotle)《诗学》关于诗歌高于史学论断[7]做出的回应,[8]认为波利比乌斯的批判意在引导史学回归"求真"的正路。[9]尽管解读视角有所不同,上述三位研究者均将波利比乌斯对"戏剧化历史"的批判言论视为反映波利比乌斯本人史学作品求真精神的重要载体,并将之视作古希腊史学发展史上一种难能可贵的学术批判思想而予以高度赞扬。笔者认为,

---

(接上页)"史学中的戏剧元素(comique en histoire)"。考虑到波利比乌斯原作强调的乃是西方悲剧文学传统中的崇高化与修辞性特征,而非对应中文术语"悲剧"中着重强调的"悲壮、悲惨"之意,据字面直译容易导致歧义,笔者在本书中借鉴了法语学界的命名习惯和褚新国《波利比乌斯论撰史中的"失真"》(《唐都学刊》2013 年第 1 期)中的处理方式,将之译为"戏剧化历史"。

[1] Polyb. 2.56.10: "δεῖ τοιγαροῦν οὐκ ἐπιπλήττειν τὸν συγγραφέα τερατευόμενον διὰ τῆς ἱστορίας τοὺς ἐντυγχάνοντας οὐδὲ τοὺς ἐνδεχομένους λόγους ζητεῖν καὶ τὰ παρεπόμενα τοῖς ὑποκειμένοις ἐξαριθμεῖσθαι, καθάπερ οἱ τραγῳδιογράφοι, τῶν δὲ πραχθέντων καὶ ῥηθέντων κατ' ἀλήθειαν αὐτῶν μνημονεύειν πάμπαν, κἂν πάνυ μέτρια τυγχάνωσιν ὄντα."

[2] K. Sacks, *Polybius on the Writing of History*, Berkeley & Los Angeles: University of California Press, p. 144, p. 146.

[3] Sacks, *Polybius on the Writing of History*, p. 169.

[4] J. Marincola, "Polybius, Phylarchus, and 'Tragic History': A Reconsideration", in B. Gibson and T. Harrison eds., *Polybius and His World: Essays in Memory of F.W. Walbank*, Oxford: Oxford University Press, 2013, pp. 73-74.

[5] Marincola, "Polybius, Phylarchus, and 'Tragic History': A Reconsideration", p. 80.

[6] B. Dreyer, "Frank Walbank's Philippos Tragoidoumenos: Polybius' Account of Philip's Last Years", in Gibson and Harrison eds., *Polybius and His World: Essays in Memory of F.W. Walbank*, p. 202.

[7] Arist. *Poet.* 1451a38-b11.

[8] E. Foulon, «La critique du comique en histoire par Polybe», *Pallas*, No. 81 (2009), p. 129.

[9] Foulon, «La critique du comique en histoire par Polybe», p. 119.

作为一位生活在近代史学尚未诞生、史学与文学的界限尚不明确的文化环境中的史家,波利比乌斯对戏剧化历史的批判确实具备积极的方法论意义。然而,无论我们接受哪位现代研究者的解释模式,波利比乌斯对戏剧化史学撰述方式的否定与摒弃都是不彻底的。如果将"戏剧化"理解为文学戏剧性质的虚构、夸张与情节构建的话,那么希腊古典戏剧中的语言修辞风格、道具运用、情节编排、台词设计和命运主题都是彼此配合、共同实现戏剧化效果的基本要素。从波利比乌斯的现存文本看,作者确实在历史叙事中通篇保持了平实、凝练的特色,从而在文字风格上同"戏剧化历史"划清了界限。[①]然而,为了构建一套宏大、完整、史无前例[②]且富于个人特色的普世史体系,波利比乌斯采用了与古希腊戏剧舞台艺术如出一辙的道具、情节、台词与主题,完成了一部以崛起中的罗马政权为主角、以广大的地中海世界为舞台、以难以捉摸的命运引导罗马在不到53年内建立地中海世界有机统一体(συμπλοκή)为主题、[③]充满矛盾冲突与跌宕情节的宏大戏剧化历史著作。波利比乌斯普世史体系中的部分戏剧化元素并不符合近现代史学追求真实的标准,带有一定的时代局限性。

"波利比乌斯问题从不存在(Es gibt keine Polybiosfrage)。"[④]德国古典学者霍瓦尔德(Ernst Howald)这句在今天看来显然过度自信的名言的立论基础在于,波利比乌斯是古典史家中不厌其烦地向希腊与罗马读者[⑤]介绍自己治史原则的极端特例。[⑥]对"戏剧化历史"旗帜鲜明的理论批判正是

---

① Polybius, *The Histories*, Vol. I, Books 1-2, W. Paton ed./trans., F. Walbank and C. Habicht revs., Cambridge, MA & London: Harvard University Press, 2010, p. xi.

② Polyb. 5.33.1-8.

③ Polyb. 1.1.2-6, 1.2.7, 1.4.1, 3.1.4, 3.1.9, 3.2.6, 3.3.9, 3.4.2, 3.118.9, 6.2.3, 8.2.3, 39.8.7; Walbank, *HCP*, 1.1.5-6; J. Quinn, "Imaging the Imperial Mediterranean", in Gibson and Harrison eds., *Polybius and His World: Essays in Memory of F.W. Walbank*, p. 337; F. Walbank, "*Symploke*: Its Role in Polybius' *Histories*", in F. Walbank, *Selected Papers: Studies in Greek and Roman History and Historiography*, Cambridge & London & New York & New Rochelle & Melbourne & Sydney: Cambridge University Press, 1985, p. 313; Polybius, *The Histories*, Vol. I, p. xi; P. Derow, "Polybius", in S. Hornblower, A. Spawforth and E. Eidinow eds., *The Oxford Classical Dictionary*, fourth edition, Oxford: Oxford University Press, 2012, p. 1174.

④ E. Howald, *Vom Geist antiker Geschichtsschreibung*, München & Berlin: R. Oldenbourg, 1944, pp. 87 ff.; F. Walbank, *Polybius, Rome and the Hellenistic World: Essays and Reflections*, Cambridge: Cambridge University Press, 2002, p. 33.

⑤ Polyb. 6.11.3, 10.4.9, 31.22.8; Polybius, *The Histories*, Vol. I, p. xv.

⑥ P. Pédech, *La méthode historique de Polybe*, Paris: Les Belles Lettres, 1964, p. 5.

为数众多的此类史学方法论阐释之一。在 20 世纪中叶以前诸多完全认可史学与戏剧文学本质差异且对波利比乌斯的客观主义史学心怀敬意的西方相关研究者眼中，尽管"戏剧化历史"的内涵与所指对象是一个众说纷纭、值得深入探讨的学术问题，波利比乌斯本人在其史著中成功树立了与"戏剧化历史"泾渭分明的、追求真实的客观主义史学典范却是一个已由作者亲自指出的、不证自明的事实。①因而，波利比乌斯《历史》的非戏剧性是无需探讨的。在笔者迄今所见的西方古典学研究成果中，尽管与该主题间接相关的发现已相当丰富，但只有沃尔班克（F.W. Walbank）曾针对德米特里乌斯（Demetrius）政权的覆亡与腓力五世（Philip V）的悲剧性结局两处细节提出过波利比乌斯本人同样在个别场合中表现出了"过度戏剧化（over-dramatized）"倾向的看法。②由于沃尔班克提出的证据相对孤立，他所开创的这一具有重要启示意义的研究思路并未得到古典学界的重视与积极响应。而在汉语学界中，由于资料占有、文化隔阂与研究队伍规模等方面的限制，关于波利比乌斯史学的研究成果在整体数量与质量方面与西方古典学界尚存在着较大差距。然而，值得注意的是，由于汉语学界对普世史问题的特别关注和中国传统史学思维所提供的独特视角，易宁、褚新国、方志强等学者的相关论述同样为后人理解波利比乌斯史学的主观建构性问题提供了宝贵启示。③沃尔班克对《历史》局部戏剧化特征的正面研究和中外学界围绕波利比乌斯普世史问题取得的一系列相关成果构成了本章

---

① 例如，法国史学家奥洛（M. Holleaux）在其论述公元前 3 世纪地中海世界外交格局的名著《公元前 3 世纪（公元前 273—205 年间）的罗马、希腊与希腊化诸王国》（*Rome, la Grèce et les monarchies hellénistiques au IIIe siècle avant J.-C. (273-205)*, Paris: E. de Boccard, 1921, pp. 17-18）中居然轻信波利比乌斯记载的所有演说词均为忠实录自原文的精确外交史料。

② Dreyer, "Frank Walbank's Philippos Tragoidoumenos: Polybius' Account of Philip's Last Years", p. 209; B. Ullman, "History and Tragedy", *Transactions and Proceeding of the American Philological Association*, Vol. 73 (1942), p. 43.

③ 易宁对波利比乌斯历史观中"变"与"不变"的形而上学意义进行了颇具启发性的分析（《古代希腊史学的普世观念》，《史学史研究》2011 年第 2 期），并对波利比乌斯的普世史观念与司马迁的通史思想进行了比较［《论司马迁和波利比乌的历史思想》，《北京师范大学学报》（人文社会科学版）2001 年第 2 期］；褚新国对波利比乌斯历史观念中推动变革诸因素主从关系的混乱进行了理性批判（《波利比乌斯历史思想初探——兼与早期史家比较》，《史学月刊》2013 年第 3 期）；方志强在从希罗多德、修昔底德创立古典史学传统到基督教会普世史传统确立的宏观史学史视野下评价了波利比乌斯普世体系的历史地位（《攸西比乌斯的〈教会史〉与普世史传统》，《史学史研究》2011 年第 4 期）。

立论的重要学术基础。

此外，20世纪中叶以来西方学术界对地中海世界生态史的研究成果也为笔者研读波利比乌斯的问题提供了新视角。在对环境危机尚不明显的前工业化社会的观察中，地中海世界生态史的研究重点聚焦于史前、古典、中世纪与近代早期等早期欧洲历史发展阶段中自然条件和人与自然关系对地中海世界连通性与多样性的塑造，以及生态环境条件影响下前现代社会在经济、文化、政治诸方面呈现出的基本面貌等问题。[①]尽管波利比乌斯是从罗马共和国政权征服已知世界、建立地中海区域有机统一体的政治史角度展开论述的，[②]他所叙述的主题、时空范围与因果联系却同地中海生态史存在着庞大的交集。波利比乌斯普世史体系构建中所涉及的航海工具的功用、地中海世界的统一性与多样性、地中海东西部之间的人员物资交流与外交往来，以及地中海政治、经济、文化史的总体演化趋势[大致相当于波利比乌斯语境下的"命运（τύχη）"[③]] 同样也是地中海生态史所关注的重点问题；并且后者在标本信息占有、研究手段与理论水平等方面达到的高度乃是生活在希腊化时代、草创普世史体系的波利比乌斯所无法比拟的。当然，我们并不能以地中海生态史的后见之明去苛责、否定波利比乌斯普世史思想的历史贡献；但生态史视角提供的开阔视野可以帮助我们高屋建瓴地洞察波利比乌斯普世史体系在史实、视野与逻辑论证等方面客观存在的局限性与内在缺陷。地中海生态史研究兴起于亨利·皮朗（H. Pirenne）、布罗代尔（F. Braudel）与戈伊坦（S. Goitein）的地中海史名著相继问世之际，并在霍登（P. Horden）与普赛尔（N. Purcell）的《堕落之海》（*The Corrupting Sea: A Study of Mediterranean History*, Oxford: Blackwell Publishing, 2000）中得到了阶段

[①] N. Purcell, "Tide, Beach and Backwash: The Place of Maritime Histories", in P. Miller ed., *The Sea: Thalassography and Historiography*, Ann Arbor: The University of Michigan Press, 2013, p. 98.

[②] N. Miltsios, *The Shaping of Narrative in Polybius*, Berlin & Boston: Walter de Gruyter GmbH, 2013, p. 2.

[③] K. Ziegler, „Polybios", in *Paulys Realencyclopädie der classischen Altertumswissenschaft*, Band 42, Stuttgart: Alfred Druckenmüller Verlag, 1952, cols. 1532-1543; F. Walbank, *A Historical Commentary on Polybius*, Vol. I, Oxford: Clarendon Press, 1957, pp. 16-26.

性的理论总结。[1]笔者认为，作为一部在西方学术界引起热烈讨论的、存在一定争议和缺陷[2]的学术著作，《堕落之海》中的部分具体论断[3]当然无法被视为不刊之论。但作为对20世纪大量优秀学者研究成果的集中总结，霍登、普赛尔、阿布拉菲亚（D. Abulafia）与布罗德班克（C. Broodbank）等学者对地中海世界史前与古代生态史的研究至少在两方面对于我们评判波利比乌斯的普世史体系具有十分宝贵的启示意义。首先，大量相关前沿成果指出，从考古资料开始变得丰富的公元前8世纪左右起，至工业革命开始的时代为止，地中海人类社会的基本面貌始终呈现出海洋所带来的统一性与气候、地形、文化等差异所导致的碎片化并存的局面。[4]一方面，居住在地中海周围的各族群共享着海洋所带来的共同生活节奏与交流网络；对人力物力资源交换体系的分享已成为地中海世界内各聚落得以生存与发展的基本前提，该体系萌芽于史前时代，[5]在希腊古风时期变得蔚为大观，[6]自公元前5世纪中叶起已基本定型；[7]亚历山大的东征与罗马帝国的扩张只是在地中海世界现有连通性背景下出现的、进一

---

[1] P. Miller, "The Mediterranean and the Mediterranean World in the Age of Peiresc", in Miller ed., *The Sea: Thalassography and Historiography*, p. 258; C. Concannon and L. Mazurek, "Introduction:A New Connectivity for the Twenty-first Century", in C. Concannon and L. Mazurek eds., *Across the Corrupting Sea: Post-Braudelian Approaches to the Ancient Eastern Mediterranean*, London & New York: Routledge, 2016, pp. 3-7.

[2] W. Harris ed., *Rethinking the Mediterranean*, Oxford: Oxford University Press, 2005, p. vi.

[3] 争议较大的部分如对城乡本质差异的否定和对历史人类学的应用方式，见 P. Horden and N Purcell, *The Corrupting Sea: A Study of Mediterranean History*, Oxford: Blackwell Publishing, 2000, pp. 89-122; pp. 463-523。

[4] F. Braudel, *The Mediterranean and the Mediterranean World in the Age of Philip II*, S. Reynold trans., Vol. I, New York: Harper & Row, 1972, p. 14; D. Abulafia, "What is the Mediterranean?" in D. Abulafia ed., *The Mediterranean in History*, London: Thames & Hudson Ltd., 2003, p. 19; Horden and Purcell, *The Corrupting Sea: A Study of Mediterranean History*, p. 5.

[5] Horden and Purcell, *The Corrupting Sea: A Study of Mediterranean History*, pp. 24-25; D. Abulafia, *The Great Sea: A Human History of the Mediterranean*, Oxford: Oxford University Press, 2011, p. 75; I. Malkin, *A Small Greek World: Networks in the Ancient Mediterranean*, Oxford: Oxford University Press, 2011, p. 3.

[6] Ibid., pp. 346-348.

[7] Horden and Purcell, *The Corrupting Sea: A Study of Mediterranean History*, pp. 348-350; C. Broodbank, *The Making of the Middle Sea: A History of the Mediterranean from the Beginning to the Emergence of the Classical World*, Oxford: Oxford University Press, 2013, p. 506; C. Broodbank, "Mediterranean 'Prehistory'", in P. Horden and S. Kinoshita eds., *A Companion to Mediterranean History*, Oxford: Wiley Blackwell, 2014, p. 45.

步巩固与强化该体系的政治行为而已。另一方面，这个一度在政治上统一于罗马帝国版图之内的世界是由多达 24 个气候区[①]和不可胜计的地形、经济单位、文化聚落碎片拼接而成的；即便在其全盛时期，罗马帝国对诸多行省的经济、文化同化作用也是相对微弱的；[②]罗马的军事征服并未带来地中海世界在经济与文化上的全面统一，甚至也未能实现政治意义上普世史发展历程的终结。[③]如果从这一生态史视角出发去审视波利比乌斯的普世史体系的话，我们便不难看到《历史》叙述模式中暴露的认识局限性：从范畴上看，波利比乌斯看到的地中海史统一性基本仅局限于政治军事领域，忽视了地中海世界在经济、文化领域早已成熟的交流网络及其对政治史演变历程的影响；从年代断限上看，地中海世界的统一性并非肇始于罗马统一意大利后进行的海外扩张，其碎片化特征也并未随着罗马独霸地中海而在波利比乌斯的有生之年或罗马史上的任何一个时间点突然消失。

其次，在对波利比乌斯普世史体系构成要素的具体分析中，当代生态史研究对地中海史学发展历程中具有普遍性的各种价值观、方法论弊病的剖析与批判同样有助于我们发现波利比乌斯普世史中若干有悖于求真原则的戏剧化元素。作为本章主体的第二部分将对这些戏剧化元素进行逐条分析。

第二节　波利比乌斯罗马征服叙事体系中的戏剧化元素

一　"乌鸦"吊桥与技术革命论——罗马称霸地中海舞台的"道具"

在现存希腊古典戏剧中，我们经常能够发现具有超现实魔力的、在推动剧情发展过程中扮演重要角色的神奇道具，阿里斯托芬（Aristophanes）《阿卡奈人》（*Acharnenses*）中象征和约的葡萄酒[④]和欧里庇得斯（Euripides）《美狄亚》（*Medea*）中标志美狄亚（Medea）与伊阿宋（Jason）彻底决裂

[①] A. Grove and O. Rachham, *The Nature of Mediterranean Europe: An Ecological History*, New Haven & London: Yale University Press, 2001, p. 25.
[②] Horden and Purcell, *The Corrupting Sea: A Study of Mediterranean History*, p. 23.
[③] W. Harris, "The Mediterranean and Ancient History", in Harris ed., *Rethinking the Mediterranean*, p. 50.
[④] Ar. *Ach.* 178-202.

的龙车①都是令人印象深刻的相关例子。在地中海史学史中，为了解释广大区域内在较短时期内发生的剧变，各个时代的史学家们也往往会将经济、政治、社会生活等领域中出现的沧桑巨变牵强地归结为某项发明创造或技术革新的直接后果，从而将这些创造与革新塑造为史学叙述模式中推动戏剧化情节发展的重要"道具"。《堕落之海》所列举的此类技术革新包括犁壁、轮作制、水磨、复式簿记等。②然而，从生态史的视角看，地中海乃至世界范围内的历史转折往往是多种综合因素缓慢积累后实现的质量互变，并非某种机械的神奇力量（ἀπό μηχανῆς θεός）立竿见影的作用所导致的。③笔者认为，波利比乌斯笔下在第一次布匿战争海战中发挥巨大作用的"乌鸦"吊桥（κόραξ）正是一种推动历史情节戏剧性发展的超现实"道具"。

在提及波利比乌斯关于罗马崛起这一历史现象的原因解释时，当代古典学研究者们通常都会将"命运"与"混合政体"列为波利比乌斯阐释体系中的两大支柱。笔者认为，作为一位拥有实际政治军事事务经验的史学家，④罗马在军事硬实力方面的优势在波利比乌斯心目中同样是至关重要的。在《历史》6.19—41 中，波利比乌斯不惜泼墨如水，详细深入地探讨了罗马军团在陆战中拥有的素质、装备与组织优势，插入了一篇内容丰富、条理分明的出色军事技术论文。事实上，在波利比乌斯的军事史叙述体系中，他同样试图借助"乌鸦"吊桥这一道具解释罗马人掌握地中海控制权的物质基础。在全书卷 1 叙述第一次布匿战争初期罗马与迦太基的一次海上交手时，波利比乌斯不厌其烦地详细介绍了"某人（τις）"推荐给罗马海军的一种用来勾住敌舰，变海战为陆战的"乌鸦"吊桥。⑤这种吊桥在投入战斗后马上收到了攻敌不备的奇效，摧毁了 50 条迦太基舰船，⑥帮助此前不善海战的罗马人取得了一场振奋人心的海上大捷。⑦在总结第一次布匿

---

① Eur. *Med.* 1405ff.
② Horden and Purcell, *The Corrupting Sea: A Study of Mediterranean History*, p. 233, pp. 287-297, pp. 365-367.
③ Ibid., p. 297.
④ Polyb. 12.25e.1-2.
⑤ Polyb. 1.22.1-11.
⑥ Polyb. 1.23.1-10.
⑦ Polyb. 1.24.1-2.

战争的段落里，波利比乌斯再次强调了海上争夺在这场战争中的重要意义，指出罗马与迦太基对各自海上舰队的投入在地中海史上是绝无仅有的；罗马在这场海上角逐的最终胜出则为自身地中海霸权的确立奠定了物质基础。①波利比乌斯贯穿于上述几条零散史料中的逻辑线索是十分清晰的：处于草创阶段、完全不习水战的罗马海军通过一次技术革新取得了足以同西地中海的霸主——迦太基海军分庭抗礼的资格，并通过最后的胜利取得了全地中海范围内无可置疑的海洋主宰地位。而实现这一化腐朽为神奇的戏剧性转折的关键道具便是那件来历不明的"乌鸦"吊桥。

然而，这套看似完整的叙述体系同波利比乌斯本人与其他史家提供的证据之间存在着难以调和的矛盾。在比较各种政体优劣的《历史》卷6中，波利比乌斯坦承罗马的海军实力总体上劣于迦太基，②也就是说"乌鸦"吊桥这一装置并未从根本上改变第一次布匿战争中交战双方的海上力量对比。而从日后罗马军事史的发展轨迹来看，罗马人在海战实力与自信心等方面并不对东地中海列强具备明显优势。罗马舰队在历次重要战事中主要扮演的仅是运输人员物资等辅助性角色；迟至共和末年的内战时期，绥克斯图·庞培（Sextus Pompey）与屋大维（Octavius）在争夺海洋控制权时仍旧竞相任用希腊释奴担任海军将领，③反映了东地中海世界在海战技术与航海经验上的领先地位。更具说服力的是，无论"乌鸦"吊桥本身具有何等强大的军事威力，它在初战告捷后都未能在两次布匿战争期间进一步发挥其摧枯拉朽式的神奇作用。根据波利比乌斯本人的记载，缺乏航海经验且一意孤行的罗马舰队在组建后不久便在西西里岛附近海域遭遇了一场可怕风暴，364条船只中仅有80条幸免于难；④在仅耗时三个月便奇迹般地重整旗鼓后，⑤新建的罗马舰队又在冒失地沿开阔洋面返航罗马途中遭遇海难，损失了150条舰船。⑥在此后相当长的时间内，罗马元老院一度打消了重组海军的想法，⑦

---

① Polyb. 1.63.4-9.
② Polyb. 6.52.1-2.
③ Syme, *The Roman Revolution*, p. 228, p. 231, p. 236.
④ Polyb. 1.37.1-6.
⑤ Polyb. 1.38.5-7.
⑥ Polyb. 1.39.1-6.
⑦ Polyb. 1.39.7-12.

仅仅依靠陆军同迦太基人在西西里岛周旋，而将海洋的控制权拱手让与敌军舰队。而于公元前 250 年第三次重建[1]的两支罗马舰队再次因暴风雨的缘故遭受了毁灭性打击，[2]致使迦太基舰队对海洋的控制一直维系到第一次布匿战争结束前夕。[3]尽管罗马人最终依靠第四次重建的海军[4]摧毁了迦太基舰队，[5]并借此以胜利者的姿态终结了第一次布匿战争，[6]但迦太基接受败局的主要原因显然是连年战争导致的国力亏空与国内社会矛盾，[7]而并非"乌鸦"吊桥这一简单机械装置带给那支多灾多难的罗马舰队的军事技术优势。事实上，从地中海生态史的视角看，第一次布匿战争期间罗马舰队的命途多舛恰恰说明了当时历史条件下海战器械与海军作用的相对次要。由于希腊化时代相对落后的航海技术无法保障舰队在开阔海面空间和风暴场合下的航行安全，即便在掌握海上军事优势的条件下，大量重要航线在气象条件恶劣的季节里也是无法利用的。[8]另一方面，在肉眼无法进行全面监视的开阔海面与大型岛屿（如西西里岛）等空间内，海军优势同样无法建立起全面切断敌方人员、物资供应的海上封锁线[修昔底德笔下派娄斯岛（Pylos）攻防战中希洛人突破雅典海军封锁线向遭到围困的斯巴达军队输送给养的史实便是这方面的一个极端案例[9]]，因而海上军事优势的丧失并不会对罗马继续参与西西里岛争夺战带来毁灭性打击。同样，在第二次布匿战争期间，罗马与迦太基海军在地中海上进行的若干零星战斗[10]也没有对全局性的战争走势产生重大影响。交战双方全力争夺的主要是经西班牙进入亚平宁半岛的、比海上运输更加可靠稳定的陆地交通线。事实上，"乌鸦"吊桥乃至相关海战的重要意义很可能是波利比乌斯对来自费边·庇克托（Fabius Pictor）的原始

---

[1] Polyb. 1.41.1-4.
[2] Polyb. 1.54.1-8.
[3] Polyb. 1.55.1-2.
[4] Polyb. 1.59.1-8.
[5] Polyb. 1.61. 1-8.
[6] Polyb. 1.62.1-9.
[7] 参见 Polyb. 1.65.1-4, 1.66.1-5。
[8] Polyb. 1.37.7-10; Walbank, *HCP*, 1.37.4.
[9] Thuc. 4.26.1-9.
[10] Polyb. 3.95.1-97.5.

材料进行夸张与放大的产物。所谓的"乌鸦"吊桥也许不过是雅典海军曾在公元前413年海战中使用过的抓钩的改进版,[1]在海战史上发挥的作用原本是相当有限的。[2]然而,在波利比乌斯的普世史叙述体系中,这一简单工具却被夸大成了导致交战双方海军力量根本对比与左右战局走势的革命性技术创新与推动戏剧化历史叙述情节发展的核心"道具"。从这层意义上讲,《历史》中的"道具"使用是同波利比乌斯所猛烈抨击的弗拉尔库斯撰史传统异曲同工的戏剧化处理方式;其本质区别仅在于波利比乌斯笔下的"乌鸦"吊桥元素并非可有可无的、用于消遣读者的娱乐元素,而是构成作者普世史叙述体系中不可或缺的核心逻辑环节。

二 时空杂糅与历史发展阶段的人为割裂——地中海世界统一剧本中的"三一律"

"三一律(classical unities)"是近代早期意大利、法国古典戏剧理论根据亚里士多德《诗学》中的相关主张[3]总结出的戏剧编排原则,认为一部连贯、紧凑的优秀戏剧需要保持主题、时间与地点的高度统一,将纷繁复杂的主干情节压缩在一个自然日之内,而对主干之外的次要元素尽可能地予以砍削或整合。无论这种在文学史上饱受争议的古典主义理论是否有助于提升戏剧作品的紧凑性与艺术性,这种撰述模式显然并不适用于以年系事的编年体史著的编撰。传统叙述式史学的魅力与价值恰恰在于呈现历史进程在不同时间节点上展现出的阶段性特征,以及历时性的整体历史演变趋势下存在着的无数令人意外、旁逸斜出的丰富细节,从而帮助读者全面地认识各个历史发展阶段内的真实历史。然而,在地中海世界区域整体史的叙述模式中,将不同时间、空间内的历史现象牵强附会地拼凑到一起,以便佐证作者提出的观点或理论的案例俯拾皆是。例如,中世纪地中海农业史研究中认为伊斯兰文明缔造地中海世界物种多样性的错误观点便是建立在对时间、空间、历史情境各异的几个孤立案例的裁剪拼接之上的;[4]20世纪末盛行一时的、对古

---

[1] Walbank, *HCP*, 1.22.3.

[2] H. Beck, "Polybius' Roman *prokateskeuē*", in B. Gibson and T. Harrison eds., *Polybius and His World: Essays in Memory of F.W. Walbank*, p. 133.

[3] Arist. *Poet.* 1451a16-35.

[4] Horden and Purcell, *The Corrupting Sea: A Study of Mediterranean History*, pp. 257-263.

代地中海世界地震、洪灾与植被破坏等"环境问题"进行的道德垂训色彩浓厚、往往不免危言耸听的环境史研究同样是以对不同时代、空间中的自然灾害史料进行移花接木为基础的,并不能证明任何一个具体场所或人类聚落在人口与环境资源矛盾尚不尖锐的古代社会条件下曾因"过度攫取"而承受过接二连三的可怕"环境灾难"。[①]霍登与普赛尔在《堕落之海》一书中深刻地指出,地中海区域整体史研究普遍陷入的这一误区的思想根源在于流行于19世纪之前的、由基督教神学所确立的、认为整部人类历史只会延续数千年的历史观。[②]这种缺乏纵深历史感的世界观容易忽视不同时代与不同历史情境的差异,而将纷繁复杂的历史事件视为同一时代背景下的产物。在身处历史感更加匮乏的古希腊文化环境的波利比乌斯那里,年代混杂的问题突出地反映在其对普世史叙述体系中的核心环节——罗马混合政体优越性的介绍中。

罗马混合政体的优越是波利比乌斯普世史体系中论证罗马称霸地中海世界合理性的核心依据之一。[③]波利比乌斯认为,政体的优劣对于政权命运起着至关重要的作用。斯巴达人(Spartans)可以在莱库古(Lycurgus)优良政体的治理下执希腊世界之牛耳,也会在僭主纳比斯(Nabis)的暴政中遭受最残酷的磨难。[④]《历史》卷6明确指出,罗马正是凭借其独特政体才得以在不到53年内完成征服地中海世界的壮举的,[⑤]这种无出其右的混合政体中各要素的分工协作使得罗马政权能够经受危难关头的极端考验,[⑥]并

[①] Horden and Purcell, *The Corrupting Sea: A Study of Mediterranean History*, pp. 304-308, pp. 311-312, pp. 330-332.

[②] Ibid., p. 299.

[③] Polybius, *The Histories*, Vol. I, p. xv; J. Alonso-Núñez, "The Emergence of Universal Historiography from the 4th to the 2nd Centuries B.C.", in H. Verdin, G. Schepens and E. Keyser eds., *Purposes of History: Studies in Greek Historiography from the 4th to the 2nd Centuries B.C.*, Lovanii: Orientaliste, 1990, p. 188; D. Baronowski, *Polybius and Roman Imperialism*, London & New Delhi & New York & Sydney: Bloomsbury, 2011, p. 154; Pédech, *La méthode historique de Polybe*, p. 500; 褚新国:《波利比乌斯历史思想初探——兼与早期史家比较》,《史学月刊》2013年第3期。

[④] Polyb. 4.81-12-13.

[⑤] Polyb. 6.2.3: "… πῶς καὶ τίνι γένει πολιτείας ἐπικρατηθέντα σχεδὸν πάντα τὰ κατὰ τὴν οἰκουμένην ἐν οὐδ' ὅλοις πεντήκοντα καὶ τρισὶν ἔτεσιν ὑπὸ μίαν ἀρχὴν τὴν Ῥωμαίων ἔπεσεν, ὃ πρότερον οὐχ εὑρίσκεται γεγονός."

[⑥] Polyb. 6.18.1: "Τοιαύτης δ' οὔσης τῆς ἑκάστου τῶν μερῶν δυνάμεως εἰς τὸ καὶ βλάπτειν καὶ συνεργεῖν ἀλλήλοις, πρὸς πάσας συμβαίνει τὰς περιστάσεις δεόντως ἔχειν τὴν ἁρμογὴν αὐτῶν, ὥστε μὴ οἷόν τ' εἶναι ταύτης εὑρεῖν ἀμείνω πολιτείας σύστασιν."

赋予了罗马行政决策机构建立普世性帝国的坚定决心。[1]罗马的混合政体吸取了君主制、贵族制与民主制中的各种优秀元素,[2]是有史以来出现过的最完美的政权组织形式。

然而,正如多位现当代研究者们从不同角度所指出的那样,除细节方面的史实错误外,波利比乌斯对混合政体的叙述还存在着十分严重的年代杂糅问题和理论脱离实际的弊病。例如,波利比乌斯在强调公民大会掌握的巨大权力时声称,罗马人民拥有投票推翻元老院决议的特权,但这样的历史案例在《历史》所描述的时代里从未出现过。[3]在介绍三种政体元素的相得益彰时,[4]波利比乌斯片面强调了元老院与罗马平民之间的彼此尊重,[5]却对二者在共和国历史上长期进行的权力斗争与对抗冲突只字未提。他对罗马保民官职权的描述虽然准确,但其信息却来自共和时代中前期,与两次布匿战争前后的历史情境无关。[6]而波利比乌斯笔下元老院敬畏保民官、服从人民意志的说法同样与相关史实存在着巨大反差。[7]《历史》所记载的元老院、监察官和罗马人民合作处理公共行政事务的严谨流程同样是公元前2世纪中期后出现的,却被波利比乌斯杂糅进了坎尼(Cannae)战役惨败之际这一关键历史节点中的罗马共和国"理想"政体之中。[8]当代研究者们早已指出,波利比乌斯对罗马混合政体的叙述似乎来自于对毕达哥拉斯(Pythagoras)学派门徒阿尔库塔斯(Archytas of Tarentum)关于斯巴达式混合政体的概括,在本质上具有"非历史性"。[9]这种看似严整、清晰的独特政体[10]完全是静

---

[1] Polyb. 1.2.3-6, 1.3.10, 3.2.6, 6.18.4; R. Balot, "Polybius' Advice to the Imperial Republic", *Political Theory*, Vol. 38, No. 4 (Aug. 2010), p. 488.

[2] Polyb. 6.11.11-12.

[3] Walbank, *HCP*, 6.16.3.

[4] Polyb. 6.15.1.

[5] Polyb. 6.16.1-2, 6.17.1.

[6] Walbank, *HCP*, 6.16.4-5.

[7] Walbank, *HCP*, 6.16.5.

[8] Walbank, *HCP*, 6.17.

[9] Walbank, *Polybius, Rome and the Hellenistic World: Essays and Reflections*, p. 283; 褚新国:《波利比乌斯历史思想初探——兼与早期史家比较》,《史学月刊》2013年第3期。

[10] C. Champion, *Cultural Politics in Polybius's* Histories, Berkeley & Los Angeles & London: University of California Press, 2004, pp. 67-68.

态的，[1]建立在对来自不同历史发展阶段史料信息的杂糅与堆砌之上，[2]并不符合经历过沧桑巨变的罗马共和国政体的动态发展历程。[3]波利比乌斯混合政体论中的年代杂糅损害了其历史分析的准确性与可靠性。

《历史》中与年代杂糅相反相成、同样根源于纵深历史感欠缺的另一种戏剧化处理方式是忽视或生硬整合不符合普世史年代分期的、反映地中海世界连通性与碎片化特征长期并存的经济、文化与政治史材料。笔者认为，作为生活时代与自身处理历史题材相当接近的一位史家，波利比乌斯对自己在生活经历中完全能够亲自感受到的、地中海世界的统一性与碎片化的种种迹象理应具备十分深刻的认识。如果说波利比乌斯对史前时代或希腊古典前期地中海世界的连通网络缺乏认识还情有可原的话，那么他对亚历山大东征后东地中海业已臻于成熟的人员、物资交流体系的无视未免显得令人费解。事实上，通过《历史》无意提及的若干历史信息，我们完全能够得出东地中海世界的连通网络早在罗马征服开始前业已高度成熟的结论。在全书第 5 卷介绍罗马征服东地中海前埃及托勒密（Ptolemy）王朝在对抗安提柯（Antiochus）王朝时所使用的雇佣兵队伍时，波利比乌斯列举了马格尼西亚（Magnesia）人、彼奥提亚（Boeotia）人、阿凯亚（Achaea）人、帖撒利（Thessaly）人、克里特（Crete）人、色雷斯（Thrace）人乃至利比亚（Libya）人与高卢（Gaul）人。[4]东地中海世界内部及其同西地中海之间人员流动的频繁与深入[5]由此可见一斑。无独有偶，当公元前 227 年前后罗德岛（Rhodes）巨像被地震损坏后，岛上居民成功地从西西里岛上的叙拉古（Syracuse）城邦、埃及托勒密王朝、地中海东岸的塞琉古（Seleucus）王朝和米特拉达梯（Mithridates）等亚洲君主手中筹集到了援

---

[1] C. Brink and F. Walbank, "The Construction of the Sixth Book of Polybius", *The Classical Quarterly*, Vol. 4, No. 314 (Jul. – Oct., 1954), p. 102.

[2] T. Cole, "The Sources and Composition of Polybius VI", *Historia: Zeitschrift für Alte Geschichte*, Bd. 13. H. 4 (Oct., 1964), p. 440.

[3] A. Astin, "Sources", in A. Astin, F. Walbank, M. Frederiksen and R. Ogilvie eds., *The Cambridge Ancient History*, second edition, Vol. VIII, *Rome and the Mediterranean to 133 B.C.*, Cambridge: Cambridge University Press, 1989, p. 6; 郝彤：《波利比乌斯混合政体理论之局限》，《史学史研究》2009 年第 3 期。

[4] Polyb. 5.65.1-11.

[5] Horden and Purcell, *The Corrupting Sea: A Study of Mediterranean History*, pp. 386-387.

第六章 拓荒与附会：波利比乌斯对罗马征服地中海世界普世史的建构与《历史》中的戏剧化元素 181

建款项。^①而独揽埃及大权的摄政特勒波勒姆斯（Tlepolemus）早已习惯了用馈赠重金的手段吸引来自希腊本土的演员前往托勒密王室宫廷进行表演。^②这些材料反映了一种出现于罗马征服东地中海世界之前、甚至很可能拥有相当悠久传统的连通网络的存在。^③戴维斯（J. Davies）指出，尽管波利比乌斯并非一名经济史家，但其史著却是一座研究地中海世界各地区间经济交往的宝库。^④但如果我们将这段评论同波利比乌斯普世史中关于地中海世界是通过罗马的征服才结合成为一个有机整体的核心观点联系起来的话，便会发现其中未免包含着某种讽刺意味：波利比乌斯尽管运用了这些史料去描述战争过程或进行道德评判，^⑤却对其中蕴含的、同其普世史体系关系密切的地中海世界连通性证据视而不见。事实上，无论是罗马势力对亚得里亚海周边地区的渗透，^⑥还是共和后期元老院与奥提利乌斯（Otilius）、弗拉米尼乌斯（T. Quinctius Flaminius）、^⑦庞培、安东尼（Anthony）、屋大维（Octavianus）对东地中海世界进行的征服与治理，都体现了罗马征服者对当地历史形成的、业已完备的政治、经济组织管理体系的认可与利用。^⑧然而，为了凸显其普世史主题——罗马在不到53年内完成了对地中海世界的统一^⑨——的缘故，波利比乌斯并未在史著中充分利用这些足以反映地中海世界早已具备的统一性特征的宝贵史料。

对于自己身处的、罗马主导下地中海世界的统一性，波利比乌斯是有着明确认识的，并在其学术批评的段落中数次提及了自己生活时代里地中海世界的一体化局面。^⑩然而，游历甚广的波利比乌斯完全应当能够意识到，自然地貌支离破碎、经济发展极不平衡、文化版图与族裔分布犬牙交错、

---

① Polyb. 5.88.1-90.4.
② Polyb. 16.21.6-8.
③ Horden and Purcell, *The Corrupting Sea: A Study of Mediterranean History*, pp. 24-25.
④ J. Davies, "Mediterranean Economies through the Text of Polybius", in Gibson and Harrison eds., *Polybius and His World: Essays in Memory of F.W. Walbank*, p. 319.
⑤ Polyb. 5.90.5-8.
⑥ N. Čašule, "'In Part a Roman Sea': Rome and the Adriatic in the Third Century BC.", in C. Smith and L. Yarrow eds., *Imperialism, Cultural Politics, and Polybius*, Oxford: Oxford University Press, 2012, p. 226.
⑦ Paus. 7.7-8.
⑧ R. Syme, *The Roman Revolution*, p. 273, pp. 300-301.
⑨ 易宁：《论波利比乌〈历史〉的编纂体例及其思想》，《史学史研究》1994年第2期。
⑩ Polyb. 3.59.1-8, 4.40.1-3.

局部地区几乎长期与世隔绝的地中海世界是不可能仅仅因为罗马形式上的政治统一而在短时间内变成铁板一块的。在记载第一次布匿战争结束后迦太基内部爆发的雇佣兵叛乱时,波利比乌斯提及了构成迦太基与利比亚边界的、人迹根本无法抵达的山链;[1]而在交代汉尼拔进军意大利的路线时,波利比乌斯又介绍了阿尔卑斯山区南麓处的一座"陆中之岛(Nῆσος)":这块自身相当肥沃富饶的土地却因四周陡峭的山崖而几乎无法靠近。[2]遍布于地中海世界的此类微观区域与支离破碎的岛屿、与世隔绝的山地、人迹罕至的丛林湿地显然是不可能由于罗马共和国将领们在某次战役中击败了汉尼拔或腓力五世等"短时段"政治史事件而迅速成为通达之境的。事实上,即便就《历史》苦心经营的主题——罗马对地中海世界的政治军事征服——而言,波利比乌斯同样未能对其编年体系中难以避免的碎片化史料进行令人信服的整合。《历史》现存部分记载的史事包括迦太基、希腊本土、高卢、巴尔干半岛、马其顿、塞琉古王朝、埃及、叙利亚、犹太乃至地中海世界范围之外的巴克特里亚(Bactria)[3]等地区头绪繁多的政治事件。[4]由于地中海世界的经济、社会与文化版图在罗马征服完成前后都是碎片化的,而错综复杂的政治军事史演变历程本身客观上又并不存在一以贯之的内部逻辑线索,而是充满了偶然、断裂与反复,因而波利比乌斯实际上根本无法在编年与国别体例并举的框架下叙述出一部紧密围绕"罗马征服地中海世界"这一核心主题的、在地中海世界各区域内同时起步的、情节紧凑、有始有终的普世史。波利比乌斯为解决这一难题所采用的基本方法有二。首先,他有时会选取若干典型年份,将同时发生于不同地中海区域的历史事件并列起来,以便呈现地中海世界政治史演进的"全景"。如《历史》追述罗马与高卢关系时提及的公元前387—前386年为斯巴达与波斯(Persia)签署"大王和约"、老狄奥尼修斯(Dionysius the Elder)组织围攻雷吉乌姆(Rhegium)、高卢人攻陷罗马之年,[5]公元前218年秋季为汉尼拔进军波河(Po)流域、安提柯退兵休整和斯巴达国王莱库古(Lycurgus)流亡埃

---

[1] Polyb. 1.75.4-6.
[2] Polyb. 3.49.5-7.
[3] Polyb. 11.34.1-16.
[4] Polybius, *The Histories*, Vol. I, pp. xiv-xv.
[5] Polyb. 1.6.1-3.

托利亚（Aetolia）之时，[①]公元前217年则为罗马人在伊达拉里亚（Etruria）境内连遭汉尼拔重创、安提柯进军贝卡谷地（Coele-Syria）、腓力与埃托利亚人及阿凯亚人签订盟约之际。[②]这种近似大事记年表的史事编排模式或许确实能为读者提供相当开阔的视野，但对于阐释普世史的主题——地中海世界政治版图的统一进程——并无太大帮助，因为上述各自独立的政治军事史事件原本就不存在必然的内在逻辑联系。具有讽刺意味的是，这种大事记年表恰恰在《历史》叙述体系的后半部分暴露了罗马政治统一的不彻底性：公元前188—前184年间，已在名义上臣服于罗马的希腊世界内部仍旧充斥着利益矛盾与领土纠纷，[③]罗马霸权的建立并未立刻终结希腊本土的政治势力割据林立局面。

当然，波利比乌斯对于这种体例编排的困难之处并非毫无觉察。在《历史》卷4中，波利比乌斯亮出了解决该体例困境的第二种手段。他指出，各区域内发生的历史事件在起初是独立的，但其共同结局却是这些领土都被纳入了罗马版图，因而有理由进入罗马征服地中海世界这一普世史体系的范围。[④]然而，波利比乌斯的自我辩护仍旧包含着无法解决的逻辑悖论：由于分散于地中海世界各区域独立发展历史中的事件本身并不包含某种确定的历史目的，那么即便这些地区的最终结局确实是臣服于罗马霸权，史学家也没有令人信服的理由通过回溯的方式将较早的独立历史事件归入普世史的范畴之中。正如李维（Livy）、阿庇安（Appian）等后世罗马史家所采纳的叙述体系那样，罗马对地中海世界的军事征服只能是始于罗马建城，由政治统一意大利、三次布匿战争、四次马其顿战争、镇压希腊同盟起义以及波利比乌斯在其有生之年无法目睹的三次米特拉达梯战争、亚克兴（Actium）之战乃至帝国建立后的犹太战争等一系列事件连缀而成的，穿插着各种枝节[如高卢人、皮洛士（Pyrrhus）与汉尼拔（Hannibal）先后入侵亚平宁半岛]、停滞（如共和末年的罗马内战时期）与反复（如意大利同盟者、西西里岛奴隶阶级、阿凯亚同盟和犹太居民发动的反罗马起义）的

[①] Polyb. 5.29.7-8.
[②] Polyb. 5.105.3-10.
[③] Polyb. 22.1.1-9.
[④] Polyb. 4.28.1-6.

庞杂历史进程，而非一部被压缩在 53 年内完成的、覆盖了整个地中海世界的、毫无内在头绪的编年记录。因此，按照重视理性的现代史学标准来看，波利比乌斯试图为长期处于碎片化状态的地中海世界人为规定一个共同的普世史起点的努力是毫无意义的。而罗马史日后的发展轨迹也清晰地表明了波利比乌斯否定其"普世"体系中碎片化元素的错误。在罗马霸权确立后的相当一段时期内，地中海宽阔的洋面仍旧是海盗横行的天下。[1]尽管罗马元老院从公元前 100 年起的一系列立法活动和庞培的武装清剿暂时解决了海盗问题，[2]但贵族恺撒（Caesar）遭遇的海上劫持事件[3]和后三头时期海盗活动的死灰复燃[4]仍在反复提醒我们共和末期地中海世界政治统一的有限性和海盗所反映的碎片化无政府真空地带的长期存在。

要之，波利比乌斯混合政体论述中的年代拼接和在历史阶段划分中对地中海世界统一性与碎片化等特征延续性的人为割裂构成了《历史》情节编排方面的戏剧化特征。这种主观性较强的处理方式在很大程度上破坏了史学叙述体系的时间线索，损害了波利比乌斯普世史体系的学术精确性。

三 演说词中的修辞性虚构——构筑地中海史整体性的幕后"旁白"

《历史》中的第三项戏剧化元素是一种始于修昔底德的、希腊古典史学中相对常见的现象，即政治演说词的创作。正如我们在本章开篇处看到的那样，波利比乌斯本人曾对虚构演说词的做法进行过严厉批判。[5]波利比乌斯指出，修辞色彩浓厚的演说词会削弱史学作品的求真意义。[6]然而，可以肯定的是，《历史》中插入的若干政治演说同样掺杂着波利比乌斯本人的

---

[1] H. Ormerod, *Piracy in the Ancient World*, Baltimore, Maryland: The Johns Hopkins University Press, 1997, p. 13; Horden and Purcell, *The Corrupting Sea: A Study of Mediterranean History*, p. 40; P. Souza, *Piracy in the Graeco-Roman World*, Cambridge: Cambridge University Press, 1999, p. 178; Syme, *The Roman Revolution*, p. 17; L. Mazurek, "Material and Textual Narratives of Authenticity? Creating Cabotage and Memory in the Hellenistic Eastern Mediterranean", in Concannon and Mazurek eds., *Across the Corrupting Sea: Post-Braudelian Approaches to the Ancient Eastern Mediterranean*, p. 40.

[2] Souza, *Piracy in the Graeco-Roman World*, p. 242.

[3] Suet. *Iul.* 4.

[4] Syme, *The Roman Revolution*, p. 255.

[5] Polyb. 2.56.10.

[6] Polyb. 12.25b.1-4.

艺术加工与主观虚构,[①]并且这些令读者印象深刻的、作者本人借史著中人物之口讲出的幕后"旁白"在衔接前后历史"剧情"、构筑地中海世界的整体性方面发挥着统领全局的关键作用。

我们在上文中已经指出,波利比乌斯提出的普世史观念要求他为政治上四分五裂的地中海世界走向统一的历史进程寻找时间上的起点。在《历史》的具体叙述体系下,波利比乌斯选择公元前217年、即希腊世界的"同盟战争(Social War)"结束之际作为地中海世界真正开始走向统一的历史起点。[②]然而,正如前文的分析业已说明的那样,由于错综复杂的历史进程本身并不具备整齐划一的目的性,波利比乌斯的时间点选择其实并无充分的逻辑依据。而波利比乌斯赋予这一时间断限"合法性"的手段恰恰是他借政治家阿格拉奥斯(Agelaus of Naupactus)之口向腓力五世和希腊人发表的一段政治演说:"在对西方战场上的庞大军队与激烈战况有所耳闻的情况下,即便目前还无法全面结成同盟,我还是建议你们至少要暂时达成谅解,并为了自己的安危而未雨绸缪。因为我们当中对政治局势稍加留意的人都能一眼看出,无论在战争中胜出的是迦太基人还是罗马人,胜利者都不会仅仅满足于意大利和西西里的控制权,而必然会向我们这里进军,让他们的野心和武力越过合理的界限。"[③]他还形象地将罗马与迦太基在地中海西部进行的争霸战争比喻为"来自西方的滚滚浓云(ἀπὸ τῆς ἑσπέρας νέφη)"。[④]波利比乌斯正是利用这段修辞性的演说词建构起了原本平行发展着的地中海世界东西部政治格局演化之间的交织性质。[⑤]然而,除奥洛等个别极度信赖波利比乌斯可靠性的学者外,[⑥]绝大部分当代研究者们都确信这段评论出自于波利比乌斯本人的艺术虚构。波利比乌斯本人也在《历史》

---

① Polybius, *The Histories*, Vol. I, pp. xviii-xix.

② Polyb. 4.28.1-6.

③ Polyb. 5.104.2-3. 该论点与老伽图于公元前169年之后替背叛罗马的罗德岛人辩护的演说词(Gell. *NA*, 6.3.15-16)内容近似,有可能是对后者直接或间接的模仿。

④ Polyb. 5.104.10, 36.1.1-7.

⑤ Quinn, "Imaging the Imperial Mediterranean", p. 349; F. Walbank, "Synchronisms in Polybius, Book IV and V", in F. Walbank, *Selected Papers: Studies in Greek and Roman History and Historiography*, Cambridge & London & New York & New Rochelle & Melbourne & Sydney: Cambridge University Press, 1985, p. 298.

⑥ Holleaux, *Rome, la Grèce et les monarchies hellénistiques au IIIe siècle J.-C. (273-205)*, pp. 17-18.

开篇处承认,迟至自己生活的时代,绝大部分希腊人仍对罗马与迦太基等地中海西部政权的来龙去脉知之甚少。①在《历史》所记载的年代里,不少希腊人仍将罗马人视为远在天边的落后蛮族(βάρβαροι)。②诚然,修昔底德以降的希腊史学传统在一定限度内允许史学家去创作虽非实录、但符合当时历史情境的"真实"演说词;③但合乎时代背景的合理性同样是阿格拉奥斯的演讲所不具备的。在公元前217年后的很长一段时期内,小亚细亚地区的希腊人都没有同罗马建立密切的直接来往关系;罗马人迟至公元前200年才开始向爱琴海地区派出使团。④可见,罗马或迦太基在生活于东地中海的希腊人心目中的重要分量完全是波利比乌斯为推动历史"剧情"发展而生硬插入的戏剧化元素。与此近似的演说词虚构案例还有罗德岛使节将罗马元老院奉为希腊世界自由与正义维护者的、令人肉麻的赞美之词。⑤这些台词均在波利比乌斯普世史体系的整体布局中扮演着地中海东西部历史衔接桥梁的关键角色,成为《历史》中的另一种重要戏剧化元素。

四 波利比乌斯普世史体系的意识形态特征与目的论性质——罗马统一地中海世界的命运主题

种种意识形态的影响与干扰贯穿着地中海史学的发展历程。19世纪进化论思想指导下古代经济史研究中对"极简主义(minimalism)"的过分强调、⑥20世纪环保主义思潮对古代地中海灾害史的夸张描述和东方主义文化偏见认为伊斯兰文明因过度采伐森林而无法抓住近代化发展机遇等奇谈怪论都是这方面的著名例子。⑦大量地中海生态史的研究成果表

---

① Polyb. 1.3.7-10.

② C. Champion, "Romans as BARBAROI: Three Polybian Speeches and the Politics of Cultural Indeterminacy", *Classical Philology*, Vol. 95, No. 4 (Oct., 2000), p. 425.

③ Polyb. 12.25i.5; Champion, "Romans as BARBAROI: Three Polybian Speeches and the Politics of Cultural Indeterminacy", p. 436; C. Champion, "The Nature of Authoritative Evidence in Polybius and Agelaus' Speech at Naupactus", *Transactions of the American Philological Association* (1974-), Vol. 127 (1997), p. 113.

④ Walbank, "*Symploke*: Its Role in Polybius' *Histories*", p. 316.

⑤ Polyb. 21.23.1-12.

⑥ S. Günther, 'Introduction,' *Journal of Ancient Civilizations*, Vol. 32/1 (2017), pp. 60-61; S. Günther, 'Ancient Greece,' *Journal of Ancient Civilizations*, Vol. 32/1 (2017), p. 69.

⑦ Horden and Purcell, *The Corrupting Sea: A Study of Mediterranean History*, pp. 146-147, pp. 359-362, pp. 337-341, pp. 336-337.

明，作为地理概念的地中海长期在西方思想文化史上充当着表述帝国意识形态的重要空间载体。按照希腊化时代地理学的基本概念，地中海为文明世界中的各族群划定了自然疆界与居住空间，①并且是西方历史上令人印象最为深刻的世界性帝国——罗马帝国的天然摇篮。②早在公元前4世纪的希腊古典文献语境中，地中海空间的政治意味已经变得十分明显；③而在罗马共和后期的政治意识形态中，"我们的海（mare nostrum）"与"有人居住的世界（οἰκουμένη）"或"四方之境（orbis terrarum）"等概念的含义逐渐趋同，④最终在6—7世纪基督教作家伊西多尔（Isidore of Seville）的语境下形成了完整的地中海世界政治观念，⑤成为古代罗马帝国主义思想的有机载体。波利比乌斯《历史》所传达的、为罗马帝国主义辩护的、富于目的论色彩的戏剧化命运（τύχη）主题正是这一思想史发展历程中的关键一环。

探究罗马征服"有人居住的世界（οἰκουμένη）"的历程与原因是波利比乌斯普世史体系的基本任务。⑥就这一意义而言，波利比乌斯的普世史确实是前无古人的，⑦因为罗马在地中海范围内达到的政治统一程度是此前的波斯、斯巴达、马其顿等区域性霸主无可比拟的。⑧除军事实力与政体优势外，罗马霸权建立的合理性集中体现于在《历史》中占据突出地位的、目的论色彩浓厚的"命运（τύχη）"概念之中。笔者认为，波利比乌斯的命运观在很大程度上服务于论证罗马帝国主义正当性之目的。首先，《历史》片面强调意大利在地理环境方面得天独厚的先天优势，赞美其土壤肥沃、物

---

① Strabo, 2.5.17.

② J. Gordon, "To Obey by Land and Sea: Empires, the Mediterranean, and Cultural Identity in Hellenistic and Roman Cyprus", in Concannon and Mazurek eds., *Across the Corrupting Sea: Post-Braudelian Approaches to the Ancient Eastern Mediterranean*, p. 137; Abulafia, "What is the Mediterranean?" p. 15; C. McCormick, *Origins of the European Economy, Communications and Commerce, A.D. 300-900*, Cambridge: Cambridge University Press, 2001, p. 83.

③ Horden and Purcell, *The Corrupting Sea: A Study of Mediterranean History*, p. 11.

④ Ibid., p. 12.

⑤ Isid. *Etym*. 13.16.1.

⑥ Polyb. 1.3.1-6; F. Hartog, "Polybius and the First Universal History", in P. Liddel and A. Fear eds., *Historiae mundi: Studies in Universal History*, London: Duckworth, 2010, p. 39; Astin, "Sources", p. 5.

⑦ Polyb. 5.33.1-8.

⑧ Polyb. 1.2.2-8.

产丰富，带有地理中心论的性质。[①]其次，命运的垂青[②]赋予了罗马对外征服道德上的优势地位。在《历史》记载断限内罗马参与的历次战争中，挑起争端的道德责任几乎无一例外地由罗马的对手承担。[③]第二次布匿战争的根源在于汉尼拔的个人意志及其父亲哈米尔卡（Hamilcar）迫使他立下的"终生与罗马人为敌"的誓言；[④]导致第三次布匿战争的罪魁祸首则是愚不可及的迦太基将领哈斯德鲁巴（Hasdrubal）；[⑤]而罗马则是一个拥有大西庇阿（Scipio Africanus the Elder）等完美英雄的、[⑥]因极度虔诚而成为命运宠儿[⑦]的优秀民族。再次，波利比乌斯还露骨地宣称，罗马的政治统治为地中海世界内的被征服民族带来了福祉，[⑧]并运用宏大的戏剧化场景表现手法虚构了聚集在地峡运动会（Isthmian Games）的希腊民众因罗马统治者的"仁政"而欢欣鼓舞的场面[⑨]和罗德岛使节对罗马元老院主持公平正义、保护希腊世界自由的讴歌。[⑩]这些戏剧化场面同日后爆发的阿凯亚同盟反罗马起义[⑪]与罗马军队攻陷科林斯后进行的烧杀抢掠[⑫]等史实存在着无法调和的深刻矛盾。诚然，波利比乌斯偶尔也会站在客观立场上对罗马的帝国主义政策提出温和的批评，但他总体上肯定罗马对外扩张的立场显然是有失公允的，[⑬]包含着地理中心论、道德论、个人英雄崇拜、种族优越论、美化强权政治等违背现代史学客观原则的狭隘偏见。无论这些具体记载是波利比乌斯个人真实想法的流露还是罗马统治者施加的政治、文化压力所造

---

① Polyb. 2.14.4-15.7.
② Polyb. 3.118.1-9.
③ F. Walbank, *Polybius*, Berkeley & Los Angeles: Regents of the University of California, 1972, p. 163.
④ Polyb. 3.11.5-12.6, 9.22.1.
⑤ Polyb. 38.7.1-2.
⑥ Polyb. 10.40.7-9.
⑦ Polyb. 6.56.6-15.
⑧ A. Erskine, "The Romans as Common Benefactors", *Historia: Zeitschrift für alte Geschichte*, Bd. 43. H. 1 (1st Qtr., 1994), pp. 86-87.
⑨ Polyb. 18.45.1-46.15.
⑩ Polyb. 21.23.1-12.
⑪ Polyb. 38.1.1-9.
⑫ Polyb. 39.2.1-3.
⑬ D. Baronowski, "Polybius on the Causes of the Third Punic War", *Classical Philology*, Vol. 90, No. 1 (Jan., 1995), pp. 30-31; Baronowski, *Polybius and Roman Imperialism*, p. 78, p. 86, p. 113. 王乐理：《波利比阿政治思想再探》，《浙江学刊》2003年第1期。

成的曲笔,这种充满戏剧性和虚构色彩的、将罗马帝国主义与神秘命运意志结合起来的叙述模式显然并不具备波利比乌斯声称自己所追求的整体历史真实性。[1]

笔者认为,统领《历史》叙述全局的、与古希腊悲剧的命运主题并无本质差异的命运史观还直接导致了波利比乌斯寻找普世史终点的困难,从根本上破坏了波利比乌斯普世史体系的完整性。根据波利比乌斯的理论解释,命运的意志始终力图将地中海世界联结成一个有机整体(συμπλοκή),[2]最终借助罗马共和国之手圆满地完成了自己的任务。[3]为了论证这一解释体系的合理性,波利比乌斯势必要为自己的普世史设定令人信服的起点与终点。波利比乌斯本人已在作品中承认,为普世史构建清晰明确的年代体系极其困难,同时又是至关重要的。[4]我们看到,波利比乌斯其实在《历史》的写作过程中尝试提出了一系列区分若干层次、不断调整的普世史时间节点。他在《历史》卷1中笼统确定的时间段是公元前220—前167年,即从罗马势力越出亚平宁半岛[5]到她最终完成地中海世界统一大业的"不到53年"。[6]在卷4中,波利比乌斯借助阿格拉奥斯演说词的艺术虚构,将公元前217年树立为地中海世界各地区独立发展的历史结束、有人居住的世界统一大幕正式拉开的历史性时间节点。[7]而在叙述第二次布匿战争的段落里,波利比乌斯又将坎尼战役的惨败(公元前216年)作为罗马之"命运"否极泰来的转折起点,而将十余年后大西庇阿击败汉尼拔的扎马(Zama)之战(公元前202年)视作罗马霸业"基本确立"的阶段性终结点。[8]按照波利比乌斯的解释体系,迦太基在

---

[1] Polyb. 8.2.1-11.

[2] Polyb. 1.4.1-2; K. Ziegler, „Polybios", in *Paulys Realencyclopädie der classischen Altertumswissenschaft*, Band 42, Stuttgart: Alfred Druckenmüller Verlag, 1952, col. 1515; Walbank, "*Symploke*: Its Role in Polybius' *Histories*", pp. 313-314; B. Dreyer, „Polybios", in H. Cancik and H. Schneider eds., *Der neue Pauly, Enzyklopädie der Antike*, Band 10, Stuttgart: J.B. Metzler, 2003, cols. 45-46.

[3] Polyb. 1.4.4-5.

[4] Polyb. 1.5.4, 5.31.1-8, 5.32.1-5.

[5] Polyb. 1.5.1-2.

[6] Polyb. 1.1.2-6.

[7] Polyb. 4.28.1-6.

[8] Polyb. 15.9.2-5; Polybius, *The Histories*, Vol. I, p. xv.

第二次布匿战争中的最终失败使得罗马在公元前200年前后和公元前190年前后相继向爱琴海地区和小亚细亚进军的行动成为必然之势。[1]然而,在《历史》第3卷第4节里的第2篇"序言"中,波利比乌斯又指出,自己处理的历史主题并未在原先框架设计中的时间终点——公元前167年戛然而止,因为罗马虽然成了地中海世界的军事霸主,历史学家还必须继续探究政治统一对地中海世界内各民族带来的影响和罗马人的治理效果。[2]作为希腊政治文化背景下成长起来的史学家,波利比乌斯所理解的地中海世界统一进程并不要求罗马彻底消灭其他一切政权,而只需要确立诸如斯巴达于伯罗奔尼撒战争结束后在希腊世界曾享有的霸主地位。这个标准本身即带有很强的主观性,而政治统一的影响与治理效果的呈现更是极其笼统模糊的时间概念。那么,波利比乌斯何以一定要为自己的历史叙述体系寻找一个理性化的时间终点,并要对最初的年代体系进行修改,将这部普世史的下限最终推迟到公元前145—前144年呢?笔者认为,这是脱胎于古希腊哲学思想的命运史观与客观存在的地中海史碎片化特征之间的矛盾在波利比乌斯普世史体系中的反映。

现当代波利比乌斯研究者们普遍认为,古典与希腊化时代的哲学思想对波利比乌斯的历史观起到了十分重要的塑造作用。[3]事实上,除波利比乌斯外,生活年代略晚的希腊化历史、地理作家波塞冬尼乌斯(Posidonius)、[4]斯特拉波(Strabo)[5]、阿庇安[6]等人都尝试过用哲学思想统领自己的作品。在讨论罗马混合政体的《历史》卷6中,波利比乌斯也坦承柏拉图政治哲

---

[1] Polyb. 1.3.1-6.

[2] Polyb. 3.4.1-13.

[3] Pédech, *La méthode historique de Polybe*, p. 97, p. 507; Walbank, "*Symploke*: Its Role in Polybius' *Histories*", p. 314; Hartog, "Polybius and the First Universal History", p. 36; Alonso-Núñez, "The Emergence of Universal Historiography from the 4th to the 2nd Centuries B.C.", p. 189. 王乃新:《试析波利比阿的混合政体论》,《辽宁师范大学学报》(社会科学版)1988年第3期;陈金海:《论波利比乌斯的史学价值观》,《廊坊师范学院学报》(社会科学版)2009年第5期。

[4] Posidonius, F67 (in Edelstein and Kidd); K. Clarke, *Between Geography and History: Hellenistic Constructions of the Roman World*, Oxford: Oxford University Press, 1999, pp. 188-190; M. Laffranque, «Poseidonios historien: Un episode significatif de la première guerre de Mithridate», *Pallas*, No. 11 (1962), p. 112.

[5] Strabo, 17.1.36.

[6] App. *Pref.* 1-12.

学理论对自己学说的指导作用。①西方的古典学研究者们往往强调这种哲学意识引导波利比乌斯探究历史事件背后动因（αἰτία）的积极意义。②但思辨性传统哲学所塑造的命运史观还要求历史叙述呈现出古典戏剧中命运主题式的逻辑发展历程，也就是要将历史作为一部真实发生过的戏剧予以呈现，展示出历史进程的开端、发展、高潮和结局。③基于这一出发点，波利比乌斯打算将公元前167年罗马地中海政治霸权的最终确立视为其普世史的高潮和终结点。④但从罗马海外扩张进程这一历史事件完整性的角度来看，舍弃公元前146年迦太基与阿凯亚同盟反抗罗马斗争失败这两场对地中海世界政治格局和波利比乌斯本人生活经历都产生过重大影响的插曲的做法无论如何是不能接受的，⑤因此作者只能舍弃对于命运史观和普世史体系而言相对容易自圆其说的终点（公元前167年），而将《历史》的叙述下限延伸至公元前145年。于是，具有讽刺意味的是，按照波利比乌斯的年代叙述体系，不但罗马势力的扩张范围最终仍未将特立独行的埃及托勒密王朝拉入统一地中海世界的普世史体系，⑥而且这场据作者宣称为地中海世界带来了和平与福祉的统一运动居然是在迦太基与科林斯废墟熊熊燃烧的火光中，⑦在满目疮痍和悬而未决的混乱状态和绝望氛围中草草收场的。⑧事实上，公元前146—前145年远非罗马共和国完成对地中海世界的政治统一之日，甚至也并非罗马共和国对其武力征服版图范围内的希腊知识精英、犹太教激进派别、西班牙土匪、西西里奴隶阶级、努米底亚（Numidia）附

---

① Polyb. 6.5.1-3.
② Polybius, *The Histories*, Vol. I, p. xix.
③ Hartog, "Polybius and the First Universal History", pp. 36-37.
④ Walbank, *HCP*, 3.4.2.
⑤ Polyb. 38.1.1-9.
⑥ Polyb. 39.7.1-7.
⑦ Polyb. 38.22.1-3, 39.2.1-3.
⑧ 部分学者认为波利比乌斯在其作品结尾处（Polyb. 38.22.1-3）表达了罗马的地中海世界霸权终将灭亡的观点。笔者认为，这一思路是古希腊政体循环思想的自然延伸，但罗马霸权消亡这一"后续事件"并不在波利比乌斯普世史的叙述框架之内，而且波利比乌斯并未试图、事实上也不可能对这一未来过程予以清晰描绘。相关讨论见 E. Gruen, "Polybius and Josephus on Rome", in B. Gibson and T. Harrison eds., *Polybius and His World: Essays in Memory of F.W. Walbank*, p. 263; Walbank, *Polybius, Rome and the Hellenistic World: Essays and Reflections*, p. 210. 易宁:《论波利比乌的"政体循环"说》,《世界历史》1998年第6期。

庸王国乃至意大利同盟者的统治真正得到巩固之时,而罗马向山外高卢、不列颠与日耳曼等地区的新一轮扩张正在蓄势待发。人类历史的发展充满了延续性与复杂性,简单设定一个标志性事件作为普世史统一终点的"历史终结论"必然是片面和主观的。

笔者认为,导致波利比乌斯普世史结尾处条理混乱的根本原因在于作者命运史观的目的论倾向与历史永恒发展这一客观事实之间存在的、难以调和的逻辑矛盾。[1]恩格斯(F. Engels)曾在批判黑格尔(F. Hegel)的唯心主义辩证法体系时指出,黑格尔"不得不去建立一个体系,而按照传统的要求,哲学体系是一定要以某种绝对真理来完成的。所以,黑格尔,特别是在《逻辑学》中,虽然如此强调这种永恒真理不过是逻辑的或历史的过程本身,但是他还是发现他自己不得不给这个过程一个终点,因为他总得在某个地方结束他的体系"。[2]这段批评言论其实同样适用于波利比乌斯在命运史观指导下建立起来的普世史体系,后者的逻辑困难在于无法协调思辨哲学的"不变"与客观历史进程的"恒变"。[3]从这个角度来看,波利比乌斯普世史体系中对戏剧化命运主题的诠释并不是完全成功的。

第三节 小结

波利比乌斯是古典史学家中堪与修昔底德、塔西佗(Tacitus)二人比肩的,在史学求真意识和探求历史根源等方面取得了19世纪史学科学化时代之前最高成就的伟大历史学家。[4]波利比乌斯一反希腊化早期文笔浮夸、卖弄博学、追求趣闻轶事效果的风气,发展出了一种简洁凝练的叙史风格;[5]他

---

[1] F. Walbank, *A Historical Commentary on Polybius*, Vol. I, Commentary on Books I-VI, Oxford: Clarendon Press, 1957, pp. 25-26.
[2]《马克思恩格斯文集》第4卷,人民出版社2009年版,第271页。
[3] Pédech, *La méthode historique de Polybe*, p. 498; 易宁:《古代希腊史学的普世观念》,《史学史研究》2011年第2期。
[4] Ziegler, „Polybios", col. 1557; Polybius, *The Histories*, Vol. I, p. xi; T. Rood, "Polybius, Thucydides, and the First Punic War", in Smith and Yarrow eds., *Imperialism, Cultural Politics, and Polybius*, pp. 50-51; G. Longley, "Thucydides, Polybius, and Human Nature", in Smith and Yarrow eds., *Imperialism, Cultural Politics, and Polybius*, pp. 68-69.
[5] Polybius, *The Histories*, Vol. I, p. xxvi.

第六章 拓荒与附会：波利比乌斯对罗马征服地中海世界普世史的建构与《历史》中的戏剧化元素 193

为撰述历史精心搜罗了大量外交档案文献。[1]波利比乌斯将求真视为史学价值得以成立的根本前提，[2]并在叙述历史事件的同时对相关地理信息进行过十分严谨、身体力行的认真检验；[3]他还站在拥护普世史的立场上对前代史家史学视野的局限性提出过有理有据的批评。可以说，这些史学成就的高度已经远远超越了这位史学家身处的时代。从《历史》在希腊罗马史学史上的地位与影响看，波利比乌斯的作品成了波塞冬尼乌斯和斯特拉波历史著作的起点，二者均称自己的史学叙述主题为"波利比乌斯之后的事件（τὰ μετὰ Πολύβιον）"。[4]他所提供的史料得到过李维、狄奥多鲁斯（Diodorus）、阿庇安、波桑尼阿斯（Pausanias）、狄奥·卡西乌斯（Dio Cassius）等罗马时代史学家的重视。[5]在罗马帝国主义意识形态的影响下，[6]斯特拉波、西塞罗（Cicero）、老普林尼（Pliny the Elder）等学者均接受了波利比乌斯关于罗马扩张缔造地中海世界统一性的观点。[7]这些证据无疑都是波利比乌斯史学成就及其普世史体系广泛影响力的集中体现。可见，作为古希腊一流史著中全面叙述罗马共和国崛起过程的拓荒之作，波利比乌斯《历史》所建构的普世史体系，尤其是作品中对罗马成功建立地中海世界霸权背后原因的深刻思考在塑造希腊知识精英乃至罗马人自身的罗马观过程中发挥了积极作用。

尽管如此，波利比乌斯首创[8]的普世史叙述体系中设定的终结点却受到

---

[1] Polybius, *The Histories*, Vol. I, pp. xxvii-xxviii.

[2] Polyb. 1.1.1, 1.14.1-9.

[3] Polyb. 3.47.6-48.12, 5.21.4-10; Clarke, *Between Geography and History: Hellenistic Constructions of the Roman World*, p. 108.

[4] Alonso-Núñez, "The Emergence of Universal Historiography from the 4th to the 2nd Centuries B.C.", p. 191; Clarke, *Between Geography and History: Hellenistic Constructions of the Roman World*, p. 77.

[5] Polybius, *The Histories*, Vol. I, pp. xxvii; J. Briscoe, "Some Misunderstandings of Polybius in Livy", in Gibson and Harrison eds., *Polybius and His World: Essays in Memory of F.W. Walbank*, p. 117.

[6] J. Engels, "Strabo and the Development of Ancient Greek Universal Historiography", in Liddel and Fear eds., *Historiae mundi: Studies in Universal History*, p. 71; F. Prontera, "Strabo's *Geography*", in S. Bianchetti, F. Prontera and H. Gehrke eds., *Brill's Companion to Ancient Geography: The Inhabited World in Greek and Roman Tradition*, p. 239; Malkin, *A Small Greek World: Networks in the Ancient Mediterranean*, p. 354; Alonso-Núñez, "The Emergence of Universal Historiography from the 4th to the 2nd Centuries B.C.", p. 173.

[7] Clarke, *Between Geography and History: Hellenistic Constructions of the Roman World*, p. 213; Strabo, 6.4.1; Cic. *Prov. cons.* 12.31; Plin. *HN*. 14.1.2.

[8] 易宁：《波利比乌斯的普世史观念》，《史学史研究》2007年第4期。

了视角各异的后世史家们的一致摒弃。在构建了另一种普世史体系[①]的狄奥多鲁斯眼中，真正完整的普世史是一部始于亚述、埃及帝国等有史可考的最久远年代并一直延伸下去的通史。庞培·特罗古斯（Pompeius Trogus）与弗洛鲁斯（Florus）等后世史家同样毫不犹豫地接受了这种通史体系（弗洛鲁斯选择的起点为罗马建城）。[②]斯特拉波与塔西佗则将罗马征服地中海世界的终点设在了相对更为合理的、波利比乌斯无缘得见的亚克兴海战结束之际，[③]但这一历史性的转折也只是地中海世界分裂割据时代与统一帝国时代之间的过渡衔接，而并非某部普世史的逻辑终结点。而在撒路斯提乌斯（Sallust）、阿庇安等史家的观念中，波利比乌斯眼中的普世史终结之日（公元前146年迦太基的灭亡）恰恰构成了更为丰富、同样具有垂训价值的罗马精神道德沦丧史的起点。[④]无论我们对这些后世希腊罗马史家的观点做出怎样的评价，可以肯定的是，波利比乌斯关于罗马征服地中海世界这一普世史历程终点（公元前167年与公元前145年）的设定在史实和逻辑上都是无法令人满意的。[⑤]

波利比乌斯普世史体系的一个根本性弱点在于，它忽视了罗马征服之前地中海世界久已有之的经济、社会与文化统一性和罗马征服之后地中海世界在政治、经济、文化、族群分布等诸方面继续长期保留的碎片化特征，从而在难以自圆其说的历史观指导下建构了一部罗马共和国于53年内完成地中海世界征服事业的、高度戏剧化的普世史。波利比乌斯历史认识的偏差在一定程度上是由古希腊历史观念的特征和他本人的视野局限所导致的。自修昔底德以降，古希腊史学家长期将政治史视为严肃史学研究的根本对象，而将历史进程中的经济、社会、文化等方面的元素视为"博学研究（erudite

---

[①] B. Sheridan, "Diodorus' Reading of Polybius' Universalism", in Liddel and Fear eds., *Historiae mundi: Studies in Universal History*, p. 41, p. 50.

[②] Just. *Epit.* 1.1.1; Flor. 1.1.1.

[③] Clarke, *Between Geography and History: Hellenistic Constructions of the Roman World*, p. 254; Tac. *Ann.* 1.3.

[④] Sall. *Cat.* 10; App. *Pun.* 132.

[⑤] 除建立完整哲学体系与追求戏剧化效果的动机外，波利比乌斯对普世史终始时间点的选择也可能同突出西庇阿（Scipio）家族、埃米利乌斯·保卢斯（L. Aemilius Paulus）等罗马英雄人物的需要密切相关。

research)"的对象而予以排斥。①从波利比乌斯对波斯、斯巴达、马其顿和罗马霸权交替线索②与罗马同马其顿竞争地中海世界霸主地位的叙述体系③来看,他对地中海统一性的理解基本仅局限于政治史范畴之内,④这一点不可避免地导致了波利比乌斯普世史观的片面性。事实上,地中海世界连通性的经济、文化与人口基础早在史前时代已经开始逐步形成了。⑤

其次,早期希腊史学普遍存在着历时性的纵深历史思维较弱的特点。修昔底德在其关于伯罗奔尼撒战争史著作的开篇中声称,由于贫穷的缘故,⑥在这场大战之前的希腊历史上没有发生过什么值得记忆的大事件。⑦修昔底德、色诺芬(Xenophon)及希腊化初期的希腊史学家们选取的题材多为与自身生活时代接近的同时代历史。在他们心目中,现实与历史之间并无进行本质性区分的逻辑必要,因为人类历史的发展长度本身便是十分有限的。在修昔底德与波利比乌斯的语境下,"史无前例"、"空前绝后"式的表述方式可谓俯拾皆是。⑧这种缺乏纵深与连续性的历史感使得波利比乌斯确信,地中海世界统一这个重大历史事件是有可能在罗马共和国的主导下、在不到53年的短暂时期内彻底完成的。⑨

再次,在波利比乌斯普世史解释模式中占据中心地位的概念"命运(τύχη)"在古希腊早期人神交混的朴素多神教信仰体系中的地位与原因解释功能原本就是捉摸不定的。在波利比乌斯的语境下,命运时而是一位意志明确、不可抗拒的神明(θεός τις或τὸ δαιμόνιον),⑩时而又代表着

---

① 方志强:《攸西比乌斯的〈教会史〉与普世史传统》,《史学史研究》2011年第4期。

② Polyb. 1.2.2-8.

③ A. Eckstein, "The Pact between the Kings, Polybius 15.20.6, and Polybius' View of the Outbreak of the Second Macedonian War", *Classical Philology*, Vol. 100, No. 3 (July 2005), p. 228.

④ Alonso-Núñez, "The Emergence of Universal Historiography from the 4th to the 2nd Centuries B.C.", p. 190.

⑤ Broodbank, "Mediterranean 'Prehistory'", p. 57; Broodbank, *The Making of the Middle Sea: A History of the Mediterranean from the Beginning to the Emergence of the Classical World*, p. 578.

⑥ Thuc. 1.11.2.

⑦ Thuc. 1.2.1-3.5.

⑧ Thuc. 1.1.2, 1.21.2; Polyb. 1.63.4, 1.88.7, 2.35.2, 3.1.10; Walbank *HCP*, 2.35.2.

⑨ Sacks, *Polybius on the Writing of History*, p. 96; Alonso-Núñez, "The Emergence of Universal Historiography from the 4th to the 2nd Centuries B.C.", p. 187; 易宁:《波利比乌斯的普世史观念》,《史学史研究》2007年第4期。

⑩ W. Fowler, "Polybius' Conception of Τύχη", *The Classical Review*, Vol. 17, No. 9 (Dec., 1903), p. 448.

一种非理性的纯粹偶然性。①命运的乖戾无常使得其宠儿汉尼拔也不敢盲目信赖她的垂青,②而帕加马（Pergamum）国王攸麦尼斯（Eumenes）又能在并无命运佑助的情况下凭借自己的勤勉努力实现国富民强的目标。③在第一次布匿战争的结局分析中,罗马共和国的胜利是由其完美无缺的混合政体缔造的,同命运完全无关;④而在另一语境下,罗马的对外征服又是命运之神意志的产物。⑤这种令现代读者错愕的逻辑混乱却在自荷马（Homer）、赫西俄德（Hesiod）以降的古希腊神话体系与宗教观念中普遍存在着。⑥

此外,波利比乌斯个人文学、哲学修养的欠缺也是导致《历史》中的理论批评与普世史体系存在瑕疵的因素之一。后世研究者们普遍认为,文采逊色是波利比乌斯史著的一项重要短板,⑦他在《历史》中虚构的演说词同样存在着冗长乏味和单薄无力的缺陷。⑧此外,波利比乌斯在作品中很少对文学艺术的主题表现出任何兴趣。可见,波利比乌斯本人的文学修养是相对匮乏的。因此,他在猛烈抨击希腊化早期史学的"戏剧化"特征时,很可能对古典戏剧与"戏剧化"等概念本身的丰富内涵及其对希腊化史学全方位的影响与渗透缺乏深入理解。波利比乌斯在旗帜鲜明地反对史学"戏剧化"倾向的同时,自己也在无意识中落入了自色诺芬以来希腊史学中无处不在的戏剧化写作套路的窠臼。⑨而在哲学素养方面,波利比乌斯对柏拉图、亚里士多德的政治哲学与斯多葛学派"世界主义（cosmopolitanism）"的理解都还局限于粗浅的通俗哲学水平层面,与哲学家波塞冬尼乌斯所建立的世

---

① Polyb. 2.7.1-3; Polybius, *The Histories*, Vol. I, pp. 24-25; Walbank, *Polybius, Rome and the Hellenistic World: Essays and Reflections*, p. 248; Dreyer, „Polybios", col. 45.
② Polyb. 15.15.4-5.
③ Polyb. 32.8.1-4.
④ Polyb. 1.63.4-9.
⑤ Polyb. 1.4.1-2.
⑥ 荷马史诗《伊利亚特》中阿伽门农（Agamemnon）用神明意志干预的理由解释自己举止言语失当的非理性因果论证模式（Hom. *Il.* 85-144）及赫西俄德《工作与时日》中用非理性的神话传说贬低女性与现实社会的世界观表述方式（Hes. *Op.* 44-200）都是古希腊文学语境下这种朴素宗教信仰与社会伦理价值观杂糅现象的体现。
⑦ Hartog, "Polybius and the First Universal History", pp. 32-33; Dreyer, „Polybios", cols. 46-47.
⑧ Holleaux, *Rome, la Grèce et les monarchies hellénistiques au IIIe siècle J.-C. (273-205)*, pp. 17-18.
⑨ 褚新国：《波利比乌斯论撰史中的"失真"问题》,《唐都学刊》2013 年第 1 期。

界体系在严密性上相去甚远。^①这些学养上的缺陷进一步深化了《历史》普世史体系中的逻辑矛盾。

然而,《历史》普世史体系中的另外一些问题并不是波利比乌斯和希腊史学所独有的,而是地中海区域整体史研究中若干共性难题的反映。

第一,波利比乌斯作品中命运史观与杂乱史实之间的难以协调反映了历史哲学与史学叙事之间的常见矛盾。历史哲学支配下形成的历史观要求普世史或其他整体史的编撰者遴选史事中能够反映思想主题的材料;编年体史著的叙述体例则要求对史事进行历时性的、相对完整的如实直书,其中大量尽管碎片化、但并非不重要的信息是难以被圆满地整合到某种带有目的论倾向的历史哲学观念体系之下的。《历史》材料布局中打破编年体例、按照近似纪事本末形式单独编排的托勒密王朝军事活动史便是这样的例子,因为波利比乌斯无法在"罗马征服地中海世界"的戏剧性命运主题下赋予其意义。^②在波利比乌斯的历史观中,普世史必须具备整体统一性。^③为此,他不得不大量砍削自己记载时期内与《历史》主题关系不大的细节。^④但普世史的整体性和致用目的又迫使他宣称自己的作品是全面完备的。^⑤尽管个别现代学者绞尽脑汁想要弥补波利比乌斯普世史体系中二者之间的裂痕,^⑥但这种断裂实为《历史》建构普世史理论的尝试和后世多种整体性历史哲学理论的通病。^⑦

第二,在普世史的原因解释框架下,人类因果逻辑思维线性化特征与古代史研究难于量化之间的矛盾体现得较为突出。在《历史》中,波利比乌斯将探求历史现象背后的原因作为普世史的首要任务,^⑧这一重视因果关系的史学思想是非常难能可贵的。然而,波利比乌斯对于历史事件原因的

---

① Clarke, *Between Geography and History: Hellenistic Constructions of the Roman World*, pp. 168-169.
② Polyb. 5.31.1-8, 14.12.1-5.
③ 易宁:《古代希腊史学的普世观念》,《史学史研究》2011 年第 2 期。
④ Polyb. 3.57.1-9, 9.1.1-2.7; Walbank *HCP*, 2.56.11-12.
⑤ Polyb. 2.56.10.
⑥ Balot, "Polybius' Advice to the Imperial Republic", p. 503.
⑦ Walbank, *Polybius, Rome and the Hellenistic World: Essays and Reflections*, p. 211. 易宁:《古代希腊史学的普世观念》,《史学史研究》2011 年第 2 期。
⑧ Polyb. 3.32.6.

解释并不总能言之成理。①更重要的是，尽管单线式的因果联系更适合作者的分析阐释和读者的理解把握，但由于普世史主题本身包罗万象的复杂性，波利比乌斯往往只能用多元化的原因去解释纷繁复杂、变量众多的历史进程；而在古代世界的史料状况条件下，波利比乌斯列举出的、左右罗马统一地中海世界进程的各种因素——先进海军装备与军团作战模式、混合政体、命运垂青、天然优越的自然环境与大西庇阿等杰出将领的个人禀赋——是无法具体量化并客观排列重要次序的。尽管波利比乌斯在论述自身治史原则的篇章中曾努力对之予以澄清，②他也无法从理论上梳理清楚上述各要素在具体历史案例中的主从先后地位。③事实上，笔者认为，波利比乌斯在2000余年前构建普世史体系时遇到的这一困境至今仍是古代经济史等领域中"宏大叙事"的撰史模式所难以克服的。

第三，波利比乌斯普世史观的缺陷反映了人类知识积累的永无止境。在《历史》中，波利比乌斯满怀信心地宣称，自己采用的普世史体例要比记载个别孤立事件的史书更容易发现历史中的真理；④随着罗马政治扩张所带来的眼界拓展，自己对历史、地理信息的占有已远远超出了前辈史家的水平；⑤他还对提迈乌斯（Timaeus of Tauromenium）等史家的作品进行了猛烈批评与尖刻嘲讽。⑥然而，波利比乌斯本已相当广博的地理知识又得到了青出于蓝的后世学者斯特拉波的进一步修正；⑦而《历史》对所记录年代中若干重要史实的遗漏⑧和笔者在上文中所列举的、拥有丰富政治生活

---

① Polybius, *The Histories*, Vol. I, pp. xix-xx; 易宁：《论波利比乌的"命运"说》，《史学理论研究》1993年第3期。

② Polyb. 36.17.1-6.

③ Clarke, *Between Geography and History: Hellenistic Constructions of the Roman World*, p. 89; Derow, "Polybius", p. 1174; 褚新国：《波利比乌斯历史思想初探——兼与早期史家比较》，《史学月刊》2013年第3期。

④ Polyb. 1.4.9-11, 3.58.1-9, 8.2.1-11.

⑤ Polyb. 3.59.1-8, 3.36.1-38.5, 3.47.6-48.12; 4.30.1-3; P. Liddel, "*Metabole Politeion* as Universal Historiography", in Liddel and Fear eds., *Historiae mundi: Studies in Universal History*, 2010, p. 15.

⑥ Polyb. 12.3.1-2. 12.3.7-9, 12.4c.2-5, 12.25a.5-9; Eckstein, "Polybius, Phylarchus, and Historiographical Criticism", p. 334.

⑦ Strabo, 2.4.4, 2.4.8, 10.3.5.

⑧ Clarke, *Between Geography and History: Hellenistic Constructions of the Roman World*, p. 118.

经验[1]的波利比乌斯在文艺理论、哲学、航海技术、罗马早期政治史等知识领域存在的漏洞[2]都在提醒后人撰写地中海世界整体史的难度之大。即便当代学者们在大量可靠数据与理性分析基础上提出的古代地中海世界连通性观点也必定会随着人类认识的进一步发展深化而不断得到修正完善；而在两千余年前的战乱年代里凭借敏锐洞察力、丰富阅历、非凡勇气和勤勉精神尝试构筑普世史体系的波利比乌斯正是人类认识地中海世界曲折历程上的一位偶有失误、但仍旧值得景仰的伟大先行者。

波利比乌斯的《历史》是相对悠久的希腊史学传统与迅速崛起的罗马政治军事力量彼此遭遇与碰撞的直接产物。一方面，波利比乌斯撰述罗马历史的严肃态度与卓绝努力为后世希腊史家观察罗马帝国这一日益深入地介入地中海东部经济、社会、文化生活，从而已变得无法回避的政治实体创造了便利条件；另一方面，波利比乌斯对罗马人及其早期历史的误解与附会，以及《历史》建构的普世史体系本身存在的致命逻辑缺陷也要求后来者另辟蹊径，重构希腊语世界对罗马帝国形象的历史记忆。

---

[1] Polyb. 12.25e.1-2.

[2] L. Herchenroeder, *Hellenistic Historiography and the Sciences: Practices and Concepts in Polybius' Histories*, PhD Thesis in Classics, University of Southern California, 2010, p. 125.

第七章

抗争与迷茫：约瑟福斯罗马观中的矛盾性[①]

在古希腊语世界涌现出的诸多史家中，犹太裔学者约瑟福斯（Flavius Josephus）无疑是最特殊、最具传奇色彩的一个。约瑟福斯出身犹太祭司世家，[②]于68年爆发的犹太起义中兵败投降了罗马，后随平定起义的提图斯（Titus）前往罗马定居。此后，他专心于历史著述，用希腊文创作了《犹太战争》、《犹太古事记》、《反阿皮翁》、《自传》等关于犹太民族的历史作品，成为古代世界少有的几位多产史家之一。

约瑟福斯的作品具有无可争议的史料价值。对希腊罗马史而言，《犹太战争》是现存关于该主题最详细完整的古代书面记载；对犹太史来说，《犹太古事记》的后半部分是关于第二圣殿时期中后段的唯一文字史料；[③]在基督教史研究中，约瑟福斯对基督教脱胎的母体——公元1世纪犹太教的介绍同样极其宝贵。然而，史学界对约瑟福斯本人的关注却十分有限，[④]而在这为数不多的研究中又存在很大的片面性。希腊罗马史学者往往只关心他

[①] 本章主体内容已先期发表为《"上帝选民"抑或"帝国子民"？——犹太教与罗马帝国两难抉择之间的史家约瑟福斯》(《世界历史评论》2015年总第3辑，上海人民出版社2015年版，第42—67页）一文。

[②] Joseph. *Vit.* 1-2.

[③] Josephus, *Jewish Antiquities,* William Whiston trans., Ware: Wordsworth Editions Ltd., 2006, Preface, p. 12; B. Eckhardt, *Ethnos und Herrschaft: Politische Figurationen judäischer Identität von Antiochos III. bis Herodes I,* Berlin & Boston: Walter de Gruyter GmbH, p. 21.

[④] Steve Mason, *Flavius Josephus, Translation and Commentary, Volume 5, Flavius Josephus Judean Antiquities 8-10,* Brill, 2005, Preface, p. 9.

在犹太战争中的表现,对作为史学家的约瑟福斯不感兴趣;[1]基督教学者对《犹太古事记》的文本进行了细致严密的考证,但其研究却仅限于宗教层面,[2]很少讨论文本所反映的时代特征和作者个性;犹太史学者更是对约瑟福斯讳莫如深,因为在很多犹太人眼中,此人背叛了他的祖国、人民与信仰,[3]是一个品行恶劣而为人不齿的民族败类。在1976年哈佛大学出版社出版的《犹太民族史》中,记载第二圣殿时期的学者斯特恩尽管大量引用了约瑟福斯的材料,却仅仅四次提到他的名字,并且还是直呼其投降前的本名"马塔西阿斯之子约瑟夫(Joseph ben Mattathias)",笔法之下暗含着无声的谴责意味。不过,随着古典学研究的深入和开放,欧美学界从20世纪70年代后掀起了约瑟福斯研究的热潮。[4]马森(Steve Mason)通过若干篇论文对约瑟福斯被俘后的生活状况进行了细腻且富有见地的研究;拉雅克(Tessa Rajak)发表了研究约瑟福斯个人生平的专著,填补了古典学界在这一领域的空白;特别是费尔德曼(Louis H. Feldman)为了钻研《犹太古事记》这部"最早系统阐释《圣经》的作品",[5]凭借其深厚的古典知识、犹太文化功底和开阔的史学视野,突破了约瑟福斯研究中的传统文本分析模式,取得了令人叹服的卓越成就。相形之下,我国学界对约瑟福斯的研究尚处于初探阶段,但宋立宏在《犹太战争与巴勒斯坦罗马化之两难》一文中也对约瑟福斯的史作提出了若干很有价值的观点。这些学者的作品为后续研究奠定了必要的基础。

然而,面对约瑟福斯这样一位具有犹太、罗马双重文化背景的希腊语作家,很少有人去关注他对犹太人同罗马人之间民族关系的看法。多数学者只是蜻蜓点水式的略加提及,专门的分析论述还十分罕见。笔者认为,约瑟福斯的罗马观具有极富时代性的独特之处,是理解他的史学作品及弗

---

[1] A.J. Boyle, "Introduction: Reading Flavian Rome", in A. Boyle and W. Dominik eds., *Flavian Rome: Culture, Image, Text*, Leiden & Boston: Brill, 2003, p. 57.

[2] Jonathan Edmondson, "Introduction: Flavius Josephus and Flavian Rome", in J. Edmondson, S. Mason and J. Rives eds., *Flavius Josephus and Flavian Rome*, Oxford: Oxford University Press, 2005, p. 15.

[3] H. H. Ben-Sasson, *A History of the Jewish People,* Harvard University Press, 1976, p. 301.

[4] J. Strugnell and T. Begg, "Josephus, Flavius", in Thomas Carson and Joann Cerrito eds., *New Catholic Encyclopedia,* second edition, Vol. 7, Farmington Hills: Thomson Gale, 2003, p. 1650.

[5] Louis H. Feldman, *Studies in Josephus' Rewritten Bible,* Brill, 1998, Preface, p. 19.

拉维王朝民族关系状况的重要线索,理应得到古典学者的特别重视。本章试图以约瑟福斯本人的作品和近年来欧美学者的相关研究成果为基础,结合弗拉维王朝时期的政治背景,揭示约瑟福斯民族观的实质及其背后蕴蓄的历史内涵。

第一节 约瑟福斯罗马观的两面性

70年9月26日,罗马军队毁掉了犹太民族的圣城耶路撒冷,基本平定了犹太人发动的起义。在这样的历史背景下,约瑟福斯作品中的民族观就集中体现为回答下面这个问题:犹太人是应当继续保持本族群信仰、风俗和语言上的特异性,用武力或和平的途径抵制自身的罗马化;还是应该努力改变自己以融入罗马社会,成为分享这个世界帝国公民权利的一分子?[①]简言之,犹太人必须在上帝选民和帝国子民的两条道路中做出选择,这是约瑟福斯及同时代的全体犹太人都不得不面对的现实问题。[②]约瑟福斯确实用自己的作品和行动给出了答案,不过,从逻辑角度看,这个回答是远远不能让人满意的。

一 伟大属于罗马——世界帝国的颂歌

约瑟福斯在《犹太战争》中指出,罗马和犹太的实力根本不成比例,犹太人无法摆脱接受罗马统治的命运,试图反抗的犹太人只能给自己和全民族制造苦难。[③]如果单从字面上看,书中类似的例子俯拾皆是。当然,作

[①] 在约瑟福斯的时代,将犹太人视为一个统一"族群(ἔθνος)"的观念已成为希腊化时代文化遗产中根深蒂固的一部分,尽管与同时代的拉丁文词汇"族裔(natio)"相比,其指代范围还相当狭隘,并不对应任何一个君主、王朝或居民共同体(参见 Eckhardt, *Ethnos und Herrschaft: Politische Figurationen judäischer Identität von Antiochos III. bis Herodes I*, p. 34)。在希腊罗马文化的影响下,约瑟福斯拓展了"ἔθνος"一词的适用范围,并频繁地赋予其政治含义。关于从塞琉古(Seleucid)王朝到约瑟福斯时代犹太裔希腊语作家语境下"ἔθνος"含义的演变历程,见 Eckhardt, *Ethnos und Herrschaft: Politische Figurationen judäischer Identität von Antiochos III. bis Herodes I*, pp. 27-148。

[②] J. Klawans, *Josephus and the Theologies of Ancient Judaism*, Oxford: Oxford University Press, 2012, p. 180.

[③] Simon Hornblower and Antony Spawforth, *The Oxford Classical Dictionary*, third edition, revised, Oxford University Press, 2003, p. 798.

为罗马军队的阶下囚,约瑟福斯的作品中显然存在着不少违心之言。不过,在很多地方,他的言论确实是经过深思熟虑后提出的,体现了约瑟福斯劝告同胞归顺帝国的真实意图。

约瑟福斯对双方的军事力量进行了冷静、客观的对比,指出犹太人空有勇气而缺乏必要的军事素养,是以一群乌合之众去挑战装备精良的职业军队,这注定了他们的抵抗必然失败。[1]在约瑟福斯看来,非但犹太人的失利在所难免,其他民族同样不具备抗衡罗马军队的实力。罗马人的武器十分精良,更可怕的是他们训练有素,作战经验丰富,并能随时补救自己犯下的错误。[2]他借书中人物之口评价说,犹太人从前的伟大国王尚无法抵挡一小支罗马军队,现在的这些散兵游勇自然更无法对抗整个罗马帝国。[3]犹太人从前曾有过争取自由的机会,但这个条件现在已失去了。他举例说,雅典、斯巴达、马其顿、亚洲诸邦、色雷斯、高卢、日耳曼、不列颠、迦太基、埃及乃至非洲原始部落都臣服于罗马,[4]犹太人的反抗也必然是徒劳无功的。约瑟福斯进一步指出,犹太人不仅在反对罗马人,也是在反对上帝的意志。[5]他说,在圣殿毁灭之前,子夜的天空呈现出宝剑的星象,祭坛周围射出耀眼的光芒,圣殿里生出怪物,锁好的大门自动开启。[6]约瑟福斯认为,在犹太战争的三个最重要战役中,上帝都站在了罗马人一边。[7]特别在围攻犹太人最后拼死坚守的马萨达要塞(Masada)时,罗马人使用火攻策略,但当时刮的是北风,烧不到犹太人;是上帝吹起南风,帮助罗马人取得了最终胜利。[8]耶路撒冷圣殿被焚的情况同样出于天意。约瑟福斯的这

---

[1] Josephus, *The Jewish War*, G.A. Williamson trans., E. Mary Smallwood rev., London: the Penguin Group, 1981, pp. 190-191.

[2] Joseph. *BJ* 3.71: εἰ δέ τις αὐτῶν καὶ εἰς τὴν ἄλλην σύνταξιν τῆς στρατιᾶς ἀπίδοι, γνώσεται τὴν τοσήνδε ἡγεμονίαν αὐτοὺς ἀρετῆς κτῆμα ἔχοντας, οὐ δῶρον τύχης; *BJ* 3.108: Ταῦτα μὲν οὖν διεξῆλθον οὐ Ῥωμαίους ἐπαινέσαι προαιρούμενος τοσοῦτον, ὅσον εἴς τε παραμυθίαν τῶν κεχειρωμένων καὶ εἰς ἀποτροπὴν τῶν νεωτεριζόντων.

[3] Joseph. *BJ* 2.356-357.

[4] Joseph. *BJ* 2.358-387.

[5] Joseph. *BJ* 5.378-379.

[6] Joseph. *BJ* 6.288-315.

[7] D. Schwartz, "Herodians and Ioudaioi in Flavian Rome", in J. Edmondson, S. Mason and J. Rives eds., *Flavius Josephus and Flavian Rome*, Oxford: Oxford University Press, 2005, p. 72.

[8] Joseph. *BJ* 7.314-319.

些看法基本是从犹太人立场出发，运用犹太式思维方式得出的结论，它们显然不是罗马人强迫他宣传的口号，而是他自己深入思索民族命运的结果。

比言辞更可靠的证据是约瑟福斯的亲身实践。从 69 年被俘直至 100 年左右写成《自传》时为止，约瑟福斯一直努力学习希腊文化，力图使自己融入希腊知识精英的世界中。他的学习绝不只是浅尝辄止，而是对希腊作家们的知识、理论和风格进行了全面借鉴，[1]从而使自己成为同时代罗马与犹太文化圈中最著名的犹太裔希腊语作家。[2]他甚至对荷马史诗和希腊悲剧也读到了烂熟的地步。[3]根据后世学者们对他著作的分析来看，约瑟福斯熟谙修昔底德、希罗多德、色诺芬、德谟斯提尼、荷马、索福克勒斯以及拉丁文作家维吉尔等人的作品，[4]并在自己的写作中进行了大量引用和模仿。这些事实足以说明，约瑟福斯充分承认希腊罗马文化的优越性，并努力使自己融入其中。

二　为犹太人民声辩——犹太民族的"顺民"天性

约瑟福斯认为，犹太人要想在专制的弗拉维王朝统治下求得生存，必须赢得罗马统治阶级的好感和希腊知识界的理解。[5]为了实现这个目的，约瑟福斯在晚年的《犹太古事记》一书中煞费苦心，在不违背《圣经》基本教义的前提下为犹太人进行了许多正面宣传，以证明他们具备融入罗马社会的资格。[6]

重视音乐是希腊罗马社会的悠久传统，约瑟福斯在书中专门收录了摩西的歌曲，证明犹太人与希腊人拥有相同的爱好。[7]罗马人普遍相信犹太人

---

[1] Josephus, *The Jewish War*, H. St. J. Thackeray trans., Harvard University Press, 1927, Introduction, pp. 14-15.

[2] Euseb. *Hist. eccl.* 3.9.1-2; W. Hollander, *Josephus, the Emperors, and the City of Rome*, Leiden & Boston: Brill, p. 294.

[3] Josephus, *The Jewish War*, Introduction, p. 16.

[4] Ibid., pp. 17-18.

[5] Joseph. *BJ* 2.358–387; Joseph. *AJ* 1.5-9; T. Rajak, "Josephus in the Diaspora", in J. Edmondson, S. Mason and J. Rives eds., *Flavius Josephus and Flavian Rome*, Oxford: Oxford University Press, 2005, p. 96.

[6] Rajak, "Josephus in the Diaspora", pp. 95-96.

[7] Louis H. Feldman, *Josephus' Interpretation of the Bible*, Oakland, California: California University Press, 1998, p. 105.

善于在经济活动中盘剥钻营，[1]约瑟福斯努力说服他们改变这种观念，他笔下的约瑟向法老指出，他的兄弟们都是牧人，而放牧是埃及人不得从事的职业，所以犹太人的存在对埃及有益无害。[2]一些罗马人认为，犹太人对外邦人怀有天然敌意，是不可能融入罗马社会的。[3]约瑟福斯却发挥了《圣经》中犹太君主雅霍莎法特（Jehoshaphat）的例子，证明犹太人完全能同邻邦和睦相处，达到水乳交融的境界。[4]罗马人担心犹太人会在帝国内制造"国中之国"，约瑟福斯却指出让犹太人散布于世界各地乃是上帝的旨意。[5]为了消除大起义带给罗马人的"叛贼"印象，[6]约瑟福斯多次改动《圣经》原文以说明犹太人对主人的忠贞不贰，如托勒密王国君主曾将其王国托付给犹太人保管，[7]而约瑟在飞黄腾达之后仍甘愿做法老的奴仆。[8]约瑟福斯意识到，弥赛亚的传说极易激起罗马人的反感，便在转述圣经时全部删去了相关章节。[9]罗马人还普遍忌惮犹太人逼迫外邦人改宗的做法，贺拉斯曾调侃说："我们要像犹太人那样，强迫你加入我们的行列。"[10]为了避免这种指责，约瑟福斯有意略去了鲁特（Ruth）皈依犹太教的细节，以消除罗马人对犹太人的怀疑。[11]

在此基础上，约瑟福斯多次在作品中提出吁请，恳求罗马人和元首能对犹太民族多一些宽容，帮助他们确立自身作为帝国忠诚子民的地位。他在书中记载了雅特罗（Jathro）和巴拉姆（Balaam）两人赞美犹太人的例子[12]，说明犹太人并非没有自己的朋友。他在《犹太古事记》里明确表示，本书的目的不只是翻译，还要向外邦人阐释

---

[1] Cic. *Flac.* 66-68; Tac. *Hist.* 5.5.
[2] Feldman, *Josephus' Interpretation of the Bible*, p. 151.
[3] Tac. *Hist.* 5.5; 5.9.
[4] Feldman, *Josephus' Interpretation of the Bible*, p. 142.
[5] Ibid., p. 157.
[6] Tac. *Hist.* 5.10.
[7] Feldman, *Josephus' Interpretation of the Bible*, p. 149.
[8] Ibid., p. 150.
[9] Ibid., p. 152.
[10] Hor. *Sat.* 1.4.138-143.
[11] Feldman, *Josephus' Interpretation of the Bible*, pp. 157-158.
[12] Ibid., p. 161.

圣经,[①]以帮助他们更好地了解犹太民族。他耐心地解释说,犹太人现有的生存权利是罗马元首早就以敕令形式授予他们的,外邦人没有理由对他们怀恨在心。[②]他对罗马元首寄予了更高的期望,认为犹太人应对韦伯芗(Vespasian)和提图斯两位元首心怀感激。[③]很明显,晚年的约瑟福斯仍未放弃使犹太人同罗马实现和解的努力,[④]并认为接受罗马保护和善待犹太人是于双方都最有利的双赢选择。

如果仅根据上述材料来看,约瑟福斯信奉的无疑是一种融合、调解的民族观。他肯定拉丁民族的强大与统治的合法性,主张犹太应积极融入罗马这个民族众多的世界性帝国。然而,另外一些令人疑惑甚至震惊的例子表明,这个问题远没有看上去那么简单。

三 新巴比伦之囚——异族暴政的邪恶

约瑟福斯在《犹太战争》的开篇便指出,在罗马治下的万民中,犹太人的命运最为不幸,他们蒙受的苦难远过于创世以来其他一切民族的总和。[⑤]约瑟福斯并未接着说明这种苦难产生的根源,但他多次暗示,除犹太人本身的宗教和世俗罪孽外,罗马专制当局及其代理人的暴政是犹太人遭受不幸的重要原因,罗马的桎梏对犹太民族来说不啻为第二次巴比伦之囚。

在约瑟福斯心目中,犹太与罗马的相遇以不幸开始,又以不幸终结。

[①] Joseph. *AJ* 10.218: καὶ γὰρ εὐθὺς ἐν ἀρχῇ τῆς ἱστορίας πρὸς τοὺς ἐπιζητήσοντάς τι περὶ τῶν πραγμάτων ἢ μεμψομένους ἠσφαλισάμην, μόνον τε μεταφράζειν τὰς Ἑβραίων βίβλους εἰπὼν εἰς τὴν Ἑλλάδα γλῶτταν καὶ ταῦτα δηλώσειν μήτε προστιθεὶς τοῖς πράγμασιν αὐτὸς ἰδίᾳ μήτ' ἀφαιρῶν ὑπεισχημένος.

[②] Joseph. *AJ* 16.174-175: Ταῦτα μὲν οὖν παρεθέμην ἐξ ἀνάγκης, ἐπειδὴ μέλλουσιν αἱ τῶν ἡμετέρων πράξεων ἀναγραφαὶ τὸ πλέον εἰς τοὺς Ἕλληνας ἰέναι, δεικνὺς αὐτοῖς ὅτι πάσης τιμῆς ἄνωθεν ἐπιτυγχάνοντες οὐδὲν τῶν πατρίων ἐκωλύθημεν ὑπὸ τῶν ἀρχόντων πράττειν, ἀλλὰ καὶ συνεργούμεθα τὰ τῆς θρησκείας ἔχοντες καὶ τῶν εἰς τὸν θεὸν τιμῶν. ποιοῦμαι δὲ πολλάκις αὐτῶν τὴν μνήμην ἐπιδιαλλάττων τὰ γένη, καὶ τὰς ἐμπεφυκυίας τοῖς ἀλογίστοις ἡμῶν τε κἀκείνων μίσους αἰτίας ὑπεξαιρούμενος.

[③] Joseph. *AJ* 12.121-124.

[④] Tessa Rajak, *Josephus: The Historian and His Society, second edition,* London: Duckworth, 2002, p. 225.

[⑤] Joseph. *BJ* 1.11-12: πόλιν [μὲν] γὰρ δὴ τῶν ὑπὸ Ῥωμαίοις πασῶν τὴν ἡμετέραν ἐπὶ πλεῖστόν τε εὐδαιμονίας συνέβη προελθεῖν καὶ πρὸς ἔσχατον συμφορῶν αὖθις καταπεσεῖν. τὰ γοῦν πάντων ἀπ' αἰῶνος ἀτυχήματα πρὸς τὰ Ἰουδαίων ἡττῆσθαι δοκῶ κατὰ σύγκρισιν.

第七章 抗争与迷茫：约瑟福斯罗马观中的矛盾性

当第一个短暂征服犹太的罗马将领庞培来到耶路撒冷时，他便率众进入圣殿，亵渎了犹太人的风俗。[1]步庞培后尘而来的克拉苏贪敛无度，不顾誓言取走了圣殿内的全部黄金。[2]此后很长一段时间内，罗马没有同犹太发生过直接交往，而委托其代理人希律王（Herod）代行统治。希律王扩建了耶路撒冷圣殿，为犹太臣民办过不少好事，[3]但约瑟福斯出于成见却对他全无好感。他指责希律王任用私党、压迫民众，[4]他扩建圣殿也只是出于自身利益的考虑。[5]约瑟福斯甚至宣称，希律王临死前曾打算将全体犹太精英置于死地。[6]公元6年之后，罗马开始通过行省总督对犹太地区进行直接管辖。[7]约瑟福斯说，在几个犹太总督中，彼拉多（Pilate）专横残暴，屡犯犹太人民禁忌；[8]库马努斯（Cumanus）未能制止动乱，导致大批犹太人命丧黄泉；[9]阿尔比努斯（Albinus）生性邪恶，但比起继任的弗洛鲁斯（Florus）简直可称作正人君子，[10]因为后者使整个犹太都变成了悲惨之土，[11]并成了迫使犹太人发动大规模起义的直接原

---

[1] Joseph. *AJ* 14.72.

[2] Joseph. *BJ* 1.179.

[3] M. Goodman, "Judaea", in A. Bowman, E. Champlin and A. Lintott eds., *The Cambridge Ancient History*, second edition, Vol. X: *The Augustan Empire, 43 B.C.–A.D. 69*, Cambridge: Cambridge University Press, 1996, p. 748.

[4] Joseph. *AJ* 15.2.

[5] Joseph. *AJ* 15.380-381.

[6] Joseph. *BJ* 1.659-660.

[7] Goodman, "Judaea", p. 750.

[8] Joseph. *BJ* 2.169-177.

[9] Joseph. *BJ* 2.223-227.

[10] Joseph. *BJ* 2.277-279: Τοιοῦτον δ' ὄντα τὸν Ἀλβῖνον ἀπέδειξεν ὁ μετ' αὐτὸν ἐλθὼν Γέσσιος Φλῶρος ἀγαθώτατον κατὰ σύγκρισιν. ὁ μέν γε λάθρα τὰ πολλὰ καὶ μεθ' ὑποστολῆς ἐκακούργησεν, Γέσσιος δὲ τὰς εἰς τὸ ἔθνος παρανομίας ἐπόμπευσεν, καὶ ὥσπερ ἐπὶ τιμωρίᾳ κατακρίτων πεμφθεὶς δήμιος οὔτε ἁρπαγῆς τινα τρόπον οὔτε αἰκίας παρέλιπεν. ἦν δὲ ἐν μὲν τοῖς ἐλεεινοῖς ὠμότατος, ἐν δὲ τοῖς αἰσχροῖς ἀναιδέστατος· οὔτε δὲ πλείω τις ἀπιστίαν τῆς ἀληθείας κατέχεεν οὔτε ἐν τῷ πανουργεῖν δολιωτέρας ὁδοὺς ἐπενόησεν. ᾧ τὸ μὲν κατ' ἄνδρα κερδαίνειν μικρὸν ἐδόκει, πόλεις δ' ὅλας ἐξεδίδυσκε καὶ δήμους ἀθρόους ἐλυμαίνετο, καὶ μόνον οὐκ ἐκήρυξεν ἀνὰ τὴν χώραν πᾶσιν ἐξεῖναι λῃστεύειν, ἐφ' ᾧ μέρος αὐτὸς λήψεται τῶν λαφύρων. διὰ γοῦν τὴν ἐκείνου πλεονεξίαν πάσας ἐρημωθῆναι συνέβη τὰς πόλεις καὶ πολλοὺς τῶν πατρίων ἠθῶν ἐξαναστάντας φυγεῖν εἰς τὰς ἀλλοφύλους ἐπαρχίας.

[11] Joseph. *AJ* 20.252-255: Γέσσιος δὲ Φλῶρος ὁ πεμφθεὶς Ἀλβίνου διάδοχος ὑπὸ Νέρωνος πολλῶν ἐνέπλησε κακῶν Ἰουδαίους. Κλαζομένιος μὲν ἦν τὸ γένος οὗτος, ἐπήγετο δὲ γυναῖκα Κλεοπάτραν, δι' ἣν φίλην οὖσαν Ποππαίας τῆς Νέρωνος γυναικὸς καὶ πονηρίᾳ μηδὲν αὐτοῦ διαφέρουσαν τῆς ἀρχῆς ἐπέτυχεν.（转下页）

因。①总之，在约瑟福斯眼里，罗马派来的总督没有几个是可以容忍的，而且总体上每况愈下。②马森指出，约瑟福斯甚至在个别地方大胆抗议说，元首帝制本身就意味着暴政，③这种对异族专制的厌恶构成了他心中根深蒂固的观念。④约瑟福斯动情地说，自创世以来还没有哪座城市像耶路撒冷遭受过这样的苦难。⑤从他的言外之意看，这种苦难的根源显然不只在于犹太，罗马的压迫同样负有不可推卸的责任。

与此相一致的是，约瑟福斯在许多地方似乎暗示，犹太人的反罗马起义若不是不可避免的结果，起码也是面对压迫的正当抗争。他并没有贬损同胞发动起义的合理性。⑥他在分析起义原因时特别指出了凯撒里亚（Caesarea）的叙利亚人对犹太人的大屠杀，使得各座城市中老弱妇孺尸体横陈，全省陷入无以名状的恐慌。⑦在描写围攻耶路撒冷时，约瑟福斯记录了罗马洗劫财物、滥施屠杀的暴行，⑧以及他们杀害老弱俘虏的不人道做法。⑨

在描述罗马举行的盛大凯旋式中，约瑟福斯再次暗示了这场战争的压迫性质。他用诗歌笔触描述了罗马掠夺来的不可胜数的金银财宝，⑩又看似轻描淡写地指出，提图斯取走了圣殿里的金桌、圣书等物。⑪罗马人可能会忽略这句记述，但所有信奉犹太教的人都会明白这意味着对他们的信仰

（接上页）οὕτω δὲ περὶ τὴν ἐξουσίαν ἐγένετο κακὸς καὶ βίαιος, ὥστε διὰ τὴν ὑπερβολὴν τῶν κακῶν Ἀλβῖνον ἐπῄνουν ὡς εὐεργέτην Ἰουδαῖοι· ἐκεῖνος μὲν γὰρ ἐπεκρύπτετο τὴν πονηρίαν καὶ τοῦ μὴ παντάπασιν κατάφωρος εἶναι προυνόει, Γέσσιος δὲ Φλῶρος καθάπερ εἰς ἐπίδειξιν πονηρίας πεμφθεὶς τὰς εἰς τὸ ἔθνος ἡμῶν παρανομίας ἐπόμπευεν, μήτε ἁρπαγῆς παραλιπὼν μηδένα τρόπον μήτε ἀδίκου κολάσεως· ἦν γὰρ ἄτεγκτος μὲν πρὸς ἔλεον, παντὸς δὲ κέρδους ἄπληστος, ᾧ γε μηδὲ τὰ πλεῖστα τῶν ὀλίγων διέφερεν, ἀλλὰ καὶ λῃσταῖς ἐκοινώνησεν· ἀδεῶς γὰρ οἱ πολλοὶ τοῦτ' ἔπραττον ἐχέγγυον παρ' ἐκείνου τὴν σωτηρίαν ἐπὶ τοῖς μέρεσιν ἔχειν πεπιστευκότες.

① Joseph. *AJ* 20.257: τὸν γὰρ πρὸς Ῥωμαίους πόλεμον ὁ καταναγκάσας ἡμᾶς ἄρασθαι Φλῶρος ἦν κρεῖττον ἡγουμένους ἀθρόως ἢ κατ' ὀλίγον ἀπολέσθαι.
② Schwartz, "Herodians and Ioudaioi in Flavian Rome", p. 66.
③ Boyle, "Introduction: Reading Flavian Rome", pp. 57-58.
④ S. Mason, "Flavius Josephus in Flavian Rome: Reading on and between the Lines", in A. Boyle and W. Dominik eds., *Flavian Rome: Culture, Image, Text*, Leiden & Boston: Brill, p. 577.
⑤ Joseph. *BJ* 5.442.
⑥ Rajak, *Josephus: The Historian and His Society*, p. 107.
⑦ Joseph. *BJ* 2.457-465.
⑧ Joseph. *BJ* 6.271-272.
⑨ Joseph. *BJ* 6.414-415.
⑩ Joseph. *BJ* 7.134-135.
⑪ Joseph. *BJ* 7.148-151. 参见 Procop. *Vand.* 2.9.5-9.

何等的侮辱。尤为令人惊异的是，在记述最后的马萨达保卫战时，约瑟福斯几乎肆无忌惮地将誓死抵抗罗马的埃利扎尔（Eleazar）描写成伟大的犹太英雄，并借他的口宣称，这些人并非不爱惜生命，而是受到上帝的召唤才在国难当头之际挺身赴死。①借着表面上如实直书的幌子，约瑟福斯实际上隐晦地表达了自己的民族情结和对罗马统治的不满情绪。

四　上帝选民的孤傲——仇外的民族思想

约瑟福斯对异族的抵触情绪不仅仅反映在对罗马的态度上，而且体现在其民族意识深处的选民优越感中。在《犹太战争》中，他借提图斯之口说，犹太人做事富于远见，彼此讲求诚信，并因虔诚而得到上帝的偏爱，实为罗马人的劲敌。②他用浓重笔墨渲染了犹太先辈们在庞培侵略时严守安息日，宁可引颈受戮也不肯违反上帝规定的虔诚精神。③约瑟福斯指出，托勒密进入埃及时之所以带走大量犹太人，就是因为欣赏他们的诚实与虔诚。④约瑟福斯终身都为其犹太教祭司身份感到无比自豪。⑤他认为，犹太教要比希腊神话优越得多。⑥犹太人高级祭司的名单从古到今一直流传下来，在两千年内延绵不绝。⑦约瑟福斯同样高度评价了犹太人的律法，声称摩西是世上最早的立法者，⑧犹太人在恪守律法方面超越万民。⑨他认为，

---

① Joseph. *BJ* 7. 358-360.

② Joseph. *BJ* 5.121-122: τοὺς δὲ στρατιώτας ἀπειλῇ τε τῶν ταξιάρχων καὶ χαλεπαίνων Καῖσαρ τούτοις ἐξεδέχετο, φάσκων ὡς Ἰουδαῖοι μέν, οἷς ἀπόνοια μόνη στρατηγεῖ, πάντα μετὰ προνοίας πράττουσι καὶ σκέψεως, ἐπιβουλάς τε συντάσσοντες καὶ λόχους, ἕπεται δ᾽ αὐτῶν ταῖς ἐνέδραις καὶ τύχη διὰ τὸ πειθήνιον καὶ τὴν πρὸς ἀλλήλους εὔνοιάν τε καὶ πίστιν· Ῥωμαῖοι δέ, οἷς δι᾽ εὐταξίαν καὶ τὸ πρὸς τοὺς ἡγεμόνας εὐπειθὲς ἀεὶ δουλεύει καὶ τύχη, νῦν ὑπὸ τῶν ἐναντίων πταίουσι καὶ διὰ χειρῶν ἀκρασίαν ἁλίσκονται, τὸ πάντων αἴσχιστον, ἀστρατήγητοι μαχόμενοι παρόντος Καίσαρος.

③ Joseph. *BJ* 1.148-151; *AJ* 14.66-68. 参见 Dio Cass. 37, 15.2-16.4.

④ Joseph. *AJ* 12.7-9.

⑤ S. Mason, "Priesthood in Josephus and the 'Pharisaic Revolution'", *Journal of Biblical Literature*, Vol. 107, No.4, p. 658.

⑥ Louis H. Feldman, "Josephus as a Biblical Interpreter", *The Jewish Quarterly Review*, New Ser., Vol. 75, No. 3 (Jan., 1985), pp. 212-252.

⑦ Joseph. *Ap.* 1.36: τεκμήριον δὲ μέγιστον τῆς ἀκριβείας· οἱ γὰρ ἀρχιερεῖς οἱ παρ᾽ ἡμῖν ἀπὸ δισχιλίων ἐτῶν ὀνομαστοὶ παῖδες ἐκ πατρός εἰσιν ἐν ταῖς ἀναγραφαῖς.

⑧ Joseph. *Ap.* 2.154: Φημὶ τοίνυν τὸν ἡμέτερον νομοθέτην τῶν ὁπουδηποτοῦν μνημονευομένων νομοθετῶν προάγειν ἀρχαιότητι.

⑨ Joseph. *Ap.* 2.271-275.

全世界的人民都从犹太律法中吸取了优点，证明它是能够经得起时间考验的。[1]同样，犹太人在科学文化上也是首屈一指的。埃及、希腊的天文学都来自亚伯拉罕的传授；[2]犹太史上曾涌现出无数才德出众的伟人，大卫的一生近乎完美无瑕，[3]所罗门的智慧远胜过埃及那些所谓的智者。[4]约瑟福斯的这些极端言论充分揭示了他内心深处的民族优越意识。

另一方面，约瑟福斯的作品中也不时折射出对其他民族的强烈抵触情绪。在《犹太古事记》中，约瑟福斯大量删减了巴比伦之囚后记载犹太史的材料，尤其是其中看似违反常理的部分，却唯独保留了王后以斯帖帮助犹太人屠戮敌人的传奇故事，把犹太人13天内杀害75000亚述遗民的事情当作光荣业绩加以宣扬，体现了他思想深层的仇外情绪。[5]他在批驳埃及、希腊学者的《反阿皮翁》这篇文章中尽展生平才华，使之成为自己最严密、最优美和最富激情的作品和希腊语论战文章的典范。他将主要论敌，埃及裔的亚历山大里亚公民阿皮翁贬称为"埃及佬（Αἰγύπτιος）"，[6]并用犹太、希腊和罗马长期以来对埃及形成的种种歧视看法犀利、尖刻甚至是恶毒地对他进行了鞭辟入里的抨击。[7]他公开宣称，全体埃及人和推罗人无一例外都是犹太民族不共戴天的死敌。[8]埃及人向来只会对犹太人的形象加以歪曲和诬蔑。[9]他刻薄地嘲笑埃及人是唯一一个没能在罗马帝国境内取得公民权的民族，[10]他们即便在本族君主统治下也不过是一群

---

[1] Joseph. *Ap.* 2.279-280.

[2] Joseph. *AJ* 1.166: ἦν δὲ καὶ κατὰ πόλεις οὐκ ἄγνωστον ἡμῶν πάλαι τὸ ἔθνος, καὶ πολλὰ τῶν ἐθῶν εἴς τινας ἤδη διαπεφοιτήκει καὶ ζήλου παρ' ἐνίοις ἠξιοῦτο.

[3] Joseph. *AJ* 7.130.

[4] Joseph. *AJ* 8.42.

[5] Joseph. *AJ* 11.198-291.

[6] 该称谓同希腊语中某些表示投机取巧含义的贬义词，如"Αἰγυπτιάζω"和"Αἰγυπτιστί"同源。见 H. Liddel, R. Scott and H. Jones, *A Greek-English Lexicon*, ninth edition with supplement, Oxford: Clarendon Press, 1996, p. 35。

[7] J. Barclay, "The Empire Writes Back: Josephan Rhetoric in Flavian Rome", in J. Edmondson, S. Mason and J. Rives eds., *Flavius Josephus and Flavian Rome*, Oxford: Oxford University Press, p. 325.

[8] Joseph. *Ap.* 1.70: φαίνονται γὰρ καὶ δὴ μάλιστα πρὸς ἡμᾶς δυσμενῶς διατεθέντες κοινῇ μὲν ἅπαντες Αἰγύπτιοι, Φοινίκων δὲ Τύριοι.

[9] Joseph. *Ap.* 1.223.

[10] Joseph. *Ap.* 2.41: καίτοι μόνοις Αἰγυπτίοις οἱ κύριοι νῦν Ῥωμαῖοι τῆς οἰκουμένης μεταλαμβάνειν ἡστινοσοῦν πολιτείας ἀπειρήκασιν.

卑微奴才。[1]他举例说，埃及末代女皇克莉奥佩特拉（Cleopatra）谋害手足，玷污圣灵，背叛恩主并出卖情夫，实为十恶不赦的人间魔鬼。[2]约瑟福斯甚至认为，崇拜食人野兽的埃及居民根本不配称之为人，[3]如果全世界都信奉了埃及宗教，那么地球上的人口早就被猛兽吃光了。[4]约瑟福斯的这些富于民族歧视色彩的侮辱性言辞同其先前提出的族群和解思想构成了鲜明对比。

我们从上述分析中不难看出，约瑟福斯的罗马观中包含着两面色彩。一方面，他肯定罗马在政治、文化上的优越性，主张犹太人同各民族实现和解，尽快融入这个世界性大帝国；另一方面，他又认为罗马的统治损害了犹太人的利益，犹太人本是高于万民的上帝选民。这种强烈的反差无疑是值得人们去深入思考的。

第二节　两面罗马观中的深刻矛盾

约瑟福斯罗马观中的两面性不是仅体现于某部著作里，而是贯穿于他近三十年的史学写作生涯中；不是只在零星处偶有提及，而是大量存在于其史作的主干叙述中。古典学者们早就发现了其中的问题。1926年，萨克雷（H. St, Thackeray）在约瑟福斯作品的译序中指出，《自传》和《反阿皮翁》两书的态度差别之大让他觉得很奇怪。然而，由于古典学者们长期冷落对约瑟福斯本人的研究，很少有人对这种两面性提出自己的看法。20世纪70年代后，一些学者开始试图对此给出调和式的解释。拉雅克认为，在约瑟福斯看来，异族奴役是件坏事，但在迫不得已时总是可以勉强忍

---

[1] Joseph. *Ap.* 2.128: Αἰγύπτιοι δ' ἄρα μόνοι διὰ τὸ καταφυγεῖν, ὥς φασιν, εἰς τὴν χώραν αὐτῶν τοὺς θεοὺς καὶ σωθῆναι μεταβάλλοντας εἰς μορφὰς θηρίων ἐξαίρετον γέρας εὕροντο τὸ μηδενὶ δουλεῦσαι τῶν τῆς Ἀσίας ἢ τῆς Εὐρώπης κρατησάντων, οἳ μίαν ἡμέραν ἐκ τοῦ παντὸς αἰῶνος ἐλευθερίας οὐ τυχόντες, ἀλλ' οὐδὲ παρὰ τῶν οἰκοδεσποτῶν.

[2] Joseph. *Ap.* 2.56-60.

[3] Joseph. *Ap.* 2.66: *An certe propterea non nos omnes dicimus Aegyptios et neque communiter homines, quoniam bestias adversantes naturae nostrae colitis multa diligentia nutrientes?*

[4] Joseph. *Ap.* 2.139: εἰ μέντοι τοῖς Αἰγυπτίων ἔθεσιν ἠκολούθουν ἅπαντες, ἠρήμωτο μὲν ἂν ὁ κόσμος τῶν ἀνθρώπων, τῶν ἀγριωτάτων δὲ θηρίων ἐπληθύνθη, ἃ θεοὺς οὗτοι νομίζοντες ἐπιμελῶς ἐκτρέφουσιν.

受的。[1]斯特鲁格奈尔（John Strugnell）与贝格（Christopher Begg）相信，约瑟福斯觉得罗马消灭犹太奋锐党（Zealots）是合情合理的，但他要为其它无辜的犹太百姓辩护。[2]瓦尔尼达（Pere Varneda）甚至认为这种内在张力乃是约瑟福斯自觉运用的一种史学叙述手段。[3]埃伦克鲁克（Jason von Ehrenkrook）则相信约瑟福斯在《犹太战争》与《犹太古事记》中展示了两种罗马观。他在前一部作品中刻意强调犹太人与罗马人在文化上的差异性；而在后者中从另一视角分析了这个问题，认为犹太人在深层次上是和罗马人相似的——他们都忠于自己祖先的风俗习惯（*mos maiorum*）。[4]

表面看来，这些调和式的解释虽然不无牵强之处，多少也还是能够自圆其说的。不过，一旦进入到宗教和社会的深层层面去加以考察的话，我们就会发现，对约瑟福斯民族观的这类解释包含着无法补救的严重漏洞。

一 犹太教与帝国理念的不兼容性

约瑟福斯引以为豪的犹太教以犹太教《圣经》（内容与基督教《圣经·旧约》相同，个别文本略有出入）为经典，这部作品的大部分篇章一般公认成书于犹太人巴比伦之囚后，带有很强的民族自尊情绪和犹太选民观念。根据《圣经》的说法，耶和华向亚伯拉罕许诺，要将从埃及河到幼发拉底河的土地永远赐给其后代，[5]让他的子孙多如天上的星辰；[6]《圣经·申命记》是一篇具有强烈排外情绪的作品，它规定，以色列人不可立外邦人作君王。[7]在上帝庇佑下，以色列人的对外战争将无往而不胜，他们五人能追杀百人，百人能追杀万人。[8]犹太人对天主交给他们的民族必须消灭，[9]并

---

[1] Tessa Rajak, *The Jewish Dialogue with Greece and Rome, Studies in Cultural and Social Interaction*, Leiden: Brill, 2001, p. 213.

[2] Strugnell and Begg, "Josephus, Flavius", p. 1048.

[3] P. Varneda, *The Historical Method of Flavius Josephus*, Leiden: Brill, 1986, pp. 188-195.

[4] J. Ehrenkrook, *Sculpting Idolatry in Flavian Rome: (An) Iconic Rhetoric in the Writings of Flavius Josephus*, Leiden & Boston: Brill, 2012, p. 174.

[5] *Gen.* 15.18.

[6] *Gen.* 15.5.

[7] *Deu.* 17.15.

[8] *Lev.* 26.7-8.

[9] *Deu.* 7.16.

把他们的名从世上除去；①不论在高山、丘陵还是在绿树下，犹太人都要拆毁异教祭坛，打碎异教神像。②犹太人的选民希望寄寓在弥赛亚的传说中，《圣经·以赛亚篇》预言说，弥赛亚将帮助犹太人掠夺东方的人民，③俘掳曾俘掳他们的人。④这一传说流传甚广，甚至得到了苏埃托尼乌斯的记载。⑤犹太人的仇外与反罗马情绪不仅见于《圣经》正典，在库兰地区艾赛尼派的经文中同样有所反映。《死海古卷》的经注猛烈抨击了罗马的统治，说他们的社会中永远充斥着刀剑、掠夺和互相残杀，⑥他们用战马和野兽鞭打大地，如同饿鹰吞噬各国人民，掳掠的人多如尘沙。⑦可见，犹太教很多宗派的信仰体系中包含着反对罗马帝国统治的强烈倾向，犹太教信仰和对帝国的忠诚二者间是水火不容的关系。要想实现二者的调和，约瑟福斯必须对犹太教本身的教义进行重新解释。但他没有，恐怕也无资格这样做，这就使他的民族观中呈现出了无法弥合的裂痕。

二 犹太人罗马化实践的失败

历史经验同样证明，对于坚守犹太教信仰的以色列人来说，融入希腊文化居于主导的埃及或罗马社会的道路遍布荆棘。早在托勒密埃及时期，埃及人就因一场大疫而发动过驱逐犹太人的运动。⑧在希律王死后，随着罗马逐渐加强了对犹太的直接控制，犹太人同罗马当局的矛盾开始公开化。罗马官员萨比努斯（Sabinus）曾在宫殿里遭到犹太居民的围攻；⑨科普尼乌斯（Coponius）治理时期，加利利人犹大（Judas）组织了富于极端激进色彩的奋锐党，针对罗马人实施恐怖袭击。⑩彼拉多不顾犹太人禁忌，连夜

---

① *Deu.* 7.23-24.
② *Deu.* 12.1-3.
③ *Isa.* 11.10-14.
④ *Isa.* 14.2.
⑤ *Suet. Vesp.* 3.5.
⑥ 《死海古卷》，[美] 西奥多·H. 加斯特英译，王神荫译，商务印书馆1995年版，第290页。
⑦ 同上书，第294页。
⑧ M. M. Austin, *The Hellenistic World from Alexander to the Roman Conquest, A selection of ancient sources in translation,* second augmented edition, Cambridge: Cambridge University Press, 2006, p. 379.
⑨ Joseph. *BJ* 2.51-53.
⑩ Joseph. *BJ* 2.118.

在耶路撒冷立起了元首雕像，结果在众怒之下被迫将其运走。[1]库马努斯任总督期间，一个罗马士兵当众侮辱圣殿，库马努斯无奈之下只好顺应民意将其处死。[2]在犹太地区一次清剿土匪活动中，一名罗马士兵扯碎并烧掉了一部犹太律法，再次在犹太民众的抗议声中被处决。[3]然而，罗马帝国的容忍并未换来犹太地区的安宁。41年，亚历山大里亚的犹太客民与希腊裔居民爆发激烈冲突，[4]引发了克劳狄乌斯元首的震怒。[5]大起义前夕，凯撒里亚地区爆发了犹太人反对叙利亚人的骚乱，结果遭到总督斐利克斯（Felix）的血腥镇压。[6]加利利和撒马利亚的居民向来势同冰炭，彼此伏击掠夺，处于事实上的战争状态。[7]在这些流血骚乱中，犹太人无疑受到了弥赛亚信条和奋锐党的鼓舞，[8]而希腊化居民对犹太人长期的敌意同样发挥了重要影响。这些民族恩怨在68年的大起义中彻底摊牌，提图斯认为，罗马必须摧毁耶路撒冷圣殿，肃清犹太教和基督教势力，才能保证地方的安定。[9]犹太战争给犹太民族造成了沉重打击，塔西佗认为阵亡的犹太人有六十万之多；[10]约瑟福斯则声称犹太人死亡一百一十万，被俘近十万。[11]无论哪种说法比较接近实际，我们都可以肯定，犹太人的势力受到了一次史无前例的重创。此后，犹太地区设立了若干罗马殖民据点，犹太人大量逃往境外，[12]加速了大流散（Diaspora）的历史进程。

可见，直至约瑟福斯写作的年代为止，犹太人的罗马化都没有取得多少实质性的进展。相反，在70年起义失败后，犹太人同罗马帝国的关系已降至冰点，其罗马化路线几乎已濒于失败。作为犹太宗教和历史的

---

[1] Joseph. *BJ* 2.169-177.

[2] Joseph. *BJ* 2.223-227.

[3] Joseph. *BJ* 2.228-231.

[4] Joseph. *BJ* 19.278.

[5] *Selected Papyri, Official Documents*, pp. 85-87.

[6] Joseph. *BJ* 2.266-270.

[7] Tac. *Ann*. 12.54.

[8] Christopher S. Mackay, *Ancient Rome, A Military and Political History*, Cambridge: Cambridge University Press, 2004, p. 206.

[9] Tac. *Hist*. 5.13.

[10] Tac. *Hist*. 5.13.

[11] Joseph. *BJ* 6.420.

[12] Mackay, *Ancient Rome, A Military and Political History*, p. 216.

专家和这些事件的主要记录者,约瑟福斯对现实的严峻局势不可能没有清醒的估计,绝不会去天真地大谈罗马化和犹太性统一的问题。对于他和同时代的犹太人而言,在上帝选民和帝国子民的身份间并无第三种兼得的选择。这充分证明,约瑟福斯的罗马观中实际包含着根本无法调和的逻辑矛盾。

第三节 约瑟福斯罗马观矛盾的历史根源

一 良史之才与私家之作——两种误解的排除

上述分析表明,约瑟福斯的民族观中包含着十分严重的矛盾。对这些矛盾产生的根源提出合理解释,乃是史学研究理应解决的一项课题。对于古人著作而言,产生矛盾最常见的原因有两个:一是作者本人的逻辑修养不够;二是作品本为政治宣传而写,于是大量歪曲了历史真相。然而,这两个原因对于约瑟福斯并不适用。

的确有许多学者指责约瑟福斯是犯了逻辑不清晰的毛病,很多人认为,充满矛盾的《犹太战争》第 7 卷无疑是古典史学中的一篇败笔之作;[1]拉雅克推测说,约瑟福斯对埃利扎尔等人的赞美是因为"忘记"了从前对他们的憎恨。[2]如果一个作家竟会在几十页的篇幅里就忘记了自己对书中人物的态度,那么他逻辑思维的混乱程度大概是相当严重的。然而,约瑟福斯从小受过良好的文字教育,对犹太教各宗的主要教义间哪怕是细微的差别也烂熟于胸。[3]同时,他又是犹太战争的当事人和犹太教祭司,对其写作对象恐怕不至于理解混乱到胡言乱语的程度。事实上,他完全符合波利比乌斯提出的良史之才的标准。[4]约瑟福斯本人宣称,他自己是用希腊文撰写犹太

---

[1] M. Beard, "The Triumph of Flavius Josephus", in A. Boyle and W. Dominik eds., *Flavian Rome: Culture, Image, Text*, Leiden & Boston: Brill, p. 548.

[2] Rajak, *Josephus: The Historian and His Society*, p. 220.

[3] Joseph. *Vit.* 8-10.

[4] 波利比乌斯认为优秀的历史学家必须拥有开阔的眼界 (Polyb.1.4.11) 并亲自参与实际事务 (πραγματικός, Polyb.12.28)。参见 Josephus, *Jewish Antiquities*, W. Whiston, trans., Worsworth Editions Limited, 2006, Introduction, p. 7。

史的最佳人选，[1]他的自许也得到了其作品本身的验证。抛开与民族观相联系的段落不论，约瑟福斯的代表作《反阿皮翁》和《犹太战争》结构严谨，思路清晰，一气呵成，并无明显逻辑混乱的缺陷。他的写作能力得到了古今许多学者的高度评价。圣哲罗姆称之为"希腊语世界的李维"；[2]中世纪教会史家尊称他为"忠于真理者"；[3]琼斯（Christopher P. Jones）评价说，约瑟福斯的写作水平足可与琉善媲美；[4]在16世纪的古典文化接受史上，约瑟福斯的地位甚至足以同奥维德、希罗多德、塔西佗、李维和普鲁塔克比肩。[5]近年来大量的考古材料同样说明，约瑟福斯凭借记忆力对凯撒里亚和马萨达的描述惊人地准确。[6]这些美誉或成就显然都不是一个思维不健全的人能取得的，对约瑟福斯缺乏逻辑性的猜测显然不足为凭。

另一些学者（特别是犹太史学家）把约瑟福斯的作品视为弗拉维王朝官方的政治宣传品，[7]这种看法同样只是貌似合理。首先，约瑟福斯的《犹太战争》完全不符合政治宣传的标准。《犹太战争》长达7卷，篇幅远远超出了宣传的需要。其中仅后3卷集中描写罗马军队的战功（如果忽略其中显然存在的反面观点的话），前面接近三分之二的内容都在讲述犹太的地理状况、犹太教内部各宗派的观点分歧以及他本人和约翰（John of Gischala）之间冗长乏味的钩心斗角与私人恩怨，按政治宣传的标准看实在是离题万里。诚然，《犹太战争》中的确存在一些曲笔，但曲笔跟赤裸裸的政治宣传并不相同，而前者充其量只能说明某部作品和外部史料证据间的不一致，是无法解释作品内部大量存在且集中于民族观这个方面上的矛盾之处的。此外，如果约瑟福斯的作品有蓄意歪曲事实的毛病，他就不会在全书卷首

---

[1] Joseph. *AJ* 20.262: λέγω δὴ θαρσήσας ἤδη διὰ τὴν τῶν προτεθέντων συντέλειαν, ὅτι μηδεὶς ἂν ἕτερος ἠδυνήθη θελήσας μήτε Ἰουδαῖος μήτε ἀλλόφυλος τὴν πραγματείαν ταύτην οὕτως ἀκριβῶς εἰς Ἕλληνας ἐξενεγκεῖν.

[2] Jer. *Ep.* 22.35.

[3] Rajak, *Josephus: The Historian and His Society*, p. 229.

[4] C. Jones, "Josephus and Greek Literature in Flavian Rome", in J. Edmondson, S. Mason and J. Rives eds., *Flavius Josephus and Flavian Rome*, Oxford: Oxford University Press, 2005, p. 201.

[5] K. Wenzel and C. Hellwig, "Baroque", in M. Landfester, H. Cancik and H. Schneider eds., *Brill's Encyclopaedia of the Ancient World, Classical Tradition*, Vol. 1, Leiden & Boston: Brill, 2006, p. 446.

[6] Josephus, *Jewish Antiquities*, W. Whiston trans., Introduction, p. 12.

[7] Ibid., p. 7.

批评希腊作家的同主题作品不够客观,[1]更不会在《反阿皮翁》中将自己的这部书举出来当作如实直书的典范,[2]否则只会给自己惹来更严厉的回击。约瑟福斯记录的许多内容与罗马官方的宣传出入很大,如关于提图斯对圣殿的态度便是个明显例子。[3]在罗马帝国文人相轻的风气下,明显歪曲史实的作家很难逃避竞争对手的诟病。但从处于中立立场的攸西比乌斯对约瑟福斯的介绍看,这部作品的可信性并未受到罗马文人的强烈质疑。[4]

至于约瑟福斯的其他作品,它们具有政治宣传色彩的可能更是微乎其微。弗拉维王朝三代君主都以军功立名,对文史作品的宣传作用并不看重。图密善(Domitian)虽然曾在其统治期象征性地赞助过斯塔提乌斯(Statius)与玛提阿尔(Martial)等宫廷诗人,[5]但他自己事实上极少关心历史和诗歌。[6]89 年挫败萨图尼努斯(Saturninus)叛乱后,图密善的文化专制更是变本加厉。[7]他残酷地惩罚讽刺诗人,[8]把哲学家们全体逐出意大利。[9]在他的观念里并无笼络文人学者来巩固自己统治的必要。[10]此外,征服犹太本是他的兄长提图斯的军功,而图密善与提图斯间的不睦早已路人皆知。图密善的死党巴苏斯(Bassus)对元首提图斯十分畏惧,[11]图密善自己也一度打算逃到军队里煽动反叛。[12]狄奥·卡西乌斯认

---

[1] Joseph. *BJ* 1.1-2: οἱ μὲν οὐ παρατυχόντες τοῖς πράγμασιν, ἀλλ᾽ ἀκοῇ συλλέγοντες εἰκαῖα καὶ ἀσύμφωνα διηγήματα σοφιστικῶς ἀναγράφουσιν, οἱ παραγενόμενοι δὲ ἢ κολακείᾳ τῇ πρὸς Ῥωμαίους ἢ μίσει τῷ πρὸς Ἰουδαίους καταψεύδονται τῶν πραγμάτων, περιέχει δὲ αὐτοῖς ὅπου μὲν κατηγορίαν ὅπου δὲ ἐγκώμιον τὰ συγγράμματα, τὸ δ᾽ ἀκριβὲς τῆς ἱστορίας οὐδαμοῦ.

[2] Joseph. *Ap.* 1.50.

[3] Joseph. *BJ* 6.250-251.

[4] Euseb. *Hist. eccl.* 3.5-10.

[5] J. Leberl, *Domitian und die Dichter: Poesie als Medium der Herrschaftsdarstellung*, Göttingen: Vandenhoeck & Ruprecht, 2004, pp. 113-243.

[6] Suet. *Dom.* 20.1.

[7] M. Griffin, "The Flavians", in A. Bowman, P. Gransey and D. Rathbone eds., *The Cambridge Ancient History*, second edition, Vol. XI: *The High Empire, A.D. 70–192*, Cambridge: Cambridge University Press, 2000, p. 60.

[8] Suet. *Dom.* 8.3.

[9] Suet. *Dom.* 10.3.

[10] Hollander, *Josephus, the Emperors, and the City of Rome*, pp. 200-251.

[11] Plin. *Ep.* 4.9.2.

[12] Suet. *Tit.* 9.3.

为提图斯是被图密善冻死的,[1]普鲁塔克则说他是在浴室里被后者暗害的。[2]即位后,图密善多次贬损提图斯,[3]声称他的父亲和哥哥的政权早就该归自己。[4]更微妙的是,图密善即位前曾违心地写过关于犹太战争的颂诗,[5]在社会上流传颇广,[6]这显然是他失势时蒙受的一次难忘的羞辱。可想而知,约瑟福斯即使打算讨好元首,也绝不会用撰写犹太史这样一种拙劣且危险的方式。其实,在出版《犹太古事记》和《反阿皮翁》这样的作品时,约瑟福斯都是冒了很大风险的。因为对犹太人的敌视与迫害乃是图密善统治后期官方意识形态的一部分[尽管很可能只是图密善为迫害其潜在政敌弗拉维乌斯·克莱门斯(Flavius Clemens)并免遭手足相残非议而找到的借口]。[7]无论他是赞美提图斯的赫赫战功还是替当时遭受迫害的犹太民族说话,都有可能引起元首的震怒。如果他真是一个贪功冒赏之徒,那么最明智的办法就是保持沉默甚至放弃写作。

那么,约瑟福斯民族观的矛盾色彩究竟是如何形成的呢?笔者认为,这个问题的答案其实存在于弗拉维王朝时期地中海民族关系的大背景中。

二 东西文化大交融的历史背景——约瑟福斯阐发民族观的前提

不容忽视的一点是,约瑟福斯使用希腊语公开表达自己的民族观念,这本身便是希腊化与罗马帝国时期长期存在的东西文化交融活动发展到一

---

[1] Dio Cass. 66.26.2. 前引部分史料可能夸大了图密善的暴政,参见 G. Haaland, "Josephus and the Philosophers of Rome", in J. Sievers and G. Lembi eds., *Josephus and Jewish History in Flavian Rome and Beyond*, Leiden & Boston: Brill, 2005, p. 299; Griffin, "The Flavians", pp. 55-56。但毋庸置疑的是,图密善统治时期的文化专制政策确实存在,并且在他晚年时变本加厉。见 Haaland, "Josephus and the Philosophers of Rome", p. 300。

[2] Plut. *Mor.* 123d.

[3] Suet. *Dom.* 2.3.

[4] Suet. *Dom.* 13.1.

[5] Plin. *HN,* Praef., 5.

[6] Quint. *Inst.* 10.1.91-92.

[7] S. Günther, „Der fiscus Iudaicus als Forschungskonstrukt", *Japan Studies in Classical Antiquity* 2 (2014), pp. 128-131.

定高度的产物。^①从公元前264年第一次布匿战争爆发开始,罗马以极为迅猛的速度,在二百余年内发展成一个庞大的世界性帝国。^②在这一过程中,征服的罗马人和被征服的希腊、东方民族的眼界都得到了极大拓展。奥古斯都时代的旅行家斯特拉波的足迹已遍布亚美尼亚至提勒尼亚、黑海至埃塞俄比亚间的广大区域。^③在这样的背景下,罗马帝国知识精英阶层的地理、民族观念都发生了重大变化。在1998年发现的一幅弗拉维时期画作上,罗马被画成一座没有居民的空城,似乎表明它已不再专属一个民族所有,而成了名副其实的"世界之都"。^④小塞涅卡在给朋友的信中抱怨说,罗马已被怀有各种目的,属于各个等级和民族的外来人口占满了。^⑤由于罗马实行相对宽容的文化政策,帝国东方各民族的宗教、文化传统大量涌入罗马城,^⑥成为罗马外来人口客居他乡的精神寄托。

与此同时,一大批向罗马宣传东方传统的文化使者应运而生。叙利亚人尼科拉奥斯(Nicolaus)成为希律王时代犹太人在罗马的代言者,^⑦埃及人曼内托(Manetho)的《埃及史》^⑧和贝鲁苏斯(Berosus)论东方天文学和哲学^⑨的希腊文著作在罗马流传甚广。狄奥尼修斯的《罗马古事记》则直接为约瑟福斯树立了写作榜样。^⑩

在这样的社会环境下,相对封闭的犹太社会也开始同外界有了更多交往,逐渐被卷入希腊化与罗马化的浪潮。早在公元前226年,犹太人的名

---

① E. Smallwood, *The Jews under Roman Rule*, Leiden: Brill, 1976, pp. 1-2; S. Cohen, *Josephus in Galilee and Rome*, Leiden: Brill, 1979, pp. 232-233; J. Barclay, "Judean Historiography in Rome: Josephus and History in Contra Apionem Book I", in J. Sievers and G. Lembi eds., *Josephus and Jewish History in Flavian Rome and Beyond*, Leiden & Boston: Brill, 2005, pp. 29-30.

② Mackay, *Ancient Rome, A Military and Political History*, p. 62.

③ Strab. 2.5.11.

④ Penelope J. Goodman, *The Roman City and its Periphery: From Rome to Gaul*, London: Routledge, 2007, p. 34.

⑤ Sen. *Helv.* 6.2-6.

⑥ Arnold J. Toynbee, *A Study of History*, abridgement of Vols. I-VI by D. C. Somervell, Oxford: Oxford University Press, 1946, p. 127.

⑦ G. Bowersock, "Foreign Elites at Rome", in J. Edmondson, S. Mason and J. Rives eds., *Flavius Josephus and Flavian Rome*, Oxford: Oxford University Press, p. 57.

⑧ Joseph. *Ap.* 1.73.

⑨ Joseph. *Ap.* 1.129.

⑩ Dion. Hal. *Ant. Rom.* 1, 2.1-3.6.

字已出现在埃及法庭诉讼的记录簿上。①但到了罗马帝国时期,罗马城迅速成为犹太境外最大的犹太人聚居区。②这些犹太人大都或多或少地接受了希腊文化。在目前发现的 595 块帝国早期罗马周边的犹太人墓志铭中,467 块用希腊文书写,127 块用拉丁文,仅一块用犹太当地通用的亚兰文。③犹太人的存在也引发了斯特拉波、庞培·特罗古斯(Pompeius Trogus)等人的兴趣。④在这种状况下,罗马世界中的犹太知识精英们大力向罗马人宣传犹太的民族文化传统,以便为本民族在这个世界帝国中争得生存的一席之地。斐洛率先向罗马世界系统阐述了《圣经》的主要思想,⑤并力求将其同希腊哲学调和起来。犹太战争前夕,伪斐洛的《圣经古事记》也得以问世。⑥约瑟福斯的作品正是在这样的文化背景下诞生的。他试图通过向希腊罗马世界介绍犹太民族的历史与文化,让更多的人了解、钦佩甚至接受犹太思想,从而扭转他所忠于的犹太教和犹太民族在罗马世界中看似行将覆灭的命运。笔者认为,这正是约瑟福斯尽半生之力,用自己尚不纯熟的希腊文创作如此卷帙浩繁的历史文化作品的真实用意所在。在努力实现这一目标的过程中,约瑟福斯不可避免地要遇到犹太民族的未来归属这个重要问题。约瑟福斯无疑对此进行过深入思考,但他最终陷入了两难的境地。

三 犹太民族的内部失和——弥赛亚救赎之梦的破灭

作为一名犹太教信徒和起义军的重要将领,约瑟福斯无疑和他的同胞一样,一度对民族自由充满了向往。诚然,如他所说,犹太人的军事实力远在罗马之下。但这并不足以成为放弃争取自由的合理借口。日耳曼将领阿米尼乌斯(Arminius)就曾在一次次失败中掌握了罗马军队的战术,从

---

① A. Hunter and C. Edgar eds./trans., *Select Papyri*, Vol. II, Public Documents, Cambridge, MA & London: Harvard University Press, 1934, p. 191.
② M. Goodman, *Jews in a Graeco-Roman World*, Oxford: Clarendon Press, 1998, p. 215.
③ L. Ratgers, *The Jews in Late Ancient Rome, Evidence of Cultural Interaction in the Roman Diaspora*, Leiden: Brill, 1994, p. 176.
④ Martin Goodman, *Jews in a Graeco-Roman World*, Clarendon Press, Oxford, 1998, p. 7.
⑤ Feldman, *Josephus' Interpretation of the Bible*, p. 16.
⑥ Ibid., p. 14.

而挫败了罗马人的入侵。①约瑟福斯本人的著作告诉我们，他对自由前途的心灰意冷其实另有隐情，因为犹太民族的内部分裂此时已到了不可收拾的地步。

在约瑟福斯看来，犹太民族在第二圣殿时期最接近自由的时刻是在犹大·马加比取得阿达尔日大捷之际，此后，犹太民族便由于内部分裂而开始走下坡路了。②约瑟福斯认为，犹太人自由的沦丧肇端于阿瑞斯托波鲁斯（Aristobulus）和希卡努斯（Hyrcanus）的祸起萧墙，结果使庞培有机会夺取圣城。③犹太人内部很早便分裂为法利赛、撒都因和艾赛尼三个宗教派别，彼此争斗不休；④这种宗教派别和阶级关系有着密切联系，法利赛人代表广大民众，而撒都因人代表有产者。⑤到了起义发动这一事关民族存亡的紧要关头，耶路撒冷内部却分裂为埃利扎尔、约翰和西蒙（Simon）三派，⑥彼此大打出手，他们斗争的规模很大，连远在罗马的塔西佗都有所耳闻。⑦约瑟福斯痛心地声称，如果没有这次内讧，耶路撒冷是不可能那么快就沦陷的。⑧更糟的是，伊杜米恩斯（Idumeans）及其手下的奋锐党徒趁乱大杀仇人，无恶不作，⑨致使犹太人在罗马总攻之前就已元气大伤。

面对激烈的党派斗争，身居要职的约瑟福斯也无法抽身局外。事实上，约瑟福斯指挥的加利利战区正是全犹太内乱的一个缩影。约瑟福斯到任不久便同约翰为争权发生了激烈冲突，⑩约翰多次阴谋杀害约瑟福斯，⑪并通过明目张胆的行贿赢得了耶路撒冷方面的支持；⑫约拿单（Jonathan of Tiberias）同样对约瑟福斯表示不满。⑬面对失控的局面，约瑟福斯费尽气

---

① Rajak, *Josephus: The Historian and His Society*, p. 160.
② Joseph. *AJ* 12.412.
③ Joseph. *BJ* 5.395-396.
④ Joseph. *AJ* 13.171.
⑤ Joseph. *AJ* 13.297-298.
⑥ Joseph. *BJ* 5.21.
⑦ Tac. *Hist.* 5.12.
⑧ Joseph. *BJ* 5.25-26.
⑨ Joseph. *BJ* 3.224-439; 3.503-544.
⑩ Joseph. *BJ* 2.585-587.
⑪ Joseph. *Vit.* 70-145.
⑫ Joseph. *Vit.* 189-190.
⑬ Joseph. *Vit.* 277.

力才用暴力手段平定了局势,[1]但一盘散沙的加利利地区显然已丧失了整合力量抵挡罗马大军的宝贵时间,其失败的命运早在开战前就已经注定了。

可见,在约瑟福斯心目中,犹太民族真正战败的原因在于内部的四分五裂。无休止的血腥内乱不仅耗尽了犹太的国力,而且引起了上帝的震怒与降祸。从《犹太战争》《反阿皮翁》等作品中的激越情绪看,约瑟福斯其实保留着高傲的选民心态和对故土的深深眷恋,他劝犹太人选择罗马化的道路是因为对犹太政权的前途已彻底绝望,是在迫不得已的情况下采取的无奈之举。

四 官方意识形态的反犹色彩——帝国礼赞的虚幻与迷茫

然而,约瑟福斯选择的罗马化道路很快便遇到了同样沉重的打击。作为战场上的征服者,弗拉维王朝并未给试图融入罗马社会的犹太人创造条件。这一现象看似与罗马长期奉行的民族政策相悖,实际上却是罗马内部政治权力运作危机期间出现的特定结果。

正如梅勒(Ronald Mellor)所言,公元68年朱利安—克劳狄王朝的终结引起了帝国境内严重的思想混乱。[2]在公元69年的血腥内乱中,伽尔巴(Galba)、奥索(Otho)、维特里乌斯(Vitelius)和韦伯芗四位元首如走马灯般轮流上台。在罗马人心目中,朱利安—克劳狄家族是新共和制的缔造者,是维纳斯和埃涅阿斯的后裔。尼禄死后,一些人用鲜花装饰他的坟墓,为他树立塑像,[3]放在醒目的公共场所,[4]并不时制造伪尼禄的骗局,[5]在帝国东部引起巨大恐慌。[6]关于尼禄死后出现的种种异象的谣言层出不穷。[7]相形之下,即使门第显赫[8]的伽尔巴也无法以其名望慑服人心,在遇弑后受到无数侮辱。[9]而在公元69年争夺权力的

---

[1] Joseph. *Vit.* 327-328.
[2] Boyle, "Introduction: Reading Flavian Rome", p. 4.
[3] Suet. *Ner.* 57.1.
[4] Plut. *Vit. Otho*, 3.1.
[5] Suet. *Ner.* 57.1.
[6] Tac. *Hist.* 2.8.
[7] Suet. *Ner.* 57.1.
[8] Suet. *Galb.* 3.1-4.
[9] Tac. *Hist.* 1.42; Suet. *Galb.* 20.1-2.

四人中，最后胜出者韦伯芗出身最为低微，[1]如摩根（Gwyn Morgan）所说，他的最大特点是毫无特点。[2]韦伯芗的父亲当过税吏，[3]他本人是在萨宾地区的一个小镇里长大的，[4]妻子多密提拉通过法庭裁决才取得了罗马公民权。[5]因此，初登帝位的韦伯芗面临着严重的信任危机，在很多人眼中，他不过是又一个短命草头王而已。[6]

弗拉维王朝统治初年，军队放纵不羁，[7]诉讼积压严重，[8]奢靡之风盛行。[9]韦伯芗帐下的老部下恃功自大，根本不把元首放在眼里。[10]亚历山大里亚人甚至戏称他为"咸鱼商"。[11]韦伯芗当政期间遇到过多次篡权的阴谋。[12]可见，早期弗拉维政权实际上处于风雨飘摇般的危机之中，统治阶层面临的当务之急是尽快树立自己的声望和权威。在这样的背景下，作为一种极富民族压迫色彩的政治宣传品，"征服犹太"的神话迅速被确立为弗拉维王朝最重要的官方意识形态之一。

事实上，犹太战争虽然规模巨大，破坏严重，[13]却不过是罗马边疆的一场毫无悬念的简单平叛。这次骚乱甚至难以称为全犹太民族的大起义，因为除亚历山大里亚外，大批流散至帝国各地的犹太人似乎根本没有响应这场暴动。[14]整场战争的主导权始终牢牢掌握在罗马一边，韦伯芗本可速

---

[1] G. Morgan, *69 A.D., The Year of Four Emperors,* Oxford: Oxford University Press, 2006, p. 170.

[2] Morgan, *69 A.D., The Year of Four Emperors,* p. 171.

[3] Suet. *Vesp.* 1.1.

[4] Suet. *Vesp.* 2.1.

[5] Suet. *Vesp.* 3.1.

[6] Suet. *Vesp.* 8.2, 8.4, 19.2; *ILS* 244（这篇著名的《韦伯芗大权法案》（*Lex de imperio Vespasiani*）移除了前元首克劳狄乌斯"神圣的（*divus*）"之头衔，这或许反映了韦伯芗同克劳狄乌斯党徒之间的尖锐矛盾。但这一结论不无争议。反面证据见 Suet. *Claud.* 45; Suet. *Vesp.* 9.1; M. Charlesworth, "Flaviana", *The Journal of Roman Studies* 27 (1937), pp. 58-60. 关于弗拉维王朝同显贵之间矛盾的概述见 Syme, *The Roman Revolution*, pp. 503-504。

[7] Suet. *Vesp.* 8.1.

[8] Suet. *Vesp.* 10.1.

[9] Suet. *Vesp.* 11.1.

[10] Suet. *Vesp.* 13.1.

[11] Suet. *Vesp.* 19.1.

[12] Suet. *Vesp.* 25.1.

[13] F. Millar, "Last Year in Jerusalem: Monuments of the Jewish War in Rome", in J. Edmondson, S. Mason and J. Rives eds., *Flavius Josephus and Flavian Rome*, Oxford: Oxford University Press, 2005, p. 101.

[14] Ben-Sasson, *A History of the Jewish People,* p. 298.

战速决，却为了腾出精力角逐帝位而暂时对犹太围而不打；[1]而当提图斯急于回罗马巩固新政权时，罗马人仅用半年左右的时间就干净利落地攻克了耶路撒冷。[2]然而，在官方的意识形态体系下，这场边境平叛却被无限夸大为西方对东方，文明对野蛮的最后胜利，成为为罗马帝国赢得永久和平的关键一战。

提图斯回到罗马后，韦伯芗举行了盛况空前的凯旋式，[3]当众将犹太人的圣书和圣物送往帝国皇宫。[4]随后，韦伯芗下令关闭雅努斯神庙的大门，表明罗马帝国从此将永享和平昌盛。[5]弗拉维王室的逢场作戏并未到此为止，帝国政府很快制作了一系列宣传征服东方、征服犹太的文化符号，企图将弗拉维王室作为犹太征服者的形象在罗马臣民心中牢固树立起来。

从弗拉维王朝奠基之日起，直至图密善时代，帝国境内大量发行了"征服犹太"类型的硬币。[6]这种钱币上的典型图案是一个被俘的犹太女子坐在一堆战利品的右下方，一膝蜷起，头伏在膝盖上啜泣，旁边刻着"IVDAEA CAPTA（被征服的犹太）"或"IVDAEA DEVICTA（被战胜的犹太）"的字样。[7]这样，在官方宣传中，犹太人被贬低成和高卢、埃及一样的化外蛮族。75 年，提图斯拱门在罗马落成，上面的铭文写道："他（提图斯）征服了犹太民族，摧毁了耶路撒冷，完成了从前的一切将领、君王和民族都

---

[1] Goodman, "Judaea", p. 757.

[2] Ibid., p. 758.

[3] Joseph. *BJ* 7.123-157.

[4] Joseph. *BJ* 7.161-162.

[5] C. Pelling, "The Triumviral Period", in A. Bowman, E. Champlin and A. Lintott eds., *The Cambridge Ancient History*, second edition, Vol. X: *The Augustan Empire, 43 B.C.-A.D. 69*, Cambridge: Cambridge University Press, p. 15.

[6] 该举措同奥古斯都时代发行"征服犹太"货币的帝国政策一脉相承。参见 D. Vagi, *Coinage and History of the Roman Empire, c. 82 B.C.–A.D. 480*, Chicago & London: Fitzroy Dearborn Publishers, 1999, p. 209; S. Günther, „Zwischen gens Flavia und gens Julia: Domitians Herrschaftsübernahme und Kaiserkonzeption", in H. Brandt, K. Köhler and U. Siewert eds., *Genealogisches Bewusstsein als Legitimation: Inter- und intragenerationelle Auseinandersetzungen sowie die Bedeutung von Verwandtschaft bei Amtswechseln*, Nürnberg: University of Bamberg Press, 2009, p. 88.

[7] J. Cody, "Conquerors and Conquered on Flavian Coins", in A. Boyle and W. Dominik eds., *Flavian Rome: Culture, Image, Text*, Leiden & Boston: Brill, 2003, pp. 106-107; Vagi, *Coinage and History of the Roman Empire, c. 82 B.C.–A.D. 480*, pp. 305-314; Millar, "Last Year in Jerusalem: Monuments of the Jewish War in Rome", pp. 106-107.

没能或根本不曾试图去完成的功业。"[1]为了感谢神恩,韦伯芗下令修建一座"和平之殿",将从耶路撒冷掳掠来的大量战利品存放在里面,[2]神殿的规模曾得到老普林尼等人的称颂。[3]不难想象,在这样的舆论环境下,居住在罗马城内的犹太人必定要承受无以名状的精神痛苦。

在现实政策上,弗拉维王朝同样对犹太人进行沉重剥削甚至残酷迫害。起义失败后,留在巴勒斯坦的犹太人每年要向卡皮托林山缴纳两德拉克玛的人头税,以代替从前向耶路撒冷圣殿的贡金。[4]图密善统治晚期,曾借口一批罗马贵族追随犹太人生活方式而将他们处决,[5]并把大批人关入监狱。[6]总之,无论从理论还是实践层面看,弗拉维王朝对犹太教实行的都是一种灭绝政策。[7]

随着希腊化和罗马帝国时期对世界了解的不断深入,希腊罗马知识分子民族观中的歧视色彩有了明显减弱,更多的学者开始愿意用平等、开放的眼光去看待历史上的民族问题。然而,弗拉维王朝及稍后的希腊罗马知识界同样没有站在犹太人一边。事实上,罗马帝国知识分子的思维传统并不能完全摆脱歧视东方的模式。帝国早期的史学传统中居于主流的两种写作风格是由伊索克拉底和亚里士多德确立的,[8]而这两人都是公元前4世纪时宣传反波斯、歧视东方言论的领军人物。伊索克拉底认为征服东方是希腊文明义不容辞的职责,[9]亚里士多德则相信野蛮人应由希腊人加以治理。[10]公元前1世纪作家狄奥多鲁斯早就宣称,犹太人的生活方式是封闭和不宽容的。[11]在弗拉维王朝官方意识形态和反东方文化传统的共同影响下,很多罗马作家对犹太人形成了强烈的偏见。罗马的传

---

[1] Jonathan Edmondson, Steve Mason and James Rives, *Flavius Josephus and Flavian Rome*, p. 120.

[2] Joseph. *BJ* 7.158.

[3] Plin. *HN* 36.107.

[4] Joseph. *BJ* 7.216-218.

[5] Dio Cass. 67.14.1-2.

[6] Dio Cass. 68.1.2; Günther, „Der fiscus Iudaicus als Forschungskonstrukt", pp. 128-131.

[7] Jonathan Edmondson, Steve Mason and James Rives, *Flavius Josephus and Flavian Rome*, p. 170.

[8] Louis H. Feldman, *Josephus' Interpretation of the Bible*, p. 3.

[9] Isoc. *Paneg.* 150-154.

[10] Arist. *Pol.* 1252b.

[11] Diod. Sic. 40.3.4.

统思维极为重视民族祖先的荣誉,[1]但犹太人的古老历史却受到严重质疑。一些人认为,整个犹太就是一个乞丐之邦;[2]塔西佗指出,社会上关于犹太人起源的说法极为混乱。[3]约瑟福斯则抱怨说,世人只相信希腊学者的作品,对犹太人和其他东方民族的历史根本不屑一顾。[4]重视史料真实性的塔西佗却在犹太人问题上最好地体现了图密善时期学者们的民族偏见。塔西佗写道:"我们认为是神圣的一切,在犹太人看来都是渎神的;另一方面,我们憎恶的一切,在他们又都是允许的。"[5]他接着指出,犹太人的风俗卑劣可憎,只有最坏的恶棍才跟他们搅在一起。[6]埃及作家阿皮翁则幸灾乐祸地宣称,耶路撒冷正是因其邪恶律法才招致了悲惨的不幸。[7]总之,在对犹太民族态度这个问题上,希腊罗马知识界表现出了同反波斯思想相同,甚至有过之而无不及的强烈歧视观念。

那么,在这样的大环境下,约瑟福斯能否凭借其特殊身份独善其身呢?根据他自己的记载,他曾准确预言过韦伯芗将成为元首,[8]苏埃托尼乌斯[9]和狄奥·卡西乌斯[10]也承认这个说法。约瑟福斯还说,韦伯芗元首对他宠命优渥,[11]授予他罗马公民权和一笔年金,[12]图密善又免除了他的土地税。[13]因此,不少现代学者认为,约瑟福斯在罗马享有很高的地位。史密斯(Morton Smith)甚至猜想,约瑟福斯是法利赛人在罗马的代言人。[14]不过,很多细

---

[1] Cic. *Leg.* 2.11.27.
[2] Feldman, *Josephus' Interpretation of the Bible*, p. 93.
[3] Tac. *Hist.* 5.2.
[4] Joseph. *Ap.* 1.6: Πρῶτον οὖν ἐπέρχεταί μοι πάνυ θαυμάζειν τοὺς οἰομένους δεῖν περὶ τῶν παλαιοτάτων ἔργων μόνοις προσέχειν τοῖς Ἕλλησι καὶ παρὰ τούτων πυνθάνεσθαι τὴν ἀλήθειαν, ἡμῖν δὲ καὶ τοῖς ἄλλοις ἀνθρώποις ἀπιστεῖν.
[5] Tac. *Hist.* 5.4.
[6] Tac. *Hist.* 5.5.
[7] Joseph. *Ap.* 2.125.
[8] Joseph. *BJ* 3.399-407.
[9] Suet. *Vesp.* 5.1.
[10] Dio Cass. 66.1.4.
[11] Joseph. *Vit.* 414-417.
[12] Joseph. *Vit.* 423.
[13] Joseph. *Vit.* 429.
[14] David S. Williams, "Morton Smith on the Pharisees in Josephus", *The Jewish Quarterly Review,* New Ser., Vol. 84, No.1 (Jul., 1993), pp. 30-31.

节表明，约瑟福斯在罗马的生活还有他不愿提及的另一面。

事实上，对于迁居罗马的异族居民来说，适应新环境本身就是极为困难的。阿米安、盖伦和琉善都表达过对罗马生活方式的强烈抱怨。[①]对于俘虏身份的约瑟福斯来说，他面对的麻烦还要更多。根据他自己的说法，韦伯芗曾命令他跟一个犹太女俘结婚；但根据犹太律法，祭司是不能跟当过俘虏的女子结婚的。[②]约瑟福斯在获得自由后立刻休弃了妻子。遭到威胁的并非只有约瑟福斯的生活方式，还有他的身家性命。战争结束后，约拿单向韦伯芗元首控告约瑟福斯曾给过他武器和资金以对抗罗马人，结果反被元首处死。[③]此后，仍有不少犹太人和廷臣向元首控告约瑟福斯，不断威胁他的安全。[④]优斯图斯（Justus of Tiberias）发表了一篇关于犹太战争的作品，指责约瑟福斯是挑动犹太人起义的罪魁祸首，逼迫他为自己进行辩护。[⑤]可见，约瑟福斯投降后的日子并不是风平浪静的。

此外，约瑟福斯并未成功地融入罗马知识阶层。许多罗马作家知道他的名字，但并无证据表明，他跟其中的任何一个有过来往。他一直没有熟练掌握希腊语口语，[⑥]在侨居罗马二十年后仍对它的发音感到头疼；[⑦]这似乎暗示他跟整个罗马上流社会的交往是十分有限的。他的最后三部作品献给了一位叫作埃帕法罗狄图斯的文人，根据学者们的考证，此人几乎可以肯定是个释奴和地位不高的人。[⑧]这些信息似乎表明，约瑟福斯在罗马过的是一种提心吊胆和寂寞孤独的生活。[⑨]

这种孤独和与世隔绝其实是非常自然的结果。犹太同胞对变节的他恨之入骨，必欲置之于死地而后快；罗马人对他并不信任，经常对他的立场

---

① V. Grimm, "On Food and the Body", in David S. Potter ed., *A Companion to the Roman Empire*, London: Blackwell Publishing, 2006, p. 357.

② Boyle, "Introduction: Reading Flavian Rome", pp. 20-21.

③ Joseph. *Vit*. 424-425.

④ Joseph. *Vit*. 425.

⑤ Joseph. *Vit*. 340-342.

⑥ Mason, *Flavius Josephus, Translation and Commentary, Volume 5, Flavius Josephus Judean Antiquities 8-10*, Preface, p. 10.

⑦ Rajak, *Josephus: The Historian and His Society*, p. 47.

⑧ H. Cotton and W. Eck, "Josephus' Roman Audience: Josephus and the Roman Elites", in J. Edmondson, S. Mason and J. Rives eds., *Flavius Josephus and Flavian Rome*, Oxford: Oxford University Press, p. 49.

⑨ 详细讨论见 Hollander, *Josephus, the Emperors, and the City of Rome*, pp. 252-304。

表示怀疑；希腊知识阶层视他为代表劣等族裔的洪水猛兽，对他避之唯恐不及。具有讽刺意味的是，到了君士坦丁大帝时期，罗马反而出现了一座纪念约瑟福斯的雕像①——因为狂热的基督徒们在他的书中发现了耶稣基督的证据而欣喜若狂。不过，这种尊敬同两百多年前那个在喧嚣浮华的罗马城中离群索居，在绝望苦闷的心境中提笔撰写犹太民族历史的那个败军叛将并无干系。

综上可知，对于约瑟福斯和整个犹太民族而言，罗马化同样成了一条不通的死路。其原因表面看来在于弗拉维王朝的现行政策，根本上却是希腊罗马文明在数百年发展过程中形成的反东方文化传统的延伸结果。

第四节　小结

如果上述分析不谬的话，我们就很容易说明约瑟福斯民族观中看似费解的矛盾了。作为一名将军，约瑟福斯背叛了任命他的耶路撒冷政权；但作为一名犹太教徒，约瑟福斯却从未也无法背叛自己的信仰和族群。在他的心目中，弥赛亚救赎的道路无疑是最佳选择，但犹太社会内部的分崩离析迫使他放弃幻想，转向罗马化去为自己和犹太人寻求新的生存出路。但弗拉维王朝冷酷无情的专制政策向他确切无疑地表明，无论罗马帝国的繁荣与和平多么美好，它都和"野蛮凶顽"的"犹太贱民"没有关系。约瑟福斯文本中的矛盾并非他不够小心或蓄意歪曲的结果，而是来源于现实的族群关系中难以调和的深刻矛盾，而这后一个矛盾本来就是处于弱势地位和分裂状态的犹太民族无法解决的。

可以说，约瑟福斯和同时代的犹太人民都是犹太社会内部问题和罗马帝国反东方政策共同作用下的牺牲品。他们当时已无法解决的矛盾在后世引发了更加不可收拾的民族仇恨。在拉比犹太教时代，希腊文一度在犹太人团体内部受到抵制，②迟至3世纪，奥列金仍指出，犹太人中没有几个懂得希腊语。③在拉比犹太教经典中，提图斯被妖魔化成一个四处制造毁灭，

---

① Euseb. *Hist. eccl.* 3.9.
② Rajak, *Josephus: The Historian and His Society*, p. 58.
③ Ibid., p. 60.

死后永坠地狱忍受酷刑的魔鬼。[1]在1世纪末犹太裔基督徒中流传的《启示录》中,若望预言代表罗马的恶兽将被活活扔进硫磺火池,罗马统治者们将日夜受苦,直至无穷岁月。[2]115至117年,罗马元首图拉真(Trajan)残酷镇压了兴起于埃及的犹太流民骚乱;131年的犹太大起义再度被哈德良(Hadrian)以武力平定,[3]罗马人有意在耶路撒冷的旧址上建立了殖民据点以示惩戒。波桑尼阿斯在与政治毫不相关的希腊游记里也以强烈的反犹心态对哈德良征服犹太的"伟业"进行了吹捧。[4]总之,帝国早期的犹太问题最终陷入了无解的死局,这给罗马和犹太人民都带来了动乱和苦难,也为后人提供了处理族群矛盾的深刻教训。

作为犹太战争中的败军之将,罗马帝国社会中的边缘人物,约瑟福斯用笔完成了他在物质世界中没能做到的事情——尽可能捍卫犹太人和犹太教的利益。面对可能争取的罗马友人,他用心良苦地对他们耐心解释;面对不怀好意的讽刺挖苦者,满腔怨怒的他用尖刻的语言对敌人加以猛烈回击。在这种看似左右逢源的立场中,约瑟福斯为他的族群做了自己力所能及的事情。他的《犹太战争》《犹太古事记》《反阿皮翁》和另一部失传的,或许从未完成的论犹太教哲学著作[5]都是他为保存犹太文化火种而付出的不懈努力的不朽证明。

---

[1] Rajak, *Josephus: The Historian and His Society*, p. 210.
[2] *Rev.* 19.19-21.
[3] Mackay, *Ancient Rome, A Military and Political History*, pp. 227-228.
[4] Paus. 1.5.5.
[5] Josephus, *AJ* Praef. 9.

第八章

排斥与融合：波桑尼阿斯的文化记忆与《希腊纪行》中的罗马帝国[①]

第一节 希腊旅行家波桑尼阿斯与他笔下的罗马帝国

旅行家波桑尼阿斯（Pausanias）是古希腊游记体裁作品（περιήγησις）历经时间长河沙汰后幸存下来的孤本——长达10卷的名著《希腊纪行》（Ἑλλάδος Περιήγησις）[②]的作者。[③]波桑尼阿斯生活于哈德良（Hadrian）、安东尼·庇护（Antoninus Pius）与马可·奥勒留（Marcus Aurelius）治下的罗马帝国全盛期，[④]其游记作品很可能是在155—180年间的二十余年内陆续完成的。[⑤]作为一部关于希腊古风和古典时代历史文化的重要文献，《希

[①] 本章主体内容已先期发表于《波桑尼阿斯的文化记忆与〈希腊纪行〉中的罗马帝国》（《史学理论研究》2018年第4期）一文。

[②] 该书标题至少在最初提及这部作品的6世纪拜占庭学者斯特法努斯（Stephanus）的笔下已明确出现。见 C. Frateantonio, *Religion und Städtekonkurrenz: zum politischen und kulturellen Kontext von Pausanias' Periegese*, Berlin & New York: Walter de Gruyter, 2009, p. 6。

[③] W. Hutton, "The Construction of Religious Space in Pausanias", in J. Elsner and I. Rutherford eds., *Pilgrimage in Graeco-Roman & Early Christian Antiquity: Seeing the Gods*, Oxford: Oxford University Press, 2005, p. 291.

[④] W. Hutton, *Describing Greece: Landscape and Literature in the Periegesis of Pausanias*, Cambridge: Cambridge University Press, 2005, p. 9; C. Habicht, *Pausanias' Guide to Ancient Greece*, Berkeley & Los Angeles & London: University of California Press, 1985, p. 117.

[⑤] A. Schachter, *Boiotia in Antiquity*, Cambridge: Cambridge University Press, 2016, p. 133;（转下页）

第八章　排斥与融合：波桑尼阿斯的文化记忆与《希腊纪行》中的罗马帝国　231

腊纪行》为后人提供的大量宝贵信息早已永久性地融入了我们关于古希腊的历史记忆之中。[1]毋庸置疑的是，这部创作于成文史料严重匮乏的安东尼王朝时期的作品同样应当为我们理解波桑尼阿斯身处的2世纪罗马帝国提供重要线索。[2]然而，古典学家们的文本解读与考古学家的实地考察表明，理解波桑尼阿斯对自己身处其中的罗马帝国的态度与描述方式并非易事。

雅典卫城上用于崇拜罗马女神（Roma）与奥古斯都（Augustus）的圣所是希腊罗马时代卫城建筑群中最晚竣工的大型神庙。该圣所为一座圆形建筑，尺寸较小，但坐落于卫城顶端帕特农神庙（Parthenon）前方23米、直面西北方向雅典广场的醒目位置。[3]根据《希腊纪行》对雅典景物的记载顺序来看，波桑尼阿斯的游览次序显然是沿雅典广场登上卫城的传统路线。因此，罗马女神与奥古斯都的圣所会在旅途过程中不时出现在他上方。然而，令许多后世研究者惊异的是，波桑尼阿斯在记载雅典卫城的段落里、以及《希腊纪行》的其他篇章中从未提及过这座相当引人注目的罗马圣所。

由于罗马女神与奥古斯都圣所早在1世纪的尤利乌斯—克劳狄乌斯王朝（Julio-Claudian Dynasty）时期已经竣工，而在波桑尼阿斯访问雅典的155年前后肯定尚未被废弃，[4]《希腊纪行》的作者是绝不可能看不到这座卫城顶端的重要宗教性建筑的，他对该圣所的绝口不提必然出于本人的自觉选择。事实上，这处严重缺略只是《希腊纪行》全书选择性记载方式的一个缩影——在《希腊纪行》全书中，大部分罗马特征明显的建筑元素——如万神殿、元首崇拜区乃至高架水渠与公共浴室——都被作者不动声色、但相当坚决地忽略了。这一处理方式为我们提供了分析波桑尼阿斯对待罗马帝国态度的一条重要线索。

由于《希腊纪行》本身具有无可替代的史料价值，古典学家们很早便开始密切关注这部作品的信息缺失问题。然而，在19世纪末疑古风气流行

（接上页）G. Hawes, *Rationalizing Myth in Antiquity*, Oxford: Oxford University Press, 2014, p. 175.

[1] Hutton, *Describing Greece: Landscape and Literature in the* Periegesis *of Pausanias*, p. 3.

[2] Frateantonio, *Religion und Städtekonkurrenz: zum politischen und kulturellen Kontext von Pausanias' Periegese*, p. 25.

[3] J. Hurwit, *The Athenian Acropolis: History, Mythology, and Archaeology from the Neolithic Era to the Present*, Cambridge: Cambridge University Press, 2000, p. 279.

[4] Hawes, *Rationalizing Myth in Antiquity*, p. 175.

一时的背景下,学者们对波桑尼阿斯作品性质的认识经历了一个曲折的发展过程。许多研究者将波桑尼阿斯对罗马帝国时代风物记载的付之阙如视为作者本人并未对描写景点进行实地考察的证据,并进而以波桑尼阿斯的作品在近代以前几乎无人提及[①]为理由而否定《希腊纪行》的价值甚至真实性。1877 年,德国权威古典学家维拉莫维茨(Ulrich von Wilamowitz-Moellendorff)对《希腊纪行》本身的可靠性表示明确否定,奠定了 19 世纪末至 20 世纪初古典学界对波桑尼阿斯评价的基调。[②]学者们批判的理由包括:波桑尼阿斯对希腊风土人情的许多记载在一百年前的古典学者们眼中是荒谬的;波桑尼阿斯大量使用了二手材料的转引,他在作品中引用了 120 位古代作家,但《希腊纪行》中偶尔出现的知识性错误却显示他并未读过其中所有人的书;最严厉的批评是,部分学者认为波桑尼阿斯直接剽窃了公元前 2 世纪希腊化时代作家波勒莫(Polemo of Ilium)现已佚失的作品,他本人或许从来没去过希腊本土,他笔下的景物也不过是其生活时代二三百年前的旧迹。[③]《希腊纪行》则被视为一部不加辨别地摘抄前人著作的大杂烩。然而,19 世纪与 20 世纪上半叶古典学界与考古学界利用《希腊纪行》所取得的卓越成就推翻了对波桑尼阿斯著作可靠性与原创性的绝大多数指控,令人信服地证明了旅行家波桑尼阿斯亲身游历 2 世纪罗马帝国治下希腊本土并进行了严谨细致的实地考察与记录的真相。在铁证如山的事实面前,波桑尼阿斯游记的研究者们逐渐放弃了先入为主地认定《希腊纪行》中的各部分材料成于众手、缺乏统一时代背景与思想倾向的主观看法,开

[①] 学术史上第一个明确提及波桑尼阿斯及其著作的学者是拜占庭的斯特法努斯,距《希腊纪行》的撰述年代相隔达 350 余年之久(Habicht, *Pausanias' Guide to Ancient Greece*, p. 1);但生活于 2—3 世纪之交的学者埃利安(Aelian)可能间接引用过《希腊纪行》的文字(Ael. *VH*, 12.61; A. Diller, "Pausanias in the Middle Ages", *Transactions and Proceedings of the American Philological Association*, Vol. 87 (1956), p. 84)。在斯特法努斯之后,现存中世纪盛期的西欧与拜占庭著作均未正面述及波桑尼阿斯及其《希腊纪行》(Diller, "Pausanias in the Middle Ages", p. 86; C. Habicht, "An Ancient Baedeker and His Critics: Pausanias' 'Guide to Greece'", *Proceedings of the American Philological Society*, Vol. 129, No. 2 (Jan., 1985), p. 220)。

[②] U. Wilamovitz-Moellendorff, „Die Thukydideslegende", *Hermes* 12 (1877), pp. 344-347.

[③] Habicht, "An Ancient Baedeker and His Critics: Pausanias' 'Guide to Greece'", p. 220; Habicht, *Pausanias' Guide to Ancient Greece*, p. 3; Frateantonio, *Religion und Städtekonkurrenz: zum politischen und kulturellen Kontext von Pausanias'* Periegese, p. 30.

始将该书作为罗马帝国治下希腊语著作的代表性样本进行严肃研究。[①]《希腊纪行》屏蔽罗马文化元素的用意和波桑尼阿斯对罗马帝国的态度逐渐成为20世纪中期以来相关研究者所关注的焦点问题之一。

然而，在关于该问题的研究中，由于古典学界的疑古思潮长期以来塑造了《希腊纪行》本身缺乏原创性与体系性的主观印象，学者们很少将这部游记视为一个有机整体，而仅仅择取书中的个别段落进行分析。而由于波桑尼阿斯本人的不同文字确实可以在现代党派政治的视角下被分别理解成"亲罗马派"与"反罗马派"的典型言论，[②]这种盲人摸象式的讨论长期相持不下，很难取得突破性的学术成就。例如，研究罗马帝国时期希腊文学史的德国学者帕尔姆（J. Palm）仅分析了《希腊纪行》中的3条零散材料，便宣称波桑尼阿斯将罗马人视为雅典的解放者。但我们只要对《希腊纪行》的宏观叙事脉络进行梳理，就不难看出波桑尼阿斯只是站在中立立场上客观叙述了罗马取代马其顿成为雅典主人的历史事实而已。[③]而重点研究波桑尼阿斯对待罗马帝国态度的英国学者阿拉法特（K. W. Arafat）也只能满足于从对《希腊纪行》看似互不相干的个别段落分析中得出若干难成体系、甚至彼此矛盾的零散结论。[④]

笔者认为，迄今为止，在波桑尼阿斯对罗马帝国态度问题上提出过最重要建设性意见的两位学者当推哈比希特（Christian Habicht）与赫顿（William Hutton）。哈比希特精辟地指出，波桑尼阿斯自身对罗马人并无偏见，但对罗马人在希腊建立的统治确有不满。[⑤]在波桑尼阿斯的语境下，罗马人与之前曾入侵过希腊的波斯人、马其顿人、高卢人及本都国王米特拉达梯（Mithridates）一样，都是无权统治希腊的异族，并对希腊宗教、

[①] M. Pretzler, *Pausanias: Travel Writing in Ancient Greece*, London: Bristol Classical Press, 2011, p. 1; W. Hutton, "The Disaster of Roman Rule: Pausanias 8.27.1", *The Classical Quarterly*, New Series, Vol. 58, No. 2 (Dec., 2008), p. 622.

[②] Pretzler, *Pausanias: Travel Writing in Ancient Greece*, p. 2; Hutton, *Describing Greece: Landscape and Literature in the Periegesis of Pausanias*, p. 47; J. Akujärvi, *Researcher, Traveller, Narrator: Studies in Pausanias'Periegesis*, Stockholm: Almquist & Wiksell International, 2005, p. 14.

[③] Paus. 7.7.8, 10.34.4, 10.36.6; Habicht, *Pausanias' Guide to Ancient Greece*, p. 121.

[④] K.W. Arafat, *Pausanias' Greece: Ancient Artists and Roman Rulers*, Cambridge: Cambridge University Press, 1996, p. 2, p. 13, pp. 36-37, p. 41, p. 142, p. 202, p. 211.

[⑤] Habicht, *Pausanias' Guide to Ancient Greece*, p. 120.

文学、艺术与哲学的发展起到了阻碍破坏作用。①然而，哈比希特并未正面回应波桑尼阿斯何以会在许多场合下肯定、赞美罗马元首功绩的重要问题。赫顿正确地意识到，"亲罗马派"或"反罗马派"等现代政党政治标签是无法同古人波桑尼阿斯的文化观念直接兼容的；②但他以《希腊纪行》并未直接批判罗马帝国政权为理由来否定波桑尼阿斯敌视罗马感情倾向的做法却未免偏颇。③无论如何，哈比希特与赫顿能够就波桑尼阿斯对待罗马帝国态度这一复杂问题提出一定真知灼见的现象并非出于偶然巧合，而是与二人重视将《希腊纪行》全书视为整体进行研究的方法密切相关。哈比希特对波桑尼阿斯的经典研究以其 1982 年秋季在加州大学伯克利分校（University of California, Berkeley）的波桑尼阿斯专题课程讲稿为基础；而赫顿的专著则是对自身全面分析《希腊纪行》特色的博士论文的修订与完善。特定的研究性质与全面考察《希腊纪行》所有现存文本的综合性视角有助于两位学者自觉或不自觉地把握旅行家波桑尼阿斯的文化记忆视角，从而在一定程度上跳出单纯分析某段具体史实叙述或景物介绍背后政治立场的文本解读模式的窠臼。笔者认为，理解波桑尼阿斯对待罗马帝国态度与《希腊纪行》选择性记述手法的关键在于把握《希腊纪行》全书主题的文化记忆性质，这正是本章解读波桑尼阿斯复杂文化立场的基本出发点。

第二节 《希腊纪行》的文化记忆特征

尽管波桑尼阿斯的作品是古希腊游记体裁（περιήγησις）唯一幸存至今的孤本，但《希腊纪行》向读者呈现的无疑是一种历史相当悠久、业已高度成熟的文学创作样式。④此类游记作品往往将地理、艺术、宗教、人种志、政治史乃至怪力乱神、趣闻轶事等元素熔于一炉，带有很

---

① Habicht, *Pausanias' Guide to Ancient Greece*, pp. 122-123.
② Hutton, "The Disaster of Roman Rule: Pausanias 8.27.1", p. 636.
③ Hutton, "The Disaster of Roman Rule: Pausanias 8.27.1", pp. 622-637; A. Spawforth, "Pausanias", in S. Hornblower, A. Spawforth and E. Eidinow eds., The Oxford Classical Dictionary, fourth edition, Oxford: Oxford University Press, 2012, p. 1097.
④ Habicht, *Pausanias' Guide to Ancient Greece*, pp. 2-3.

强的综合性与灵活性。在波桑尼阿斯手中,游记体裁成为保存古风、古典时代希腊文明辉煌文化记忆的完美载体。往往被聚焦《希腊纪行》个别篇章段落的现当代研究者们所忽视的是,尽管波桑尼阿斯记录了大量地貌、艺术与历史信息,他的主题其实是与同时代的大量地理、博古和历史著作截然有别的。[1]

我们在《希腊纪行》卷1中看到,在处理手头大量希腊化时代史料时,波桑尼阿斯选择将纷繁复杂的历史信息"挂靠"于雅典广场里的各处历史建筑之上。[2]这种编排史料的独特方式贯穿《希腊纪行》全书始终,构成了一种建立在历史事件与文物遗迹关联之上的、别具一格的文化记忆。[3]这种文化记忆是高度选择性的。波桑尼阿斯明确宣称,自己的记载对象是"值得记载的事物"[4]和"全希腊的事物(πάντα ... τὰ Ἑλληνικά)"。[5]而"全希腊的事物"的范围界定并不受地理空间与历史时间的绝对制约。[6]《希腊纪行》对"全希腊的事物"的记载并不仅仅是被动报道,而是一种积极的主观重构;[7]全书的主题是文化记忆中的希腊文明元素,而非局限于旅行家的亲身经历与见闻。[8]然而,这种文化记忆又是与波桑尼阿斯本人的旅行与见闻不可分割的——缥缈脆弱、饱受争议的文化记忆通过现实世界中的物质遗迹得到了确认证实与发扬光大。[9]寻找与确立文化记忆与现实遗迹牢不可破的联系正是波桑尼阿斯心目中旅行探访与撰写游记的根本价值所在。在这一思想指导下,波桑尼阿斯所书写的文化记忆呈现出鲜明的选择性与建

---

[1] Pretzler, *Pausanias: Travel Writing in Ancient Greece*, p. 73.

[2] Ibid., p. 76.

[3] A. Meadows, "Pausanias and the Historiography of Classical Sparta", *The Classical Quarterly*, Vol. 45, No. 1 (1995), p. 93.

[4] Paus. 1.39.3.

[5] Paus. 1.26.4.

[6] Pretzler, *Pausanias: Travel Writing in Ancient Greece*, pp. 2-3, p. 6.

[7] Ibid., p. 153.

[8] M. Bommas, "Pausanias' Egypt", in M. Bommas ed., *Cultural Memory and Identity in Ancient Societies*, London & New York: Continuum International Publishing Group, 2011, p. 79.

[9] K. Arafat, *Pausanias' Greece: Ancient Artists and Roman Rulers*, Cambridge: Cambridge University Press, 1996, p. 33; J. Porter, "Ideals and Ruins: Pausanias, Longinus and the Second Sophistic", in S. Alcock, J. Cherry and J. Elsner eds., *Pausanias: Travel and Memory in Roman Greece*, Oxford: Oxford University Press, 2001, p. 68.

构性特征。

波桑尼阿斯文化记忆的选择性体现为对特定文化元素的突出强调或屏蔽省略。《希腊纪行》中予以强调的典型元素包括雅典卫城、埃琉西斯秘仪、奥林匹亚赛会会场与德尔斐谕所等景点,以及作为旅行家故乡的爱奥尼亚的风土人情。[1]波桑尼阿斯对自身作品侧重点的选择性并不讳言。[2]但《希腊纪行》的选择性还具有表面看上去不那么明显的、自觉省略屏蔽重要信息的另一面。在描述希腊宗教中的重要圣地——埃琉西斯(Eleusis)的景物时,波桑尼阿斯声明道:"梦境禁止我描写圣地围墙里的东西,除为神明服务的祭司外,其他人当然不可以了解根本不让他们分享的信息了。"[3]而波桑尼阿斯对罗马建筑、宗教与政治元素的屏蔽同样是选择性原则指导下的自觉行为。事实上,罗马帝国时代的希腊城市中心普遍汇集着大量罗马特色显著的纪念性建筑,但它们往往被波桑尼阿斯坚定地排除在"全希腊的事物"之外。[4]

与选择性相辅相成的是波桑尼阿斯组织材料的建构性特色。相关研究表明,除第一卷因带有试笔性质而稍显松散外,《希腊纪行》其他部分的叙述结构是极其严谨的和经过精心设计的。[5]波桑尼阿斯在第 3 卷介绍斯巴达时已铺垫好了将在第 4 卷介绍美塞尼亚时要记载的内容;他在第 4 卷描述美塞涅(Messene)的段落里又展望了自己将在第 8 卷记载阿卡狄亚(Arcadia)时讨论的主题。[6]一个很能说明《希腊纪行》材料组织建构性特征的例子是,波桑尼阿斯在第 5 卷描述在希腊人心目中分量极重的奥林匹亚圣所时两度向读者强调指出,自己对圣所内各处祭坛的记载顺序并不按照其空间方位的排列次序或自己在游历过程中的访问次序,而是遵循伊利斯人(Eleans)

---

[1] Paus. 5.10.1, 10.8.1-5, 7.5.4, 7.5.13.

[2] Paus. 1.39.3, 2.34.11; Habicht, *Pausanias' Guide to Ancient Greece*, p. 22.

[3] Paus. 1.38.7.

[4] Pretzler, *Pausanias: Travel Writing in Ancient Greece*, p. 17.

[5] W. Hutton, "Pausanias and the Mysteries of Hellas", *Transactions of the American Philological Association (1974-)*, Vol. 140, No. 2 (Autumn 2010), p. 424.

[6] Paus. 4.29.12, 8.51.5-8; J. Elsner, "Structuring 'Greece': Pausanias's *Periegesis* as a Literary Construct", in S. Alcock, J. Cherry and J. Elsner eds., *Pausanias: Travel and Memory in Roman Greece*, Oxford: Oxford University Press, 2001, p. 5.

日常组织献祭活动的使用次序进行的。①通过这种建构性的材料组织方式，波桑尼阿斯的游记成了保留历史传统色彩浓重的古希腊文化记忆的有效媒介。《希腊纪行》关注的并非旅行家在旅途中偶然获得的见闻，而是一名有教养的希腊人关于自己的故土所应牢记的一切。②波桑尼阿斯在访问希腊时注意观察的并非2世纪罗马帝国治下阿凯亚（Achaia）行省的现实面貌；他要做的是不断追问全盛时代（波桑尼阿斯语境下的"自由"时代）希腊文明的本质特征。可触感的现实物质空间已降格为与希腊古典时代的神话、历史与宗教进行衔接的中间媒介，③只有借助于文化记忆才能重新获得自身一度拥有的重要身份。④

笔者认为，我们只有把握了文化记忆在《希腊纪行》中占据的核心地位，才有可能充分理解波桑尼阿斯屏蔽罗马文明元素的极端做法和他对待罗马帝国政权的基本态度。在下面两节中，笔者将结合文化记忆的视角对散见于《希腊纪行》各部分的（或理应出现但付之阙如的）、反映波桑尼阿斯罗马观的文本进行梳理与剖析。

第三节　排斥、反感罗马帝国统治的希腊知识精英波桑尼阿斯

不容否认的是，如果仅仅构成一条孤证的话，前文所提及的、波桑尼阿斯对雅典卫城上罗马女神与奥古斯都圣所的"漏记"尚无法被视为旅行家本人否认罗马统治希腊合法性的有效证据——恶劣天气、未获准进入场所参观、行程偏差或文本散佚都可能成为对个别记载缺略现象的合理解释。⑤然而，如果我们对《希腊纪行》中罗马帝国元素的系统缺失进行整体考察，

---

① Paus. 5.14.4, 5.14.10; J. Elsner, "Pausanias: A Greek Pilgrim in the Roman World", *Past & Present*, No. 135 (May, 1992), p. 13.

② Hawes, *Rationalizing Myth in Antiquity*, p. 176; Pretzler, *Pausanias: Travel Writing in Ancient Greece*, p. 56.

③ Pretzler, *Pausanias: Travel Writing in Ancient Greece*, p. 72.

④ ［德］阿莱达·阿斯曼：《回忆空间：文化记忆的形式和变迁》，潘璐译，北京大学出版社2016年版，第362页。

⑤ M. Pretzler, "Pausanias and Oral Tradition", *The Classical Quarterly*, Vol. 55, No. 1 (May, 2005), p. 200.

并将这种自觉屏蔽与作者的文化记忆建构联系在一起的话,我们就可以清楚地看到这种选择性记忆背后折射出的、批判意味强烈的罗马观。霍顿等学者对《希腊纪行》卷 2 科林斯(Corinth)城中心区域神庙建筑群的个案研究为我们提供了这方面的一个典型案例。

众所周知,科林斯是伯罗奔尼撒(Peloponnesus)同盟中地位仅次于斯巴达(Sparta)的强大城邦,在希腊古风、古典时代的政治、军事、经济与艺术史上均占据着举足轻重的地位。然而,作为希腊城邦的科林斯在公元前 146 年罗马共和国与阿凯亚(Achaia)同盟的军事冲突中被罗马将领穆米乌斯(Mummius)夷为平地。波桑尼阿斯在其旅途中拜访的科林斯已是一座于公元前 44 年兴建于旧城遗址之上的、最初用于安置罗马退伍老兵与被释奴隶的拉丁殖民地城市。尽管希腊语已在波桑尼阿斯访问科林斯新城的时代里重新成为该地区的通用语言,但这座城市与波桑尼阿斯真正关注的历史名城之间的真实联系其实是相当微弱的。这一基本事实导致了波桑尼阿斯构建文化记忆的根本动机与其在旅途中真实见闻的矛盾在《希腊纪行》卷 2 中得到了充分暴露。[①]总的来说,《希腊纪行》记载科林斯城的文字堪称整部游记中最为单薄枯燥、乏善可陈的段落,但恪守自己著述原则的波桑尼阿斯宁可将第 2 卷的大量笔墨分配给毗邻科林斯城的小邦西库翁(Sicyon),[②]也不愿花费气力去描述这座在帝国盛期相当繁华的、罗马风格浓重的新兴城市。波桑尼阿斯调和自身兴趣点与实地景观巨大反差的主要手段是将自己分配给科林斯的有限笔墨几乎完全集中于可能与古典传统存在联系的宗教遗迹之上。[③]然而,值得注意的是,波桑尼阿斯在卷 2 中对科林斯中心广场宗教性建筑与雕像的记载同样体现出了摒弃、屏蔽罗马元素的鲜明倾向。

《希腊纪行》对科林斯广场景点的介绍文字如下:

[①] Paus. 2.2.6; Hutton, "The Construction of Religious Space in Pausanias", pp. 299-300, pp. 300-301.

[②] 在通行的现代《希腊纪行》古希腊语文本章节体系中,波桑尼阿斯对科林斯的记载仅占 5 节,而对其弱小邻邦西库翁的记载反而占据了 5 节半的内容。

[③] Hutton, "The Construction of Religious Space in Pausanias", p. 301.

第八章　排斥与融合：波桑尼阿斯的文化记忆与《希腊纪行》中的罗马帝国　239

λόγου δὲ ἄξια ἐν τῇ πόλει τὰ μὲν λειπόμενα ἔτι τῶν ἀρχαίων ἐστίν, τὰ δὲ πολλὰ αὐτῶν ἐπὶ τῆς ἀκμῆς ἐποιήθη τῆς ὕστερον. ἔστιν οὖν ἐπὶ τῆς ἀγορᾶς – ἐνταῦθα γὰρ πλεῖστά ἐστι τῶν ἱερῶν – Ἄρτεμίς τε ἐπίκλησιν Ἐφεσία καὶ Διονύσου ξόανα ἐπίχρυσα πλὴν τῶν προσώπων· τὰ δὲ πρόσωπα ἀλοιφῇ σφισιν ἐρυθρᾷ κεκόσμηται· Λύσιον δέ, τὸν δὲ Βάκχειον ὀνομάζουσι. … ἔστι δὲ καὶ Τύχης ναός· ἄγαλμα ὀρθὸν Παρίου λίθου· παρὰ δὲ αὐτὸν θεοῖς πᾶσίν ἐστιν ἱερόν. πλησίον δὲ ᾠκοδόμηται κρήνη, καὶ Ποσειδῶν ἐπ' αὐτῇ χαλκοῦς καὶ δελφὶς ὑπὸ τοῖς ποσίν ἐστι τοῦ Ποσειδῶνος ἀφιεὶς ὕδωρ. καὶ Ἀπόλλων ἐπίκλησιν Κλάριος χαλκοῦς ἐστι καὶ ἄγαλμα Ἀφροδίτης 〈Ἑρμογένους〉 Κυθηρίου ποιήσαντος. Ἑρμοῦ τέ ἐστιν ἀγάλματα χαλκοῦ μὲν καὶ ὀρθὰ ἀμφότερα, τῷ δὲ ἑτέρῳ καὶ ναὸς πεποίηται. τὰ δὲ τοῦ Διός, καὶ ταῦτα ὄντα ἐν ὑπαίθρῳ, τὸ μὲν ἐπίκλησιν οὐκ εἶχε, τὸν δὲ αὐτῶν Χθόνιον καὶ τὸν τρίτον καλοῦσιν Ὕψιστον.

ἐν μέσῳ δὲ τῆς ἀγορᾶς ἐστιν Ἀθηνᾶ χαλκῆ· τῷ βάθρῳ δὲ αὐτῆς ἐστι Μουσῶν ἀγάλματα ἐπειργασμένα. ὑπὲρ δὲ τὴν ἀγορὰν ἐστιν Ὀκταβίας ναὸς ἀδελφῆς Αὐγούστου βασιλεύσαντος Ῥωμαίων μετὰ Καίσαρα τὸν οἰκιστὴν Κορίνθου τῆς νῦν.

　　城里值得一提的景物中有些完好的古代遗址，但大多数都是后来建城时重修的。在圣所云集的广场有座以弗所的阿尔忒弥斯像和狄奥尼索斯的两座木像，它们除脸部外都镀了金；脸上涂的是红漆。这两座像被称为李锡乌斯（Lysius）和巴克乌斯（Baccheus）……此地还有一座命运女神庙，里面有她的帕罗斯（Parian）大理石立像。旁边有座万神殿。不远处还有个喷泉，上面有尊波塞冬铜像；波塞冬脚下有条喷水海豚。那里还有尊分配定份者阿波罗像和一座库特拉的[赫尔墨革尼斯]（Hermogenes of Cythera）雕的阿佛洛狄忒像。当地有两尊铜制赫耳墨斯立像，其中一尊配有神庙。宙斯的像也是露天的，一个没有绰号，另一个叫下界神，第三个叫至高者。

　　市场中央有座雅典娜铜像，铜像底座上是缪斯女神们的浮雕。市场上方是奥古斯都姐姐屋大维娅（Octavia）的神庙，奥古斯都是罗马人的元首，科林斯新城建立者恺撒的继承人。（Paus. 2.2.6-8）

在这段对科林斯中央广场宗教建筑群的记载中,波桑尼阿斯向读者介绍了两座分别表现阿波罗(Apollo)与阿佛洛狄忒(Aphrodite)的雕像。如果读者仅仅阅读了《希腊纪行》的相关文本,一定会认为这两座神像是露天放置在广场之上的。但现代考古学家们的发掘表明,这两座雕像都是被安放在具有典型罗马式建筑风格的神庙内部的。[1]精心剔除游记中罗马元素的波桑尼阿斯最终选择了保留符合古典希腊宗教观念(分配定份者阿波罗)和出自某位希腊城邦库特尼艺术家之手(可能为赫尔墨革尼斯)的神像,而略去了对放置神像的罗马神庙的记载。对科林斯广场遗迹的发掘还进一步证明,上述两座神像所在的广场区域在波桑尼阿斯访问时至少矗立着5座大型建筑,其中有3座可以被确定为神庙(包括一座毗邻放置阿佛洛狄忒神像的神庙F的、较前者更为宏伟壮观的神庙G,其崇拜对象为罗马女神、罗马元首与元老院)。[2]可见,波桑尼阿斯采取的处理方式是选择性地抽出其中两座神庙内部的"希腊"雕像纳入关于科林斯中心广场的文化记忆,而将容纳雕像的2座罗马风格神庙和另外至少1座大型罗马式宗教建筑完全排除在自己的记载范围之外。[3]

上述引文的最后一节(2.3.1)还提及了所谓"屋大维娅神庙"。略具讽刺意味的是,这段在《希腊纪行》全书中极其罕见的、对奥古斯都时代遗迹的记载同样从侧面反映了波桑尼阿斯对罗马文物的极度轻视。从科林斯广场遗址的发掘情况来看,这座"屋大维娅神庙"(考古报告中称之为神庙E)在波桑尼阿斯的生活年代里显然是科林斯市中心最为壮观的庙宇。[4]但波桑尼阿斯对它所进行的、显然心不在焉的简短描述却包含着十分严重的常识性错误。奥古斯都时代并未留下其他任何一座屋大维娅神庙的基本史实和该建筑现存遗迹所提供的信息都可以表明,这处圣所纪念的对象其实是尤利乌斯家族、而非屋大维娅一人。[5]类似的谬误在《希腊纪行》对传统

---

[1] Hutton, "The Construction of Religious Space in Pausanias", p. 305.
[2] Ibid., pp. 304-305.
[3] Ibid., pp. 305-306.
[4] Ibid., pp. 306-307.
[5] Pausanias, *Description of Greece*, Vol. III, J. Frazer ed./trans./comm., London: Macmillan and Co. Ltd., 1898, p. 23; Pausanias, *Beschreibung von Griechenland*, H. Hitzig und H. Blümner eds./trans./comms., zweiter halbband, Leipzig: O.R. Reisland, 1899, p. 497; Pausanias, *Guida della Grecia*, Libro II, *La Corinzia e* (转下页)

希腊文物制度的严谨记载中是不可想象的；而对奥古斯都时代官方意识形态的无知和访问"渥大维娅神庙"时的疏于考察则暴露了波桑尼阿斯内心深处对罗马帝国历史文化的轻视态度。

无独有偶，波桑尼阿斯在记载希腊人心目中的最高圣地之一——奥林匹亚（Olympia）时又自觉屏蔽了赫罗德斯·阿提库斯（Herodes Atticus）在当地兴建的一座规模宏大、位置醒目的宁芙仙女神庙（nymphaion），尽管他本人明确宣称自己对奥林匹亚景物的记载是详尽无余的。[①]后人费劳斯图斯（Philostratus）的记载表明，赫罗德斯·阿提库斯的宁芙仙女神庙建造于149—153年间。[②]而《希腊纪行》中的文本证据[③]表明，波桑尼阿斯访问奥林匹亚的时间是173年前后。[④]因而，波桑尼阿斯没有看到这座罗马时代建筑的可能性是不存在的。而雅典城中泛雅典人大道（the Panathenaic way）上竣工于100年左右的精美柱廊同样在波桑尼阿斯的游记中被语焉不详地一句带过。[⑤]

《希腊纪行》的研究者们往往简单地利用波桑尼阿斯重视宗教元素而轻视世俗元素、向往古风与古典时代而鄙薄晚近历史的理由来解释这部游记文本的选择性与信息缺失。[⑥]然而，笔者认为，大量证据表明，波桑尼阿斯排斥罗马元素的理由并不在于它们的世俗性或艺术质量低劣，而仅仅在于它们是"非希腊的"。[⑦]从《希腊纪行》主题本身的文化记忆性质来看，这种排除与屏蔽的意义非同小可。它并非仅仅体现了波桑尼阿斯游记的取

（接上页）*L'Argolide*, V edizione, D. Musti ed./trans., D. Musti e M. Torelli, comms., Venice: Arnoldo Mondadori Editore, 2008, p. 222.

① Paus. 5.25.1.
② Philostrans. *VS* 551.
③ Paus. 5.1.2.
④ Arafat, *Pausanias' Greece: Ancient Artists and Roman Rulers*, p. 37.
⑤ Paus. 1.2.4; Arafat, *Pausanias' Greece: Ancient Artists and Roman Rulers*, pp. 41-42.
⑥ I. Rutherford, "Tourism and the Sacred: Pausanias and the Traditions of Greek Pilgrimage", in S. Alcock, J. Cherry and J. Elsner eds., *Pausanias: Travel and Memory in Roman Greece*, Oxford: Oxford University Press, 2001, p. 40; Habicht, *Pausanias' Guide to Ancient Greece*, p. 23; U. Kreilinger, "Τὰ ἀξιολογώτατα τοῦ Παυσανίου: Die Kunstauswahlkriterien des Pausanias", *Hermes*, 125 Bd., H.4 (1997), p. 491; Spawforth, "Pausanias", p. 1097; A. Ponohue, "Pausanias, der Perieget", in H. Cancik und H. Schneider eds., *Der neue Pauly, Enzyklopädie der Antike*, Band 9, Stuttgart: J.B. Melzler, 2012, col. 446.
⑦ Habicht, *Pausanias' Guide to Ancient Greece*, p. 102; Arafat, *Pausanias' Greece: Ancient Artists and Roman Rulers*, p. 41.

材标准,而是从根本上否认了罗马元素存在于希腊世界的合理性与合法性,折射出作者内心深处对罗马帝国统治权威的质疑与抵触。在这一点上,生活于罗马帝国统治下的希腊知识精英波桑尼阿斯为我们提供文化记忆的方式与同自己生活时代、文化背景迥异的清初明代遗民顾祖禹坚持按照早已废除的明代行政区划组织自己的军事地理学名著《读史方舆纪要》材料[①]的做法其实是异曲同工的。

  对《希腊纪行》文化记忆性质的把握还可以帮助我们认识到,波桑尼阿斯对其语境下"自由希腊"人物掌故的高度重视同样与他否定罗马统治希腊合法性的观念密切相关。如前所述,波桑尼阿斯构建文化记忆的基本手段是通过旅途中"遭遇"的古迹、艺术品甚至单纯的空间场所建立起自己及读者同古代英雄人物与重大历史事件的可靠联系。《希腊纪行》中用大量篇幅或礼赞语气记述的古希腊英雄人物包括:率领底比斯人推翻斯巴达霸权的杰出将领伊帕密侬达(Epaminondas)(相关段落占据《希腊纪行》古希腊文图伊布纳(Teubner)权威版本近 200 行篇幅),[②]将参加过抗击波斯的马拉松战役视为自己终生最高成就的雅典诗人埃斯库罗斯(Aeschylus),[③]相传在听说希腊联军在喀罗尼亚(Chaeronea)战役遭到惨败、马其顿对希腊世界的奴役已不可避免时选择自杀身亡的演说家伊索克拉底(Isocrates),[④]因在温泉关(Thermopylae)阻击波斯大军而取得空前绝后伟大业绩的斯巴达国王李奥尼达斯(Leonidas)(ἀλλὰ γὰρ τὸ Λεωνίδου κατόρθωμα ὑπερεβάλετο ἐμοὶ δοκεῖν τά τε ἀνὰ χρόνον συμβάντα καὶ τὰ ἔτι πρότερον),[⑤]以及领导阿凯亚同盟与马其顿、罗马等强敌周旋的最后两位希腊英雄阿拉图斯(Aratus)[⑥]和菲洛波门(Philopoemen)。[⑦]在介绍菲洛波门的生平事迹后,波桑尼阿斯总结了为希腊的自由事业而奋斗的英雄(ἀνδρὸς ἀγαθός)名单:米尔提泰

---

 ① (清)顾祖禹:《读史方舆纪要》,贺次君、施和金点校,中华书局 2005 年版,凡例,第 1 页。
 ② Paus. 9.13.1-15.6; C. Tuplin, "Pausanias and Plutarch's Epaminondas", *The Classical Quarterly*, Vol. 34, No. 2 (1984), p. 350.
 ③ Paus. 1.14.5.
 ④ Paus. 1.18.8.
 ⑤ Paus. 3.4.7.
 ⑥ Paus. 2.8.1-9.5.
 ⑦ Paus. 8.50.1-51.8.

（Miltiades）、李奥尼达斯、铁米斯托克里（Themistocles）、克珊希普斯（Xanthippus）、利奥提克德斯（Leotychides）、克蒙（Cimon）、克侬（Conon）、伊帕密侬达、利奥斯提尼（Leosthenes）、阿拉图斯（Aratus）和菲洛波门。[①] 这些人物的共同特征是曾为争取希腊世界的自由（至少在波桑尼阿斯的叙述体系中如此）而同劲敌（尤其是波斯、马其顿与罗马等强大帝国）进行过可歌可泣的不屈斗争。

《希腊纪行》记述历史事件的选材标准似乎带有为古典史家补史的明确意识（如他对希腊化早期诸国王生平和美塞尼亚战争的详细记载似乎意在填补古典史料中的信息缺失），但波桑尼阿斯以较大篇幅记载的历史事件同样普遍与"自由（ἐλευθερία）"主题密切相关。在雅典人的丰富历史中，波桑尼阿斯特别重视的是他们击退高卢人入侵与在奥林匹奥多鲁斯（Olympiodorus）率领下推翻马其顿统治的较晚事迹。[②]美塞尼亚人在英雄阿瑞斯托麦尼斯（Aristomenes）领导下抵抗强大邻邦斯巴达侵略的历史被这位旅行家描写得生动传神、呼之欲出。部分古典学家相信波桑尼阿斯的美塞尼亚史拥有一定史料基础，[③]相对晚近的研究成果则普遍认为这部分文本带有明显的文学加工痕迹。[④]无论如何，笔者认为，波桑尼阿斯不惜打破《希腊纪行》的紧凑叙述结构、插入一部长篇美塞尼亚争取自由斗争历史的做法带有相当明显的移情意味，承载着他对自由的热烈向往和建构一去不复返的希腊自由世界辉煌文化记忆的雄心壮志。同样得到波桑尼阿斯高度重视的还有伊庇鲁斯（Epirus）国王皮洛士（Pyrrhus）同罗马作战的历史，[⑤]因为皮洛士乃是最早同罗马人作战的希腊人（Ῥωμαίοις δὲ οὐδένα Πύρρου πρότερον πολεμήσαντα ἴσμεν Ἕλληνα）。[⑥]《希腊纪行》在记载皮洛士同罗马人交手的历史时借用了希罗多德、荷马与修昔底德的叙事手法，

[①] Paus. 8.52.1-5.

[②] Paus. 1.3.5-4.6, 10.19.5-23.14, 1.25.2-26.3.

[③] L. Shero, "Aristomenes the Messenian", *Transactions and Proceedings of the American Philological Association*, Vol. 69 (1938), p. 505, p. 531.

[④] J. Auberger, «Pausanias et le Liver 4: Une Leçon Pour L'empire? » *Phoenix*, Vol. 54, No. 314 (Autumn-Winter, 2000), p. 279; 祝宏俊：《关于斯巴达征服美塞尼亚的反思》，《西南大学学报》（社会科学版）2013年第1期。

[⑤] Paus. 1.12.1-13.1.

[⑥] Paus. 1.11.7.

将皮洛士塑造为一个为理想而牺牲一切、因缺乏务实精神而最终失败的悲情英雄形象。[1]

要之,在《希腊纪行》建构的文化记忆中,为捍卫古典希腊世界的自由地位而抗争奋斗的英雄人物及其或光辉灿烂,或悲壮感人的事业构成了波桑尼阿斯苦心经营的核心主题。[2]有悖于这一主题的各种重要元素——无论是罗马统治者对希腊世界的晚近经营还是伯罗奔尼撒战争期间波及大多数希腊城邦的残酷"内战"[3]——都被波桑尼阿斯排除在自己的文化记忆范围之外;而美塞尼亚人抵抗斯巴达入侵者的斗争经过和阿凯亚同盟的反罗马起义等以失败告终的历史事件却在《希腊纪行》所保存的历史记忆中获得了登堂入室的资格。[4]这样一来,《希腊纪行》8.52.1-5开列名录中的希腊英雄生活年代断限界定了一个与后世截然有别的"自由希腊"时代,[5]从而将罗马共和国与帝国统治希腊世界的历史几乎完全排除在波桑尼阿斯的文化记忆范畴之外。在希腊知识精英波桑尼阿斯的心目中,无论罗马统治下的希腊世界享受着怎样的安宁与富足,这个时代在文化记忆中的绝对价值都是无法与"自由希腊"相提并论的。[6]随着罗马统治地位的最终确立彻底剥夺了希腊世界的自由,曾经辉煌的希腊本土也丧失了留在波桑尼阿斯崇高文化记忆中的资格。这样一种感情色彩浓烈、断裂式的极端历史观显然不是以某种友善开放的罗马观为思想基础的。

我们还应看到的是,波桑尼阿斯在表达自己排斥、反感罗马统治的时候并非总是使用间接、隐晦的表达方式。在情绪激动的情况下,他也会相当直率地揭露个别罗马政治家甚至罗马政权对希腊世界犯下的罪行。《希腊纪行》卷7对罗马同阿凯亚同盟冲突的记载便是这方面的一个突出案例。

尽管部分研究者认为波桑尼阿斯对罗马征服阿凯亚同盟始末的记载并

---

[1] Hutton, *Describing Greece: Landscape and Literature in the Periegesis of Pausanias*, p. 288.

[2] M. Jost, «Unité et Diversité: La Grèce de Pausanias», *Revue des Études Grecques*, Vol. 119, No. 2 (Juillet-Décembre 2006), p. 581.

[3] Habicht, *Pausanias' Guide to Ancient Greece*, p. 102.

[4] Hutton, "Pausanias and the Mysteries of Hellas", p. 429.

[5] Elsner, "Pausanias: A Greek Pilgrim in the Roman World", pp. 18-19.

[6] Habicht, *Pausanias' Guide to Ancient Greece*, pp. 125-126.

第八章 排斥与融合：波桑尼阿斯的文化记忆与《希腊纪行》中的罗马帝国 245

不存在任何"反罗马倾向"，[1]但笔者认为，如果不仅仅拘泥于具体字句，而从《希腊纪行》第 7 卷呈现给读者的历史记忆脉络去看待这个问题的话，我们其实不难意识到波桑尼阿斯文字背后对罗马侵略者并不隐晦的反感与敌意。如果说他在卷 2 简要交代科林斯古城被毁原因时所用的语言确实客观平实的话，[2]那么《希腊纪行》卷 7 所呈现的历史记忆则基本是站在同情阿凯亚同盟、批判罗马入侵者的立场上进行建构的产物。

首先，波桑尼阿斯明确将罗马共和国对阿凯亚同盟事务的干涉活动视为侵略行为，指出阿凯亚同盟在罗马势力介入之际正处于自身实力的顶峰（oi Ἀχαιοὶ μάλιστα ἴσχυον），并且极少遭受僭政、战争与饥馑等祸害。[3]在波桑尼阿斯看来，罗马以保护希腊世界免遭马其顿吞并为借口先后派出的将领奥提里乌斯（Otilius）和弗拉米尼乌斯（Flaminius）无故迫害希腊人，导致了阿凯亚同盟与罗马之间最初的仇怨。[4]波桑尼阿斯毫无隐晦地写道："他们（阿凯亚人）预见到，罗马人来这里是要建立对阿凯亚和希腊其他地方的统治，其实不过是取代了腓力和马其顿人的位置（προεωρῶντο δὲ καὶ ὡς ἀντὶ Φιλίππου καὶ Μακεδόνων Ῥωμαῖοι σφίσι τε ἥκοιεν καὶ τῷ Ἑλληνικῷ δεσπόται προστάττειν）。"尽管如此，作为罗马人盟友的阿凯亚人却表现得无可指摘，忠实地协助罗马人对抗腓力（Philip）与安提柯（Antiochus），为罗马人在地中海东部站稳脚跟立下了汗马功劳。[5]而罗马与阿凯亚同盟之间的矛盾升级则是由于使节麦特鲁斯（Metellus）等人蓄意在元老院里对阿凯亚人恶语中伤，怂恿元老院对阿凯亚人进行惩戒与索要人质。波桑尼阿斯在此写道："这引起了阿凯亚人最大的愤怒。他们自认为在罗马人手中受到了不公待遇，从前的效劳已被证明是徒劳无功的；他们曾为取悦罗马向腓力、埃托利亚人和安提柯开战，最后自己的地位居然还不如一帮手上沾满鲜血的流放犯。然而，他们还是决定忍气吞声（τοῦτο Ἀχαιοὺς ἐς τὰ μάλιστα ἠνίασεν, ὡς οὔτε ἄλλως πάσχοντας δίκαια ὑπὸ Ῥωμαίων καὶ ἐς τὸ ἀνωφελὲς προϋπηργμένων σφίσιν ἐς αὐτούς, οἳ ἐπὶ τὰ Φιλίππου καὶ Αἰτωλῶν

---

[1] Akujärvi, *Researcher, Traveller, Narrator: Studies in Pausanias'* Periegesis, p. 279.
[2] Paus. 2.1.2.
[3] Paus. 7.7.1.
[4] Paus. 7.7.8-9; 7.8.1-2.
[5] Paus. 7.8.3.

ἐναντία καὶ αὖθις Ἀντιόχου στρατεύσαντες χάριτι 〈τῇ〉 ἐς Ῥωμαίους ἐγίνοντο ὕστεροι φυγάδων ἀνθρώπων καὶ οὐ καθαρῶν χεῖρας· ὅμως δὲ εἴκειν σφίσιν ἐδόκει）."[1]被迫前往意大利的1000名阿凯亚人质受尽折磨。[2]但罗马元老院对阿凯亚同盟的猜忌与敌意却并未就此终结，而是派出一名"多次在言辞和行为上对希腊人表现出极大傲慢（ἐς τὸ Ἑλληνικὸν πολλὰ μὲν εἶπε, πολλὰ δὲ καὶ ἔπραξεν ὑπερήφανα）"的元老伽鲁斯（Gallus）裁决希腊城邦之间的纠纷，并授意他把尽可能多的城邦从阿凯亚同盟中分离出去。[3]伽鲁斯的倒行逆施和个别阿凯亚政治领袖的不冷静最终导致了双方矛盾的总爆发，希腊名城科林斯被穆米乌斯的部下烧杀抢掠后付之一炬。波桑尼阿斯在回顾完罗马对阿凯亚同盟的侵略活动后明确指出："尽管希腊部分地区早就因天意而变得萧条和荒芜，但全希腊普遍和彻底的一蹶不振则始于此时（ἐς ἅπαν δὲ ἀσθενείας τότε μάλιστα κατῆλθεν ἡ Ἑλλάς, λυμανθεῖσα κατὰ μέρη καὶ διαπορθηθεῖσα ἐξ ἀρχῆς ὑπὸ τοῦ δαίμονος）。"[4]换言之，罗马霸权对阿凯亚同盟的征服构成了希腊的自由时代与奴役时代的分界点。尤为值得注意的是，波桑尼阿斯恰恰选择在记载阿凯亚同盟与罗马冲突的段落里列举了一份出卖希腊自由的"叛徒"名单，[5]与卷8记载菲洛波门英雄事迹后开列的捍卫希腊自由的勇士名单构成了明确的对应。无论《希腊纪行》的这部分历史叙述与罗马官方版本和事实真相存在着怎样的出入，波桑尼阿斯自觉采用的叙事结构都明白无误地表明，《希腊纪行》中一再被作者故意屏蔽的罗马元素其实在波桑尼阿斯关于希腊历史的文化记忆中代表着灾难性的破坏力量，罗马霸权的确立构成了希腊自由时代与波桑尼阿斯文化记忆的终结点。

除阿凯亚同盟的历史外，波桑尼阿斯也在其他一些段落中含蓄或直白地表达过对个别罗马统治者的不满。虔诚的他婉转地批评过科林斯殖民者废弃传统宗教习俗和管理奥林匹亚的罗马官吏霸占圣所附属建筑作为寓所

---

[1] Paus. 7.9.1-7.
[2] Paus. 7.10.6-12.
[3] Paus. 7.16.7-10.
[4] Paus. 7.17.1.
[5] Paus. 7.10.1-5.

的渎神行为。①他还如实直书了罗马人抢劫 500 座德尔斐铜像、阿凯亚狄奥斯库里（Dioscuri）兄弟神像、奥林匹亚奥德修斯（Odysseus）雕像和阿卡狄亚雅典娜（Athena）古像的行为。②尽管波桑尼阿斯表面上承认这是古已有之的战胜者权利，但珍视文化记忆的他对此是不可能没有怨恨的。③而对于在罗马官方意识形态宣传中同样拥有残酷、荒淫声名的政治家，波桑尼阿斯的批判与嘲讽也会变得更为尖刻露骨。他声称心胸狭隘的苏拉（Sulla）曾故意羞辱已经投靠自己的底比斯人（Thebans），因破坏希腊乞援规矩而获罪神明暴病身亡。④暴君尼禄（Nero）和元首盖约（Gaius，即卡里古拉）则因抢劫一座希腊小爱神像而遭到残酷报应。⑤

波桑尼阿斯的另外两段醒目言论则将尖锐的矛头直接指向罗马帝国的统治模式。《希腊纪行》8.27.1 的含义至今仍存在争议，但现存原始手稿文本似乎将罗马的统治视为希腊各地区居民苦难的根源。⑥而《希腊纪行》文本中的另一节则用严厉语气斥责了罗马帝国神化元首的阿谀风气和整个时代的道德风尚：

> ἐπ' ἐμοῦ δὲ – κακία γὰρ δὴ ἐπὶ πλεῖστον ηὔξετο καὶ γῆν τε ἐπενέμετο πᾶσαν καὶ πόλεις πάσας – οὔτε θεὸς ἐγίνετο οὐδεὶς ἔτι ἐξ ἀνθρώπου, πλὴν ὅσον λόγῳ καὶ κολακείᾳ πρὸς τὸ ὑπερέχον, καὶ ἀδίκοις τὸ μήνιμα τὸ ἐκ τῶν θεῶν ὀψέ τε καὶ ἀπελθοῦσιν ἐνθένδε ἀπόκειται. ἐν δὲ τῷ παντὶ αἰῶνι πολλὰ μὲν πάλαι συμβάντα, ⟨τὰ⟩ δὲ καὶ ἔτι γινόμενα ἄπιστα εἶναι πεποιήκασιν ἐς τοὺς πολλοὺς οἱ τοῖς ἀληθέσιν ἐποικοδομοῦντες ἐψευσμένα.

> 但到了今天，罪孽令人发指的程度诚属亘古未有，它玷污了每一块土地，每一座城市。只有在阿谀当权者的奉承话中，凡人才可能被说成神；天神们也压抑着自己的义愤，等待罪人到了另一个世界再实施果报。古往今来的许多事件，甚至就在今天发生的事情都已不再为

---

① Paus. 2.3.6-7, 5.15.1-2.
② Paus. 10.7.1, 7.22.5, 5.25.8, 8.46.1.
③ Paus. 8.46.1-5
④ Paus. 9.7.4-6, 1.20.4-7.
⑤ Paus. 7.17.1.
⑥ Hutton, "The Disaster of Roman Rule: Pausanias 8.27.1", p. 623.

人们所相信，因为谎言早已淹没了真相的基石。（Paus. 8.2.5-6）

波桑尼阿斯绝非反对一切专制制度的民主派或自由派，但他旗帜鲜明地反对缺乏合法性与权威性的专制暴政——古希腊政治观念中的僭政（τυραννίς）。[1]尽管如哈比希特、霍顿等人而言，他对罗马人本身并无偏见，并且也会在一定场合下承认罗马人的武德与其他优秀品质；但在波桑尼阿斯心目中，罗马人与之前入侵或尝试奴役过希腊的波斯人、马其顿人、高卢人和希腊本土僭主们一样，都不具备统治希腊的根本合法性。[2]波桑尼阿斯当然无法否认希腊世界接受罗马帝国统治这一铁的事实，但他却执着地要在文化记忆中划清希腊文明与罗马统治的界限。[3]坚持这一立场当然不是为了在现实生活中反抗早已成为地中海世界政治、经济与文化生活基础的罗马帝国政权，[4]而恰恰是要在希腊世界的独立身份面临严峻挑战与猛烈冲击的情况下确认其古老文明的经典性与独特性，从而借助文化记忆最大限度地维持希腊文化的活力与尊严。在面对构成希腊古典传统威胁与破坏力量的罗马元素时，波桑尼阿斯自然而然地采取了一种排斥与抵触的态度。尽管和平、安宁、富足的安东尼王朝并不像之前的弗拉维王朝（the Flavian Dynasty）那样以残酷严苛的文字狱闻名于世，[5]但对于一部撰述于罗马帝国治下、为罗马帝国臣民创作的游记作品而言，我们毕竟没有理由设想作者会在文本中留下明确质疑帝国政权统治合法性的冒失言论。因此，即便如霍顿等学者所言，《希腊纪行》8.27.1 的本意和卷 7 对阿凯亚同盟与罗马冲突的记载并不包含对罗马统治合法性的直接质疑，这一假设也不足以完全否定波桑尼阿斯对罗马帝国统治的敌视态度。从罗马元老、前执政官塔西佗（Tacitus）在《编年史》（*The Annals*）卷 2 结尾处对"只赞扬自己历史的希腊编年史家们（*Graecorum annalibus ... qui sua tantum mirantur*）"的批评来看，[6]波桑尼阿斯在《希腊纪行》中所呈现的文化记忆似乎代表着

---

[1] Habicht, *Pausanias' Guide to Ancient Greece*, p. 110.
[2] Ibid., pp. 104-105, pp. 122-123.
[3] Ibid., p. 125; Arafat, *Pausanias' Greece: Ancient Artists and Roman Rulers*, pp. 36-37.
[4] Akujärvi, *Researcher, Traveller, Narrator: Studies in Pausanias'* Periegesis, p. 15.
[5] Suet. *Dom.* 8, 10.
[6] Tac. *Ann.* 2.88.

在罗马帝国前期希腊知识精英群体中相当普遍的一种"非暴力不合作"式态度。

第四节 《希腊纪行》语境中古老自由希腊与当下罗马帝国的并存与兼容

然而，历史的进程永远是复杂的和动态的。生活在安东尼王朝鼎盛期的希腊精英波桑尼阿斯的罗马观一方面继承了一个世代前塔西佗笔下希腊编年史家们的敌视态度，另一方面又在一定程度上有所缓和。综观《希腊纪行》的全部现存文本，波桑尼阿斯并未绝对化地排斥对一切罗马建筑的记载与描写。[1]由于波桑尼阿斯对晚近建筑、文物的介绍往往十分简略，读者并不总是能从相关文本本身判断波桑尼阿斯对希腊世界中客观存在的这些罗马元素的态度。其中的一些记载，如穆米乌斯征服阿凯亚后向奥林匹亚进献的战利品与宙斯（Zeus）铜像，或许是暗含揭露与批判意味的。[2]另外一些描述或偶然提及则似乎并无感情好恶掺杂在内，如奥林匹亚财库建筑群旁的罗马元首雕像，最后由元首哈德良（Hadrian）竣工的雅典奥林匹亚宙斯神庙[波桑尼阿斯承认其神像工艺水平令人叹为观止（ἔχει τέχνης εὖ πρὸς τὸ μέγεθος ὁρῶσιν）]，同时代罗马元首崇拜区的建筑样式，元首图拉真（Trajan）兴建的浴室、跑马场与罗马广场等。[3]略具讽刺意味的是，尽管波桑尼阿斯本人明确反对罗马人对元首进行的神化崇拜，[4]但希腊地区的罗马帝国臣民借用宙斯形象崇拜元首哈德良的信息却恰恰是通过《希腊纪行》才得以保存至今的。[5]值得注意的是，《希腊纪行》中保留的罗马元素大多来自于波桑尼阿斯本人生活的时代（安东尼·庇护与马可·奥勒留统治时期），或者同稍早年代中几位特定的罗马元首——尼禄、图拉真、哈德良密切相关。可以肯定的是，波桑尼阿斯并不一概否定希腊世界与罗马帝

---

[1] Paus. 7.5.9, 7.20.6, 5.21.15, 8.10.2, 2.1.7, 2.27.6-7; Pretzler, *Pausanias: Travel Writing in Ancient Greece*, p. 9.

[2] Paus. 5.10.5, 5.24.4.

[3] Paus. 6.19.10, 1.18.6, 1.40.2, 5.12.6. Cf. Cassius Dio, 69.4.1.

[4] Paus. 8.2.5.

[5] Arafat, *Pausanias' Greece: Ancient Artists and Roman Rulers*, p. 119.

国政权建立联系的积极意义。他本人便游历过罗马城与意大利本土的许多地区。①波桑尼阿斯还对罗马人的盟友、协助罗马治理帝国的希腊知识精英波利比乌斯（Polybius）予以高度评价。②

乍看上去，这些材料似乎是同《希腊纪行》努力将罗马元素排除出关于自由希腊文化记忆的做法相矛盾的；这一现象也正是导致众多研究者对波桑尼阿斯的"党派"立场（反罗马派抑或亲罗马派）争执不下的本质原因。然而，笔者认为，如果从占据《希腊纪行》中心地位的文化记忆为基础去看待这一问题的话，一切所谓"逻辑矛盾"就可以迎刃而解，而波桑尼阿斯文化记忆体系隐晦但严密的逻辑理路也会清晰地呈现在我们眼前：被《希腊纪行》予以系统贬低、否定的罗马帝国统治时代中存在着一个显著特例，那就是尼禄及图拉真以降的罗马元首积极推行的、其影响一直延续到旅行家波桑尼阿斯生活时代的亲希腊政策；③这一存在于现实生活中的、具体可感的特例与波桑尼阿斯厚古薄今、重自由希腊轻罗马帝国的文化记忆取材标准并不存在矛盾，因为文化记忆的本质决定了它归根结底总要与某种社会现实相结合，并服务于某种具体的文化目的。在被波桑尼阿斯所推崇的诸位罗马元首中居于中心地位的正是将亲希腊政策推行到极致的哈德良。波桑尼阿斯在作品中热烈地赞美哈德良为雅典人的赐福者，④记载了他为科林斯新城提供浴室和水源的善举，⑤以及保卫东地中海世界安宁和赏赐各希腊城市的光辉业绩，⑥甚至夸张地声称元首哈德良改善了除墨伽拉（Megara）外全体希腊人的生活。⑦

明确体现波桑尼阿斯对罗马帝国亲希腊政策拥护态度的是，在遵循抨击、批判尼禄残暴统治的罗马帝国史学传统的同时，《希腊纪行》却旗帜鲜明地肯定尼禄提升希腊居民政治地位的功绩，认为他拥有一颗"被不良教

---

① Paus. 8.17.4, 9.21.1; Arafat, *Pausanias' Greece: Ancient Artists and Roman Rulers*, p. 202.
② Paus. 8.30.8-9.
③ Arafat, *Pausanias' Greece: Ancient Artists and Roman Rulers*, p. 142.
④ Paus. 1.3.2, 1.20.7; Pausanias, *Description of Greece*, Vol. II, J. Frazer ed./trans./comm., London: Macmillan and Co. Ltd., 1898, p. 61; Pausanias, *Description de la Grèce*, Livre I, *L'Attique*, M. Casevitz ed., J. Pouilloux, trans., F. Chamoux, comm., Paris: Les Belles Lettres, 2009, p. 152.
⑤ Paus. 2.3.5.
⑥ Paus. 1.5.5.
⑦ Paus. 1.36.3.

育败坏的高贵灵魂（ψυχῇ δὲ γενναία ὑπὸ ἀτόπου παιδείας διεφθαρμένη）"。[1]
得到波桑尼阿斯赞美的罗马元首还有维护希腊人财产权利的安东尼·庇护和抗击日耳曼人入侵的马可·奥勒留。这两位元首的统治是与《希腊纪行》的写作年代直接重合的。[2]

　　对《希腊纪行》全书的文本分析表明，这部作品的现存文稿似乎没有经过认真的校订与勘误，并且在结构上也缺乏明确的前言与收尾。[3]因此，这部游记在波桑尼阿斯生前很可能并未进入整理出版的环节，尚不存在溢美在世元首及其家族或应付古代条件下出版检查的功利性需要。此外，我们也无法想象《希腊纪行》这样一部总体上对罗马帝国统治模式持冷漠、拒斥态度的希腊文著作会指望得到元首或政权的任何褒奖。笔者认为，在自身营造的文化记忆语境下，波桑尼阿斯的处理方式实质上是在晚近时代里推行亲希腊政策的罗马元首与之前奴役、压迫希腊的罗马帝国政权之间设置了一条泾渭分明、主观色彩浓厚的人为界限，[4]并将前者纳入到以古风与古典时代的希腊历史为主体的文化记忆之中，以便在对文化记忆的重新建构中回避时代更迭背景下传统与现实生活联系的中断。生活在罗马帝国统治之下的希腊知识精英波桑尼阿斯所采取的这种独特建构模式是现实客观需要与古希腊文化记忆接合性特征共同塑造的产物。

第五节　妥协与认同：波桑尼阿斯文化记忆的现实基础

　　大量学术研究成果表明，《希腊纪行》的宗旨并非一味复古与逃避现实，[5]而恰恰在于构建被奉为"古典"的希腊文化传统与当下的联系。波桑尼阿斯尝试借助旅途中探访到的断壁残垣与地方口头传说去重现500

---

[1] Arafat, *Pausanias' Greece: Ancient Artists and Roman Rulers*, p. 42; Paus. 7.17. 3-4.
[2] Paus. 8.43.4-6; Pretzler, *Pausanias: Travel Writing in Ancient Greece*, p. 24.
[3] W. Pritchett, *Pausanias Periegetes II*, Amsterdam: J.C. Gieben, 1999, p. 165, p. 167.
[4] Hutton, *Describing Greece: Landscape and Literature in the Periegesis of Pausanias*, p. 47; Pretzler, *Pausanias: Travel Writing in Ancient Greece*, pp. 28-29; Arafat, *Pausanias' Greece: Ancient Artists and Roman Rulers*, p. 211.
[5] M. Gaifman, *Aniconism in Greek Antiquity*, Oxford: Oxford University Press, 2012, p. 48.

余年前那个自由与辉煌时代中鼎盛希腊文明的面貌;[①]他的旅行目的地既是空间上并非自己出生地的希腊本土，又是时间上与自身相隔数百年的遥远过去。[②]然而，这一宏伟目标在实践操作层面是极难实现的。当代学者们对罗马帝国早期彼奥提亚（Boeotia）的地貌学研究成果与《希腊纪行》卷9的对比生动地揭示了公元2世纪该地区的现实面貌与波桑尼阿斯文化记忆的鲜明反差。

在波桑尼阿斯的心目中，神话素材丰富、英雄人物辈出的名城底比斯（Thebes）当之无愧地在《希腊纪行》卷9的文化记忆中占据着鹤立鸡群的地位。然而，波桑尼阿斯又不得不承认，在他本人生活的年代里，底比斯人已跌入积贫积弱的谷底。为数寥寥的本地居民已彻底废弃了除神庙外的全部下城建筑，集聚在凋敝破败的卫城旧址中。[③]但与波桑尼阿斯的文化记忆构成鲜明反差的是，彼奥提亚全境在2世纪的整体面貌远非底比斯所表现出的那么不堪——该地区恰恰是帝国盛期希腊本土经济发展最为迅猛的区域之一。彼奥提亚的萧条局面从公元1世纪后期开始好转。[④]即便在经济发展相对滞后的底比斯，当地居民也已拥有足够的人力财力搬运其他古老建筑遗址废墟中的石料，系统修缮了在古典希腊宗教体系中占有重要地位的海神（Κάβειροι）秘仪圣所。[⑤]而在另一座彼奥提亚历史名城塔纳戈拉（Tanagra），对神祇赫尔墨斯（Hermes）的埃菲比（Ephebic）崇拜早已在当地雄厚的财力支持下成为宣传城市声望的重要名片。[⑥]长期坚持亲罗马立场的特斯皮埃（Thespiae）则在奥古斯都麾下大将、庇护人陶鲁斯（T. Statilius Taurus）的财力支持下极享繁荣，复兴了当地古老的缪斯赛会（Museia）和爱神赛会（Erotideia）。[⑦]而彼奥提亚的政治中心也早已从底比斯迁移到了后起之秀喀罗尼亚——后者城中的雅典娜（Athena Itonia）圣所被大批新

---

① Pretzler, *Pausanias: Travel Writing in Ancient Greece*, p. 1; Hawes, *Rationalizing Myth in Antiquity*, p. 175.

② Hawes, *Rationalizing Myth in Antiquity*, p. 190.

③ Paus. 9.7.4-6.

④ Plin. *HN* 4.25.1, 4.26.7; Schachter, *Boiotia in Antiquity*, pp. 134-135.

⑤ Schachter, *Boiotia in Antiquity*, pp. 136-137.

⑥ Ibid., p. 137.

⑦ Ibid., pp. 137-138.

建雕像装饰一新，而喀罗尼亚经济生活蒸蒸日上的重要保障则是偏爱这座城市的元首哈德良斥资为它兴修的发达水利体系。[1]彼奥提亚地区在罗马帝国治下经历的历史变迁只是希腊本土全境沧桑巨变的一个缩影。无论波桑尼阿斯多么努力地试图割裂文化记忆中的自由希腊与现实生活中的罗马帝国阿凯亚、比提尼亚与本都等行省之间的联系，他的文化记忆所依附的建筑、艺术品与节庆传统已带有不可磨灭的罗马帝国社会生活痕迹，[2]并且往往是以罗马元首、官吏提供的政治保护与经济支持为基础的。

在波桑尼阿斯游历希腊本土的年代里，罗马帝国的统治为地中海东部居民带来了持久的和平，罗马的税收、法律与行政体系已同希腊地区居民日常生活的方方面面牢不可破地结合在一起；[3]以元首崇拜为中心的罗马圣所与节庆活动，以及来自罗马帝国治下其他地区的文化元素大量涌入希腊本土，与古老的希腊文化传统比肩而立，甚至取而代之。在波桑尼阿斯的游历中，曾有一个西顿（Sidon）人在医神阿斯克勒皮乌斯（Asclepius）的神庙里同他争论腓尼基与希腊宗教观念的优劣；[4]而埃及宗教中伊西斯（Isis）与塞拉皮斯（Serapis）崇拜的元素也多次出现在《希腊纪行》的文本之中。[5]面对各种文化要素对希腊文明的介入与蚕食，站在维护古典希腊传统立场上的波桑尼阿斯势必要同时扮演抗拒者与吸纳者的双重身份。[6]一方面，维系自身独立地位与纯粹性的迫切需要必然会促使现实中处于弱势地位的文化记忆表现出更多的排外色彩；另一方面，《希腊纪行》文本所记载的和未曾记载的大量旅途经历都会反复提醒波桑尼阿斯，现实世界中维系、保存古希腊文化记忆的基础恰恰是罗马帝国积聚的财力与亲希腊元首的扶持性政策所提供的。事实上，就连波桑尼阿斯本人和他对希腊本土的探访也是罗马帝国时代的典型产物。波桑尼阿斯是一位足迹

---

[1] Schachter, *Boiotia in Antiquity*, pp. 138-139.
[2] Pretzler, *Pausanias: Travel Writing in Ancient Greece*, p. 29.
[3] Paus. 8.43.5; Pretzler, *Pausanias: Travel Writing in Ancient Greece*, pp. 27-28.
[4] Paus. 7.23.7-8.
[5] Paus. 10.32.13-17; Bommas, "Pausanias' Egypt", pp. 80-81, pp. 85-86, p. 101.
[6] A. Cohen, "Art, Myth, and Travel in the Hellenistic World", in S. Alcock, J. Cherry and J. Elsner eds., *Pausanias: Travel and Memory in Roman Greece*, Oxford: Oxford University Press, 2001, p. 93.

遍布罗马、意大利、埃及、叙利亚、爱琴海诸岛屿、可能还拜访过撒丁岛（Sardinia）的，见多识广的旅行家。[1]他拥有充足的财力与闲暇在长达20年的时段里安心从事游历探访与游记撰写工作。[2]相关史料表明，罗马帝国时代对雅典等地中海东部名胜进行一次全面游历的花销可达100万塞斯特斯；[3]足见波桑尼阿斯的广泛游历必然是以其殷实的家业为基础的。波桑尼阿斯还是一名接受过系统希腊古典文化教育、熟谙希罗多德、修昔底德、色诺芬、希罗尼穆斯（Hieronymus of Cardia）、普鲁塔克等人卷帙浩繁的著作，[4]并熟练掌握了史料择取与批判能力的饱学之士；[5]而支持其教育与学术训练的物质基础同样只能是其家族在罗马帝国体制下积累起来的巨大财富。[6]并且对于出生并成长于小亚细亚（Asia Minor）的波桑尼阿斯而言，就连他本人的希腊知识精英身份也是以罗马帝国统一局面下其家乡玛格尼西亚（Magnesia）同希腊本土文明建立起来的稳固联系为前提的。[7]罗马统治下的和平（pax Romana）则为波桑尼阿斯的旅行家生涯提供了必要的安全保障，[8]并为《希腊纪行》文化记忆所重构的、原本城邦林立各行其是的"希腊世界"确立了行政区划基础。[9]在上述种种因素的制约下，波桑尼阿斯必然无法彻底割裂其文化记忆与现实的联系，不得不从令他反感的、罗马帝国治下的真实世界中找到衔接现实与记忆的纽带，并顺理成章地择取

---

[1] Paus. 8.17.4, 9.21.1; Hawes, *Rationalizing Myth in Antiquity*, p. 207; Arafat, *Pausanias' Greece: Ancient Artists and Roman Rulers*, p. 202; Habicht, *Pausanias' Guide to Ancient Greece*, p. 17; Pretzler, *Pausanias: Travel Writing in Ancient Greece*, p. 32.

[2] Habicht, *Pausanias' Guide to Ancient Greece*, p. 19; M. Pretzler, "Turning Travel into Text: Pausanias at Work", *Greece & Rome*, Vol. 51, No. 2 (Oct., 2004), p. 199.

[3] Apul. *Met*. 11.27-8; Apul. *Apol*. 23; Pretzler, *Pausanias: Travel Writing in Ancient Greece*, p. 25.

[4] E. Bowie, "Inspiration and Aspiration: Date, Genre, and Readership", in S. Alcock, J. Cherry and J. Elsner eds., *Pausanias: Travel and Memory in Roman Greece*, Oxford: Oxford University Press, 2001, p. 25; Habicht, *Pausanias' Guide to Ancient Greece*, pp. 97-98; L. Pearson, "The Pseudo-History of Messenia and Its Authors", *Historia: Zeitschrift für Alte Geschichte*, Bd. 11, H.4 (Oct., 1962), p. 412.

[5] Meadows, "Pausanias and the Historiography of Classical Sparta", p. 113.

[6] Pretzler, *Pausanias: Travel Writing in Ancient Greece*, p. 25.

[7] Hutton, "The Construction of Religious Space in Pausanias", p. 292; Bowie, "Inspiration and Aspiration: Date, Genre, and Readership", p. 24; Pretzler, "Pausanias and Oral Tradition", p. 236.

[8] Hutton, *Describing Greece: Landscape and Literature in the Periegesis of Pausanias*, p. 30; Habicht, *Pausanias' Guide to Ancient Greece*, p. 118.

[9] Arafat, *Pausanias' Greece: Ancient Artists and Roman Rulers*, p. 2.

了多位罗马元首推行的亲希腊政策作为获准进入其文化记忆体系的特例。

相关史料表明，在早期罗马帝国史上，奥古斯都以降的多位罗马元首均推行过性质、程度各不相同的，以怀柔地中海东部臣民为目的的文化与经济政策。在这一系列统治措施中，最引人注目的当属始于尼禄、在哈德良时代达到顶峰的"亲希腊政策"。①在图拉真与哈德良统治时期，以波桑尼阿斯家乡所在地小亚细亚半岛西部为代表的希腊文化区真正步入了经济与文化上的复兴时期。②图拉真在位期间，雅典人阿提库斯（Ti. Claudius Atticus）、阿奎拉（L. Statius Aquila）和斯巴达人菲洛帕普斯（Philopappus）成为第一批进入罗马元老院、参与帝国最高政治决策的希腊裔贵族。③当然，政治策略色彩浓重的亲希腊政策并未改变希腊居民在政治、经济上受制于帝国统治集团的本质，并且带有迎合拉丁知识精英猎奇口味、将希腊古典文明元素歪曲化和庸俗化，以及掠夺希腊本土文物和强制推行元首神化崇拜等引起希腊知识精英不满的负面要素。④但以保留希腊古典传统文化记忆为目标的波桑尼阿斯仍对哈德良等元首推行的亲希腊政策充满希望。他充分肯定了哈德良在雅典与科林斯大兴土木，复兴希腊传统宗教与赛会活动的功绩，认为哈德良等元首的统治将在现实世界中重建一个与自由希腊相衔接的繁荣时代。波桑尼阿斯将以哈德良为代表的几位晚近元首所推行的亲希腊政策从事实上在罗马帝国早期史中一以贯之的怀柔东部行省的统治方针中抽离出来，纳入以神话传说与古典历史为主体内容的文化记忆之中。这样一来，《希腊纪行》中原本脱离现实的文化记忆便获得了具体可感的现实根基，并同现实生活产生了互动。文化记忆在很大程度上塑造着现实生活中各座希腊城市在罗马帝国统治体制下的地位与声望。这种记忆的真实性由此成为一种具备现实价值的宝贵商品；而波桑尼阿斯的旅行本身则如同罗马元首的环地中海巡幸一样，确认着希腊本土的各处空间在文化记忆

---

① Hutton, *Describing Greece: Landscape and Literature in the* Periegesis *of Pausanias*, p. 33; Arafat, *Pausanias' Greece: Ancient Artists and Roman Rulers*, p. 161.

② B. Levick, "Greece and Asia Minor", in A. Bowie, P. Garnsey and D. Rathbone eds., *The Cambridge Ancient History*, second edition, Vol. XI, *The High Empire, A.D. 70-192,* Cambridge: Cambridge University Press, 2000, p. 612.

③ Levick, "Greece and Asia Minor", p. 613.

④ Paus. 10.7.1, 8.2.5.

中的合法地位。①《希腊纪行》所阐发的文化记忆在发思古之幽情之余也就获得了认可并影响现实的实用性价值。

第六节　小结

明末遗民、清初著名历史地理学家顾祖禹在回顾《读史方舆纪要》的写作缘起时写下过一段感人至深的著名文字：

> 龙章生柔谦，九岁而孤，好读书，补邑弟子员，深慨科举之学，不足裨益当世，慨然欲举一朝之典故，讨论成书。年及强仕，而遘流寇之变，遂遁入山，焚笔塞砚，率子祖禹躬耕于虞山之野。久之益穷困，愤懑无聊，得奇疾，将卒，呼小子命之曰："吾家自两汉以来，称为吴中文献，先代所著述，小子可考而知也。……及余之身，而四海陆沈，九州腾沸，仅获保首领，具衣冠，以从祖父于地下耳。嗟乎！园陵宫阙，城郭山河，俨然在望，而十五国之幅员，三百年之图籍，泯焉沦没，文献莫征，能无悼叹乎？予死，汝其志之矣！"小子匍伏呜咽而对曰："小子虽不敏，敢放弃今日之所闻？"②

笔者在前文中指出，《读史方舆纪要》无视清代行政区划的材料组织方式与波桑尼阿斯《希腊纪行》中文化记忆的选择性存在着相似的一面。然而，二者背后蕴含的情感与政治立场却存在着重大差异，构成这一差异的一个主要因素是波桑尼阿斯文化记忆的接合性（Hypolepse）特征。在顾祖禹和多数古代政治意识形态的语境下，一种居于正统地位的政治权威、观念信仰或文化学说通常具备不可通融的排他性，彼此抵触的两套意识形态是不可能同时获得正统地位的；顾祖禹和他的父亲必须在转而效忠清朝和保持明代遗民身份之间做出非此即彼的明确选择。但承袭古希腊知识精英政治学说与历史观念传统的波桑尼阿斯的思考维度却与此有所不同。在对

---

① Pretzler, *Pausanias: Travel Writing in Ancient Greece*, p. 100, pp. 29-30; Hutton, *Describing Greece: Landscape and Literature in the Periegesis of Pausanias*, p. 31.

② （清）顾祖禹：《读史方舆纪要》，贺次君、施和金点校，中华书局 2005 年版，总叙一，第 3 页。

第八章　排斥与融合：波桑尼阿斯的文化记忆与《希腊纪行》中的罗马帝国　257

待民主政体态度方面，波桑尼阿斯一方面承认雅典在希腊史中的崇高地位，另一方面又批评民主制度迫害杰出人物和反复无常的缺陷。[①]他笔下的专制君主则既有造福一方的贤君塞琉古[②]、哈德良，也有腓力[③]、尼禄等穷凶极恶的暴君。[④]可见，波桑尼阿斯并未武断地界定各种现存政体与政权的绝对价值优劣。与此同时，波桑尼阿斯还坚信，任何文明、事业与政权的命运都不可能是永远一帆风顺的，盛衰荣辱的交替乃是符合诸神意愿的人事常态。[⑤]因此，自由希腊的生存状态固然令人向往，但绝非唯一正确的终极真理；同样，希腊遭受罗马帝国奴役的事实也并非末日临头，希腊人需要做的只是像抗击斯巴达入侵失败后的美塞尼亚人那样，在新的政治格局下最大限度地保存、发扬自己文化记忆中的精华部分。[⑥]正如文化记忆研究学者扬·阿斯曼指出的那样，这种文化记忆可以在政治范畴之外有效地对抗专制集权所施加的文化压力，通过对神圣古老"卡农"的界定构建一种介于机械复古与特立独行之间的文化一致性，从而树立一种既兼容古老传统中的精华部分、又承认突破创新必要性的，逐步接近永远无法最终达到的永恒真理的认识模式。[⑦]在《希腊纪行》的语境下，古老自由希腊的永恒价值并不包含推翻、否定现实生活中罗马帝国权威性的必然要求。[⑧]尽管波桑尼阿斯否认罗马统治希腊世界的正当性，但作为现实条件下维系文化记忆的最佳手段，哈德良等罗马元首的亲希腊政策却得以超越罗马霸权征服、奴役希腊的悲惨岁月，在《希腊纪行》的文化记忆中获得与自由希腊并行不悖的合法地位。更重要的是，哈德良等元首翻修重建的名胜古迹与斥资复兴的节庆赛会恰恰构成了衔接当下与文化记忆的坚实纽带。[⑨]文化记忆通过

---

① Paus. 1.8.2-3.
② Paus. 1.16.3.
③ Paus. 1.25.2-3.
④ Habicht, *Pausanias' Guide to Ancient Greece*, p. 109.
⑤ Paus. 1.29.11, 1.36.3, 2.7.1, 2.11.1, 6.3.15-16, 8.24.11-14,
⑥ Paus. 4.27.9-11, 9.36.5.
⑦ ［德］扬·阿斯曼:《文化记忆：早期高级文化中的文字、回忆和政治身份》，金寿福、黄晓晨译，北京大学出版社 2015 年版，第 84、129—130、304、311 页。
⑧ Hutton, "Pausanias and the Mysteries of Hellas", p. 453.
⑨ Hutton, *Describing Greece: Landscape and Literature in the* Periegesis *of Pausanias*, p. 324.

现实旅途中的断壁残垣获得了"古典"的崇高地位。[①]尽管这种"古典"的一去不复返令人感伤,[②]对古典的回忆本身却具有影响、指导现实的重要积极意义。[③]《希腊纪行》对罗马帝国亲希腊政策的热烈赞颂确认了在帝国统治模式下保留希腊文明独立身份与历史传统的现实希望,通过建构文化记忆的形式宣扬了希腊文明的核心精神,肯定了当世元首政策的正确方向,阐述了同时代希腊文化精英群体所应坚持的文化立场。波桑尼阿斯对自由希腊的阐释完全符合文化记忆元素的常规建构模式——选择性文化记忆推崇与追思往昔的最终目的仍是为了解释和影响现实世界。

从2世纪罗马帝国文化政策的视角来看,波桑尼阿斯对文化记忆的构建反映了哈德良等元首亲希腊政策取得的成功。尽管《希腊纪行》的文字风格显得与同时代的其他文学、史学作品格格不入,[④]这部游记的思古情怀与朝圣性质却在很大程度上反映了2世纪希腊语文学的共性。[⑤]尽管普鲁塔克(Plutarch)、金口狄奥(Dio)、琉善(Lucian)等同时代希腊作家的写作视角与选择以空间展示时间的波桑尼阿斯迥异,他们在作品中表达的强烈怀古情感与借助历史记忆重构希腊精英文化身份的尝试却与《希腊纪行》的主旨异曲同工。[⑥]通过亲希腊政策的催化作用,在塔西佗生活时代里高傲地漠视、拒斥罗马帝国权威的保守希腊知识精英们在自己的文化记忆中同帝国官方意识形态建立了重要交集,现实生活中的亲希腊政策通过它们所维护(或表面上支持)的古代传统而在希腊知识精英心目中赢得了合法地

[①] [德]阿莱达·阿斯曼:《回忆空间:文化记忆的形式和变迁》,潘璐译,北京大学出版社2016年版,第363页。

[②] Habicht, *Pausanias' Guide to Ancient Greece*, p. 162; Pretzler, *Pausanias: Travel Writing in Ancient Greece*, pp. 144-145.

[③] Pretzler, *Pausanias: Travel Writing in Ancient Greece*, p. 144; K. Arafat, "Pausanias' Attitude to Antiquities", *The Annual of the British School of Athens*, Vol. 87 (1992), p. 409.

[④] Hutton, "Pausanias and the Mysteries of Hellas", p. 453.

[④] Hutton, *Describing Greece: Landscape and Literature in the* Periegesis *of Pausanias*, p. 52.

[⑤] Rutherford, "Tourism and the Sacred: Pausanias and the Traditions of Greek Pilgrimage", pp. 50-51; Pretzler, *Pausanias: Travel Writing in Ancient Greece*, p. 29; Hutton, *Describing Greece: Landscape and Literature in the* Periegesis *of Pausanias*, p. 47.

[⑥] S. Swain, *Hellenism and Empire: Language, Classicism and Power in the Greek World, AD 50-250*, Oxford: Clarendon Press, 1996, pp. 409-413; T. Whitmarsh, *Greek Literature and the Roman Empire: The Politics of Imitation*, Oxford: Oxford University Press, 2001, pp. 88-89.

位。①在波桑尼阿斯所建构的文化记忆中,从希波战争到菲洛波门逝世的希腊"自由时代"仍旧占据着至高无上的地位,②但这种为希腊知识精英所珍视的宝贵记忆已通过当世元首们倡导的亲希腊政策而与现实建立了牢固联系,让他们在并不完美的现实政治格局中看到了重获自由或寻找自由时代最佳替代品的希望,③促使他们维护希腊文明独立身份的文化记忆在碰撞与摩擦中缓慢地向罗马政权的官方意识形态靠拢。正如德国哲学家尼采（Friedrich Nietzsche）所言,回忆永远是选择性的和受现实行动所左右的。为现实利益而服务的记忆选择性不断侵蚀着历史真相,但与此同时也赋予了人类改善自身的能力与适应性。④尽管生于西班牙的罗马元首哈德良倡导的亲希腊政策在很多方面带有流于表面的局限性,⑤它对希腊知识精英名义上的高度尊重⑥和实实在在的政策、金钱笼络⑦毕竟在潜移默化中推动着孤芳自赏的希腊文化传统与海纳百川的罗马政治文明走向合流。⑧当我们跨越史料极度匮乏的3世纪危机时代,审视4世纪初基督教与多神教学者关于希腊文明本质的讨论时,我们不难发现,罗马帝国在4世纪希腊知识精英的语境下已成为古希腊文明在公元前2世纪之后的唯一合法载体。而波桑尼阿斯《希腊纪行》中所呈现的文化记忆正是帝国东部保守希腊知识精英群体罗马观漫长历史转折过渡期留存下来的珍贵文本证据。

---

① Pretzler, *Pausanias: Travel Writing in Ancient Greece*, p. 29; Pretzler, "Turning Travel into Text: Pausanias at Work", p. 216.

② Porter, "Ideals and Ruins: Pausanias, Longinus and the Second Sophistic", p. 68, p. 76.

③ Ibid., p. 75.

④ F. Nietzsche, „Unzeitgemäße Betrachtungen, Zweites Stück: Vom Nuten und Nachteil der Historie für das Leben", in G. Colli and M. Montinari eds., *Friedrich Nietzsche Sämtliche Werke*, Band 1, Berlin & New York: Deutscher Taschenbuch Verlag GmbH & Walter de Gruyter, 1988, pp. 254-255; [德]阿莱达·阿斯曼:《回忆空间：文化记忆的形式和变迁》,潘璐译,北京大学出版社2016年版,第64页。

⑤ Hutton, *Describing Greece: Landscape and Literature in the* Periegesis *of Pausanias*, pp. 36-37.

⑥ Habicht, *Pausanias' Guide to Ancient Greece*, pp. 117-118.

⑦ Paus. 8.43.4-6; Pausanias, *Description of Greece*, SHA *Ant. Pius*, 9.1; *CIG* 2721; Vol. IV, J. Frazer ed./trans./comm., London: Macmillan and Co. Ltd., 1898, p. 410.

⑧ Jost, «Unité et Diversité: La Grèce de Pausanias», p. 570; Hutton, *Describing Greece: Landscape and Literature in the* Periegesis *of Pausanias*, p. 34.

第九章

追思与憧憬：4—5世纪罗马多神教知识精英的"再造罗马"历史话语表述模式[①]

"希腊人的宗教，这个曾在那么深重的苦难、那么巨大的花销和那么显赫的武功之上统治世界的宗教，如今已被从大地上彻底消灭了。"[②]公元420年前后，居住在埃及海港佩鲁修姆的一名基督教修士伊西多尔（Isidore of Pelusium）在致友人的一封信中写下了上面的话。在20世纪以前的教会史叙述模式中，伊西多尔的这段言论通常被视为"异教（paganism）"的一纸死亡证明。从前的学者们普遍相信，自从公元392年提奥多西大帝（Theodosius the Great）的敕令发布后，多神教[③]文化便走向了最后的灭亡。20世纪初美国史学家汤普逊（J.W. Thompson）在《历史著作史》中也接受了这种看法。在述及四至五世纪的多神教史家时，他基本只认真研究了阿米安（Ammianus Marcellinus）一人。在汤普逊看来，4—5世纪的多神教徒只能默默地接受自身信仰与一整套文化价值体系的灭亡，充其量也只能像阿米安那样消极地表达一下心中的沉

[①] 本章主体内容已先期发表于《再造罗马：晚期罗马多神教知识精英的历史叙述》(《历史研究》2011年第4期）一文。

[②] Peter Brown, *The Rise of Western Christendom, Triumph and Diversity, A.D. 200-1000*, London: Blackwell Publishers Inc., 1996, p. 34.

[③] 在古代基督教文献中，传统的希腊罗马多神信仰被称为异教（paganism）。这一称谓带有明显的主观歧视色彩，未能准确表述多神信仰在希腊罗马史不同阶段所处的地位及其信仰内容的演变过程，也同多神信仰本身存在多个分支与文化渊源的历史事实难以相符。笔者在本书中采取《剑桥古代史》第2版的处理方法，把希腊罗马以及后来自东方传入的多神信仰统一称为多神教（polytheism）。

痛之感:"除眼泪和恐怖外,什么东西都没有了,回忆过去,令人伤心;展望未来,更为凄惨。"[1]

俄裔美国学者罗斯托夫采夫(M. Rostovtzeff)进一步指明了这种文化消亡现象背后的历史线索。在他看来,3世纪危机已使帝国国民中上进分子的创造精力衰靡不振,[2]上层阶级逐渐被下层阶级吸收,水平逐渐降低。[3]这样,到了4世纪,当面临基督教文化冲击时,多神教文化已根本无力给出自己的回应。因此,多神教文化经历了一个长期的衰落过程,最终在帝国晚期被动地接受了灭亡的命运。

罗斯托夫采夫等人的这套系统观点能否完全成立呢?笔者认为,这种观点的流行是同"古典晚期(Late Antiquity)"独具的时代特征和古典学术史密切相关的。在从文艺复兴至20世纪中叶的西方学术传统中,古典晚期往往被视为"黑暗的中世纪"与基督教文明取代古希腊罗马多神教文明的过程。[4]正如布朗(Peter Brown)所批评的那样,较早的晚期罗马史研究只关注"使晚期罗马社会同其古典根基相分离的那些特征"。[5]这种看法存在着简单化、程式化的缺陷。事实上,至少在4—5世纪的罗马帝国史中,人们可以清晰地看到基督教文明与多神教文明的共存、竞争与互动,[6]这一现象在帝国东部体现得尤为明显。[7]根据20世纪六七十年代以来琼斯(A.H.M. Jones)、布朗等史家在古典晚期领域所取得的丰硕研究成果,[8]我们不难看出,古典文化的衰落在四至五世纪确已成了不争的事实,

---

[1] [美]J.W. 汤普逊:《历史著作史》上卷,谢德风译,商务印书馆1988年版,第141页。

[2] [美]M. 罗斯托夫采夫:《罗马帝国经济社会史》下册,马雍、厉以宁译,商务印书馆1985年版,第715页。

[3] 同上书,第725页。

[4] 叶民:《最后的古典:阿米安和他笔下的晚期罗马帝国》,天津人民出版社2004年版,第12—13页。

[5] Peter Brown, "The Later Roman Empire", *The Economic History Review*, New Series, Vol. 20, No.2 (Aug., 1967), p. 333.

[6] Javoslav Pelikan, *Christianity and Classical Culture, The Metamorphosis of Natural Theology in the Christian Encounter with Hellenism*, New Haven, Connecticut: Yale University Press, 1993, p. 169.

[7] Johannes Geffcken, *The Last Days of Greco-Roman Paganism*, translated by Sabine MacCormack, Amsterdam: North-Holland Publishing Company, 1978, p. 232.

[8] Mark Humphries, "In Mommsen's Shade: Roman Historiography, Past and Present", *Classics Ireland*, Vol. 9 (2002), p. 30.

古典晚期留下的多神教作品在数量上远逊于基督教著作,[①]但这种衰落并未达到使古典文化完全丧失活力的程度,四至五世纪多神教历史撰述模式的流行便是这种残存活力的主要表现之一。

罗马帝国晚期的历史作品曾在很长时间内被后世学者忽视。近年来,国内外历史学家开始对帝国晚期的史学表示了更多的关注。叶民的专著《最后的古典:阿米安和他笔下的晚期罗马帝国》对阿米安的史学观念进行了深入、独到的梳理与分析,对本章的写作具有十分宝贵的参考价值。科克伦(Charles Norris Cochrane)的作品《基督教与古典文化》(1940)在最后一章中探讨了早期基督教史学对希腊罗马史学传统,主要是希罗多德、波利比乌斯等人史学思想的继承与改造。布沃索克(G.W. Bowersock)的《背教者朱利安》(1978)对朱利安的历史观念进行了较为透彻的阐释与分析。布洛基(R.C. Blockley)整理、辑校并深入研究了包括攸纳皮乌斯、奥林匹奥多鲁斯在内的四位晚期古典史家作品残篇,出版了《晚期罗马帝国的古典史著残篇》(1981—1983),对相关研究做出了重要贡献。利伯舒尔茨(J.H.W.G. Liebschuetz)主编的《晚期古代社会的衰落与嬗变》(2006)中用专门一单元收录探讨晚期古典史学的文章。特瑞德古德(Warren Tredgold)撰写的专著《早期拜占庭史家》(2007)对从优西比乌斯(Eusebius)到普罗柯比(Procopius)的拜占庭史学家进行了系统介绍与研究,其中涉及阿米安、攸纳皮乌斯(Eunapius)等多位多神教史学家及其作品。然而,笔者个人认为,受作品题材限制,这些作品或仅着眼于基督教史学的发展,或侧重专题式的个案研究,较少尝试去阐释古典社会晚期多神教知识精英史观的整体面貌及其历史渊源,也较少探讨这一史观与同时期基督教文化之间的相互影响。本章拟通过对4—5世纪多神教知识精英具体运用"再造罗马"这一特定历史话语表述模式的相关文本的分析,针对晚期古典作家的史观特点提出尚不成熟的一己之见。

[①] Charles Matson Odahl, *Constantine and the Christian Empire,* London: Routledge, 2004, p. 6.

第一节　4—5世纪从事历史撰述的希腊多神教知识精英群体

19世纪以来，历史学科经历了一个专业化、规范化的过程。历史学同其他人文学科的界限逐渐变得清晰，史学作品的体例、格式日益明确。这一演变无疑对当代乃至日后的史学发展具有十分积极的意义。然而，在当前的学术环境中，我们也常常在判断古典著作是否成其为史学作品的时候掺入现代人的偏见，用古时本不存在的尺度把大量作品排除在"古典史学"的范围之外。事实上，正如美国学者戈文所指出的，罗马人心目中的"历史"并非单指今天意义上的"史学"或"史学作品"，而是包括了一切试图再现过去的作品。恩尼乌斯的史诗，日耳曼人的民谣，在西塞罗和塔西佗眼中都是不折不扣的"历史（historia）"。[1]伊西多尔在《词源学》中提出，历史就是"对业已完成的事迹的叙述"。[2]如果从这个角度看，我们就会发现，表达4—5世纪多神教历史观念的希腊作家远非阿米安一人，他们足以构成一个值得后人关注的历史撰述群体。[3]

在4—5世纪的多神教史学家中，有残存文本传世且值得注意的有阿米安、攸纳皮乌斯和奥林匹奥多鲁斯（Olympiodorus）3人。[4]阿米安出生于帝国东部的文化中心安条克，从小受过良好的希腊文化教育。[5]阿米安

---

[1] Alain Gowing, *Empire and Memory, The Representation of the Roman Republic in Imperial Culture*, Cambridge: Cambridge University Press, 2005, p. 11.

[2] Isid. *Etym.* 1.41.1.

[3] 在本章所探讨的4—5世纪，"希腊"与"罗马"作家的身份辨析往往已变得模棱两可、甚至毫无必要。但本章所研究的6位作家均与希腊文化存在着明确联系。其中，元首朱利安、演说家里巴尼乌斯、史学家攸纳皮乌斯与奥林匹奥多鲁斯都用希腊文进行创作；用拉丁文创作的阿米安与克劳狄安则分别来自当时以希腊语为母语的叙利亚安条克和埃及亚历山大里亚，其著述所使用的拉丁文在一定意义上是他们后天习得的"外语"。

[4] 另有学者认为，传统上认为成于众手、创作年代不一的传记汇编作品《奥古斯都后诸帝传（*Scriptores Historiae Augustae*）》也是由四世纪末的一位多神教史学家独立完成的，但学术界对此尚无一致意见。参见 A. Cameron, "Education and Literary Culture", in Averil Cameron and Peter Garnsey, *The Cambridge Ancient History*, Vol. XIII, *The Late Empire, A.D. 337-425*, Cambridge: Cambridge University Press, 1998, p. 685.

[5] Ammianus Marcellinus, *History of Rome*, with an English translation by John C. Rolfe, Loeb Classical Library, Cambridge MA: Harvard University Press, 1935, Introduction, p. ix.

本人对基督教的态度较为复杂,在古典学术界存在广泛争议。总的来说,阿米安作品中的多神教倾向十分明显,[1]其多神教徒的身份基本是可以确定的。[2]阿米安曾追随朱利安皇帝参加了对波斯的远征,在约维安即位后去职,专心撰写出一部《罗马史》,[3]为这一时期的多神教史学作出了最为重要的贡献。攸纳皮乌斯几乎与阿米安同时开始撰写历史,[4]他同新柏拉图主义哲学家克里珊西乌斯有姻亲关系,[5]是一个信仰坚定的多神教徒,对基督教文化持明显的敌视态度。[6]奥林匹奥多鲁斯于四世纪末在雅典学习过哲学,[7]他写了一本 22 卷的当代史,[8]作品中同样体现了鲜明的多神教思想。攸纳皮乌斯和奥林匹奥多鲁斯的作品都只有残篇传世。

对于理解这一时期多神教知识精英的历史观念而言,朱利安、里巴尼乌斯(Libanius)和克劳狄安(Claudian)的非"史学"作品同样不可忽视。朱利安早年时把自己伪装成基督徒,[9]即位后公开在帝国境内重新推行多神教信仰,试图以多神教取代基督教,[10]因此在基督徒中得到了"背教者(Julian the Apostate)"的恶名。朱利安的文学作品、演说辞、书信和论文中大量涉及了当时的历史观念。里巴尼乌斯是四世纪最活跃的政治演说家,同许多基督徒关系密切,但其本人却是坚定的多神教信奉者。克劳狄安被公认为罗马最后一位伟大的拉丁诗人。同代学者及后人对其信仰的看法一直存在分歧。奥古斯丁(St. Augustine)与奥罗修斯(Orosius)都声称克劳狄安是

---

[1] Ammianus Marcellinus, *History of Rome,* Introduction, p. xiv.

[2] Averil Cameron and Alan Cameron, "Christianity and Tradition in the Historiography of the Late Empire", *The Classical Quarterly*, New Series, Vol. 14, No. 2, (Nov., 1964), p. 316.

[3] Warren Treadgold, *The Early Byzantine Historians,* London: Palgrave Macmillan Press, 2007, p. 56.

[4] J.H.W.G. Liebeschuetz, *Decline and Change in Late Antiquity, Religion, Barbarians and their Historiography,* Farnham: Ashgate Variorum Press, 2006, III. p. 189.

[5] Liebeschuetz, *Decline and Change in Late Antiquity, Religion, Barbarians and their Historiography,* III. p. 177.

[6] R.C. Blockley, *The Fragmentary Classicising Historians of the Late Roman Empire, Eunapius, Olympiodorus, Priscus and Malchus,* Vol. I, Leeds: Francis Cairns Press, 1981, pp. 16-17.

[7] Treadgold, *The Early Byzantine Historians,* p. 90.

[8] Ibid., p. 92.

[9] Amm. Marc. 21.2.4-5.

[10] G.W. Bowersock, *Julian the Apostate,* Cambridge MA: Harvard University Press, 1978, p. 71.

多神教徒；但他也曾在生前为基督教法庭写过文书。[1]伯特（Birt）推测他在名义上仍是基督徒；[2]克洛弗（Clover）则怀疑克劳狄安几乎从未读过《圣经》。[3]无论如何，可以肯定的是，克劳狄安作品的精神实质是多神教的。[4]他的诗作几乎没有给上帝和天国留下位置，却充满了色彩瑰丽、感情奔放的词句和大量多神教文化典故，[5]成为唯一堪与白银时代拉丁文学媲美的晚期古典诗集。

以上的列举足以证明，如果抛开当代史学体裁要求的成见，从宏观角度对相关史料进行细致分析的话，我们便不难发现，四至五世纪的多神教文化尽管受到支持基督教的政治势力的疏远与压制，却仍以各种体裁形式展现了自身的历史观念。这一史实充分证明：古典传统在当时仍具有一定活力。更引人注目的是，这些文化背景、社会地位迥异的多神教作家们的历史观念并非各成一派，而是体现了一种近乎统一、目标明确、具有相当感染力的历史话语表述模式。

第二节　夕阳余晖的礼赞——4—5世纪多神教作家笔下的罗马

一　华美庄严的世界之都——作为历史文化象征符号的罗马城

6世纪，东罗马帝国将军贝利撒留（Belisarius）在给哥特名将托提拉（Totila）的外交信函中写道："世人公认，在阳光普照下的所有城市中，罗马是最伟大和最重要的一座。"[6]他的随军秘书普罗柯比也认为，罗马人对自己城市的热爱是举世无双的，他们渴望能保护自己祖先的遗产，以便罗马古老的光荣不致被人遗忘。[7]可见，对罗马城的尊敬与热爱在帝国

---

[1] M. Roberts, "Claudian", in G. Bowersock, P. Brown and O. Grabar eds., *Late Antiquity, A Guide to the Postclassical World*, Cambridge MA & London: The Belknap Press of Harvard University Press, 1999, p. 379.

[2] John C. Rolfe, "Claudian", *Transactions and Proceedings of the American Philogical Association*, Vol. 50 (1919), p. 141.

[3] Rolfe, "Claudian", p. 140.

[4] Ibid., p.149.

[5] A.J. Boyle, *Roman Epic,* London: Routledge, 1993, p. 256.

[6] Procop. *Goth*. 7.22.9-12.

[7] Procop. *Goth*. 8.22.5-7.

臣民中间实为一种常见心态。然而，与普罗柯比等人不同的是，四至五世纪的多神教作家将罗马提升到了文化象征符号的高度，通过极度夸张的笔触和饱满的激情来抒发自己对罗马昔日辉煌的无限追思。阿米安与克劳狄安在这方面的成功描写尤其引人注目，成了拉丁文学作品中的不朽典范。

阿米安以极其出色的细节描写勾勒了君士坦提乌斯（Constantius）进入罗马城时目睹的盛况。成千上万的各色民众蜂拥到皇帝身边表示欢迎，[1]道路两侧卫士的盾牌和胸甲折射出夺目光彩，[2]全城各个角落的民众同时向皇帝发出地动山摇的欢呼声。[3]君士坦提乌斯在这样的壮观场面中进入了罗马，"帝国和人间一切美德的中心"。[4]皇帝目睹的每一处景物都让他惊讶不已：华丽的朱庇特神庙、庞大的浴室、雄伟的竞技场、和平广场、庞培剧场以及"永恒之城"的其他一切。[5]最令人赞叹的是宏伟且精巧的图拉真广场，君士坦提乌斯惶恐地感叹道，他充其量只能仿造图拉真皇帝身下的那匹坐骑。[6]阿米安这种泼墨如水的铺陈显然并非兴之所至，而是刻意借助富于文采的描写表达爱国主义的热情和对后世庸君的无声谴责。阿米安似乎忘记了，就在前面不远的段落里，自己还曾猛烈抨击过罗马城在晚近年代里的腐朽与堕落。

无独有偶，在诗人克劳狄安的笔下，古老的罗马城同样展现出了超凡脱俗、举世无双的华丽面貌。他在一首诗中让罗马幻化成了女神米涅瓦的形象，描写她手中大盾折射的光辉令太阳相形失色。[7]在罗马军队战胜凯旋之时，成千上万的民众聚集在弗拉芒大道上夹道欢迎，条条大路遍布鲜花，庞培剧场中响起雷鸣般的掌声，穆西安谷中响起的欢呼在阿维丁山和帕拉丁山之间激荡。[8]罗马的七丘放出金光，足可与阳光匹敌；罗马的神庙与天

---

[1] Amm. Marc. 16.10, 5-7.
[2] Amm. Marc. 16.10.8.
[3] Amm. Marc. 16.10.9.
[4] Amm. Marc. 16.10.13.
[5] Amm. Marc. 16.10.14.
[6] Amm. Marc. 16.10.15.
[7] Claudian, *Panegyric on the Consuls Probinus and Olybrius*, 83-99.
[8] Claudian, *On Stilicho's Consulship*, 2.377-407.

相接，宏伟无比。^①克劳狄安的这些描写表现出了与阿米安极为相似的文学笔法和思想内涵。类似的描写同样出现在攸纳皮乌斯和奥林匹奥多鲁斯的作品中。例如，奥林匹奥多鲁斯赞美道，罗马城内的每一座宏伟建筑自身都是一座不小的城市，拥有竞技场、广场、神庙、喷泉、浴室等种种设施。罗马的城墙气势宏伟，一眼望不到尽头。^②有些学者认为奥林匹奥多鲁斯一定到过意大利，因为他只有根据亲身游历的印象才能把罗马描写得那样细致生动。^③这些相似性表明，罗马的符号化并非某位多神教作家自出心裁的发明，它反映了古典晚期多神教知识精英普遍认可的某种表述模式。

二 无与伦比的文治武功——帝国理念下的民族优越感

对于古典时代晚期的多神教作家而言，罗马帝国的伟大显然不仅仅限于古迹遍布的罗马城这一外观层面，他们更看重的是罗马文化上的灿烂与军事上的辉煌。以朱利安皇帝为代表的多神教作家高度重视历史上古典文化成就的价值，提出了一整套感情色彩强烈的话语叙述体系。

朱利安在致友人的信中认为，希腊哲学是世间对人类最有益、最能愉悦心灵的事物。^④他劝告朋友要坚持严肃的学习，把钻研柏拉图和亚里士多德的思想当成自己的任务、基本功、地基、居所和屋顶。^⑤他把历史上的多位罗马皇帝设想成文质彬彬的儒雅书生：屋大维遵从哲学的教导，培养了闻过则喜的美德；^⑥哲学家皇帝奥勒留精通一切艺术，只关注上天和隐秘的事物。^⑦朱利安指出，真正的犬儒派哲学家们一心向神，摒弃尘世，心如止水，饮食有度、克制情欲，^⑧几乎已达到圣人的境界。同样，阿米安也对古

---

① Claudian, *On Stilicho's Consulship*, 3.65-71.
② Blockley, *The Fragmentary Classicising Historians of the Late Roman Empire, Eunapius, Olympiodorus, Priscus and Malchus*, Vol. II, p. 205.
③ Liebeschuetz, *Decline and Change in Late Antiquity, Religion, Barbarians and their Historiography*, III. p. 203.
④ Julian. 377a-b.
⑤ Julian. 377c.
⑥ Julian. 326a-b.
⑦ Julian. 328c-d.
⑧ Julian. 225d-226a.

典文化的前辈表示由衷的敬仰。阿米安对塔西佗的史学推崇备至,[1]他的《罗马史》有意紧接塔西佗的《历史》,借以表达效法前贤之意。[2]他的写作风格追求宏大辉煌,力图继承希罗多德、修昔底德、李维和塔西佗的史学传统。[3]他对罗马共和国的法律贤明、政治自由表示赞美,[4]声称当时罗马人民的不朽声名在世界各处都得到了敬重和纪念。[5]里巴尼乌斯则力劝皇帝重视教育和希腊式的高雅艺术。[6]他本人对古代的文化怀有不可遏止的热爱之情,甚至坚持用旁人难懂的阿提卡方言进行写作。

多神教作家的一个重要倾向是刻意强调罗马与希腊在文化上的同质性。朱利安声称,罗马人是希腊人的后裔,至少也是埃托利亚人文化上的继承者。[7]在他的鼓励下,罗马诗人阿波里纳利乌斯(Apolinarius)编辑了荷马的著作,模仿米南德、欧里庇得斯和品达写了大量作品。[8]朱利安说,即便居无定所,他也乐于在希腊而非自己的家乡生活。[9]他盛赞雅典人在世上最为公正,[10]他们凭借正义而非暴力取得了斯巴达的霸权。[11]他还夸奖雅典人最具荣誉感又最谦恭。[12]显然,在朱利安眼中,雅典的辉煌已成了罗马帝国文化成就的核心部分。同样,阿米安在《罗马史》中也将亚历山大里亚文化作为罗马文化的代表进行了赞美,[13]表达了同朱利安一样的文化价值观念。

另一方面,在美化罗马文化成就的同时,多神教作家们还对罗马帝国压迫各族人民的"战功"进行了赤裸裸的歌颂。阿米安指出,罗马的兴起

---

[1] Ammianus Marcellinus, *History of Rome,* Introduction, pp. xvi-xvii.
[2] Treadgold, *The Early Byzantine Historians,* p. 60.
[3] Ibid., p. 68.
[4] Amm. Marc. 14.6.5.
[5] Amm. Marc. 14.6.6.
[6] Lib. *Or.* 49.33.
[7] Julian. 324a.
[8] Sozom. *Hist. eccl.* 5.18.
[9] Julian. 260b.
[10] Julian. 269b.
[11] Julian. 268c.
[12] Julian. 348c-d.
[13] Amm. Marc. 22.16.17.

是美德与命运共同佑祝的结果。[①]在阿米安眼中，夺取战争胜利是罗马人的天职。他说："在从摇篮时代到童年结束的三百年里，罗马的人民为保卫自己的城墙而战斗；长大成人后，他们一路凯歌，穿越了阿尔卑斯山与大海；进入壮年后，罗马人从地球的各个角落带回荣誉和胜利。"[②]朱利安对此也做过同样的表述。他在演讲时说："我们的国家不得不应付各种敌人，并凭借良好的判断力和好运夺得了霸权。"[③]更具宣传意味的是朱利安于361年在君士坦丁堡写成的一篇小说式作品《诸恺撒》。在这部作品中，朱利安借恺撒之口赞美道："我要问，世上还有哪个城邦以3000公民起家，在不到六百年内把她胜利的军队开到大地的尽头呢？还有哪个民族孕育出过这么多勇武善战的将士和这样的立法者呢？哪个民族曾像他们这样敬畏诸神？"[④]接着，朱利安赞美恺撒身经的战斗次数是亚历山大大帝的3倍。[⑤]图拉真则以战斗英雄的形象，肩扛缴自日耳曼人和波斯人的战利品出现，[⑥]并对自己的功勋进行了夸耀。[⑦]在《反加利利人》一文中，朱利安更是直接利用罗马祖先的战功来嘲笑基督徒。他指出，罗马在同世上各种邪恶敌人的较量中都取得了胜利，她至今仍用宙斯赐予的神盾保卫自己；相形之下，基督徒崇拜的木十字根本毫无用处。[⑧]朱利安尖刻地向"加利利人"质问道："是持续地保有自由，在两千年内统治陆地和海洋的大部分更好呢？还是忍受奴役，服从他人的意志更好些？"[⑨]可见，阿米安和朱利安几乎完全接受了帝国模式的强权理念，后者还有意以之作为攻击基督教的思想武器。

总之，在对帝国往日历史的追述中，朱利安、阿米安和里巴尼乌斯等人也遵循了大致相同的表述模式。他们赞美希腊的教化，颂扬帝国的武功，希望借此达到凝聚自身和压制外敌的宣传效果。

[①] Amm. Marc. 14.6.3.
[②] Amm. Marc. 14.6.4.
[③] Julian. 63d.
[④] Julian. 320b.
[⑤] Julian. 321b-c.
[⑥] Julian. 311c.
[⑦] Julian. 327d.
[⑧] Julian. 193c-194d.
[⑨] Julian. 218b.

三　今不如昔的沉痛反思——晚期古典作家对现实的猛烈批判

在古希腊知识精英的普遍观念里，过去、现实和未来之间并没有不可逾越的鸿沟。现实是历史的延伸，而未来则可能成为历史的翻版。因此，现实、未来同过去的比较在希腊作家的历史观念占有十分重要的地位。在利用历史同现在进行对比的时候，4—5 世纪的多神教作家再次体现出了惊人的一致性。他们不约而同地形成了一种修辞意味远胜过真实成分的"今不如昔"的历史观念。

阿米安是这一观念最全面的阐释者。在其现存作品记载的晚近 8 位皇帝中，他将朱利安之外的 7 个统治者都视为不称职的统治者。[1]他毫不留情地痛斥君士坦提乌斯是喜听谗言、残害忠良的罕见暴君。[2]他刻薄地嘲笑当时的罗马贵族已丧尽一切优良品质，整日荒淫无度，[3]娇弱无能；[4]罗马民众则沉迷于观看赛车竞技，散漫放荡。[5]最有名的论述来自他对罗马城腐化堕落的批判。在阿米安笔下，罗马市民本应享有的神圣权力已被一小撮恶人把持；[6]罗马上层社交界人情冷漠虚伪，[7]公共秩序则混乱到无可救药的地步。[8]阿米安愤怒地指出，种种时弊使得任何不朽和严肃的事情都不可能发生在罗马。[9]阿米安同样以喜剧笔法描写了朱利安皇帝即位后整顿宫廷秩序时的滑稽场景：君士坦丁堡的皇宫里寄生着一群养成了各种恶劣品质的侍臣，这些人把邪恶的毒素散布到首都各处；他们有的通过贪污受贿和挪用神庙财产变得肥头大耳，有的干脆在本应举行凯旋式的广场上大吃大喝；绸缎等奢侈丝织品在宫中随处可见。[10]通过这些富于文学色彩的精彩描写，阿米安成功地将晚近的现实与古老的过去进行了反差强烈的对比，充分表达了自己对帝国现状的强烈不满。

---

[1] Treadgold, *The Early Byzantine Historians*, p. 70.
[2] Amm. Marc. 15.5.37-38.
[3] Amm. Marc. 28.4.9.
[4] Amm. Marc. 28.4.18.
[5] Amm. Marc. 28.4.31.
[6] Amm. Marc. 14.6.7.
[7] Amm. Marc. 14.6.12-15.
[8] Amm. Marc. 14.6.23.
[9] Amm. Marc. 14.6.26.
[10] Amm. Marc. 22.4, 1-5.

第九章　追思与憧憬：4—5世纪罗马多神教知识精英的"再造罗马"历史话语表述模式　271

　　与阿米安相似的论调在其他多神教作家那里也有所体现。朱利安在向雅典人的演说中猛烈抨击了君士坦丁以来，特别是君士坦提乌斯时期的暴政，指出他的6个堂兄弟、父亲、叔父和长兄都在未经审判的情况下惨遭毒手。① 攸纳皮乌斯全盘否定了提奥多西大帝时代的帝国复兴，② 并认为提奥多西对多神教的迫害招致了外敌入侵的报应。③ 他对自己那个时代的军政界要人似乎极为鄙视，用"鸡"、"鹿"、"猪"、"鹰"、"猴子"等极富侮辱性的字眼评价晚近的历史人物。④ 他宣称，帝国西部的皇帝卡里努斯（Carinus）强暴幼童，迫害贵族，种种暴政在他统治时期成了家常便饭。⑤ 而在皇后普尔克里娅（Pulcheria）执掌朝纲的时候，卖官鬻爵风行一时，法律权威遭到践踏，几乎所有行省都不得不忍受残酷的暴政。⑥ 克劳狄安对罗马长期忍受饥馑的状况极为不满，认为波森纳或皮洛士围城时的形势也比现在要好。⑦ 他猛烈抨击当时把持朝政的太监优特罗皮乌斯（Eutropius），认为如果翻遍记录罗马罪恶的编年史，人们即使在提比略晚年和尼禄时期的荒唐岁月里也找不到他这样的恶棍，而罗马人民还不得不立碑来颂扬这个怪物。⑧ 此人执掌帝国大权，却终日混迹剧院，吞吃他人贿赂，并对自己的妹妹兼"情妇"言听计从，简直是在嘲弄帝国古老的光荣。⑨ 克劳狄安慨叹道，罗马昔日的风尚是赏罚分明，但如今背信弃义的人才能集敛巨财，行为端正的人却生活窘迫。⑩

　　多神教作家们的抱怨并非空发牢骚，他们的大量言论都针对着他们眼中帝国文明面对的两大威胁——异族的入侵和基督教的得势。朱利安在《诸恺撒》中借亚历山大之口批评罗马人在三百年内都未能推进东部

---

① Julian. 270c-d.
② Blockley, *The Fragmentary Classicising Historians of the Late Roman Empire, Eunapius, Olympiodorus, Priscus and Malchus*, Vol. II, p. 3.
③ Treadgold, *The Early Byzantine Historians*, p. 87.
④ Blockley, *The Fragmentary Classicising Historians of the Late Roman Empire, Eunapius, Olympiodorus, Priscus and Malchus*, Vol. II, p. 3.
⑤ Ibid., p. 13.
⑥ Ibid., p. 117.
⑦ Claudian, *The War against Gildo*, 123-127.
⑧ Claudian, *Against Eutropius*, 2.58-72.
⑨ Claudian, *Against Eutropius*, 2.84-94.
⑩ Claudian, *Against Eutropius*, 2.211-214.

的边疆。①他还亲口谴责罗马帝国用黄金向蛮族换取和平的政策。②阿米安同样利用蛮族入侵大做文章。他在叙述完朱利安的死亡后马上列举了入侵者的名单，③并满腔悲愤地指出，是残酷的命运把罗马交给了毫无政治军事经验的约维安，④致使帝国在历史上首次忍受了皇帝亲手割土求和的奇耻大辱。⑤阿米安又以沉痛笔调描写了皇帝瓦伦斯（Valens）在亚得里亚堡战役中失踪，⑥连尸体也无法找到的悲剧。⑦里巴尼乌斯对帝国遭受蛮族蚕食的近况进行了严厉批判。他认为君士坦提乌斯的无能导致了帝国东部形势的吃紧，而西部边境则完全陷入绝望境地。⑧他警告说，西方的日耳曼蛮族已攻下了罗马的45座城市，正在给帝国谋划更大的灾难。⑨攸纳皮乌斯更是坚决反对晚期帝国的对外政策，他甚至极端地认为同蛮族的任何外交接触都是帝国软弱的表现。⑩克劳狄安则写道，阿拉里克业已蹂躏了全希腊和色雷斯沿海地区，他狂妄地以为可以强迫罗马在任何条件下与自己订立和约。⑪克劳狄安借斯提利科之口向罗马人质问道："你们是在计划可耻的溃逃，把目光转向高卢了吗？你们打算撤离拉丁姆，在萨奥涅河畔搭建避难营吗？难道罗马将让位于北极的荒蛮部落，我们的帝国将被赶到罗讷河去吗？"⑫可见，4—5世纪的这些多神教作家虽大多并无资格担任军政要职，却普遍形成了对帝国政府军事政策的强烈批判态度与对国家安全现状的忧患意识。

在利用历史批判现实的时候，多神教作家也毫不留情地将矛头直指基

---

① Julian. 324c.
② Amm. Marc. 24.3.4-5.
③ R.C. Blockley, "Warfare and Diplomacy", in Averil Cameron and Peter Garnsey, *The Cambridge Ancient History,* Vol. XIII, *The Late Empire, A.D. 337-425*, Cambridge: Cambridge University Press, 1998, p. 424.
④ Amm. Marc. 25.9.7.
⑤ Amm. Marc. 25.9.9-11.
⑥ Amm. Marc. 31.13.12.
⑦ Amm. Marc. 31.13.17.
⑧ Lib. *Or.* 12.40.
⑨ Lib. *Or.* 12.48.
⑩ Liebeschuetz, *Decline and Change in Late Antiquity, Religion, Barbarians and their Historiography,* III. p. 192.
⑪ Claudian, *The Sixth Consulship of Honorius,* 440-452.
⑫ Claudian, *The Gothic War,* 296-301.

督教。朱利安认为,来库古和梭伦时代的立法极其温和贤明,世人可以利用当时的法律规定和哲学教导来陶冶性情。相形之下,基督徒崇拜的上帝却只能教给人仇恨、震怒和强烈的嫉妒心。[1]阿米安相信,瓦伦斯时代帝国衰落的重要原因是皇帝迷信基督教,残酷迫害多神教徒。[2]里巴尼乌斯则强调多神教信仰对振兴罗马不可或缺的巨大作用,他说:"是什么促成了士气的提升?是什么让波斯人对罗马人产生了畏惧?不是步兵的血战,不是骑兵的冲锋,不是装甲和战争器械的革新,而是众多的祭祀、频繁的牲祭、缭绕的香雾和献给诸神与亡灵的盛宴制服了我们的敌人。"[3]根据里巴尼乌斯的标准,迫害多神教的君士坦提乌斯时期比宽容多神教的君士坦丁时代更为邪恶没落,[4]但支持基督教的君士坦丁同样具有搜刮民财、缺乏远见、猜忌心重等严重缺点。[5]

在受到帝国政权压制的多神教作家中,攸纳皮乌斯是最具反基督教党派色彩的一位,他对基督教的攻击简直到了肆无忌惮的程度。在他的笔下,基督徒的称呼成了登徒子的同义语,[6]是祸害帝国的元凶。读过攸纳皮乌斯全部作品的拜占庭学者福提乌斯(Photius)评价道:"攸纳皮乌斯肆意诽谤信仰基督教的诸位皇帝,自始至终对他们表示藐视,……对君士坦丁大帝尤其如此。"[7]拜占庭辞书《苏达》甚至干脆拒绝引述攸纳皮乌斯对君士坦丁大帝的评论,认为那样做是对伟人的不敬。[8]攸纳皮乌斯十分牵强地指出,阿拉里克之所以能势如破竹地打进希腊,是因为从前阻挡过波斯的温泉关如今被"黑衣人"(基督教修士)霸占了。[9]在现存的残篇中,攸纳皮乌斯

---

[1] Julian. 171d-e.

[2] Amm. Marc. 29.2.18-27.

[3] Lib. *Or.* 12.79.

[4] Hans-Ulrich Wiemer, "Libanius on Constantine", *The Classical Quarterly,* New Series, Vol.44, No.7 (1994), p. 523.

[5] Pierre-Louis Malosse, "Libanius on Constantine Again", *The Classical Quarterly,* New Series, Vol.47, No.2 (1997), p. 523.

[6] Treadgold, *The Early Byzantine Historians,* p. 89.

[7] Liebeschuetz, *Decline and Change in Late Antiquity, Religion, Barbarians and their Historiography,* III. p. 194.

[8] Blockley, *The Fragmentary Classicising Historians of the Late Roman Empire, Eunapius, Olympiodorus, Priscus and Malchus,* Vol. II, p. 15.

[9] Eunap. *VS* 476.

刻意将提奥多西的宗教政策和对蛮族的政策联系起来,以显示基督教危及了帝国的安全。[1]总之,在对晚近历史的叙述中,攸纳皮乌斯等人表现出了鲜明的反基督教立场,这一点同四世纪后期以来帝国对多神教日益严酷的压制政策显然密切相关。[2]

四 只手补天的执着信念——循环史观与重塑辉煌的梦想

与汤普逊等人的观点不符的是,古典晚期的大多数作家们虽然对现实表示强烈不满,却对未来寄予了无限的期望。他们并未在绝望的心境中默默等待古典传统的末日。在他们看来,历史的发展模式是循环的,在适当的时候,罗马旧日的荣耀必然可以重现。朱利安经常模仿图拉真皇帝的口头禅,宣称自己将降服波斯人,重新整合一盘散沙的罗马世界。[3]而在阿米安看来,罗马皇帝是历史发展的引导者,[4]一位天性、品质出众的好皇帝足以扭转乾坤,带领罗马民族走上复兴的道路。由于其作品本身具有的批判精神,阿米安在作品中更多地强调不可知命运的力量,[5]但其史观的基本态度却是乐观主义的。[6]在以阴郁笔调描写了瓦伦斯在亚得里亚堡的惨败后,阿米安突然将这次惨败同古代的坎尼之役进行了比较。[7]他的用意十分明显:既然罗马共和国能从坎尼的阴影中振作起来并重塑辉煌,那么罗马帝国的复兴也并非遥不可期的事情。[8]里巴尼乌斯坚信,只要有像提修斯那样的贤君执掌朝纲,罗马人就必定会粉碎一切敌人。[9]他夸张地声称,惮于朱利安的神武,西方的蛮族已经放下武器回家种地,向谷物女神德米特尔顶礼膜拜。[10]即便在基督教势力业已巩固,多神教大势已去的提奥多西时代,

---

[1] Blockley, *The Fragmentary Classicising Historians of the Late Roman Empire, Eunapius, Olympiodorus, Priscus and Malchus*, Vol. I, p. 21.

[2] Ibid., p. 19.

[3] Amm. Marc. 24.3.9.

[4] 叶民:《最后的古典:阿米安和他笔下的晚期罗马帝国》,天津人民出版社 2004 年版,第 122 页。

[5] 同上书,第 87—88 页。

[6] 同上书,第 88 页。

[7] Amm. Marc. 31.13.19.

[8] Treadgold, *The Early Byzantine Historians*, p. 70.

[9] Lib. *Or.* 12.20.

[10] Lib. *Or.* 12.84.

里巴尼乌斯还在强调,罗马旧日的神庙仍旧屹立,诸神仍在罗马人征讨蛮族时对他们予以佑助。[1]攸纳皮乌斯把朱利安视为多神教世界的救星,认为后者担任君主并非出于个人考虑,而是为了拯救全人类的需要。[2]攸纳皮乌斯热烈地赞美在朱利安死后被迫去职,却仍旧坚持多神教信仰和教学活动的普里斯库斯(Priscus),[3]并在其《哲学家列传》的末尾处介绍了一个以复兴多神教为己任的亚细亚行省总督约斯图斯(Justus),[4]暗示了自己对多神教前途的坚定信心。

当前辈作家对朱利安的幻想彻底破灭后,克劳狄安把新的希望寄托在有汪达尔血统的将领斯提利科身上。克劳狄安指出,斯提利科是他唯一的希望,[5]罗马将因斯提利科一人而获得拯救。[6]他在诗中借斯提利科之口说,罗马帝国这座大厦已经摇摇欲坠,但罗马人可以用肩膀将它重新撑起。[7]克劳狄安认为,昔日的罗马人也曾遭遇过相似的命运,但敌人对意大利的每一次进攻都在日后付出了高昂的代价,[8]未来一代的罗马人必将永远铭记英雄马略(Marius)和斯提利科的名字。[9]他又借皇帝之口鼓舞罗马人的斗志,指出英勇的死亡远胜过屈辱的生活,罗马帝国有能力收复丧失的全部疆土。[10]诸神将慷慨地赐福罗马人,让他们在胜利后迎来新的胜利。[11]

尤其值得注意到是,迟至5世纪中期才完成创作的奥林匹奥多鲁斯也在其残存的作品中清晰地展现了循环史观的思路。这部著作尽管在具体材

---

[1] Lib. *Or.* 30.5.
[2] Blockley, *The Fragmentary Classicising Historians of the Late Roman Empire, Eunapius, Olympiodorus, Priscus and Malchus*, Vol. I, p. 22.
[3] Eunap. *VS* 482.
[4] Eunap. *VS* 503.
[5] Claudian, *Against Eutropius*, 2.591-600.
[6] Claudian, *On Stilicho's Consulship*, 2.377-407.
[7] Claudian, *The Gothic War*, 571-572.
[8] Claudian, *The Gothic War*, 289-295.
[9] Claudian, *The Gothic War*, 642-647.
[10] Claudian, *The War against Gildo*, 451-466.
[11] Claudian, *On Stilicho's Consulship*, 1.1-2.

料组织上极为混乱,[1]在整体逻辑方面却明确体现了西部帝国从衰落到复兴的特点。[2]作品的结尾处迎来了罗马重整旗鼓的高潮:[3]遭受阿拉里克洗劫的罗马得到重建,卖国贼约翰遭到严惩,瓦伦提尼安三世(Valentinian III)在罗马举行了盛大的加冕仪式,东西帝国的重新合并似乎已指日可待。[4]奥林匹奥多鲁斯记载道,遭受哥特人洗劫的灾难后,罗马城的人口迅速得以恢复,以至于城里的行政长官阿尔比努斯(Albinus)很快就不得不向邻近城市要求物资支援,以应对城市人口激增的复兴局面。[5]在全书的结尾部分,奥林匹奥多鲁斯以满怀激情的口吻赞美了重整旗鼓后的罗马城,尽情描写了城市生活的富足、奢华、欢乐与活跃。[6]这种幻想出来的盛世图景与其说反映了当时的社会现实,还不如说是体现了多神教文化历史表述模式的主观需要。

总之,帝国晚期多神教作家的历史观远远不是颓废绝望的。他们认为,罗马人在古代创造了璀璨的文明与辉煌的帝国,只是到了晚近才由于道德的腐化和君主的失职而走向没落,蛮族的入侵和基督教的兴起是这种衰落的主要表现,反过来又助长了这种衰落趋势。他们相信,一个贤明的领导人或一场大难后的反弹便足以使帝国重现往日的辉煌岁月,回到历史循环的良性周期之中。笔者认为,六位作家留下的这种定式化的表述可被称为"再造罗马"的历史叙述模式,它在本质上是罗马帝国主义思想、道德批判传统和历史循环论三者的结合。这种史观未必符合实际,而且在具体史实的解释上也存在着不少矛盾之处,但在当时却成了多神教作家们普遍接受的信念,在维系、宣扬多神教文化方面发挥了重要的历史作用。

---

[1] Blockley, *The Fragmentary Classicising Historians of the Late Roman Empire, Eunapius, Olympiodorus, Priscus and Malchus*, Vol. II, p. 153.

[2] Blockley, *The Fragmentary Classicising Historians of the Late Roman Empire, Eunapius, Olympiodorus, Priscus and Malchus*, Vol. I, p. 32.

[3] Phot. *Bibl.* 63b.

[4] Blockley, *The Fragmentary Classicising Historians of the Late Roman Empire, Eunapius, Olympiodorus, Priscus and Malchus*, Vol. I, p. 33.

[5] Blockley, *The Fragmentary Classicising Historians of the Late Roman Empire, Eunapius, Olympiodorus, Priscus and Malchus*, Vol. II, p. 189.

[6] Ibid., p. 205.

第三节　重构罗马的背后：帝国晚期多神教作家历史话语表述模式的成因

上述分析似乎表明，公元4—5世纪的6位多神教作家尽管在关注焦点、创作体裁、文笔风格和社会背景方面存在很大差别，但在表述历史的话语模式上却表现出了高度的一致性。这种一致性并非来自当时存在的某一历史学派的统一认识。首先，从身份上看，只有阿米安是专门从事史学撰述的学者，朱利安和攸纳皮乌斯是新柏拉图主义哲学家，里巴尼乌斯是修辞学家和演说家，克劳狄安和奥林匹奥多鲁斯是诗人，[1]他们共同提出一套系统化历史认识模式的可能性是微乎其微的。其次，这六位作家彼此的私人关系可能并不密切。阿米安确曾跟随朱利安参加过远征波斯的战争，里巴尼乌斯则跟阿米安有过书信往来，[2]但他们之间的联系也很可能仅此而已；叶民指出，汤普森关于里巴尼乌斯与阿米安之间存在的师生和长期笔友关系的设想是与现存史料矛盾的。[3]攸纳皮乌斯同阿米安的关系在西方学术界存在争议，至今尚无定论；[4]但他亲口承认从未见过朱利安本人，或和他有过私人交往；因为当后者登基之时，自己还只是一个孩子。[5]攸纳皮乌斯很可能还是里巴尼乌斯的仇人，他在《哲学家列传》中对这位当时最富盛名的哲学家态度冷淡，[6]这一点似乎只能用彼此间的敌意来解释。[7]而克劳狄安和奥林匹奥多鲁斯则更不可能同其他四人有过来往。因此，公元4—5世纪多神教作家们历史表述方式的相似性其实是一个很值得重视的问题。

---

[1] Blockley, *The Fragmentary Classicising Historians of the Late Roman Empire, Eunapius, Olympiodorus, Priscus and Malchus,* Vol. I, p. 27.

[2] Lib. *Ep.* 188.1-4.

[3] 叶民：《最后的古典：阿米安和他笔下的晚期罗马帝国》，第34页。

[4] Charles W. Fornara, "Julian's Persian Expedition in Ammianus and Zosimus", *The Journal of Hellenic Studies,* Vol. 111 (1991), p. 2.

[5] Blockley, *The Fragmentary Classicising Historians of the Late Roman Empire, Eunapius, Olympiodorus, Priscus and Malchus,* Vol. II, p. 21.

[6] Philostratus and Eunapius, *Lives of the Sophists,* Wilmer Cave Wright trans., Loeb Classical Library, Cambridge MA & London: Harvard University Press, 1921, p. 333.

[7] Ibid., p. 335.

笔者个人认为，这种相似性的出现是由两方面的因素共同促成的。基督教政治、文化势力对世俗历史的轻视为多神教作家借助历史表述思想打开了方便之门，而帝国盛期遗留下来的撰史传统则分别被六位作家接受，成为他们攻击蛮族和基督徒的思想武器。

一 基督教势力对世俗历史的漠视——"再造罗马"模式的生存前提

部分史家提出，4世纪世俗史的复兴刺激了教会史的繁荣，诸位教会史作家的撰述事实上正是对古典史观的有力回应。[①]多神教史学的强势反弹引发了奥古斯丁和奥罗修斯对世俗历史的关注。[②]笔者认为，这些说法具有一定道理，但过分强调了教会史同世俗史的对抗关系和奥古斯丁个人对基督教世界的影响力。事实上，奥古斯丁对世俗历史的熟知在基督教教父中只是一个特例，这一点同他早年信仰多神教、钻研西塞罗作品的个人经历密切相关。[③]当时其他基督教学者对世俗历史的兴趣远没有奥古斯丁那么浓厚。

轻视尘世生活，远离世俗政权是相当一部分早期基督徒的生活态度。圣保罗在殉难前向两个罗马官员指出：基督徒并不为人间的王权奋斗，而是努力争取天国的幸福。[④]殉道者查士丁（Justin）同样写道："你们听说我们追求一个王国的时候，你们轻率地断定那是人间的王国，但我们真正指的却是天上的国。"[⑤]君士坦丁去世后，继位的君士坦司（Constans）试图镇压多诺替派异端。一个多诺替派听到这个消息后愤怒地质问道："教会跟皇帝到底有什么相干？"[⑥]在大多数早期基督教作家的眼中，人间万事万物

[①] Liebeschuetz, *Decline and Change in Late Antiquity, Religion, Barbarians and their Historiography*, II. pp. 153-154.

[②] Liebeschuetz, *Decline and Change in Late Antiquity, Religion, Barbarians and their Historiography*, III. p. 212.

[③] R.J. Teske, "St. Augustine", in Berard L. Marthaler ed., *New Catholic Encyclopedia*, second edition, Vol.1, Farmington Hills: Conn.: Thomson Gale, 2003, p. 857.

[④] Frances Young, "Christianity", in Christopher Rolve, Malcolm Schofield, Simon Harrison and Melissa Lane eds., *The Cambridge History of Greek and Roman Political Thought*, Cambridge University Press, 2005, p. 636.

[⑤] Ibid..

[⑥] H.A. Drake, "The Impact of Constantine on Christianity", in Noel Lenski ed., *The Cambridge Companion to the Age of Constantine*, Cambridge: Cambridge University Press, 2006, p. 131.

第九章　追思与憧憬:4—5世纪罗马多神教知识精英的"再造罗马"历史话语表述模式　279

的命运是在天上决定的,世俗统治者的努力是无法拯救多神教的。[1]多神教徒对罗马历史的解释当然更是无足轻重的小事。有的教士甚至已对现实的尘世生活感到厌倦。418年,萨罗纳的主教赫西奇乌斯(Hesychius)致信奥古斯丁,急切地向他请教,世界末日是不是马上就要来临了。[2]奥古斯丁本人同样深信,罗马帝国的功业完全是上帝意志的产物。[3]在本该专注于历史问题的名著《上帝之城》中,奥古斯丁多次抛开主题去探讨他更感兴趣的教义问题。在全部22卷中,他的第7卷到第13卷完全离开了历史,对多神教哲学、基督教的优越地位和具体教义问题进行了详细讨论,又用14至17卷追溯了《圣经》中的历史。可见,即便在奥古斯丁心目中,世俗历史的价值同样是有限的。基督教文化早在奥列金(Origen)时代便已主动在哲学上同塞尔苏斯(Celsus)等人进行论战,在历史方面却迟至3世纪末才开始产生比较成型的作品,这一现象并非偶然,而是同基督教文化对世俗生活的轻视态度密切相关。[4]

即使在公元4—5世纪为数不多的几部教会史中,我们也很容易发现同世俗历史作品截然有别的特点。作为一种体裁的开山之作,优西比乌斯(Eusebius)的《教会史》被后人称为"最粗糙杂乱的天才之作"。[5]作者在这部史书上花费的气力主要限于择选和编辑资料,[6]他对作品的逻辑层次、文笔和史料的准确性并不十分关心。优西比乌斯撰写教会史的主要目的是从历史中发现并证明上帝的意志,而不是研究世俗政权的兴亡沉浮;他所真正留意的是摩西的生活年代等与《圣经》密切相关的问题。[7]类似的态度在优西比乌斯的继承者中表现得更为明显。苏格拉底(Socrates

---

[1] Peter Brown, "Christinization and Religious Conflict", in Averil Cameron and Peter Garnsey eds., *The Cambridge Ancient History*, Vol. XIII, *The Late Empire, A.D. 337-425*, Cambridge: Cambridge University Press, 1998, pp. 634-664.

[2] Brown, *The Rise of Western Christendom, Triumph and Diversity, A.D. 200-1000*, p. 54.

[3] August. *De civ. D.* 5.1.

[4] Treadgold, *The Early Byzantine Historians*, p. 23.

[5] Liebeschuetz, *Decline and Change in Late Antiquity, Religion, Barbarians and their Historiography*, II. p. 151.

[6] Treadgold, *The Early Byzantine Historians*, pp. 30-31.

[7] A. Cameron, "Remaking the Past", in G. Bowersock, P. Brown and O. Grabar eds., *Late Antiquity, A Guide to the Postclassical World*, p. 2.

Scholasticus)本人从未担任过公职。[1]他对世俗史的漫不经心竟然到了这样的程度,以至于将马克西米安(Maximian)和马克西明(Maximin)两位皇帝误认为一个人。[2]在写到蛮族攻陷罗马这一重大世俗事件时,苏格拉底只用寥寥数语简单带过,[3]仿佛是在叙述与自己毫无关系的事情。索佐门(Sozomen)同样没有留下任何关于自己政治活动的记录,他在《教会史》中明确指出,罗马人遭受苦难的唯一原因是他们的奢靡、堕落和恶行引起了上帝的震怒。[4]可见,在整个教会史体系中,军事活动、政治变革、经济交换等世俗生活内容的地位都是相对次要的。

另一方面,教会史家在视野上的局限也非常明显。优西比乌斯的历史以巴勒斯坦为中心,按照由近及远的顺序,对小亚、希腊、罗马的记载越来越简略,而对西部行省的事务往往只字不提;[5]苏格拉底的作品基本只记载东部帝国的事件。[6]从眼界的开阔程度上看,教会史家很难对整个罗马帝国的状况进行全面评价,基本是无法与多神教作家进行针锋相对的对话的。

此外,教会史的撰述还有自身严格的体例要求。教会史强调教俗的严格界限,排斥华丽的文笔,[7]提倡从宗教视角去解释世俗活动的因果关系。[8]苏格拉底认为,基督教的历史不能运用华美的修辞,必须保持谦卑、不动感情的文风。[9]6世纪的教会史家埃瓦格里乌斯(Evagrius)更是明确规定了教会史判断历史事件重要性的标准:教会史家要优先记录神恩的降临,接着是灵魂的升天、使徒和殉道者的行迹、其它值得赞美的事物及其

---

[1] Socrates and Sozomen, *Ecclesiastical Histories*, edited by Philip Schaff, Buffalo, New York: Christian Literture Publishing Co., 1886, p. 5.

[2] Socrates, *Hist. eccl.* 1.2.

[3] Socrates, *Hist. eccl.* 7.10.

[4] Sozom. *Hist. eccl.* 9.6.

[5] Treadgold, *The Early Byzantine Historians*, p.40.

[6] Socrates and Sozomen, *Ecclesiastical Histories*, p.12.

[7] Liebeschuetz, *Decline and Change in Late Antiquity, Religion, Barbarians and their Historiography*, II. p.161.

[8] Ibid., p. 162.

[9] Socrates, *Hist. eccl.* 3.1.

它可耻的恶行。[1]这些天然或人为规定的界限使得教会史家和多神教史家的辩论和对话很难进行。

总之，在从公元4世纪至公元5世纪初的历史时期内，基督教文化对世俗历史的态度是相当冷淡的。根据基督教的思想传统，上帝与天国才是一切善与美的泉源，[2]人间的事务相形之下是较为次要的。他们所关注的教会史"既不是经济史、文化史，也不是政治史；既不是地方性的、个别的历史，也不是总体的、宏观的历史；它既不关心和战问题，也不考虑竞争与合作，它甚至也丝毫不在意'探究原因'的工作。它所提供的是对人类自由的描述，要说明它如何由于亚当而丧失，又通过基督而得以恢复"。[3]因此，无论从政治还是文化上看，基督教势力都很少想到要建立一种权威的世俗历史传统，也没有试图去对多神教的世俗史叙述模式进行镇压或驳斥，这样便给晚期古典时代的多神教史学家撰述世俗历史，继承古典史学的文化成果打开了方便之门。在有关这一时期的史料中，我们可以看到，居于统治地位的基督教在神学、哲学领域严厉地攻击外部的多神教信仰体系，[4]残酷地清洗基督教世界内部的异端邪说，甚至对多神教与异端信奉者所使用的历法也予以废止；[5]但我们却几乎没有证据显示，阿米安、里巴尼乌斯或攸纳皮乌斯历史观的传播曾受到基督教势力的迫害或阻挠。恰恰相反，我们知道，多神教徒奥林匹奥多鲁斯可以放心大胆地把自己写好的历史作品题献给信仰基督教的当朝皇帝提奥多西二世；[6]而罗马当局甚至还为克劳狄安在图拉真广场修建了铜像，并在铭文里赞美他具有同维吉尔、荷马一

---

[1] Evagrius Scholasticus, *The Ecclesiastical History,* Michael Whitby trans., Liverpool University Press, 2000, p. 4.

[2] Pelikan, *Christianity and Classical Culture, The Metamorphosis of Natural Theology in the Christian Encounter with Hellenism*, p. 139.

[3] Charles Norris Cochrane, *Christianity and Classical Culture, A Study of Thought and Action from Augustus to Augustine*, Oxford: Clarendon Press, 1940, p. 368.

[4] R. Lim, "Christian Triumph and Controversy", in G. Bowersock, P. Brown and O. Grabar eds., *Late Antiquity, A Guide to the Postclassical World*, p. 199.

[5] Cochrane, *Christianity and Classical Culture, A Study of Thought and Action from Augustus to Augustine*, p. 330.

[6] Phot. *Bibl.* 56b.

样的史诗创作才华。①这些事例表明,相对宽松的政治与文化环境使得多神教徒可以较为自由地借用世俗历史表达自己的政治见解,从而为统一叙史模式的持久生存提供了可能性。

二 民族宣传色彩浓厚的帝国盛期历史观念——古典文化传统的固有惯性

那么,4—5世纪的6位多神教作家何以会不约而同地采纳这种历史叙述模式呢?笔者认为,这一文化现象实际反映了他们对罗马帝国盛期文化中的帝国话语模式的继承,即将基督教看成来自东方的低等民族信仰,而把罗马视为东方民族最终征服者的帝国主义思想传统。它与罗马帝国臣民对罗马人和基督徒历史地位的认识密切相关。

朱利安在提及基督徒时总是刻意称呼他们为"加利利人",而把耶稣称作"拿撒勒人"。②这种叫法其实是继承了长期以来相当一部分多神教徒对基督徒的民族歧视传统。在鼎盛时期帝国知识精英们的眼中,基督教是东方民族的文化,③基督徒同犹太人一样,是以宗教为标志形成的特殊民族。这一观点在罗马上层社会中极其普遍。提图斯等人在讨论是否应该摧毁耶路撒冷圣殿时指出,犹太人和基督徒是从同一个源流产生出来的,毁掉犹太教圣殿也就是打击了基督教。④基督徒斐利克斯(Minucius Felix)的作品也证明,当时的罗马人经常将基督徒和犹太人相提并论。⑤多神教知识精英们对这个东方"民族"的歧视由来已久。塔西佗记载道,基督徒们都因作恶多端而受到憎恨,他们坚持的是一种"有害的迷信"。⑥一些罗马人认为,基督徒本是未开化的原始民族,他们所崇拜的上帝是一个驴

---

① J.H.D. Scourfield, "Claudian", in S. Hornblower, A. Spawforth and E. Eidinow eds., *Oxford Classical Dictionary*, fourth edition, Oxford: Oxford University Press, 2012, p. 323.
② Julian, *Works*, Vol. III, Wilmer Cave Wright trans., Loeb Classical Library, Harvard University Press, 1923, p. 313.
③ Edward Gibbon, *The History of the Decline and Fall of the Roman Empire*, Vol. I, Philadelphia: Claxton, Remsen & Haffelfinger, 1878, p. 536.
④ Sulpicius Severus, *Chron*. 2.30.6.
⑤ Minucius Felix, *Octavius*, 11, 3-5.
⑥ Tac. Ann. 15.44.

头的图腾,①其宗教同犹太教没有什么实质区别。②在德尔图良时代,迦太基城内的多神教徒为嘲弄基督徒而造了一座基督教上帝的像,该像生有驴的双耳,一只驴蹄,手持一本书,身穿罗马长袍。③这显然是蓄意制造基督徒与罗马人之间"民族"对立的做法。罗马多神教势力不仅尖刻地嘲笑基督教信仰,而且不时对基督徒进行肉体上的迫害。著名的殉道者伊格纳修斯(Ignatius)便被野兽撕成碎片。④小普林尼专门就处置基督徒的方式请示过图拉真皇帝。⑤图拉真告诉他,不可指望一劳永逸地消灭所有基督徒,但要对那些供认自己信仰基督的人严惩不贷。⑥在整个早期帝国时代,基督徒都被视为国家里的下等民族,⑦经常成为多神教徒发泄不满情绪的对象。在琉善的讽刺散文中,基督徒佩雷格林被描写成一个借侮辱皇帝哗众取宠,以谩骂为职业,⑧试图教唆希腊人反叛⑨的丑角。面对帝国境内的民族歧视与压迫的话语模式,德尔图良指责道:"如果台伯河泛过了堤岸,如果尼罗河没有泛滥而灌溉农田,如果天空不动,如果大地动了,如果发生了饥馑、瘟疫,立刻就会有人高呼:'拿基督徒去喂狮子!'"⑩可见,在早期帝国多神教知识精英的心目中,基督徒确实是作为一个弱势民族而存在的。

大量史料表明,早期基督徒中的相当一部分人也接受了被压迫民族的心态。《新约·启示录》完全把罗马当作与基督徒为敌的异族政权加以攻击。圣约翰把罗马比作一头怪兽,宣称它最后的命运将是被抛进燃烧着的硫磺池,听任天上的飞禽啄食它的肉。⑪类似的例子在《新约》中还

---

① Tert. *Apol.* 16, 1-2.
② Tert. *Apol.* 16.3.
③ Tert. *Apol.* 16.12.
④ Ignatius, *To the Romans,* 5.1-2.
⑤ Plin. *Ep.* 10.96.1-2.
⑥ Plin. *Ep.* 10.97.2.
⑦ H.A. Drake, *Constantine and the Bishops, The Politics of Intolerance,* Baltimore, Maryland: The Johns Hopkins University Press, 2000, p. 88.
⑧ [古罗马] 琉善:《琉善讽刺散文选》,罗念生译,《罗念生全集》第六卷,上海世纪出版集团、上海人民出版社 2007 年版,第 449 页。
⑨ 同上。
⑩ Tert. *Apol.* 40.2.
⑪ 《新约·启示录》,19.19-21。

有很多。[1]德尔图良的著作同样表现了他对罗马的民族仇恨心理。[2]他认为，罗马人根本不了解基督教，却先入为主地对它怀有莫名的仇恨，[3]并因为这种仇恨而故意不去认识它。[4]在罗马的法官那里，基督徒这个名字本身便意味着罪恶，[5]是凶杀犯的同义词。[6]德尔图良进一步指出，基督徒本来应是罗马的臣民，[7]却根本不被视为罗马人，[8]而被丑化成了人类的公敌、罗马的仇人。[9]不难看出，德尔图良对于使基督徒通过正常途径融入罗马社会并不抱有太大期望。[10]他向驻迦太基罗马官员写的那封信与其说是一种辩白，不如说是坚决的抗拒。他对基督徒"民族"的前途充满信心，宣称："我们是一个全新的民族，但我们已占据了你们（罗马人）的全部地盘：城市、岛屿、要塞、乡镇、市场、军营、部落、议事会、宫廷、元老院、广场，而只给你们留下神庙。"[11]德尔图良冷漠地写道："雅典跟耶路撒冷有什么关系？"[12]这句话暴露的敌意还不是早期基督徒的真实想法。在德尔图良内心深处，雅典跟耶路撒冷多少还是有点瓜葛的，那就是将来总有一天，希腊罗马文明将以自身的覆灭来清偿它对基督徒犯下的罪孽。他以近乎疯狂的词句写道，到了末日审判那天，罗马诸帝将同朱庇特在黑暗中呻吟，处决基督徒的行省总督将被烈火焚烧，诗人将在耶稣的审判台前战栗，悲剧演员将上演以自己为主角的真实悲剧。[13]德尔图良等基督徒对罗马的刻骨民族仇恨心理在这段话中尽显无遗。上述史料表明，在基督教信

---

[1] 详细内容参见 Frances Young, "Christianity", in Christopher Rolve, Malcolm Schofield, Simon Harrison and Melissa Lane eds., Cambridge: *The Cambridge History of Greek and Roman Political Thought*, p. 638。

[2] Tertullian, *Apology, De Spectaculis,* Minucius Felix, *Octavius,* Gerald H. Rendall trans., Loeb Classical Library, Cambridge MA: Harvard University Press, 1931, Introduction, pp. ix-x.

[3] Tert. *Apol.* 1.4.

[4] Tert. *Apol.* 1.9.

[5] Tert. *Apol.* 2, 2-3.

[6] Tert. *Apol.* 2.20.

[7] Tert. *Apol.* 18.4.

[8] Tert. *Apol.* 24.9.

[9] Tert. *Apol.* 35.1.

[10] Cochrane, *Christianity and Classical Culture, A Study of Thought and Action from Augustus to Augustine*, p. 213.

[11] Odahl, *Constantine and the Christian Empire,* p. 29.

[12] Young, "Christianity", p. 649.

[13] Tert. *De spec.* 30.

仰尚未合法化和占据统治地位的帝国盛期，多神教文化曾把基督徒视为与犹太人类似的敌对民族，这种看法甚至也被启示录的作者和德尔图良等基督教作家所接受。

基于这样的历史背景，我们不难理解古典社会晚期多神教作家采取特定历史叙述模式的深层意图了。尽管古典晚期的社会矛盾错综复杂，但在不少多神教知识精英眼里，罗马文明面临的问题实质上是一场民族危机，即同时面对内部基督徒"民族"的文化冲击和外部"蛮族"的军事挑战。到了四世纪下半叶，这两股势力已经严重威胁到了罗马人的优越感与民族认同心理。[①]在这种局面下，扭转形势的一个有效办法就是借用宣传罗马民族优越性的帝国史观来振奋罗马人的信心，使帝国历史的进程重新进入良性循环轨道。这种史观沿袭了帝国盛期视基督徒为弱势民族的特定观念，同时也继承了罗马文明从共和国末期开始一以贯之的帝国主义文化传统。

帝国史观的真正奥秘是对罗马历史的选择性记忆。[②]它的核心内容包括：罗马人是世上最优越的民族，从前曾创造过无比辉煌的历史；当前社会的诸多苦难与矛盾是晚近时弊和道德沦丧造成的后果；历史是循环的，从当下到不远将来的复兴必将创造较古代更加伟大的罗马文明。与此同时，对历史事件、历史人物的褒贬赞毁还具有强烈的垂范和预示意味。叶民在其专著中指出："罗马元老派历史学家强调传统道德的重要性，并通过道德理想化和道德批判的方法来塑造历史人物。在他们的历史思想中还存在一个共同点，就是相信罗马的传统美德（Virtus）能够克服天命（Fortuna）这种难以预测的偶然因素对罗马历史发展的负面影响。"[③]这一模式带有明显的民族霸权色彩和扩张性，[④]成为论证罗马文明统治合法性，同化东方诸民族的有力武器。

[①] P. Geary, "Barbarians and Ethnicity", in G. Bowersock, P. Brown and O. Grabar eds. *Late Antiquity, A Guide to the Postclassical World*, p.110.

[②] Gowing, *Empire and Memory, The Representation of the Roman Republic in Imperial Culture,* p. 132.

[③] 叶民：《最后的古典：阿米安和他笔下的晚期罗马帝国》，第 5 页。

[④] Harry Sidebottom, "Roman Imperialism: The Changed Outward Trajectory of the Roman Empire", *Historia: Zeitschrift für alte Geschichte*, Vol. 54, No. 3 (2005), p. 316.

早在击败安东尼之前,渥大维已开始注意销毁于己不利的文件,[1]大力宣扬帝国史观的话语模式。李维[2]和维吉尔的作品在某种程度上便是这一史观的成功实践。李维在《罗马史》的前言中写道:"我想提醒每一位读者注意的问题如下:罗马人以往的生活和道德状况是怎样的;在和平或战争的年代,帝国是通过哪些人和哪些政策建立并壮大的;之后再请他注意,随着纪律的逐渐废弛,道德首先败坏了,它每况愈下,最终导致了历史的倒退,造就了我们这个既不能忍受,又无法摆脱这么多罪恶的时代。"[3]接着,李维试图证明,他的这部历史可以成为革除时弊的一剂良药,[4]也就是认为罗马人可从古代的历史中获得复兴的资源。李维的史观在早期帝国十分流行。塔西佗批评说,罗马人只醉心颂扬古昔,而漠视当前的时代。[5]但他自己也赞赏李维的史识,他的《编年史》在年代上紧承李维的著作,[6]并且旗帜鲜明地指出:"万事万物,不管是道德的变迁还是季节的变迁,都存在着一种循环往复。"[7]等于是在某种程度上认可了李维的史观。正如邓克尔(J. Roger Dunkle)所指出的那样,塔西佗的道德史观与撒路斯提乌斯、李维所坚持的传统是一以贯之的。[8]《罗马古事记》的作者狄奥尼修斯(Dionysius of Halicarnassus)认为,罗马古史在光辉程度上超越了其他一切城邦与民族,成为今人垂法的榜样。[9]威利乌斯(Velleius Paterculus)的史观同样如此:罗马自建城以来的历史在相当长的时期内是无与伦比的,但到了第二次布匿战争后出现了道德腐化,[10]而恺撒、奥古斯都和提比略则注定要成为

---

[1] Gowing, *Empire and Memory, The Representation of the Roman Republic in Imperial Culture*, p. 18.

[2] Cochrane, *Christianity and Classical Culture, A Study of Thought and Action from Augustus to Augustine*, p. 98.

[3] Livy, *History of Rome,* Preface, 9-10.

[4] Rowland Smith, "The Consteruction of the Past in the Roman Empire", in David S. Potter ed., *A Companion to the Roman Empire,* London: Blackwell Publishing Ltd., 2006, p. 416.

[5] Tac. *Ann.* 2.88.

[6] Potter, *A Companion to the Roman Empire,* p. 421.

[7] Tac. *Ann.* 3.55.(译文引自[古罗马]塔西佗《编年史》上册,王以铸、崔妙因译,商务印书馆1981年版,第178页)

[8] J. Roger Dunkle, "The Rhetorical Tyrant in Roman Historiography: Sallust, Livy and Tacitus", *The Classical World*, Vol. 65, No. 1 (Sep., 1971), p. 15.

[9] Dion. Hal. *Ant. Rom.* 1.2.1.

[10] Gowing, *Empire and Memory, The Representation of the Roman Republic in Imperial Culture,* p. 34.

罗马世界的救星。①普林尼的颂词则强调，共和国时代是优秀人物辈出的时期，元首制时代是罗马历史的没落期，但图拉真的统治却远胜过此前的一切元首，甚至超越了共和时代。②图拉真时代的建筑也体现了同样的史观。图拉真广场在建造时有意设计了一条通道，使得行人可以从奥古斯都广场直接进入更为华丽的图拉真广场。③这一设计似乎在暗示，尽管在帝国早期有过那么多苦难交织的岁月，罗马文明还是注定要从奥古斯都时代的辉煌走向图拉真时代新的辉煌。这种历史观奠定了帝国时期知识精英宣传帝国扩张思想与罗马中心论的基调。④

根据上述材料，笔者认为，4—5世纪多神教作家历史撰述中的相似模式根源于对帝国盛期历史观念的自觉模仿。在"民族"危机深重的历史背景下，传统的话语表述体系再次成为宣扬罗马文明的优越性，压制异族威胁的思想武器。不同的是，这次它所针对的对象不再是东方的希腊人、埃及人或犹太人，而是帝国内部的基督徒和北方的日耳曼人。

第四节 "再造罗马"模式的历史影响

一 爱国热忱的感召：古代文化生命的延续

与教会传统观念相反，多神教文化并未在392或420年彻底消亡。在阿拉里克围攻罗马期间，多神教势力甚至还迫使罗马主教英诺森同意恢复他们的合法地位。⑤在整个5世纪，东部帝国诸行省境内不时闪现出多神教幽灵的身影。404年担任君士坦丁堡市长的奥普塔图斯（Optatus）是多神教徒，奥林匹奥多鲁斯的作品把多神教史学的撰述下限延伸到425年，⑥安

---

① Gowing, *Empire and Memory, The Representation of the Roman Republic in Imperial Culture*, p. 35.
② Ibid., p. 123.
③ Ibid., p. 146.
④ Sidebottom, "Roman Imperialism: The Changed Outward Trajectory of the Roman Empire", p. 317.
⑤ Garth Fowden, "Polytheist Religion and Philosophy", in Averil Cameron and Peter Garnsey eds., *The Cambridge Ancient History*, Vol. XIII, *The Late Empire, A.D. 337-425*, Cambridge: Cambridge University Press, 1998, p. 538.
⑥ Blockley, *The Fragmentary Classicising Historians of the Late Roman Empire, Eunapius, Olympiodorus, Priscus and Malchus*, Vol. II, p. 153.

条克的总督伊索卡修斯于 467 年被指控为多神教徒。①在基督教意识形态的控制下,"再造罗马"的话语模式往往以罗马爱国主义的伪装出现,成为古代文化自我延续的重要手段。

348 年帝国发行的一种表现"幸福岁月的重建"主题的铸币体现了鲜明的多神教文化色彩,币面图案表现了罗马多神教时期的古老和荣耀。②这一事实说明,以宣传爱国思想为目标的多神教文化在一定程度上是得到帝国政府认可的。迟至 5 世纪,展翅飞翔的胜利女神像仍然保留在罗马铸币的图案中,③成为多神教在官方文化中的最后象征。④在古代晚期,亚历山大和图拉真都被视为评价君主业绩的标准。克劳狄安的同时代人,罗马行政官员叙马库斯(Quinrus Aurelius Symmachus)曾试图以颂赞罗马古代的方式劝说皇帝宽容多神教,⑤要求恢复胜利女神祭坛在元老院中的地位。⑥这些事实表明,"再造罗马"模式的确在保存多神教文化方面起到了一定作用,并为中古文明继承罗马文化的遗产创造了一定条件。

二 迟到的回应:5 世纪初诸教父的政治思想转变

我们从相关史料中不难看出,尽管"再造罗马"的历史叙述方式早在朱利安时代已有很明显的体现,它却迟迟没有引起基督教学者的兴趣与回应。4 世纪末的多数基督徒基本接受了优西比乌斯的乐观主义态度,⑦认为罗马皇帝已成为基督徒的代表,⑧皈依后的罗马帝国将有一个美好的未来。⑨甚至朱利安短暂的"背教"插曲似乎也没有改变基督徒们的这种看法。然而,随着叙马库斯事件、406 年蛮族大举入侵,410 年阿拉里克洗

---

① T.M. Lindsay, "The Triumph of Christianity", in J.B. Bury, H.M. Gwatkin and J.P. Whitney eds., *The Cambridge Medieval History,* Vol. I, New York: MacMillan Co., 1911, p. 113.
② Robert M. Frakes, "The Dynasty of Constantine down to 363", in Noel Lenski ed., *The Cambridge Companion to the Age of Constantine,* Cambridge: Cambridge University Press, 2006, p. 105.
③ Fowden, "Polytheist Religion and Philosophy", p. 538.
④ Geffcken, *The Last Days of Greco-Roman Paganism*, p. 226.
⑤ Cameron, "Remaking the Past", p. 1.
⑥ Ambrose, *Ep.* 18.1.
⑦ Treadgold, *The Early Byzantine Historians,* p. 46.
⑧ Euseb. *Hist. eccl.* 10.2.2.
⑨ Euseb. *Hist. eccl.* 10.9.6-8.

劫罗马等一系列变故的发生，多神教史观的攻击意味和挑战性明显变得更为强烈，[1]引发了安布罗斯、哲罗姆和奥古斯丁等人的反思。多神教史观的叙述模式由此开始作为对立面进入基督教文化的视野，并对5世纪初的教父学乃至日后的中世纪政治理论体系产生了深刻影响。

在安布罗斯早年的作品中，"罗马"和"基督教"几乎是不折不扣的同义语，帝制下的和平即等于基督教统治下的和平。[2]叙马库斯向皇帝建议恢复元老院中胜利女神祭坛的事件深深激怒了安布罗斯，促使他重新思考教会与国家之间的关系。他认为，皇帝是没有资格违背信仰去接受异教的教唆的，教会和国家不能等同，[3]教会除信仰外没有任何世俗财产，它代表的是一无所有的穷人。[4]因此，世俗政权无权干涉宗教事务。这样，在多神教史观的影响下，安布罗斯形成了他关于教俗关系的新主张。

圣哲罗姆早年曾在罗马生活、任职，对罗马的传统文化怀有深刻的感情。听到410年罗马陷落的消息后，哲罗姆悲痛地在《旧约·以西结书》拉丁文译本的前言中写道，他日日夜夜都为罗马人民的命运牵肠挂肚，在等待消息的希望与绝望之间忍受煎熬。他对罗马帝国失掉了自己的头颅感到不可思议。[5]然而，在面对多神教文化的冲击和责难时，哲罗姆又表现出了截然不同的立场。他很早之前便说，基督徒应对罗马的喧嚣、剧院的暴怒、竞技的疯狂听之任之，他们真正要关注的乃是天国的幸福。[6]他对罗马的世俗君主极为轻视，指出自君士坦丁以来的罗马皇帝鲜有善终。[7]二十年来，罗马人每天都在边疆伤亡流血，[8]但这一切同基督徒毫不相干："罗马世界正在坍塌，但我们依然高昂着头。"[9]他声称自己真正关注的是，尽管

---

[1] R.A. Marcus, "The Latin Fathers", in J.H. Burns ed., *The Cambridge History of Medieval Political Thought, c.350-c.1450*, Cambridge: Cambridge University Press, 1988, p. 104.

[2] Marcus, "The Latin Fathers", pp. 94-95.

[3] Ambrose, *Ep.* 18.1.

[4] Ambrose, *Ep.* 18.16.

[5] St. Jerome, *Selected Letters,* F.A. Wright trans., Loeb Classical Library, Harvard University Press, 1933, Introduction, p. x.

[6] Jer. *Ep.* 43.3.

[7] Jer. *Ep.* 40.15.

[8] Jer. *Ep.* 40.16.

[9] Jer. *Ep.* 40.16.

世界正在变成废墟,人心的罪孽却日益滋生。我们不难看出,一方面,哲罗姆在私下里对罗马的衰微与没落感到不解和痛苦;另一方面,他又刻意在公开辩论中强调教俗世界的分离,对罗马的前途与命运表现得漠不关心。可见,在多神教文化的质疑声中,圣哲罗姆在罗马和天国的抉择中采取了一种略显矛盾的模糊立场。

奥古斯丁在晚年之前一直认为,罗马帝国是上帝为在尘世建立基督教王国而制造的工具。[1]罗马陷落后,奥古斯丁对多神教徒借助历史攻击基督教的现象有所警觉。他授意青年修士奥罗修斯写了一部回击多神教史观的历史著作。[2]奥罗修斯的作品刻意收集对罗马不利的证据,说服力并不充分,[3]内容也过于粗糙简略。[4]然而,作为早期基督教文化中极为罕见的世俗史著作,奥罗修斯的作品对中世纪教会史家,乃至近代学者博絮埃等人都产生了深刻影响。奥古斯丁本人也写了《上帝之城》来回应多神教徒的挑战,他在书中对自己早年的政治思想进行了重要修正。奥古斯丁认为,尘世中的王国同匪帮没有实质区别;[5]罗慕路斯和雷慕斯的历史甚至还不如该隐和亚伯的争斗重要,因为后者代表了上帝之城和人间之城的关系,而前者不过是人间之城内部的邪恶冲突;[6]罗马的崛起与亚述的灭亡在时间上暗合,并且早在先知的预言之中,说明上帝的意志主宰着一切;[7]与上帝无关的世俗品德都算不上真正的美德,[8]脱离上帝之城的人间罗马必然要遭受苦难。[9]与安布罗斯相似,晚年的奥古斯丁同样走上了主张教俗分离的道路,这不能不说是同他从事历史领域著述,关注多神教史观提出的挑战的经历密切相关的。

---

[1] Marcus, "The Latin Fathers", p. 103.
[2] Paulus Orosius, *The Seven Books of History Against the Pagans*, Roy J. Deferrari trans., The Catholic University of American Press, 1964, p. 3.
[3] Paulus Orosius, *The Seven Books of History Against the Pagans*, p. xx.
[4] S.J. Mckenna, "Orosius", in Berard L. Marthaler ed., *New Catholic Encyclopedia*, second edition, Vol. 10, p. 673.
[5] August. *De civ. D.* 4.4.
[6] August. *De civ. D.* 15.5.
[7] August. *De civ. D.* 18.27.
[8] August. *De civ. D.* 19.25.
[9] August. *De civ. D.* 19.28.

可见，在 5 世纪初期，随着多神教历史叙述模式提出的问题变得日益尖锐，基督教教父们的思想倾向发生了明显的转变。[①]这一变化的核心是去世俗化，即否认教会和罗马世俗政权的高度同质性。[②]作为基督教思想的对立面，多神教史观在这一转变中起到了催化剂的作用，对中古基督教世界的史学和政治思想的影响是极为深远的。

第五节 小结

传统观点认为，公元 4—5 世纪的多神教历史撰述几乎已经消亡，除阿米安外再无值得一提的人物。但事实上，在这段时期里，除攸纳皮乌斯、奥林匹奥多鲁斯同样严格按照史学体裁完成了自己的著作外，朱利安、里巴尼乌斯和克劳狄安同样以演说、书信乃至诗歌的形式书写了罗马的历史。至少就现存的文献资料来看，我们可以说，这一时期多神教知识精英对历史的兴趣远远超过了 3 世纪时的情况，他们著述的成果与同时代的教会史相比也并不逊色。在创作过程中，本章涉及的六位作家不约而同地采纳了帝国盛期流行的历史叙述模式，对当时正处于上升势头的基督教文化产生了一定的冲击与影响，体现了希腊罗马多神教文化传统巨大的活力与持久生命力。

然而，透过古典晚期历史撰述这种富有活力的表象，我们却不难发现古代文化精神内核的急剧萎缩。共和末期与帝国早期的历史叙述方式是丰富多样的，即便在对李维传统的继承中也不断产生创新求变的火花。除李维与塔西佗外，斯特拉波、西西里的狄奥多鲁斯、哈里卡纳索斯的狄奥尼修斯、约瑟福斯、普鲁塔克与波桑尼阿斯等人都遵循各自思路，从不同角度出发，提出了极富个人色彩与探索精神的历史观念。相形之下，阿米安、攸纳皮乌斯和奥林匹奥多鲁斯等人对罗马城不厌其烦的赞颂，朱利安、里巴尼乌斯和克劳狄安华丽辞藻的堆砌都表现出了明显的程式化、空洞化倾向。他们完成的工作更多是承继与复制，缺少实质性的史学创新。同样，他们对基督教文化和帝国晚期政局的批判也流于空疏，没有针对具体的现

---

① R.A. Markus, "Introduction: The West", in J.H. Burns ed., *The Cambridge History of Medieval Political Thought, c.350-c.1450*, p. 85.

② [美] J.W. 汤普逊：《历史著作史》上卷，谢德风译，商务印书馆 1988 年版，第 202 页。

实问题提出自己的新见解。相反，朱利安对占卜活动的迷信、里巴尼乌斯怪异的阿提卡方言演讲和克劳狄安对帝国血腥战事的公式化赞颂非但不能将古典文化发扬光大，反而明白无疑地显示了希腊罗马文化确已走到了无以为继的地步。

这一缺陷并非六位作家的个人失误，它是由当时多神教文化衰落的大背景决定的。朱利安曾痛心地对当时的新犬儒派进行过指责，认为他们已远离了第欧根尼的生活准则，[①]他们品德堕落，举止放荡，[②]相信各种荒诞不经的迷信。[③]古典社会晚期的学者普遍缺乏对史学的钻研精神。朱利安竟不知道加图时代的罗马人是不留胡子的，[④]他在远征波斯前耗费大量精力派人去德尔斐、提洛岛、多杜纳求签问卜，并因神谕吉祥而沾沾自喜，[⑤]足见他缺乏修昔底德、波利比阿那样的古典理性精神。5世纪多神教徒的文化素养和社会阅历进一步受到局限。与阿米安相比，没有担任过任何公职的攸纳皮乌斯在见地和文采方面都相差甚远，[⑥]他眼界狭窄，[⑦]语言近乎粗鄙。[⑧]编排历史作品所必不可少的年代体系在其著作中也十分混乱。[⑨]奥林匹奥多鲁斯社会地位低下，曾过了二十年流浪艺人的生涯，带着鹦鹉卖艺为生，其文学修养自然有限。[⑩]而在他们之后的多神教史家佐西穆斯（Zosimus）更是等而下之，只能逐段抄袭、改写攸纳皮乌斯的作品。[⑪]似乎完整读过相关原作的拜占庭学者福提乌斯认为，从衡量史家是否优秀的

---

① Julian. 202c-d.
② Julian. 204c-205a.
③ Julian. 206c.
④ Julian. 358a.
⑤ Theodoret, *Hist. eccl.* 3.16.
⑥ Liebeschuetz, *Decline and Change in Late Antiquity, Religion, Barbarians and their Historiography*, III. p. 177.
⑦ Treadgold, *The Early Byzantine Historians*, p. 83.
⑧ Ibid., pp. 88-89.
⑨ Barry Baldwin, "Eunapios of Sardis", in Alexander P. Kazhdan and Alice Mary Talbot ed., *The Oxford Dictionary of Byzantium*, Vol. 2, New York & Oxford: Oxford University Press, 1991, p. 746.
⑩ Barry Baldwin, "Olympiodoros of Thebes", in Alexander P. Kazhdan and Alice Mary Talbot ed., *The Oxford Dictionary of Byzantium*, Vol. 3, New York & Oxford: Oxford University Press, 1991, p. 1524.
⑪ Blockley, *The Fragmentary Classicising Historians of the Late Roman Empire, Eunapius, Olympiodorus, Priscus and Malchus*, Vol. II, p. 5.

第九章　追思与憧憬：4—5世纪罗马多神教知识精英的"再造罗马"历史话语表述模式　293

标准看，攸纳皮乌斯在词汇、风格和体例方面存在着种种缺陷；[1]而奥林匹奥多鲁斯则根本不具备历史学家的基本素养。[2]当代学者罗杰尔·帕克同样指出，尽管攸纳皮乌斯的传记作品存在着若干闪光之处，其中的许多篇章仍是无聊乏味的。[3]在这样的学术水准下，多神教文化自然难以产生适应时代需要的、具有创新价值的历史作品。

　　面对这样一个保守封闭、甚至腐朽没落的多神教徒群体所提供的历史叙述模式，奥古斯丁等人很轻松地给出了有力的驳斥。奥古斯丁一针见血地指出，不少多神教徒自身并没有执着的信仰，他们抱怨基督教的动机只是渴望回到从前那种奢靡堕落的生活，享受种种不健康的娱乐。[4]他以轻蔑口吻提到那些在罗马沦陷时逃出来的多神教徒，他们到了迦太基后仍旧沉湎于剧场的放荡娱乐中，过着花天酒地的生活。[5]在基督教文化已居于绝对优势的环境中，这样一种腐化的信仰显然是不值得也不可能得到复兴的。安布罗斯则敏锐地看到，帝国晚期的多神教信仰体系已较共和国时代发生了重大变化，多神教徒们真正崇拜的其实是来自东方的新神祇，他们借助古代权威自夸的言论是毫无道理和历史依据的。[6]因此，4—5世纪的多神教历史作品虽能产生一定的社会影响，却不能从根本上动摇基督教历史观的基础。同时代的基督徒们根本不再把多神教视为一种活的信仰和可怕对手，认为它充其量只是农夫信奉的宗教（paganism）。[7]总之，4—5世纪多神教作家的历史撰述成果一方面反映了古代文明的残存活力和瑰丽色彩，一方面也预示着这种延续千年之久的古老文化传统的生命旅程业已走到了尽头。

---

[1] Blockley, *The Fragmentary Classicising Historians of the Late Roman Empire, Eunapius, Olympiodorus, Priscus and Malchus,* Vol. II, p. 3.

[2] Phot. *Bibl.* 56b.

[3] Roger Pack, "A Romantic Narration in Eunapius", *Transactions and Proceedings of the American Philological Association,* Vol. 83 (1952), p. 198.

[4] August. *De civ. D.* 1.30.

[5] August. *De civ. D.* 1.32.

[6] Ambrose, *Ep.* 18.30.

[7] Brown, *The Rise of Western Christendom, Triumph and Diversity, A.D. 200-1000,* pp. 35-36.

结　语

　　《古希腊史学中帝国形象的演变研究》试图大体遵循历时性的编排体例、选取不同时代的典型史料与重要个案，对上起"史学之父"希罗多德活跃年代的公元前5世纪中后期、下至基督教文明在地中海世界基本确立统治地位的4—5世纪的多位希腊史家，如希罗多德、泰西阿斯、色诺芬、波吕阿尔库斯、波利比乌斯、约瑟福斯、波桑尼阿斯、阿米安、攸纳皮乌斯、奥林匹奥多鲁斯等人现存文本中反映其对波斯、罗马两大帝国形象具体认识的相关内容进行了分析。这些分别选取自各个典型时代——公元前5—前4世纪（古希腊文明与波斯文明的遭遇阶段）、公元前3世纪（波斯文明灭亡后其帝国形象的流传与嬗变）、公元前2世纪（以波利比乌斯为代表的希腊知识精英对罗马共和国建立的地中海世界帝国霸权的早期认识）、1—2世纪（约瑟福斯、波桑尼阿斯等人对罗马帝国统治充满张力与矛盾的两面性观念）、4—5世纪（帝国晚期基督教文明兴起背景下希腊裔多神教知识精英对罗马帝国历史记忆的情感寄托）——之个案的总和在一定程度上反映了古希腊史学家们帝国观的基本面貌。笔者认为，尽管存在着现存史料并不完备（根据斐利克斯·雅各比的学术巨著《希腊历史学家残篇》（*Die Fragmente der grieschen Historiker*）所列出的、有迹可循的希腊史家名单来看，[1]本书集中研究的、有大部头作品传世的希腊史家数目仅为

---

[1] 雅各比亲手编撰的《残篇》1—3部分（神话及远古史，政治史家，自传、地方史与异国史家）共收录了856位古希腊历史学家的现存残篇（其中个别作家条目存在着重复）；后人续编中的4—5部分（传记与博古作家、历史地理作家）迄今已出版了另外200余位希腊史学家的残篇。

古希腊史学发展历程上著作业已佚失的作家数量的百分之一左右)、笔者自身学力未及——本书未能予以深入讨论的狄奥多鲁斯（Diodorus)、哈里卡纳索斯的狄奥尼修斯（Dionyssius of Halicarnassus)、狄奥·卡西乌斯（Dio Cassius）等希腊史家的传世作品中同样包含着对波斯、罗马帝国形象的丰富认识，笔者未将这些作家作品纳入研究范围的理由是上述3位作家所参考史源中的拉丁、希腊成分十分驳杂，一一加以辨析困难极大，等局限性，本书的研究成果仍然可以为学界了解希腊史学中波斯、罗马两大帝国形象的基本面貌，进而思考古希腊史学的根本特征与近现代西方政治思想中帝国观的历史记忆依托等问题提供点滴借鉴。由于本书各章节中涉及的部分问题相当复杂，并且史学研究本身必然是一个永无止境的过程，笔者不敢奢望自己能在全书结语中针对这些往往具有开放性与争议性的问题提出多少"不刊之论"，而仅仅满足于期待这项毕竟凝聚着自己10年以来不少心血的成果（包括其中恐怕在所难免的未尽成熟完善之处）能够成为未来更加出色的学术研究的思考与批判起点。

然而，为了保证这项研究起码的完整性，笔者终究要责无旁贷地面对在全书导言中向自己提出的两个基本问题：其一，由来自不同时代、不同地域，但继承了具有高度统一性的希腊古典文化传统、使用同一套古希腊文话语体系（尽管在其长达近千年的演变历程中略有变化）的作品汇集而成的希腊史学是否包含着对古代帝国形象的某些统一认识、并在自身的演变历程中为读者呈现了帝国观念变迁的某种总体趋势？其二，在古典时代文史哲等学科尚未完全分化、近现代学科体系远未确立的文化环境下，希腊史学所承载的文化记忆是否提供了独立于当时如日中天、对后世影响深远的柏拉图、亚里士多德、西塞罗、奥古斯丁等人政治思想学说之外的另一套帝国观话语体系？

从本书的研究所得来看，这两个核心问题中的后一个是相对容易回答的：除色诺芬、波利比乌斯等个别特例外，作为一个群体的希腊历史学家为我们呈现了一种基本独立于柏拉图、亚里士多德、西塞罗与奥古斯丁等人的政治思想体系之外的，从具体细节到整体观点同后者差异巨大的帝国观，构成了同政治思想史并行不悖的、对接受过西方文化教育的近现代知识分子产生过巨大影响的帝国形象认识来源。与此同时，正是由于史学与政治思想（古希腊人语境下的"哲学"）研究手段与话语体系之间固有的巨大差异，色诺芬、波利比乌斯等史学家试图将同时代的哲学学说导入史学研究的种种艰苦努力总的来说未能得到后世史家的认可、继承与发扬，从而进一步深化了两套思维体系之间的鸿沟。从思想内容上看，希腊史学中的帝国观同希腊政治思想史中的帝国政体论存在着明显差异。与后者注重概念辨析与逻辑推演的认识方式不同，希腊史学所塑造的帝国形象通常是以丰富而具体的历史案例、甚至史家本人的亲身感受为基础的。这种差异性一方面使得希腊史学中的波斯、罗马帝国形象缺乏柏拉图《理想国》、亚里士多德《政治学》中王政或专制暴政等概念的统一性——如色诺芬、约瑟福斯与波桑尼阿斯笔下的帝国形象均存在着某种强烈张力，甚至是无法弥合的深刻逻辑矛盾；另一方面也使得希腊知识精英通过史学研究对古代帝国所建立起的认识更加丰满生动、更加全面辩证，在某些场合下也更加真实可靠。

而从文化影响力的角度看，在质量方面，除希罗多德、修昔底德、波利比乌斯等古希腊一流史家的著作外，希腊史学的现存大部头作品中并无堪与《理想国》《上帝之城》等塑造西方文化基本面貌的、震古烁今的政治思想巨著等量齐观的成果；但在数量方面，散见于希腊史学作品中的、关于波斯与罗马等帝国的论述篇幅却远远超过希腊哲学作品中的精炼概括。从这层意义上讲，希腊史学提供给同时代与后世读者的帝国观认识在文化影响力方面是不容忽视的。例如，由于波斯帝国、理想王政和罗马帝国在希腊历史记载中占据着相当大的比重，这种帝国形象的演变事实上对希腊史学的历史观、叙述手法和体裁发展产生了十分重要的反作用。在最早的希腊散文传记作家伊索克拉底和色诺芬生活的公元前四世纪前期，传记还是一种脱胎于散文赞美诗的、与史学并立且较少交集的独立体裁。但随着色诺芬等人在其史学、传记中对理想帝国模型的塑造和希腊化时期史家们对马其顿帝国的重视，帝王、军事将领的个人传记开始呈现出与帝国历史合流的趋势；而在以元首为主导角色的罗马帝国形象深入人心后，传记体裁又开始凌驾于编年体史学之上，成为罗马帝国盛期希腊史学中最为流行的体裁样式。[①]又如，在史学视野方面，希腊史学之所以能够实现从修

---

① 相关论述见拙著《从三篇阿格西劳斯传记的差异看奈波斯与普鲁塔克对西方传记史学的贡献》，《史学史研究》2011年第2期。

昔底德、色诺芬等人以希腊本土中南部为中心的民族史观向波利比乌斯、狄奥多鲁斯等人涵盖全地中海世界的普世史观的转型，是同马其顿、罗马兴起后希腊史家们对帝国在世界历史中地位的重新认识密不可分的；从这个意义上，我们可以说，帝国形象在希腊历史观念中的转型直接导致了希腊史学记载对象的巨大变化。因此，把一千年间希腊史学中帝国形象的演变历程作为一个独立单元进行考察是很有必要的，可以丰富和加深我们对古代西方思想中帝国观念的认识和对希腊史学演变历程的理解。

对上述第一个基本问题（希腊史家的帝国观是否存在着共性与统一发展趋势？）的合理解答恐怕要更为复杂，并且这个问题是跟哲学认识论中统一性与多样性的辩证关系密切联系在一起的。首先，我们在本书各章节中可以清晰地看到，由于生活环境、政治立场与个人经历的巨大差异，古希腊史家群体对波斯、罗马等帝国的认识远非整齐划一，甚至在同一作家前后相续的两段文本之间都会出现令现代读者瞠目结舌的明显逻辑矛盾。而由于史学在古希腊的客观历史条件下并未职业化（当时几乎无人能够以写作与出版史学作品为基本谋生手段）或学派化（古希腊史学史上从未出现过如伊壁鸠鲁学派（Epicureanism）、斯多葛学派（Stoicism）等泾渭分明的哲学流派那样的学术传承体系），身为商人（希罗多德）、医生（泰西阿斯）、军人（色诺芬、阿米安）、政治家与外交家（波利比乌斯）、祭司（约瑟福斯、普鲁塔克）、旅行家（波桑尼阿斯）等不同社会角色的古希腊史学家们是通过不同的交往方式和信息来源构建着对波斯、罗马等希腊本土文明圈之外的异域帝国的认识的，其各具特色的个人经历势必会导致其作品折射出的帝国观呈现出千姿百态的面貌。本书研究对象的高度多样性正是这一客观事实的准确反映。

与此同时，对于人文学科领域的规律性探索而言，多元化与个别特例乃至反例的存在都不能全盘否定规律与趋势本身的存在与广泛适用性。无论本书所研究的这些希腊史家在具体观点上存在着怎样异彩纷呈的多样性，高度趋同的文化背景、思维模式、世界观、身份认同及语言工具仍会在令人眼花缭乱的多样性中规划出一条依稀可辨的基本规律与演化趋势。这种趋势的表现形式有时是线性的文化传统世代因袭，有时又是万变不离其宗的、立体化的"家族相似（Family Resemblance）"模式。基于书中所包含的各项历时性个案研究,笔者认为,"东方主义"与"文化认同"可以分别作为古希腊史学中波斯观与罗马观演变趋势的关键词。古希腊史学中波斯观的流变是一个东方主义思想倾向从无到有、从个别到普遍、从仰视到俯视的发展历程。希罗多德与泰西阿斯对波斯帝国的视角基本是平视与仰视的,其评价往往力求(尽管不是总能做到)客观公允、富于辩证精神。他们既意识到了波斯帝国与希腊世界在现实中的敌对与竞争关系,又能心平气和、公正大度地看待古代东方帝国文明的悠久历史与光辉成就。到了色诺芬身处的公元前4世纪早期,怀旧的雅典贵族知识精英利用波斯帝国光辉传统来借古讽今、批判雅典民主制度的手法已同泛希腊主义思潮兴起背景下将波斯塑造为自由、阳刚、正义、蒸蒸日上的希腊文明对立面的早期东方主义倾向构成了尖锐矛盾,迫使色诺芬等人频繁地动用历史解释中的"阶段论(即同时承认波斯帝国从前的辉煌及其在现实中的急剧堕落)"来进行逻辑自救(尽管这一手段并非屡试不爽)。而在亚历山大东征后的希腊化与罗马时代,遭遇灭国之灾的波斯帝国进一步被后世的希腊史家们塑造成与希腊世界截然对立的、东方主义色彩浓厚的"他者"形象,并导致了后人对描述过波斯形象的希罗多德、泰西阿斯等史家先驱的曲解与误解。

无独有偶,希腊史家对希腊征服者——罗马帝国的文化认同也经历了类似的渐变历程。尽管本书后半部分所研究的波利比乌斯、约瑟福斯、波桑尼阿斯与阿米安等人在生活年代、地域与政治立场上的差异性较前半部分的主要研究对象——希罗多德、泰西阿斯与色诺芬——更为巨大,他们对罗马帝国的文化认同仍然在一定程度上展示出了由肤浅到深入、由生疏到熟知、由违心到拥护的演变规律。由于个人经历与哲学、政治观的独特性,波利比乌斯成了同时代希腊知识精英中亲罗马的另类。但他为宣传罗马共和国功业所精心构建的普世史体系却于无意中暴露了其帝国史观的肤浅与粗疏;约瑟福斯与波桑尼阿斯的现存文本为我们生动地展示了生活在地中海世界文化融合高潮期(1—2世纪)的这两位史家对罗马帝国政权既排斥又有所依赖的内心挣扎,以及罗马帝国专制统治之下的地中海世界在排斥中走向统一的曲折历史进程。而在跨越史料极其匮乏的罗马3世纪危机时代之后,我们看到,高举"再造罗马"旗帜的阿米安、攸纳皮乌斯等

4—5世纪帝国东部多神教史家已完全建立了对罗马帝国的文化认同，并将对帝国辉煌时代的历史记忆视为自身文化在基督教文明步步蚕食之下的情感寄托。同样，帝国晚期地中海东部希腊知识精英为罗马帝国谱写的颂歌也在一定程度上导致了后世读者对3世纪之前希腊史家作品中罗马观复杂性的忽视。而对于早已远离希波战争与亚历山大东征的金戈铁马，以及希腊臣民与罗马政权恩恩怨怨的当代研究者而言，剖析博大精深的古希腊史学中帝国观的个性与共性，在欣赏历史观念的曲折进程所呈现给我们的无数细节与意外中努力归纳历史本身的规律与演化趋势，既是学术事业赋予我们的一份责任，同时也是史学研究最本真的乐趣所在。

参考文献

一 中文部分

《马克思恩格斯文集》第4卷，人民出版社2009年版。

［德］阿莱达·阿斯曼：《回忆空间：文化记忆的形式和变迁》，潘璐译，北京大学出版社2016年版。

陈佳寒：《"东方主义"的滥觞：希腊古典史家作品中的"他者"形象研究》，博士学位论文，上海师范大学，2014年。

陈金海：《论波利比乌斯的史学价值观》，《廊坊师范学院学报》（社会科学版）2009年第5期。

褚新国：《波利比乌斯历史思想初探——兼与早期史家比较》，《史学月刊》2013年第3期。

褚新国：《波利比乌斯论撰史中的"失真"问题》，《唐都学刊》2013年第1期。

方志强：《攸西比乌斯的〈教会史〉与普世史传统》，《史学史研究》2011年第4期。

（清）顾祖禹：《读史方舆纪要》，贺次君、施和金点校，中华书局2005年版。

郝彤：《波利比乌斯混合政体理论之局限》，《史学史研究》2009年第3期。

黄洋：《古代希腊罗马文明的"东方"想像》，《历史研究》2006年第1期。

黄洋：《希罗多德：历史学的开创与异域文明的话语》，《世界历史》2008年第4期。

［美］J. W. 汤普逊:《历史著作史》上卷,谢德风译,商务印书馆 1988 年版。

李尚君:《希罗多德与西方历史学的起源》,《历史教学》2009 年第 2 期。

李铁匠:《〈贝希斯敦铭文〉介绍》,《江西大学学报》1987 年第 3 期。

刘家和:《史学·经学与思想》,北京师范大学出版社 2005 年版。

吕厚量:《从三篇阿格西劳斯传记的差异看奈波斯与普鲁塔克对西方传记史学的贡献》,《史学史研究》2011 年第 2 期。

［美］M. 罗斯托夫采夫:《罗马帝国经济社会史》下册,马雍、厉以宁译,商务印书馆 1985 年版。

［古希腊］色诺芬:《长征记》,崔金戎译,商务印书馆 1985 年版。

邵大路:《波利比乌斯的历史编纂理论——以〈通史〉第十二卷为中心的探究》,《黑河学刊》2010 年第 11 期。

宋立宏:《犹太战争与巴勒斯坦罗马化之两难》,《世界历史》2002 年第 1 期。

王乐理:《波利比阿政治思想再探》,《浙江学刊》2003 年第 1 期。

王乃新:《试析波利比阿的混合政体论》,《辽宁师范大学学报》(社会科学版) 1988 年第 3 期。

王以欣:《居鲁士的早年传奇与口传历史》,《古代文明》2014 年第 1 期。

晏绍祥:《波斯帝国的"专制"与"集权"》,《古代文明》2014 年第 3 期。

［德］扬·阿斯曼:《文化记忆:早期高级文化中的文字、回忆和政治身份》,金寿福、黄晓晨译,北京大学出版社 2015 年版。

叶民:《最后的古典:阿米安和他笔下的晚期罗马帝国》,天津人民出版社 2004 年版。

易宁:《波利比乌斯的普世史观念》,《史学史研究》2007 年第 4 期。

易宁:《古代希腊史学的普世观念》,《史学史研究》2011 年第 2 期。

易宁:《论波利比乌〈历史〉的编纂体例及其思想》,《史学史研究》1994 年第 2 期。

易宁:《论波利比乌的"命运"说》,《史学理论研究》1993 年第 3 期。

易宁:《论波利比乌的"政体循环"说》,《世界历史》1998 年第 6 期。

易宁:《论司马迁和波利比乌的历史思想》,《北京师范大学学报》(人文社会科学版）2001年第2期。

张广智：《希罗多德史学的东方形象——以近十年中国学者的相关论著为中心》，《甘肃社会科学》2014年第2期。

周洪祥、吴宇虹：《从〈贝希斯敦铭文〉、〈历史〉辨析大流士夺位真相》，《史学史研究》2009年第4期。

祝宏俊：《关于斯巴达征服美塞尼亚的反思》，《西南大学学报》（社会科学版）2013年第1期。

二 外文部分

Abraham, K., *Business and Politics under the Persian Empire: The Financial Dealings of Marduk-nāṣir-apli of the House of Egibi (523-487 B.C.E.)*, Bethesda: CDL Press, 2004.

Abulafia, D., *The Great Sea: A Human History of the Mediterranean*, Oxford: Oxford University Press, 2011.

Abulafia, D., "What is the Mediterranean?" in D. Abulafia ed., *The Mediterranean in History*, London: Thames & Hudson Ltd., 2003.

Aeneas Tacticus, Asclepiodotus, Onasander: *Works*, Members of the Illinois Greek Club eds./trs., London & Cambridge, MA: Harvard University Press, 1948.

Akujärvi, J., *Researcher, Traveller, Narrator: Studies in Pausanias' Periegesis*, Stockholm: Almquist & Wiksell International, 2005.

Allen, L., *The Persian Empire, A History*, London: British Museum Press, 2005.

Alonso-Núñez, J., "Herodotus' Conception of Historical Space and the Beginnings of Universal History", in P. Derow and R. Parker eds., *Herodotus and his World*, Oxford: Oxford University Press, 2003.

Alonso-Núñez, J., "The Emergence of Universal Historiography from the 4th to the 2nd Centuries B.C.", in H. Verdin, G. Schepens and E. Keyser eds., *Purposes of History: Studies in Greek Historiography from the 4th to the 2nd Centuries B.C.*, Lovanii: Orientaliste, 1990.

Anderson, J.K., *Xenophon*, London: Duckworth, 1974.

Andria, R., "Novità testuali su *P. Oxy.* 2330 (Ctesias Cnidus, 'FGrHist' 688 F8b)", *Zeitschrift für Papyrologie und Epigraphik*, Bd. 144 (2003).

Arafat, K., "Pausanias' Attitude to Antiquities", *The Annual of the British School of Athens*, Vol. 87 (1992).

Arafat, K., *Pausanias' Greece: Ancient Artists and Roman Rulers*, Cambridge: Cambridge University Press, 1996.

Armayor, "O., Herodotus' Catalogues of the Persian Empire in the Light of the Monuments and the Greek Literary Tradition", *Transactions of the American Philological Association* (1974-), Vol. 108 (1978).

Asheri, D., Iloyd, A. and Corcella, A., *A Commentary on Herodotus, Books I-IV*, Oswyn Murray and Alforso Moreno eds., with a contribution by Maria Brosius, Barbara Graziosi, Matteo Rossetti, Carlotta Dus and Vanessa Cazzato, trs., Oxford: Oxford University Press, 2007.

Astin, A., "Sources", in A. Astin, F. Walbank, M. Frederiksen and R. Ogilvie eds., *The Cambridge Ancient History*, second edition, Vol. VIII, *Rome and the Mediterranean to 133 B.C.*, Cambridge: Cambridge University Press, 1989.

Athenaeus, *The Learned Banqueters*, Vol. I, S. Olson ed./trans., London & Cambridge MA: Harvard University Press, 2006.

Auberger, J., «Pausanias et le Liver 4: Une Leçon Pour L'empire? » *Phoenix*, Vol. 54, No. 314 (Autumn-Winter, 2000).

Azoulay, V., "Exchange as Entrapment: Mercenary Xenophon?" in Lane Fox, R. ed., *The Long March, Xenophon and the Ten Thousand*, New Haven, Connecticut & London: Yale University Press, 2004.

Azoulay, V., The Medo-Persian Ceremonial: Xenophon, Cyrus and the King's Body, in Tuplin, C. ed., *Xenophon and His World, Papers from a Conference Held in Liverpool in July 1999*, Stuttgart: Franz Steiner Verlag, 2004.

Azoulay, V., *Xénophon et les grâces du pouvoir: De la charis au charisme*,

Paris: Publications de la Sorbonne, 2004.

Baghbidi H., "Darius and the Bisotun Inscription: A New Interpretation of the Last Paragraph of Column IV", *Journal of Persianate Studies* 2 (2009).

Balcer, J., *A Prosopographical Study of the Ancient Persians Royal and Noble, c. 550-450 B.C.*, Lewiston & Queenston & Lampeter: Edwin Mellen Press, 1993.

Balcer, J., *Herodotus & Bisitun: Problems in Ancient Persian Historiography*, Stuttgart: Franz Steiner Verlag Wiesbaden GMBH, 1987.

Baldwin, Barry, "Eunapios of Sardis", in Alexander P. Kazhdan and Alice Mary Talbot ed., *The Oxford Dictionary of Byzantium*, Vol. 2, New York & Oxford: Oxford University Press, 1991.

Baldwin, Barry, "Olympiodoros of Thebes", in Alexander P. Kazhdan and Alice Mary Talbot ed., *The Oxford Dictionary of Byzantium*, Vol. 3, New York & Oxford: Oxford University Press, 1991.

Balot, R., "Polybius' Advice to the Imperial Republic", *Political Theory*, Vol. 38, No. 4 (Aug. 2010).

Baragwanath, E., *Motivation and Narrative in Herodotus*, Oxford: Oxford University Press, 2008.

Baragwanath, E., "The Wonder of Freedom: Xenophon on Slavery", in Hobden, F., Tuplin, C. eds., *Xenophon: Ethical Principles and Historical Enquiry*, Leiden: Brill, 2012.

Barclay, J., "Judean Historiography in Rome: Josephus and History in *Contra Apionem* Book I", in J. Sievers and G. Lembi eds., *Josephus and Jewish History in Flavian Rome and Beyond*, Leiden & Boston: Brill, 2005.

Barclay, J., "The Empire Writes Back: Josephan Rhetoric in Flavian Rome", in J. Edmondson, S. Mason and J. Rives eds., *Flavius Josephus and Flavian Rome*, Oxford: Oxford University Press, 2005.

Barnes, T., "The Sack of the Temple in Josephus and Tacitus", in J. Edmondson, S. Mason and J. Rives eds., *Flavius Josephus and Flavian Rome*, Oxford: Oxford University Press, 2005.

Baronowski, D., *Polybius and Roman Imperialism*, London & New Delhi & New York & Sydney: Bloomsbury, 2011.

Baronowski, D., "Polybius on the Causes of the Third Punic War", *Classical Philology*, Vol. 90, No. 1 (Jan., 1995).

Beard, M., "The Triumph of Flavius Josephus", in A. Boyle and W. Dominik eds., *Flavian Rome: Culture, Image, Text*. Leiden & Boston: Brill, 2003.

Beck, H., "Polybius' Roman *prokateskeuē*", in B. Gibson and T. Harrison eds., *Polybius and His World: Essays in Memory of F.W. Walbank*, Oxford: Oxford University Press, 2013.

Ben-Sasson, H., *A History of the Jewish People*, Cambridge, MA: Harvard University Press, 1976.

Bichler, R., "Ktesias spielt mit Herodot", in J. Wiesehöfer, R. Rollinger and G. Lanfranchi eds., *Ktesias' Welt / Ctesias' World*, Wiesbaden: Harrassowitz Verlag, 2011.

Bienert, W., "The Witness of Josephus (*Testimonium Flavianum*)", in W. Schneemelcher and R. Wilson eds., *New Testament Apocrypha*, Vol. I, Louisville & London: Westminster John Knox Press, 1991.

Bigwood, J., "Ctesias' Account of the Revolt of Inarus", *Phoenix*, Vol. 30, No. 1 (Spring, 1976).

Bigwood, J., "Ctesias as Historian of the Persian Wars", *Phoenix*, Vol. 32, No. 1 (Spring, 1978).

Bigwood, J., "Ctesias' '*Indica*' and Photius", *Phoenix*, Vol. 43, No. 4 (Winter, 1989).

Bigwood, J.,"Diodorus and Ctesias", *Phoenix*, Vol. 34, No. 3 (Autumn, 1980).

Bigwood, J., "'*POxy*' 2330 and Ctesias", *Phoenix*, Vol. 40, No.4 (Winter, 1986).

Bigwood, J., "The Ancient Accounts of the Battle of Cunaxa", *The American Journal of Philology*, Vol. 104, No. 4 (Winter, 1983).

Blockley, R.C., "Warfare and Diplomacy", in Averil Cameron and Peter Garnsey, *The Cambridge Ancient History,* Vol. XIII, The Late Empire, A.D.

337-425, Cambridge: Cambridge University Press, 1998.

Bommas, M., "Pausanias' Egypt", in M. Bommas ed., *Cultural Memory and Identity in Ancient Societies*, London & New York: Continuum International Publishing Group, 2011.

Bowersock, G., "Foreign Elites at Rome", in J. Edmondson, S. Mason and J. Rives eds., *Flavius Josephus and Flavian Rome,* Oxford: Oxford University Press, 2005.

Bowersock, G., *Julian the Apostate,* Cambridge MA: Harvard University Press, 1978.

Bowie, E., "Inspiration and Aspiration: Date, Genre, and Readership", in S. Alcock, J. Cherry and J. Elsner eds., *Pausanias: Travel and Memory in Roman Greece*, Oxford: Oxford University Press, 2001.

Boyle, A., *Roman Epic,* London: Routledge, 1993.

Brannan, P., "Herodotus and History: the Constitutional Debate Preceding Darius' Accession", *Traditio*, Vol.19 (1963).

Braudel, F., *The Mediterranean and the Mediterranean World in the Age of Philip II*, S. Reynold trans., Vol. I, New York: Harper & Row, 1972.

Briant, P., *From Cyrus to Alexander, A History of the Persian Empire,* Peter T. Daniels and Winona Lake, trs., Indiana: Eisenbrauns, 2002.

Briant, P., «Hérodote et la société Perse», in Olivier Reverdin and Bernard Grange, eds, *Entretiens sur l'Antiquité classique*, Tome XXXV, *Hérodote et les peuples non Grecs*, Genève: Vandoeuvres, 1988.

Briant, P., «Orientaliser l' Orient, ou: d'un orientalisme à l' autre», in J. Wiesehöfer, R. Rollinger and G. Lanfranchi eds., *Ktesias' Welt / Ctesias' World*, Wiesbaden: Harrassowitz Verlag, 2011.

Briant, P., "Social and Legal Institutions in Achaemenid Iran", in J. Sasson ed., *Civilizations of the Ancient Near East*, Vol. I, Peabody: Hendrickson Publishers Inc., 1995.

Brink C., and Walbank, F., "The Construction of the Sixth Book of Polybius", *The Classical Quarterly*, Vol. 4, No. 314 (Jul. – Oct., 1954).

Briscoe, J., "Some Misunderstandings of Polybius in Livy", in B. Gibson and T. Harrison eds., *Polybius and His World: Essays in Memory of F.W. Walbank*, Oxford: Oxford University Press, 2013.

Broodbank, C., "Mediterranean 'Prehistory'", in P. Horden and S. Kinoshita eds., *A Companion to Mediterranean History*, Oxford: Wiley Blackwell, 2014.

Broodbank, C., *The Making of the Middle Sea: A History of the Mediterranean from the Beginning to the Emergence of the Classical World*, Oxford: Oxford University Press, 2013.

Brosius, M., „Das Hofzeremoniell", in B. Jacobs and R. Rollinger eds., *Der Achämenidenhof / The Achaemenid Court*, Wiesbaden: Harrassowitz Verlag, 2010.

Brosius, M., "New out of Old? Court and Court Ceremonies in Achaemenid Persia", in A. Spawforth ed., *The Court and Court Society in Ancient Monarchies*, Cambridge: Cambridge University Press, 2007.

Brown, P., "Christinization and Religious Conflict", in Averil Cameron and Peter Garnsey eds., *The Cambridge Ancient History,* Vol. XIII, The Late Empire, A.D. 337-425, Cambridge: Cambridge University Press, 1998.

Brown, P., "The Later Roman Empire", *The Economic History Review*, New Series, Vol. 20, No. 2 (Aug., 1967).

Brown, P., *The Rise of Western Christendom, Triumph and Diversity, A.D. 200-1000*, London: Blackwell Publishers Inc., 1996.

Brown, T., "Herodotus' Portrait of Cambyses", *Historia: Zeitschrift für alte Geschgichte*, Bd.31, H.4 (4th Qtr., 1982).

Brown, T., "Polybius' Account of Antiochus III", *Phoenix*, Vol. 16, No. 2 (Summer, 1964).

Brown, T., "Suggestions for a *Vita* of Ctesias of Cnidus", *Historia: Zeitschrift für Alte Geschichte*, Bd. 27, H. 1 (1st Qtr., 1978).

Brown, T., "The Reliability of Megasthenes", *The American Journal of Philology*, Vol. 76, No. 1 (1955).

Burgan, M., *Empires of Ancient Persia*, New York: Chelsea House, 2010.

Cameron, A., "Education and Literary Culture", in Averil Cameron and Peter Garnsey, *The Cambridge Ancient History,* Vol. XIII, The Late Empire, A.D. 337-425, Cambridge: Cambridge University Press, 1998.

Cameron, A., "Remaking the Past", in G. Bowersock, P. Brown and O. Grabar eds., *Late Antiquity, A Guide to the Postclassical World Interpreting Late Antiquity: Essays on the Postclassical World*, Cambridge MA & London: The Belknap Press of Harvard University Press, 1999.

Cameron, A. and Cameron, A., "Christianity and Tradition in the Historiography of the Late Empire", *The Classical Quarterly*, New Series, Vol. 14, No. 2 (Nov., 1964).

Carlier, P., "The Idea of Imperial Monarchy in Xenophon's *Cyropaedia*", in Gray, V. ed., *Xenophon*, Oxford: Oxford University Press, 2010.

Caspari, M., "On the Egyptian Expedition of 459-4 B.C.", *The Classical Quarterly*, Vol. 7, No.3 (Jul., 1913).

Čašule, C., "'In Part a Roman Sea': Rome and the Adriatic in the Third Century BC. ", in C. Smith and L. Yarrow eds., *Imperialism, Cultural Politics, and Polybius*, Oxford: Oxford University Press, 2012.

Charlesworth, M., "Flaviana", *The Journal of Roman Studies* 27 (1937).

Champion, C., *Cultural Politics in Polybius's Histories*, Berkeley & Los Angeles & London: University of California Press, 2004.

Champion, C., "Romans as BARBAROI: Three Polybian Speeches and the Politics of Cultural Indeterminacy", *Classical Philology*, Vol. 95, No. 4 (Oct., 2000).

Champion, C., "The Nature of Authoritative Evidence in Polybius and Agelaus' Speech at Naupactus", *Transactions of the American Philological Association (1974-)*, Vol. 127 (1997).

Christ, M., *The Bad Citizen in Classical Athens*, Cambridge: Cambridge University Press, 2006.

Christensen, P., "Xenophon's '*Cyropaedia*' and Military Reform in Sparta",

The Journal of Hellenic Studies 126 (2006).

Clarke, K., *Between Geography and History: Hellenistic Constructions of the Roman World*, Oxford: Oxford University Press, 1999.

Cochrane, C.N., *Christianity and Classical Culture, A Study of Thought and Action from Augustus to Augustine*, Oxford: Clarendon Press, 1940.

Cody, J., "Conquerors and Conquered on Flavian Coins", in A. Boyle and W. Dominik eds., *Flavian Rome: Culture, Image, Text*. Leiden & Boston: Brill, 2003.

Cohen, A., "Art, Myth, and Travel in the Hellenistic World", in S. Alcock, J. Cherry and J. Elsner eds., *Pausanias: Travel and Memory in Roman Greece*, Oxford: Oxford University Press, 2001.

Cohen, S., *Josephus in Galilee and Rome*, Leiden: Brill, 1979.

Cole, T., "The Sources and Composition of Polybius VI", *Historia: Zeitschrift für Alte Geschichte*, Bd. 13. H. 4 (Oct., 1964).

Concannon, C. and Mazurek, L., "Introduction: A New Connectivity for the Twenty-first Century", in C. Concannon and L. Mazurek eds., *Across the Corrupting Sea: Post-Braudelian Approaches to the Ancient Eastern Mediterranean*, London & New York: Routledge, 2016.

Cook, J., *The Persian Empire*, London & Melbourne & Toronto: J.M. Dent & Sons Ltd., 1983.

Cotton, H. and Eck, W., "Josephus' Roman Audience: Josephus and the Roman Elites", in J. Edmondson, S. Mason and J. Rives eds., *Flavius Josephus and Flavian Rome*, Oxford: Oxford University Press, 2005.

Ctésias de Cnide, *La Perse, L' Inde, autres fragments*, D. Lenfant ed./ trans./ comm., Paris: Les Belles Lettres, 2004.

Ctesias, *History of Persia*, L. Llewellyn-Jones and J. Robson, trs., London & New York: Routledge, 2010.

Ctesias, *On India*, A. Nichols, trans./comm., London & New Delhi & New York & Sydney: Bloomsbury, 2011.

Dandamaev, M., *A Political History of the Achaemenid Empire*, W.J. Vogelsang, trans., Leiden: Brill, 1989.

Danzig, G., "The Best of the Achaenenids: Benevolence, Self-interest and the 'Ironic' Reading of *Cyropaedia*", in Hobden, F., Tuplin, C. eds., *Xenophon: Ethical Principles and Historical Enquiry*, Leiden: Brill, 2002.

Davies, J., "Mediterranean Economies through the Text of Polybius", in B. Gibson and T. Harrison eds., *Polybius and His World: Essays in Memory of F.W. Walbank*, Oxford: Oxford University Press, 2013.

Derow, P., "Polybius", in S. Hornblower, A. Spawforth and E. Eidinow eds., *The Oxford Classical Dictionary*, fourth edition, Oxford: Oxford University Press, 2012.

Diller, A., "Pausanias in the Middle Ages", *Transactions and Proceedings of the American Philological Association*, Vol. 87 (1956).

Drake, H.A., *Constantine and the Bishops, The Politics of Intolerance,* Baltimore, Maryland: The Johns Hopkins University Press, 2000.

Drake, H.A., "The Impact of Constantine on Christianity", in Noel Lenski ed., *The Cambridge Companion to the Age of Constantine,* Cambridge: Cambridge University Press, 2006.

Drews, R., "Assyria in Classical Universal Histories", *Historia: Zeitschrift für Alte Geschichte*, Bd. 14, H. 2 (Apr., 1965).

Drews, R., "Sargon, Cyrus and Mesopotamian Folk History", *Journal of Near Eastern Studies*, Vol. 33, No.4 (Oct., 1974).

Drews, R., *The Greek Accounts of Eastern History*, Cambridge, MA: Harvard University Press, 1973.

Dreyer, B., "Frank Walbank's Philippos Tragoidoumenos: Polybius' Account of Philip's Last Years", in B. Gibson and T. Harrison eds., *Polybius and His World: Essays in Memory of F.W. Walbank*, Oxford: Oxford University Press, 2013.

Dreyer, B., „Polybios", in H. Cancik and H. Schneider eds., *Der neue Pauly, Enzyklopädie der Antike*, Band 10, Stuttgart: J.B. Metzler, 2003, cols. 41-48.

Due, B., *The Cyropaedia, Xenophon's Aims and Methods*, Aarhus & Copenhagen: Aarhus University Press, 1989.

Dunkle, J., "The Rhetorical Tyrant in Roman Historiography: Sallust, Livy and Tacitus", *The Classical World*, Vol. 65, No. 1 (Sep., 1971).

Eckhardt, B., *Ethnos und Herrschaft: Politische Figurationen judäischer Identität von Antiochos III. bis Herodes I.* Berlin & Boston: Walter de Gruyter GmbH, 2013.

Eckstein, A., "Polybius, Phylarchus, and Historiographical Criticism", *Classical Philology*, Vol. 108, No. 4 (Oct. 2013).

Eckstein, A., "The Pact between the Kings, Polybius 15.20.6, and Polybius' View of the Outbreak of the Second Macedonian War", *Classical Philology*, Vol. 100, No. 3 (July 2005).

Edmondson, J., "Introduction: Flavius Josephus and Flavian Rome", in J. Edmondson, S. Mason and J. Rives eds., *Flavius Josephus and Flavian Rome,* Oxford: Oxford University Press, 2005.

Ehrenkrook, J., *Sculpting Idolatry in Flavian Rome: (An) Iconic Rhetoric in the Writings of Flavius Josephus*, Leiden & Boston: Brill, 2012.

Elsner, J., "Pausanias: A Greek Pilgrim in the Roman World", *Past & Present*, No. 135 (May, 1992).

Elsner, J., "Structuring 'Greece': Pausanias's *Periegesis* as a Literary Construct", in S. Alcock, J. Cherry and J. Elsner eds., *Pausanias: Travel and Memory in Roman Greece*, Oxford: Oxford University Press, 2001.

Engels, J., "Strabo and the Development of Ancient Greek Universal Historiography", in P. Liddel and A. Fear eds., *Historiae mundi: Studies in Universal History*, London: Duckworth, 2010.

Erskine, A., "The Romans as Common Benefactors", *Historia: Zeitschrift für Alte Geschichte*, Bd. 43. H. 1 (1st Qtr., 1994).

Evagrius Scholasticus, *The Ecclesiastical History,* Michael Whitby, trans., Liverpool: Liverpool University Press, 2000.

Evans, J., "Father of History or Father of Lies: The Reputation of Herodotus",

The Classical Journal, Vol. 64, No.1 (Oct., 1968).

Farber, J., "The *Cyropaedia* and Hellenistic Kingship", *The American Journal of Philology* 100 (1979).

Farenga, V., *Citizen and Self in Ancient Greece*, Cambridge: Cambridge University Press, 2006.

Fehling, D., *Herodotus and his 'Sources': Citation, Invention and Narrative Art*, J.G. Howie, trans., Leeds: Francis Cairns Ltd., 1989.

Feldman, L., "Josephus as a Biblical Interpreter", *The Jewish Quarterly Review* 75.3 (2005).

Feldman, L., *Josephus' Interpretation of the Bible*, Berkeley: University of California Press, 1998.

Feldman, L., *Studies in Josephus' Rewritten Bible*, Leiden & Boston & Köln: Brill, 1998.

Feldman, L. ed./trans., Josephus, *Jewish Antiquities*, Books XVIII-XIX. Cambridge, Massachusetts & London: Harvard University Press, 1965.

Ferguson, J., *Utopias of the Classical World*, Ithaca: Cornell University Press, 1975.

Flower, M., "Herodotus and Persia", in Carolyn Dewald and John Marincola eds., *The Cambridge Companion to Herodotus*, Cambridge: Cambridge University Press, 2006.

Fornara, C., "Julian's Persian Expedition in Ammianus and Zosimus", *The Journal of Hellenic Studies*, Vol. 111 (1991).

Foulon, E., «La critique du comique en histoire par Polybe», *Pallas*, No. 81 (2009).

Fowden, Garth, "Polytheist Religion and Philosophy", in Averil Cameron and Peter Garnsey eds., *The Cambridge Ancient History*, Vol. XIII, *The Late Empire, A.D. 337-425*, Cambridge: Cambridge University Press, 1998.

Fritz, K., "Herodotus and the Growth of Greek Historiography", *Transactions and Proceedings of the American Philological Association* 67, 1936.

Fowler, W., "Polybius' Conception of Τύχη", *The Classical Review*, Vol. 17, No.

9 (Dec., 1903).

Frakes, R.M., "The Dynasty of Constantine down to 363", in Noel Lenski ed., *The Cambridge Companion to the Age of Constantine,* Cambridge: Cambridge University Press, 2006.

Frateantonio, C., *Religion und Städtekonkurrenz: zum politischen und kulturellen Kontext von Pausanias' Periegese,* Berlin & New York: Walter de Gruyter, 2009.

Frye, R., "Cyrus the Mede and Darius the Achaemenid?" in John Curtis and St. John Simpson eds., *The World of Achaemenid Persia,* London: I.B. Tauris & Co. Ltd., 2010.

Geary, P. "Barbarians and Ethnicity", in G. Bowersock, P. Brown and O. Grabar eds. *Late Antiquity, A Guide to the Postclassical World,* Cambridge MA & London: The Belknap Press of Harvard University Press, 1999.

Gaifman, M., *Aniconism in Greek Antiquity,* Oxford: Oxford University Press, 2012.

Geffcken, J., *The Last Days of Greco-Roman Paganism,* Sabine MacCormack, trans., Amsterdam: North-Holland Publishing Company, 1978.

Gera, D., *Xenophon's Cyropaedia, Style, Genre, and Literary Technique,* Oxford: Clarendon Press, 1993.

Gibbon, Edward, *The History of the Decline and Fall of the Roman Empire,* Philadelphia: Claxton, Remsen & Haffelfinger, 1878.

Goldhill, S., "Battle Narrative and Politics in Aeschylus' *Persae*", in Thomas Harrison ed., *Greeks and Barbarians,* Edinburgh: Edinburgh University Press, 2002.

Goodman, M., "The *Fiscus Iudaicus* and Gentile Attitudes to Judaism in Flavian Rome", in J. Edmondson, S. Mason and J. Rives eds., *Flavius Josephus and Flavian Rome,* Oxford: Oxford University Press, 2005: 167-177.

Goodman, M., *Jews in a Graeco-Roman World.* Oxford: Clarendon Press, 1998.

Goodman, P., "Judaea", in A. Bowman, E. Champlin and A. Lintott eds., *The Cambridge Ancient History,* second edition, Vol. X: *The Augustan Empire, 43 B.C.–A.D. 69*, Cambridge: Cambridge University Press, 2007.

Goodman, P., *The Roman City and its Periphery: From Rome to Gaul*, London: Routledge, 2007.

Gordon, J., "To Obey by Land and Sea: Empires, the Mediterranean, and Cultural Identity in Hellenistic and Roman Cyprus", in C. Concannon and L. Mazurek eds., *Across the Corrupting Sea: Post-Braudelian Approaches to the Ancient Eastern Mediterranean*, London & New York: Routledge, 2016.

Görgemanns, H., „Symposion-Literatur", in H. Cancik and H. Schneider eds., *Der neue Pauly, Enzyklopädie der Antike*, Band 11, Stuttgart: J.B. Metzler, 2003/2012, cols. 1138-1142.

Gould, John, *Herodotus*, London: Weidenfeld and Nicolson Ltd., 1989.

Gowing, A., *Empire and Memory, The Representation of the Roman Republic in Imperial Culture,* Cambridge: Cambridge University Press, 2005.

Griffin, J., "Herodotus and Tragedy", in Carolyn Dewald and John Marincola eds., The Cambridge Companion to Herodotus, Cambridge: Cambridge University Press, 2006.

Griffin, M., "The Flavians", in A. Bowman, P. Gransey and D. Rathbone eds., *The Cambridge Ancient History,* second edition, Vol. XI: *The High Empire, A.D.70–192*, Cambridge: Cambridge University Press, 2000.

Grimm, V., "On Food and the Body", in D. Potter ed., *A Companion to the Roman Empire*, Malden & Oxford & Victoria: Blackwell Publishing Ltd., 2006.

Grove, A. and Rachham, O., *The Nature of Mediterranean Europe: An Ecological History*, New Haven & London: Yale University Press, 2001.

Gruen, E., "Polybius and Josephus on Rome", in B. Gibson and T. Harrison eds., *Polybius and His World: Essays in Memory of F.W. Walbank*, Oxford: Oxford University Press, 2013.

Günther, S., „Der *fiscus Iudaicus* als Forschungskonstrukt", *Japan Studies in Classical Antiquity* 2.

Günther, S., „Zwischen *gens Flavia* und *gens Julia*: Domitians Herrschaftsübernahme und Kaiserkonzeption", in H. Brandt, K. Köhler and U. Siewert eds., *Genealogisches Bewusstsein als Legitimation: Inter- und intragenerationelle Auseinandersetzungen sowie die Bedeutung von Verwandtschaft bei Amtswechseln*, Nürnberg: University of Bamberg Press, 2009.

Haaland, G., "Josephus and the Philosophers of Rome", in J. Sievers and G. Lembi eds., *Josephus and Jewish History in Flavian Rome and Beyond*, Leiden & Boston: Brill, 2005.

Habicht, C., "An Ancient Baedeker and His Critics: Pausanias' 'Guide to Greece'", *Proceedings of the American Philological Society*, Vol. 129, No. 2 (Jun., 1985).

Habicht, C., *Pausanias' Guide to Ancient Greece*, Berkeley & Los Angeles & London: University of California Press, 1985.

Hallock, R., *Persepolis Fortification Tablets*, Chicago, Illinois: University of Chicago Press, 1969.

Harris, W. (ed.), *Rethinking the Mediterranean*, Oxford: Oxford University Press, 2005.

Harris, W., "The Mediterranean and Ancient History", in W. Harris ed., *Rethinking the Mediterranean*, Oxford: Oxford University Press, 2005.

Harrison, T., *Writing Ancient Persia*, London & New York: Bristol Classical Press, 2011.

Hart, John, *Herodotus and Greek History*, London & Canberra: St. Martin's Press, 1982.

Hartog, F., "Polybius and the First Universal History", in P. Liddel and A. Fear eds., *Historiae mundi: Studies in Universal History*, London: Duckworth, 2010.

Hartog, F., T*he Mirror of Herodotus: the Representation of the Other in the Writing of History*, Janet Lloyd, trans., Berkely & Los Angeles & London:

University of California Press, 1988.

Hawes, G., *Rationalizing Myth in Antiquity*, Oxford: Oxford University Press, 2014.

Henkelman, W., "'Consumed before the King', The Table of Darius, That of Irdabama and Irtaštuna and That of His Satrap, Karkiš", in B. Jacobs and R. Rollinger eds., *Der Achämenidenhof / The Achaemenid Court*, Wiesbaden: Harrassowitz Verlag, 2010.

Henkelman, W., "Cyrus the Persian and Darius the Elamite: A Case of Mistaken Identity", in Robert Rollinger, Brigitte Truschnegg and Reinhold Bichler eds., *Herodot und das Persische Weltreich / Herodotus and the Persian Empire*, Wiesbaden: Harrassowitz Verlag, 2011.

Herchenroeder, L., *Hellenistic Historiography and the Sciences: Practices and Concepts in Polybius' Histories*, PhD Thesis in Classics, University of Southern California, 2010.

Hesk, J., *Deception and Democracy in Classical Athens*, Cambridge: Cambridge University Press, 2000.

Higgins, W., *Xenophon the Athenian, The Problem of the Individual and the Society of the Polis*, Albany: State University of New York Press, 1973.

Hirsch, S., *The Friendship of the Barbarians: Xenophon and the Persian Empire*, Hanover & London, University Press of New England, 1985.

Hobden, F., Tuplin, C. eds., *Xenophon: Ethical Principles and Historical Enquiry*, Leiden: Brill, 2012.

Högennan, P., „Ktesias", in H. Cancik and H. Schneider eds., *Der neue Pauly*, Bd. 6, Stuttgart: J.B. Metzler, 2003/2012.

Hollander, W., *Josephus, the Emperors, and the City of Rome*, Leiden & Boston: Brill, 2014.

Holleaux, M., *Rome, la Grèce et les monarchies hellénistiques au IIIe siècle J.-C. (273-205)*, Paris: E. de Boccard, 1921.

Hollmann, Alexander, *The Master of Signs: Signs and the Interpretation of Signs in Herodotus' Histories*, Cambridge, Massachusetts & London:

Harvard University Press, 2011.

Hopman, M., "Layered Stories in Aeschylus' *Persians*", in J. Grethlein and A. Rengakos eds., *Narratology and Interpretation, The Content of Narrative Form in Ancient Literature*, Berlin & New York: Walter de Gruyter, 2009.

Horden, P. and Purcell, N., *The Corrupting Sea: A Study of Mediterranean History*, Oxford: Blackwell Publishing Ltd., 2000.

Hornblower, S., "Persia", in D. Lewis, J. Boardman, S. Hornblower and M. Ostwald eds., *The Cambridge Ancient History*, second edition, Vol. VI, *The Fourth Century B.C.*, Cambridge: Cambridge University Press, 1994.

Hornblower, S., *Thucydides and Pinder, Historical Narrative and the World of Epinikian Poetry*, Oxford: Oxford University Press, 2004.

Howald, E., *Vom Geist antiker Geschichtsschreibung*, München & Berlin: R. Oldenbourg, 1944.

Humphries, M., "In Mommsen's Shade: Roman Historiography, Past and Present", *Classics Ireland*, Vol. 9 (2002).

Hunt, A. and Edgar, C. eds./trs., *Select Papyri*, Volume II, Public Documents, Cambridge, MA & London: Harvard University Press, 1934.

Hurwit, J., *The Athenian Acropolis: History, Mythology, and Archaeology from the Neolithic Era to the Present*, Cambridge: Cambridge University Press, 2000.

Hutton, W., *Describing Greece: Landscape and Literature in the* Periegesis *of Pausanias*, Cambridge: Cambridge University Press, 2005.

Hutton, W., "Pausanias and the Mysteries of Hellas", *Transactions of the American Philological Association (1974—)*, Vol. 140, No. 2 (Autumn 2010).

Hutton, W., "The Disaster of Roman Rule: Pausanias 8.27.1", *The Classical Quarterly*, New Series, Vol. 58, No. 2 (Dec., 2008).

Hutton, W., "The Construction of Religious Space in Pausanias", in J. Elsner and I. Rutherford eds., *Pilgrimage in Graeco-Roman & Early Christian Antiquity: Seeing the Gods*, Oxford: Oxford University Press, 2005.

Jacoby, Felix, „Herodotos", in Georg Wissowa ed., *Paulys Real-Encyclopädie der classischen Altertumswissenschaft*, Supplement 2.

Jacoby, F., „Ktesias", in *Paulys Real-Encyclopädie der classischen Altertumwissenschaft*, neue Bearbeitung, elfter Band, Katoikoi – Kynegoi, W. Kroll ed., Stutgart: J. B. Metzler, 1922.

Joannès, F., "Private Commerce and Banking in Achaemenid Babylon", in J. Sasson ed., *Civilizations of the Ancient Near East*, Vol. III, Peabody: Hendrickson Publishers Inc., 1995.

Johnson, D. M., "Persians as Centaurs in Xenophon's '*Cyropaedia*'", *Transactions of the American Philological Association* 135 (2005).

Jones, C., "Josephus and Greek Literature in Flavian Rome", in J. Edmondson, S. Mason and J. Rives eds., *Flavius Josephus and Flavian Rome*, Oxford: Oxford University Press.

Jossa, G., "Jews, Romans and Christians: From the *Bellum Judaicum* to the *Antiquitates*", in J. Sievers and G. Lembi eds., *Josephus and Jewish History in Flavian Rome and Beyond*, Leiden & Boston: Brill, 2005.

Jost, M., «Unité et Diversité: La Grèce de Pausanias», *Revue des Études Grecques*, Vol. 119, No. 2 (Juillet – Décembre 2006).

Julian, *Works,* Vol. III, Wilmer Cave Wright, trans., Loeb Classical Library, Harvard University Press, 1923.

Kent, R. ed./ trans., *Old Persian, Grammar, Texts, Lexicon*, New Haven: American Oriental Society, 1950.

Klawans, J., *Josephus and the Theologies of Ancient Judaism*, Oxford: Oxford University Press, 2012.

Kreilinger, U., „Τὰ ἀξιολογώτατα τοῦ Παυσανίου: Die Kunstauswahlkriterien des Pausanias", *Hermes*, 125 Bd., H.4 (1997).

Kuhrt, A., „Der Hof der Achämeniden: Concluding Remarks", in B. Jacobs and R. Rollinger eds., *Der Achämenidenhof / The Achaemenid Court*, Wiesbaden: Harrassowitz Verlag, 2010.

Kuhrt, A., *The Ancient Near East, c. 3000-300 BC*, Vol. II, London & New

York: Routledge, 1995.

Kuhrt, A., *The Persian Empire, A Corpus of Sources from the Achaemenid Period*, Abingdon: Routledge, 2007.

Kyriakou, P., *The Past in Aeschylus and Sophocles*, Berlin & Boston: Walter de Gruyter, 2011.

Laffranque, M., «Poseidonios historien: Un episode significatif de la première guerre de Mithridate», *Pallas*, No. 11 (1962).

Lateiner, D., *The Historical Method of Herodotus*, Toronto & Buffalo & London: University of Toronto Press, 1989.

Leberl, J., *Domitian und die Dichter: Poesie als Medium der Herrschaftsdarstellung*, Göttingen: Vandenhoeck & Ruprecht, 2004.

Lenfant, D., "On Persian *Tryphē* in Athenaeus", in C. Tuplin ed., *Persian Responses: Political and Cultural Interaction with (in) the Achaemenid Empire*, Oxford: The Classical Press of Wales, 2007.

Levick, B., "Greece and Asia Minor", in A. Bowie, P. Garnsey and D. Rathbone eds., *The Cambridge Ancient History*, second edition, Vol. 11, *The High Empire*, A.D. 70-192, Cambridge: Cambridge University Press, 2000.

Lewis, D., *Selected Papers in Greek and Near Eastern History*, P.J. Rhodes ed., Cambridge: Cambridge University Press, 1997.

Liddell, H., Scott, R., and Jones, H. eds., *A Greek-English Lexicon*, Ninth Edition with Supplement, Oxford: Clarendon Press, 1996.

Liddel, P., "*Metabole Politeion* as Universal Historiography", in P. Liddel and A. Fear eds., *Historiae mundi: Studies in Universal History*, London: Duckworth, 2010.

Liebeschuetz, J.H.W.G., *Decline and Change in Late Antiquity, Religion, Barbarians and their Historiography,* Aldershot: Ashgate Variorum Press, 2006.

Lim, R., "Christian Triumph and Controversy", in G. Bowersock, P. Brown and O. Grabar eds., *Late Antiquity, A Guide to the Postclassical World Interpreting Late Antiquity: Essays on the Postclassical World*, Cambridge MA &

London: The Belknap Press of Harvard University Press, 1999.

Llewellyn-Jones, L., *King and Court in Ancient Persia 559 to 331 BCE*, Edinburgh: Edinburgh University Press, 2013.

Llewellyn-Jones, L., "The Greak Kings of the Fourth Century and the Greek Memory of the Persian Past", in S. Marincola, L. Llewellyn-Jones and C. Maciver eds., *Greek Notions of the Past in the Archaic and Classical Eras: History without Historians*.

Longley, G., "Thucydides, Polybius, and Human Nature", in C. Smith and L. Yarrow eds., *Imperialism, Cultural Politics, and Polybius*, Oxford: Oxford University Press, 2012.

Mackay, C., *Ancient Rome. A Military and Political History*, Cambridge: Cambridge University Press, 2004.

Madreiter, I., *Stereotypisierung–Idealisierung–Indifferenz, Formen der Auseinandersetzung mit dem Achaimeniden-Reich in der griechischen* Persika-Literatur, Wiesbaden: Harrassowitz Verlag, 2012.

Malkin, I., *A Small Greek World: Networks in the Ancient Mediterranean*, Oxford: Oxford University Press, 2011.

Malosse, P., "Libanius on Constantine Again", *The Classical Quarterly,* New Series, Vol. 47, No. 2 (1997).

Markus, R.A., "Introduction: The West", in J.H. Burns ed., *The Cambridge History of Medieval Political Thought, c.350-c.1450*.

Marcus, R.A., "The Latin Fathers", in J.H. Burns ed., *The Cambridge History of Medieval Political Thought, c.350-c.1450*, Cambridge: Cambridge University Press, 1988.

Marincola, J., "Polybius, Phylarchus, and 'Tragic History': A Reconsideration", in B. Gibson and T. Harrison eds., *Polybius and His World: Essays in Memory of F.W. Walbank*, Oxford: Oxford University Press, 2013.

Mason, S., *Flavius Josephus, Translation and Commentary*, Vol. 5: *Flavius Josephus Judaean Antiquities 8–10*, Leiden: Brill, 2005.

Mason, S., "Flavius Josephus in Flavian Rome: Reading On and Between the

Lines", in A. Boyle and W. Dominik eds., *Flavian Rome: Culture, Image, Text.* Leiden & Boston: Brill, 2003.

Mason, S., *Josephus and the New Testament*, second edition, Peabody: Hendrickson Publishers, Inc., 2003.

Mason, S., "Priesthood in Josephus and the 'Pharisaic Revolution' ", *Journal of Biblical Literature*, 107.4 (1988).

Mathys, H., „Der Achämenidenhof im Alten Testament", in B. Jacobs and R. Rollinger eds., *Der Achämenidenhof / The Achaemenid Court*, Wiesbaden: Harrassowitz Verlag, 2010.

Mazurek, L., "Material and Textual Narratives of Authenticity? Creating Cabotage and Memory in the Hellenistic Eastern Mediterranean", in C. Concannon and L. Mazurek eds., *Across the Corrupting Sea: Post-Braudelian Approaches to the Ancient Eastern Mediterranean*, London & New York: Routledge, 2016.

McCormick, C., *Origins of the European Economy, Communications and Commerce, A.D. 300-900*, Cambridge: Cambridge University Press, 2001.

Mckenna, S.J., "Orosius", in Berard L. Marthaler ed., *New Catholic Encyclopedia*, second edition, Vol. 10.

Meadows, A., "Pausanias and the Historiography of Classical Sparta", *The Classical Quarterly*, Vol. 45, No. 1 (1995).

Millar, F., "Last Year in Jerusalem: Monuments of the Jewish War in Rome", in J. Edmondson, S. Mason and J. Rives eds., *Flavius Josephus and Flavian Rome*, Oxford: Oxford University Press, 2005.

Millender, E., "Spartan 'Friendship' and Xenophon's Crafting of the *Anabasis*", in Hobden, F., Tuplin, C. eds., *Xenophon: Ethical Principles and Historical Enquiry*, Leiden: Brill, 2012.

Miller, M., *Athens and Persia in the Fifth Century B.C.: A Study in Cultural Receptivity*, Cambridge: Cambridge University Press, 1997.

Miller, P., "The Mediterranean and the Mediterranean World in the Age of Peiresc", in P. Miller ed., *The Sea: Thalassography and Historiography*,

Ann Arbor: The University of Michigan Press, 2013.

Miltsios, N., *The Shaping of Narrative in Polybius*, Berlin & Boston: Walter de Gruyter GmbH, 2013.

Momigliano, A., "Ctesias", *The Classical Review*, Vol. 62, No. 314 (Dec., 1948).

Morgan, G., *69 A.D. The Year of Four Emperors*, Oxford: Oxford University Press, 2006.

Munson, R., "Who Are Herodotus' Persians?" *The Classical World*, Vol.102, No.4 (Summer 2009).

Murray, O., "Symposium", in S. Hornblower, A. Spawforth and E. Eidinow eds., *Oxford Classical Dictionary*, fourth edition, Oxford: Oxford University Press, 2012.

Murray, O., "Symposium Literature", in S. Hornblower, A. Spawforth and E. Eidinow eds., *Oxford Classical Dictionary*, fourth edition, Oxford: Oxford University Press, 2012.

Myres, J., *Herodotus, Father of History*, Oxford: Clarendon Press, 1953.

Nadon, C., "From Republic to Empire: Political Revolution and the Common Good in Xenophon's *Education of Cyrus*", *The American Political Science Review* 90 (1996).

Nadon, C., *Xenophon's Prince: Republic and Empire in the Cyropaedia*, Los Angeles & London: University of California Press, 2001.

Newell, W., "Tyranny and the Science of Ruling in Xenophon's '*Education of Cyrus*'", *The Journal of Politics* 45 (1983).

Nietzsche, F., *Sämtliche Werke*, Band 1, G. Colli and M. Montinari eds., Berlin & New York: Deutscher Taschenbuch Verlag GmbH & Walter de Gruyter, 1988.

Odahl, C.M., *Constantine and the Christian Empire*, London: Routledge, 2004.

Olmstead, A., "Darius and His Behistun Inscription", *The American Journal of Semitic Languages and Literatures*, Vol.55, No.4 (Oct., 1938).

Olmstead, A., *History of the Persian Empire*, Chicago & Illinois: University of

Chicago Press, 1948.

Pack, R., "A Romantic Narration in Eunapius", *Transactions and Proceedings of the American Philological Association,* Vol. 83 (1952).

Parker, R., "One Man's Piety: The Religious Dimension of the *Anabasis*", in Lane Fox, R. ed., *The Long March, Xenophon and the Ten Thousand,* New Haven & London: New Haven, Connecticut & London: Yale University Press, 2004.

Ormerod, H., *Piracy in the Ancient World*, Baltimore, Maryland: The Johns Hopkins University Press, 1997.

Pausanias, *Beschreibung von Griechenland,* H. Hitzig und H. Blümner eds./ trs./comms., zweiter halbband, Leipzig: O.R. Reisland, 1899.

Pausanias, *Guida della Grecia*, Libro II, *La Corinzia e L'Argolide*, V edizione, D. Musti ed./ trans., D. Musti e M. Torelli, comms., Venice: Arnoldo Mondadori Editore, 2008.

Pausanias, *Description de la Grèce*, Livre I, *L' Attique,* M. Casevitz ed., J. Pouilloux, trans., F. Chamoux, comm., Paris: Les Belles Lettres, 2009.

Pausanias, *Description of Greece*, J. Frazer ed./ trans./comm., London: Macmillan and Co. Ltd.,
— Vol. II, 1898.
— Vol. III, 1898.
— Vol. IV, 1898.
— Vol. V, 1898.

Pearson, L., "The Pseudo-History of Messenia and Its Authors", *Historia: Zeitschrift für Alte Geschichte*, Bd. 11, H.4 (Oct., 1962).

Pédech, P., *La méthode historique de Polybe*, Paris: Les Belles Lettres, 1964.

Pélékidis, C., *Histoire de l' Éphébie Attique,* Paris: E. de Boccard, 1962.

Pelikan, J., *Christianity and Classical Culture, The Metamorphosis of Natural Theology in the Christian Encounter with Hellenism*, New Haven, Connecticut: Yale University Press, 1993.

Pelling, C., "The Triumviral Period", in A. Bowman, E. Champlin and A.

Lintott eds., *The Cambridge Ancient History,* second edition, Vol. X: *The Augustan Empire, 43 B.C.–A.D. 69*, Cambridge: Cambridge University Press, 1996.

Pirngruber, R., „Eunuchen am Königshof: Ktesias und die altorientalische Evidenz", in J. Wiesehöfer, R. Rollinger and G. Lanfranchi eds., *Ktesias' Welt / Ctesias' World*, Wiesbaden: Harrassowitz Verlag, 2011.

Polybius, *The Histories*, Vol. I, Books 1-2, W. Paton ed./ trans., F. Walbank and C. Habicht revs., Cambridge, MA & London: Harvard University Press, 2010.

Ponohue, A., „Pausanias, der Perieget", in H. Cancik und H. Schneider eds., *Der neue Pauly, Enzyklopädie der Antike*, Band 9, Stuttgart: J.B. Melzler, 2012, cols. 445-449.

Porter, J., "Ideals and Ruins: Pausanias, Longinus and the Second Sophistic", in S. Alcock, J. Cherry and J. Elsner eds., *Pausanias: Travel and Memory in Roman Greece*, Oxford: Oxford University Press, 2001.

Pretzler, M., "Pausanias and Oral Tradition", *The Classical Quarterly*, Vol. 55, No. 1 (May, 2005).

Pretzler, M., *Pausanias: Travel Writing in Ancient Greece*, London: Bristol Classical Press, 2011.

Pretzler, M., "Turning Travel into Text: Pausanias at Work", *Greece & Rome*, Vol. 51, No. 2 (Oct., 2004).

Pritchett, W., *Pausanias* Periegetes *II*, Amsterdam: J.C. Gieben, 1999.

Prontera, F., "Strabo's *Geography*", in S. Bianchetti, F. Prontera and H. Gehrke eds., *Brill's Companion to Ancient Geography: The Inhabited World in Greek and Roman Tradition*.

Provencal, V., *Sophist Kings, Persians as Other in Herodotus*, London & New Delhi & New York & Sydney: Bloomsbury, 2015.

Purcell, N., "Tide, Beach and Backwash: The Place of Maritime Histories", in P. Miller ed., *The Sea: Thalassography and Historiography*, Ann Arbor: The University of Michigan Press, 2013.

Quinn, J., "Imaging the Imperial Mediterranean", in B. Gibson and T. Harrison eds., *Polybius and His World: Essays in Memory of F.W. Walbank*, Oxford: Oxford University Press, 2013.

Rajak, T., "Josephus in the Diaspora", in J. Edmondson, S. Mason and J. Rives eds., *Flavius Josephus and Flavian Rome*, Oxford: Oxford University Press, 2005.

Rajak, T., *Josephus: The Historian and His Society*, second edition, London: Gerald Duckworth & Co., Ltd., 2002.

Rajak, T., *The Jewish Dialogue with Greece and Rome, Studies in Cultural and Social Interaction*, Leiden & Boston & Köln: Brill, 2001.

Ratgers, L., *The Jews in Late Ancient Rome, Evidence of Cultural Interaction in the Roman Diaspora*, Leiden & Boston & Köln: Brill, 1994.

Reinmuth, O., *The Ephebic Inscriptions of the Fourth Century B.C.*, Leiden: Brill, 1971.

Rhodes, P. and Osborne, R. eds., *Greek Historical Inscriptions, 404-323 B.C.*, Oxford: Oxford University Press, 2003.

Roberts, M., "Claudian", in G. Bowersock, P. Brown and O. Grabar eds., *Late Antiquity, A Guide to the Postclassical World*, Cambridge MA & London: The Belknap Press of Harvard University Press, 1999.

Rogers, R., *A History of Ancient Persia*, New York & London: Charles Scribner's Sons, 1929.

Rolfe, J., "Claudian", *Transactions and Proceedings of the American Philogical Association*, Vol. 50 (1919).

Rood, T., "Polybius, Thucydides, and the First Punic War", in C. Smith and L. Yarrow eds., *Imperialism, Cultural Politics, and Polybius*, Oxford: Oxford University Press, 2012.

Rutherford, I., "Tourism and the Sacred: Pausanias and the Traditions of Greek Pilgrimage", in S. Alcock, J. Cherry and J. Elsner eds., *Pausanias: Travel and Memory in Roman Greece*, Oxford: Oxford University Press, 2001.

Sacks, K., *Polybius on the Writing of History*, Berkeley & Los Angeles:

University of California Press, 1981.

Sage, P., "Dying in Style: Xenophon's Ideal Leader and the End of the '*Cyropaedia*' ", *The Classical Journal* 90 (1995).

Saïd, S., "Herodotus and Tragedy", in Egbert J. Bakker, Irene J.F. De Jong and Hans van Wees eds., *Companion to Herodotus*, Leiden & Boston & Köln: Brill, 2002.

Sancisi-Weerdenburg, H., "Decadence in the Empire or Decadence in the Sources? From Source to Synthesis: Ctesias", in H. Sancisi-Weerdenburg ed., *Achaemenid History*, Vol. I: *Structures and Synthesis*, Leiden: Brill, 1987.

Schachter, A., *Boiotia in Antiquity*, Cambridge: Cambridge University Press, 2016.

Schmeling, G., *A Commentary on the Satrica of Petronius*, Oxford: Oxford University Press, 2011.

Schwartz, D., "Herodians and *Ioudaioi* in Flavian Rome", in J. Edmondson, S. Mason and J. Rives eds., *Flavius Josephus and Flavian Rome,* Oxford: Oxford University Press, 2005.

Scourfield, J.H.D., "Claudian", in S. Hornblower, A. Spawforth and E. Eidinow eds., *Oxford Classical Dictionary*, fourth edition, Oxford: Oxford University Press, 2012.

Seager, R., "Xenophon and Athenian Democratic Ideology", *The Classical Quarterly* 51 (2001).

Sheridan, B., "Diodorus' Reading of Polybius' Universalism", in P. Liddel and A. Fear eds., *Historiae mundi: Studies in Universal History*, London: Duckworth, 2010.

Shero, L., "Aristomenes the Messenian", *Transactions and Proceedings of the American Philological Association*, Vol. 69 (1938).

Sidebottom, H., "Roman Imperialism: The Changed Outward Trajectory of the Roman Empire", *Historia: Zeitschrift für alte Geschichte*, Vol. 54, No. 3 (2005).

Siewert, P., "The Ephebic Oath in Fifth-Century Athens", *The Journal of Hellenic Studies* 97 (1977).

Simpson, St. J., "The Royal Table", in J. Curtis and N. Tallis eds., *Forgotten Empire: The World of Ancient Persia*, London: The British Museum Press, 2005.

Smallwood, E., *The Jews under Roman Rule*, Leiden: Brill, 1976.

Smith, Rowland, "The Consteruction of the Past in the Roman Empire", in David S. Potter ed., *A Companion to the Roman Empire*, London: Blackwell Publishing Ltd., 2006.

Smith, W., "Ctesias and the Semiramis Legend", *The English Historical Review*, Vol. 2, No. 6 (Apr., 1887).

Spawforth, A., "Pausanias", in S. Hornblower, A. Spawforth and E. Eidinow eds., *The Oxford Classical Dictionary*, fourth edition, Oxford: Oxford University Press, 2012.

Souza, P., *Piracy in the Graeco-Roman World*, Cambridge: Cambridge University Press, 1999.

Stolper, M., "Achaemenid Languages and Inscriptions", in John Curtis and Nigel Tellis eds., *Forgotten Empire, The World of Ancient Persia*, London: British Museum Press, 2005.

Stronk, J., "Ctesias of Cnidus, a Reappraisal", *Mnemosyne*, Fourth Series, Vol. 60, Fasc. 1 (2007).

Stronk, J., *Ctesias' Persian History*, Part I, Introduction, Text, and Translation, Düsseldorf: Wellem Verlag, 2010.

Stronk, J., "Ctesias the Poet", in J. Wiesehöfer, R. Rollinger and G. Lanfranchi eds., *Ktesias' Welt / Ctesias' World*, Wiesbaden: Harrassowitz Verlag, 2011.

Strugnell, J. and Begg, C., "Josephus, Flavius", in T. Carson and J. Cerrito eds., *New Catholic Encyclopedia,* Second Edition, Vol. 7. Farmington Hills: Thomson Gale, 2003.

Swain, S., *Hellenism and Empire: Language, Classicism and Power in the*

Greek World, AD 50-250, Clarendon Press, 1996.

Sykes, P., *A History of Persia*, Vol. I, London: MacMillan and Co., Ltd., 1915.

Syme, R., *The Roman Revolution*, Oxford: Oxford University Press, 1939.

Thackeray, H. ed., Josephus, *Jewish War*, Vol. I. Loeb Classical Library, Cambridge, MA & London: Harvard University Press, 1927.

Thomas, R., *Herodotus in Context: Ethnography, Science and the Art of Persuasion*, Cambridge: Cambridge University Press, 2000.

Syme, R., "The Cadusii in History and in Fiction", *The Journal of Hellenic Studies*, Vol. 108 (1988).

Syme, R., *The Roman Revolution*, Oxford: Clarendon Press, 1939.

Tamiolaki, M., "Virtue and Leadership in Xenophon: Ideal Leaders or Ideal Losers?" in Hobden, F., and C. Tuplin eds., *Xenophon: Ethical Principles and Historical Enquiry*, Leiden: Brill, 2012.

Tatum, J., *Xenophon's Imperial Fiction: On The Education of Cyrus*, Princeton: Princeton University Press, 1989.

Teske, R.J., "St. Augustine", in Berard L. Marthaler ed., *New Catholic Encyclopedia*, second edition, Vol.1, Farmington Hills: Thomson Gale, 2003.

Thompson, N., *Herodotus and the Origins of the Political Community*, New Haven & London: Yale University Press, 1996.

Toynbee, A.J., *A Study of History*, abridgement of Vols. I-VI by D. C. Somervell, Oxford: Oxford University Press, 1946.

Treadgold, Warren, *The Early Byzantine Historians*, London: Palgrave Macmillan Press, 2007.

Tuplin, C., Book Review: "*Cyropaedia*", *The Classical Review* 54 (2004).

Tuplin, C., "Herodotus on Persia and the Persian Empire", in Robert B. Strassler ed., *The Landmark Herodotus*, New York: Pantheon Books, 2007.

Tuplin, C., "Pausanias and Plutarch's Epaminondas", *The Classical Quarterly*, Vol. 34, No. 2 (1984).

Tuplin, C., "Xenophon and Achaemenid Courts: A Survey of Evidence", in B. Jacobs and R. Rollinger eds., *Der Achämenidenhof / The Achaemenid Court*, Wiesbaden: Harrassowitz Verlag, Tuplin, C. eds., *Xenophon: Ethical Principles and Historical Enquiry*, Leiden: Brill, 2012,2010.

Ullman, B., "History and Tragedy", *Transactions and Proceeding of the American Philological Association*, Vol. 73 (1942).

Vagi, D., *Coinage and History of the Roman Empire, c. 82 B.C.–A.D. 480*, Chicago & London: Fitzroy Dearborn Publishers, 1999.

Varneda, P., *The Historical Method of Flavius Josephus*, Leiden: Brill, 1986.

Vidal-Naquet, P., *The Black Hunter: Forms of Thought and Forms of Society in the Greek World*, Szegedy-Maszak, A., trans., Baltimore & London: Johns Hopkins University Press, 1986.

Vlaardingerbroek, M., "The Founding of Nineveh and Babylon in Greek Historiography", *Iraq*, Vol. 66 (2004).

Walbank, F., *A Historical Commentary on Polybius*, Oxford: Clarendon Press
— Vol. I, Commentary on Books I-VI, 1957.
— Vol. II, Commentary on Books VII-XVIII, 1967.
— Vol. III, Commentary on Books XIX-XL, 1979.

Walbank, F., "Polemic in Polybius", *The Journal of Roman Studies*, Vol. 52, Parts 1 and 2 (1962).

Walbank, F., *Polybius*, Berkeley & Los Angeles: Regents of the University of California, 1972.

Walbank, F., *Polybius, Rome and the Hellenistic World: Essays and Reflections*, Cambridge: Cambridge University Press, 2002.

Walbank, F., "*Symploke*: Its Role in Polybius' *Histories*", in F. Walbank, *Selected Papers: Studies in Greek and Roman History and Historiography*, Cambridge & London & New York & New Rochelle & Melbourne & Sydney: Cambridge University Press, 1985.

Walbank, F., "Synchronisms in Polybius, Book IV and V", in F. Walbank, *Selected Papers: Studies in Greek and Roman History and Historiography*,

Cambridge & London & New York & New Rochelle & Melbourne & Sydney: Cambridge University Press, 1985.

Ward, A., *Herodotus and the Philosophy of Empire*, Waco: Baylor University Press, 2008,

Wells, J., "The Persian Friends of Herodotus", *The Journal of Hellenic Studies*, Vol. 27 (1907).

Wenzel, K. and Hellwig, C., "Baroque", in M. Landfester, H. Cancik and H. Schneider eds., *Brill's Encyclopaedia of the Ancient World, Classical Tradition*, Vol. 1, English Edition, Leiden & Boston: Brill, 2006.

Whidden, C., "The Account of Persia and Cyrus' Persian Education in Xenophon's '*Cyropaedia*' ", *The Review of Politics* 69 (2007).

Whiston, W. ed., Josephus, *Jewish Antiquities*, Ware: Wordsworth Editions Ltd., 2006.

Whitby, M., "Xenophon's Ten Thousand as a Fighting Force", in Lane Fox, R. ed., *The Long March, Xenophon and the Ten Thousand*, New Haven & London: Yale University Press, 2004.

Whitmarsh, T., *Greek Literature and the Roman Empire: The Politics of Imitation*, Oxford University Press, 2001.

Wiemer, H., "Libanius on Constantine", *The Classical Quarterly,* New Series, Vol. 44, No. 7 (1994).

Wiesehöfer, J., *Ancient Persia from 550 BC to 650 AD*, A. Azodi, trans., London & New York: I.B. Tauris, 2001.

Wiesehöfer, J., „Ktesias und der achaimenidische Hof", in J. Wiesehöfer, R. Rollinger and G. Lanfranchi eds., *Ktesias' Welt / Ctesias' World*, Wiesbaden: Harrassowitz Verlag, 2011.

Wilamowitz-Moellendorff, U., *Aristoteles und Athens*, Berlin: Weidmann, 1893.

Wilamovitz-Moellendorff, U., „Die Thukydideslegende", *Hermes* 12 (1877).

Wilker, J., "'God is with Italy Now': Pro-Roman Jews and the Jewish Revolt", in B. Eckhardt ed., *Groups, Identity and Rituals: Jewish Identity and*

Politics between the Maccabees and Bar Kokhba, Leiden & Boston: Brill, 2012.

Williams, D., "Morton Smith on the Pharisees in Josephus", *The Jewish Quarterly Review* 84.1 (1993).

Williamson, G. and Smallwood, E. M. eds., Josephus, *Jewish War*, revised, London: the Penguin Group, 1981.

Xenophon: *Cyropaedia*, Vol. I, Books I-IV, W. Miller ed./trans., Cambridge, MA: Harvard University Press, 1914.

Xenophon: *Die Verfassung der Spartaner*, S. Rebenich ed./trans., Darmstadt: WBG, 1998.

Xenophon: *Spartan Constitution*, Michael Lepka ed./trans./comm., Berlin & New York: Walter de Gruyter, 2002.

Xenophon: *Hellenica*, Books VI-VII; *Anabasis*, Books I-III, Brownson, C. ed./trans., London & New York: William Heinemann, Ltd., 1921.

Young, Frances, "Christianity", in Christopher Rolve, Malcolm Schofield, Simon Harrison and Melissa Lane eds., Cambridge: *The Cambridge History of Greek and Roman Political Thought*, 2005.

Young, T., "The Consolidation of the Empire and Its Limits of Growth under Darius and Xerxes", in J. Boardman, N. Hammond, D. Lewis and M. Ostwald eds., *The Cambridge Ancient History*, second edition, Vol. IV, *Persia, Greece and the Western Mediterranean, c. 525 to 479 B.C.*, Cambridge: Cambridge University Press, 1988.

Zarghamee, R., *Discovering Cyrus: The Persian Conqueror Astride the Ancient World*, Washington DC: Mage Publishers Inc., 2013.

Ziegler, K., „Polybios", in *Paulys Realencyclopädie der classischen Altertumswissenschaft*, Band 42, Stuttgart: Alfred Druckenmüller Verlag, 1952, cols. 1440-1578.

索 引

A

阿庇安　183, 190, 193, 194
阿格西劳斯　66, 74, 96, 106, 118, 124, 129, 134-136, 296
阿凯亚　180, 183, 188, 191, 237, 238, 242, 244-249, 253
阿米安　4, 227, 260-264, 266-274, 277, 281, 285, 291, 292, 294, 297, 298
奥古斯丁　264, 278, 279, 289, 290, 293, 295
奥勒留　230, 249, 251, 267
奥林匹奥多鲁斯　4, 243, 262-264, 267, 275-277, 281, 287, 291-294
奥罗修斯　264, 278, 290
奥姆斯特德　6, 15, 28, 139, 140, 147

B

巴比伦　21-26, 31, 32, 34, 37, 53, 69, 77, 88, 93, 110, 112, 117, 132, 142, 144, 151, 152, 155, 206

《保利古典学百科全书》　43
《波斯志》　13, 20, 42-61, 63-72
柏拉图　3, 4, 28, 66, 67, 75, 88, 99, 104, 105, 107, 108, 131, 132, 138, 157, 158, 161, 190, 196, 264, 267, 277, 295, 296
暴政　148, 178, 206, 208, 218, 248, 271, 296
贝利撒留　265
彼奥提亚　134, 180, 252, 253
波斯波利斯　141, 150, 151
布里昂　1, 2, 15, 28, 46, 70, 153
布匿战争　23, 174, 176, 179, 182, 183, 188-190, 196, 219, 286

D

德尔图良　50, 283-285
德鲁兹　43, 44, 52, 56, 58, 65, 68
狄奥·卡西乌斯　193, 217, 226, 295
狄奥多鲁斯　5, 39, 42, 52, 67, 136, 158, 193, 194, 225, 291, 295, 297
地中海生态史　171, 176, 186

东方主义　5, 6, 42-49, 51-55, 57, 59, 61, 63, 65, 67, 69-71, 139-143, 145-149, 151, 153, 155-157, 159-163, 165, 186, 298
动物童话　34
杜里斯　71, 72, 154

E

恩格斯　192

F

泛希腊主义　74, 163, 298
弗拉维王朝　202, 204, 216-218, 222-225, 228, 248

G

公民大会　59, 179
宫廷　6, 18, 29, 38, 43-48, 50, 55, 56, 64, 66, 68, 71, 81, 104, 115, 125, 139-147, 149-163, 181, 217, 270, 284
古典晚期　67, 261, 262, 267, 274, 285, 291

H

哈德良　229, 230, 249, 250, 253, 255, 257-259
汉尼拔　182, 183, 188, 189, 196
黑格尔　192
宏大叙事　198
宦官　44, 46-48, 50, 54, 56, 64, 115, 139, 147, 153, 157

混合政体　174, 178-180, 184, 190, 196, 198

J

加利利　213, 214, 221, 222, 269, 282
迦太基　174-176, 182, 185, 186, 188, 189, 191, 194, 203, 283, 284, 293
僭主　60, 92, 94, 106, 110, 115, 122, 123, 128, 133, 134, 138, 178, 248
骄奢淫逸　51, 89, 144, 146, 153, 155
教育　36, 42, 73-102, 104, 105, 107, 108, 111-114, 116-118, 120, 124-126, 128, 129, 132, 136, 145, 157, 159-161, 215, 254, 263, 268, 295
居鲁士　2, 6, 15, 16, 23, 28-30, 36, 42, 48, 50, 52, 56, 59-61, 64, 73-102, 104-122, 124-126, 128, 129, 131, 134, 136, 137, 144, 147, 157-161

K

恺撒　184, 239, 269, 271, 286
科林斯　107, 132, 188, 191, 238-240, 245, 246, 250, 255
克劳狄安　263-267, 271, 272, 275, 277, 281, 288, 291, 292
克里特　131, 145, 180

L

《拉栖第梦政制》　75-77, 80, 82, 84-89, 94-98, 101, 102, 115-117
老寡头　75, 76, 131

李维　13, 77, 138, 183, 193, 216, 268, 286, 291

《理想国》　66, 88, 99, 104, 105, 107, 296

卢埃林—琼斯　55, 58, 141

罗马共和国　171, 179, 180, 182, 189, 191, 193-196, 238, 244, 245, 268, 274, 294, 298

M

马其顿　1, 144, 182, 183, 187, 195, 203, 233, 242-245, 248, 296, 297

玛哥僧　17, 19-22, 33, 37, 64, 93, 106

玛兹达神　14, 148

莫米利亚诺　1, 43

N

内战　23, 166, 175, 183, 244

尼禄　222, 247, 249, 250, 255, 257, 271

奴隶　81, 119-122, 129, 183, 191, 238

P

普鲁塔克　3, 5, 22, 23, 39, 64, 67, 70, 101, 135, 144, 153, 157, 158, 216, 218, 254, 258, 291, 296

普罗柯比　262, 265, 266

Q

亲希腊政策　7, 250, 251, 255, 257-259

R

日耳曼　192, 203, 220, 251, 263, 269, 272, 287

S

世界之都　219, 265

《死海古卷》　213

斯巴达　56, 59, 64, 67, 74, 77, 80, 84, 90, 94-98, 107, 108, 113, 115, 116, 131, 132, 134-136, 144, 154-157, 161, 176, 178, 179, 182, 187, 190, 195, 203, 236, 238, 242-244, 255, 257, 268

斯特拉波　39, 57, 190, 193, 194, 198, 219, 220, 291

斯特龙克　58, 61, 66

苏格拉底　6, 88, 91, 96, 101, 102, 105, 107, 108, 110, 111, 119, 120, 129, 132-134, 136, 137, 279, 280

梭伦　60, 159, 273

T

他者　2, 4, 11, 12, 36-38, 41, 46, 48, 51, 54, 69, 298

提迈乌斯　154, 198

图拉真　249, 250, 255, 266, 274, 281, 283

W

王政　122, 123, 128, 296

魏登伯格　45, 47, 50, 55, 57, 70
文化记忆　7, 230, 234-238, 240-244, 246-248, 250-259, 295
沃尔班克　170

X

《希腊历史学家残篇》　43, 294
西蒙尼德斯　33, 60, 62, 66, 105, 122, 123, 128, 133
西塞罗　73, 75, 99, 138, 193, 263, 278, 295
西西里　175, 176, 180, 183, 185, 191, 291
《希耶罗》　60, 105, 117, 122, 123, 128, 133, 136, 138
戏剧化历史　167-170, 177
戏剧化史学　167-169
修昔底德　5, 32, 56, 71, 168, 170, 176, 184, 186, 192, 194, 195, 204, 243, 254, 268, 292, 296

Y

雅典尼乌斯　49, 70, 140-142, 148, 153, 154, 156-158, 161, 162
亚里士多德　3, 4, 32, 75, 76, 84, 131, 132, 138, 168, 177, 196, 225, 267, 295, 296
亚历山大东征　2, 3, 61, 70, 162, 180, 298, 299
亚美尼亚　51, 92, 132, 160, 219
宴饮　6, 49, 50, 69, 86, 139-150, 152, 153, 155, 156, 158-163
椰枣　149, 151
异域　35, 36, 40, 48, 297
优西比乌斯　49, 53, 70, 262, 279, 280, 288
攸纳皮乌斯　137, 262-264, 267, 271-275, 277, 281, 291-294, 298
游记　135, 229, 230, 232-235, 237, 238, 240, 241, 248, 251, 254, 258
元老院　86, 175, 179, 181, 184, 186, 188, 240, 245, 246, 255, 284, 288, 289

后　记

2011年6月的一个下午，爱丁堡苏格兰国家图书馆的门口，烈日当空。正在爱丁堡大学读博一的我将查阅了一整天资料的疲惫甩在身后，兴冲冲地向家赶去，要为自己待刊的那篇《再造罗马》补上最后几个注释。

"Sir, your passport!（先生，您的护照！）"当我已经转过图书馆门口道路的街角，并已走出不下200米的距离时，苏格兰国家图书馆的管理员一路飞奔，将我粗心大意落在馆内的护照交还到了我的手上。还未回过神儿来的我除了不住地说"thank you（谢谢）"外竟一时想不起别的话可讲。

那位身材瘦高的年轻馆员擦了擦自己的满头大汗，微笑着轻轻地说了句"you are welcome.（不客气）"

2020年9月的一个下午，四川绵阳涪江的岸边，阴雨连绵。新到这座陌生城市里挂职工作的我吃力地抱着刚从店里买来的打印机和纸张，咬着牙向家里一步步挪去，准备把自己即将提交社科院申请出版资助的书稿打印出来进行最后校对。

此刻，将我胳膊压得酸痛的箱子忽然变轻了。我抬起头，发现刚认识不久的楼下保安大叔已从门口一路快步赶来，分担了将我压得喘不过气来的重负。

当打印设备在我们两人的齐心合力下终于被推进电梯间后，我连声向大叔道谢，而他只是微笑着轻轻地说了句"不存在的"。

正当我琢磨这句话是不是绵阳或西安老百姓（我知道保安大叔刚从西安调来工作，以便能在工作之余为在四川省绵阳第一中学任教的儿子带带孙女）特有的、用来表达"没关系"的说话方式时，我隔着电梯间正在飞快合拢的门缝看到大叔擦拭着自己额头上的汗水和雨水，这一幕我并未见过，却又似曾相识。

并不短暂的十年岁月孕育了这部书稿的诞生，也记录了我的个人成长与学术旨趣的变化。然而，总有一些看似琐碎的记忆与感动提醒着我，敦促我意识到人性的永恒与人生追求的不息。而我在十年前不自量力地立志撰述的这个题目又何尝不是如此：关于帝国形象的探讨与认识在长达千年之久的古希腊史学史中经历了无数"变"与"不变"；它们的共性与演变规律往往显得虚无缥缈、无从把握，但又总会在几个特定的瞬间鲜明地呈现在研究者的眼前，是那样地千真万确、触手可及。

也许，追求历史之"真"永远是学者们无法完全实现的目标。即便浩如烟海的史料也不过是更加浩瀚的历史真相偶尔抖落下来的碎片；而苍白无力的文字又如何能够道尽凝结在思想史中的丰富人类情感：辛稼轩固然描述了"天凉好个秋"的苦涩（古往今来有过多少纷繁复杂的人类情感不曾被那些名家的笔端所记述！），可八百余年后作为读者的我们又怎能精确复原他"识尽愁滋味"的漫长心路历程？古希腊史学传统中的帝国观念被希罗多德、色诺芬、波利比乌斯、波桑尼阿斯和其他无名作者在不同体裁、心态和语境中反复阐述与诠释；承载这些作家思绪的脆弱文本在经历了纷飞战火、沧桑岁月与泛希腊主义思想的沙汰破坏，以及罗马帝国政府与中世纪东正教会、天主教会的审查取舍后已百不遗一，恐怕又难免在以英语、法语、德语或汉语为母语的研究者的理解消化过程中不断经历着扭曲、失真与附会。因此，笔者当然不敢奢望自己这部单薄、粗疏的小书能够精确复原古希腊史学中帝国形象演变历程的每个细节。然而，古希腊史学家们对帝国问题的探讨确实形成了某种源远流长、具体可感的文化传统，这一传统通过马基雅维利、贡斯当、罗纳德·塞姆等学者的传承而深刻影响了我们身居其中的当代世界。史学工作者们能够在"明知不可为而为之"的状态中不断追问并逼近历史真相，提升并完善当代人对历史文化传统的认识水平；这正是历史可以常读常新、史学研究魅力永存的奥秘所在。因此，当代史学工作者们对人类思想传统的追本溯源总归是有意义的。这既是现代人面对沉甸甸的人类历史文化遗产时义不容辞的责任，也是我们认识并解决纷繁复杂的社会现实问题的必由之路。因为只熟悉伦敦城的人并不能真正理解伦敦，不懂得历史的人也无从全面把握当下。

一部学术著作凝结着的不仅是作者本人的心血，还有许多导师、同仁与家人的情谊与殷切希望，尽管它的缺陷只能由作者自己去为之负责。我的硕士阶段导师郭小凌先生启发了我对古希腊史学史的浓厚兴趣，引导我走上了这条布满荆棘、但美不胜收的学术道路；我博士阶段的导师道格拉斯·凯恩斯（Douglas Cairns）教授和安德鲁·厄斯金（Andrew Erskine）教授肯定了我对色诺芬《居鲁士的教育》的研究成果，帮助我树立了完成这项课题的信心；晏绍祥教授在我申请爱丁堡大学古典系博士生资格过程中提供了无私帮助，让我得以有机会利用爱丁堡两座图书馆宝藏（爱丁堡大学主图书馆和苏格兰国家图书馆）的丰富资源开展这项课题的研究；我们研究室的老主任徐建新研究员对我的项目申请书提出了宝贵的修改意见，从而帮助我在2015年度的国家社科基金青年项目评审中顺利获得立项；廖学盛先生和古代中世纪史研究室的同事们在本室的学术交流会上讨论了我关于波斯宫廷宴饮的论文，针对该章提出了诸多可贵的修改建议；刘家和先生在读完了我关于波桑尼阿斯罗马观的论文后主动同我通话，就如何在科研中进行中西古史比较的问题对我进行了直接指导，令我这个诚惶诚恐的晚辈后学备受鼓励；在我挂职的一年期间，绵阳市社科联的何季德主席和其他同事们在生活上为我提供了无微不至的关怀，使我能有余力去完成书稿的最终整理与校对工作；我的妻子胡小溪女士毫无怨言地承担了我外出挂职期间的各种家务，尽管我之前从未想象过，作为读书期间师兄师姐们口中终日宅家的一枚"书虫"，我在撰写这部书稿的十年光阴中居然有整整4年是在外地度过的；我的孩子吕永泰年复一年的成长让我们每日在读书码字中享受的、平淡如水的家庭生活充满了欢声笑语。作者在此向他们和结语开头处提到的那两位不知姓名的"热心肠"一并表示感谢。

我将特别的谢意给予现已过世的易宁先生。在自己人生的最后一个年头里，易宁教授曾在自己病情相对平稳的那段时间邀请我前往他的办公室，拖着病体但神采奕奕地为我讲解他一生从事波利比乌斯研究的心得体会，以及我关于波氏的文稿（本书第六章）存在的尚待完善之处。坐在对面忙着埋头整理笔记的我怎知，那次见面便是与老师的诀别。易宁先生对学术的热情、对学生的关爱和他未竟的事业理想将永远鞭策、激励着我在希腊史学研究的坎坷路途上继续努力前行。

吕厚量

2020 年 12 月 16 日于京北牡丹园寓所